무엇이 가톨릭 교육인가?

– 가톨릭 교육의 영적 토대

무엇이 가톨릭 교육인가?
— 가톨릭 교육의 영적 토대

교 회 인 가 • 2026년 1월 12일
제1판 제1쇄 • 2026년 1월 30일

지은이 • 토마스 H. 그룸
옮긴이 • 조영관 · 김경이 · 우정원
펴낸이 • 최준규
펴낸곳 • 가톨릭대학교출판부
등　록 • 제300-1989-1호(1989년 1월 13일)
주　소 • 03083 서울시 종로구 창경궁로 296-12
전　화 • 02-740-9718
전　송 • 02-745-9793
전자우편 • cukpress@catholic.ac.kr
홈페이지 • http://press.catholic.ac.kr
인쇄제작 • 재영아트

ISBN 978-89-7108-406-9 03230

값 27,000원

What Makes Education Catholic

Spiritual Foundations

무엇이 가톨릭 교육인가?

가톨릭 교육의 영적 토대

토마스 H. 그룸 지음
조영관·김경이·우정원 옮김

가톨릭대학교출판부

차 례

/추/천/의/ /글/

40년이 넘는 세월 동안 나는 '무엇이 가톨릭 교육인가?'(What Makes Education Catholic)라는 주제로 가르치고 글을 써 왔습니다. 코로나-19시기를 맞으며 비로소 그 생각을 글로 정리할 시간을 가질 수 있었습니다. 이 책의 제목은 질문이며, 부제인 '영적 토대'(Spiritual Foundations)는 그에 대한 답을 제시합니다.

가톨릭 교육은 선한 의지를 가진 모든 사람이 받아들일 수 있는 가장 고귀한 영적·윤리적 가치를 토대로 하여 그 가치를 증진시키는 데서 비롯됩니다.

한국의 독자들이 이 책을 읽을 수 있게 되어 매우 기쁘게 생각합니다. 이번에도 그동안 나의 저서 '생명을 위한 교육'과 '신앙은 지속될 수 있을까?'를 번역해 주었던 조영관 신부, 김경이 교수, 그리고 우정원 박사가 함께 이 책의 번역에 참여했습니다. 그들에게 깊이 감사드립니다.

더불어, 가톨릭 교육이 곧 생명의 교육이라는 비전을 품고 한국의 교육 문화에 새로운 비전을 제시하려는 그들의 노력에 이 책이 좋은 동반자가 되기를 바랍니다. 예수 그리스도를 토대로 하는 가톨릭 교육은 참으로 생명을 위한 교육이며, 우리의 교육이 지향해야 할 지속적인 비전입니다.

이 책 안에는 예수님과 동행하며 선한 의지를 가지고 세상의 빛과 소금이 되어온 교육자들의 이야기가 담겨 있습니다. 독자 여러분도 그 여정에 함께하시길 바랍니다.

보스턴 칼리지
토마스 H. 그룸

For over forty years I had been teaching and writing about "What makes education Catholic"; during Covid-19, I finally got the time to write it down. The title is the question, and the subtitle suggests the answer — "spiritual foundations." Catholic education arises from and promotes the finest of spiritual and ethical values that can be embraced by any person of goodwill.

Now, I am delighted that readers in Korea can finally have access to this book. Once again, Father Young-Kwan Cho, Professor Clara Kyungyee Kim, and Dr. Jung-Won Woo — who have also translated my previous books Educating for Life and Will There Be Faith? — have joined together to render this work into Korean. I am deeply grateful to them.

I also hope that this book will accompany their continuing efforts to present a new vision for Korean educational culture — one that embodies the conviction that Catholic education is, at its heart, education for life. Rooted in Jesus Christ, Catholic education is indeed life-giving education, offering a lasting vision for all our teaching and learning.

Within these pages are the stories and reflections of educators who, walking with Jesus and guided by goodwill, have become light and salt for the world. I invite Korean readers to join this journey with them.

Thomas H. Groome
Boston College

/서/론/

무엇이 교육을 '가톨릭적'으로 만드는가? '가톨릭'이라는 단어를 교육·교사·학교라는 말 앞에 두는 데에는 어떤 의미가 있는가? 그리고 가톨릭 신앙이 지닌 깊은 영적 가치들은 어떻게, (희망컨대) 약속한 대로 구체적인 모습으로 드러나고 표현될 수 있는가?

'교육'이라는 단어의 어원에는 오래된 논쟁이 있다. 이 단어가 사람 안에 이미 존재하는 잠재력과 지혜를 "이끌어 내다"라는 뜻의 라틴어 '*educere*'에서 비롯된 것일까? 아니면 사람을, 이미 그들을 기다리고 있는 새로운 지평과 지식의 세계로 "이끌다/인도하다"라는 뜻의 라틴어 '*educare*'에서 시작된 것일까? 이 글이 제안하듯, 우리는 두 가지 방향 모두를 포용할 수 있다. 곧, '안에서부터 끌어내는 것'과 '밖에서부터 중재하는 것' 모두를 말이다. 지금은 두 어원 모두 인간의 삶에 '의미 있는 개입'을 내포한다는 점에만 주목해도 충분하다. 이는 모든 사람을 자기 잠재력에 참여하게 하고, 인류가 쌓아온 풍요로운 학습의 유산에 접근하도록 하는 것을 뜻한다.

교사 — 곧 **교육자** — 가 된다는 것은 학생들의 삶을 형성하는 일이다. 형식적인 수사로 들리지 않도록 주의해야 하지만, 교사는 존재론적(ontological) 주체(agent)이다(ontos는 '존재'를 뜻하는 그리스어에서 유래하였다). 좋든 싫든 우리는 학생들의 '존재'를 형성한다. 여기서 '존재'란 명사이자 동사, 곧 그들이 **누구**로 성장하는지, 그리고 **어떻게** 살아가는지를 함께 가리킨다. 이 얼마나 존엄하고 거룩한 신뢰인가! 교사는 학생들의 삶이라는 거룩한 땅을 거닌다. 시인 예이츠(Yeats)가 경고했듯, 우리는 "그들의 꿈 위를 밟지 않기 위해 사뿐히 걸어야 한다"(「하늘의 융단」).

이렇듯 교육의 본질과 **교사**라는 소명에서 볼 때, **학교** 운영은 시민사회의 가장 중요하고 전략적인 과업이다. 학교는 그 안의 사람들을 '시민적 주체'로 길러 냄으로써 사회의 공적 영역을 한층 성숙하게 한다. 학교는 모든 이를 위한 '개인의 선'과 '공동선'을 위해 핵심적인 사회적 기능을 수행한다.

그렇다면 교육·교사·학교가 개인과 사회 모두에 이토록 중요하다면, 우리는 다음 질문을 던질 수 있다. '가톨릭'이라는 단어는 교육·교사·학교라는 말에 어떤 자격을 부여하고, 무엇을 기준으로 구분 짓게 하는가? 그리고 그 구분은 어떤 목적을 향하는가?

분명한 것은, 무엇보다도 가톨릭 그리스도교(Catholic Christianity)는 세상 속에서 살아가는 삶에 대한 하나의 신앙적 관점이다. 그렇다면 **가톨릭** 교육이란, 어떤 형태로든 신앙**에서 출발하여** 신앙을 **위한** 교육을 뜻하며, 삶을 바라보는 신앙적 태도 위에 그 토대를 두고 학생들에게도 이와 같은 관점을 제시하는 것을 말한다. 가톨릭 교육이 최고의 교육 철학과 연구를 숙지하고 학문적으로도 뛰어날 수 있지만, 그 정체성을 규정하는 핵심은 **신앙에 토대한 교육**이어야 한다. 그렇지 않다면, 어째서 '가톨릭'이어야 하겠는가? 최소한, 이는 학생들이 삶의 의미와 목적, 가치를 찾기 위해 '궁극적 지평'(Ultimate Horizon) — 곧 하느님 — 을 향한 생각을 품고 살아가도록 격려하는 것을 의미한다. 신앙에 기초한 교육은 학생들이 '초월자에 대한 감각'이 스며든 삶에 참여하도록 준비시켜야 한다.

더 나아가, 가톨릭 신앙은 이성과 계시(revelation) 모두에 의해 형성된다. 계시는 예수 그리스도를 가리키며, 예수님 안에서 드러난 하느님은 사랑과 연민의 인격적인 하느님이시다. 그분은 우리가 함께 잘 살고, 인류가 하나의 가족이라는 희망을 품도록 은총 — 곧 하느님의 사랑이 효과적으로 드러나는 방식 — 을 통해 우리의 삶에 개입하신다. 이러한 신앙의 기초 위에서 교육·학교·교사는 독자적인 특성을 지닐 수 있다. 그렇다면 실제 현장에서 무엇이 그러한 고유한 특성을 만들어 내는가? 그리고 우리는 어떻게 가톨릭 교육이 그 약속을 실제로 이룰 수 있다고 확신하는가?

이것은 결코 가벼운 질문이 아니다. 오히려 매우 중요한 질문이다. 가톨릭 교육이 오늘날과 미래의 세계와 깊이 관련이 있다고 말하는 것은 과장이 아니다. 전 세계 모든 대륙, 200여 개국가, 그리고 1억 5천만 명이 넘는 학생들에게 제공되는 가톨릭 학교의 방대한 네트워크를 생각해 보라. 유치원에서부터 연구 중심 대학(약 5,500개)에 이르기까지, 가톨릭 교육은 오늘날 세계에서 가장 큰 단일 교육 시스템을 이루고 있다. 그 재정 기반은 학생들의 등록금에 의존하는 교회 후원 학교부터, 정부 재정을 지원받으면서 교회가 운영하는 학교(대개 선출된 운영위원회를 둠)에 이르기까지 매우 다양하다.

오늘날 가톨릭 학교들이 직면한 뚜렷한 변화 가운데 하나는, 다른 종교 전통을 가진 학생·교사·직원, 또는 종교가 없는 구성원의 수가 점차 증가하고 있다는 사실이다. 실제로 가톨릭 학교에 속한 다수의 구성원은 신앙의 유대보다는 공유된 문화적 배경과 정서적 공감대로 연결되어 있는 경우가 많다. 그러나 이러한 '가톨릭 교육의 확장된 지평'은 배척할 대상이 아니라 오히려 환영해야 할 기회다. 프란치스코 교황은 교황 권고인 「그리스도는 살아 계십니다」(*Christus Vivit*, 2019.03.)에서 이렇게 강조하신다. 가톨릭 학교는 "종교적 선택, 문화적 배경, 개인이나 가족이나 사회적 처지와 무관하게 모든 젊은이를 환영해야 합니다. 이러한 방식으로 교회는 세상의 더욱 다양한 곳에서 젊은이들의 전인적 교육에 근본적으로 이바지하고 있습니다"(247항). 이 선언은, 전 세계적으로 확장된 가톨릭 학교 네트워크가 수많은 개인과 사회에 미치는 영향력을 고려할 때, 그 교육이 무엇을 약속하고 무엇을 이루고자 하는지 분명히 해야 함을 일깨운다.

그러나 이러한 전 세계적 네트워크의 가톨릭 정체성이 저절로 유지되는 것은 아니다. 오히려 오늘날에는 과거보다 훨씬 더 의도적이고 전략적인 선택과 형성이 필요하다. 불과 수십 년 전만 해도, 사제·수녀·수사가 교사와 운영자의 다수를 차지했을 때, 가톨릭 학교의 정체성과 교육과정은 보장되는 것처럼 여겨졌다. 예를 들어, 1950년 미국의 가톨릭 초·중·고교 교사의 90%

가 서원한 수도자였고 평신도는 10%에 불과했다. 그러나 2020년에는 이 비율이 완전히 역전되었으며, 서원한 종교인은 교사진의 3%도 채 되지 않는다. 물론 평신도 교사들도 충분히 가톨릭 교육을 충실히 수행할 수 있다. 다만 이를 위해서는 가톨릭 교육이 요구하는 바를 정확히 알고, 그 가치를 구현할 준비가 되어 있어야 한다.

가톨릭교회와 가톨릭 학교들이 이 도전을 반드시 극복해 낼 것이라고 장담할 수는 없다. 미국의 많은 명문 대학들이 한때는 분명한 종교적 정체성을 지녔음을 떠올려 보라. 예일대는 영국성공회, 프린스턴대는 장로교, 보스턴대는 감리교의 지원을 받아 설립되었다. 심지어 하버드대는 청교도들이 교회 지도자를 양성하기 위해 세웠으며, 첫 후원자였던 존 하버드(John Harvard)의 이름을 따서 명명되었다. 그러나 오늘날 이 대학들은 종교적·영적 정체성을 거의 주장하지 않는다. 오히려 신앙과의 연관성을 경계하며, 계몽주의적 전제 — 신앙과 학문적 자유는 양립할 수 없다는 생각 — 를 수용하고 있다. 이 점에서 우리는 질문하게 된다. 노터데임대, 보스턴 칼리지, 조지타운대, 포드햄대 등 유수의 가톨릭 대학들이 앞으로도 이 흐름을 거부하고, 신앙에 기반을 두되 계몽된 지성을 겸비한 대학 교육을 지속적으로 제공할 수 있을 것인가?

계몽주의와 근대성의 반(反)신앙적 유산은, 오늘날 '세속적 시대'(secular age)라 불리는 포스트모던 상황 속에서도 여전히 작동하고 있다. 세속화는 종교적 관습과 영향이 약화되는 정도로 측정되기도 하지만, 그보다 더 중요한 특징은 신앙의 사회적 조건 자체가 불리하게 변했다는 점이다. 과거 "신과 종교에 사로잡힌 시대"〔enchanted age: 막스 베버(Max Weber)〕가 사람들을 자연스럽게 신앙으로 이끌었다면, 이제는 "신을 배제한 배타적 휴머니즘"〔exclusive (of God) humanism: 찰스 테일러(Charles Taylor)〕이 합리적 대안으로 제시되고 있다. 신앙에 기반한 학교의 전통과 정당성은 더 이상 당연한 것으로 받아들여지지 않는다!

그럼에도 불구하고, 포스트모던 시대가 근대보다 신앙에 더 개방적이라는 징후도 많아지고 있다. 실제로 "소속은 없지만 믿는 사람들"〔그레이스 데비(Grace Davie)〕이 증가하고 있으며, 많은 사회 비평가와 사상가들이 공적 영역에 영적 토대를 제공하고, 특히 사회 윤리를 일깨우는 '이성에 기초한 신앙'(well-reasoned faith)의 필요성을 다시 인식하고 있다.

그렇다면 우리는 지금, 신앙에 기반한 교육이 다시금 필요해지는 새로운 기회의 시대에 진입하고 있는 것일까? 물론 이것이 학생이나 교사 등 교육의 모든 참여자에게 특정한 신앙 정체성을 강요하거나 개종을 요구한다는 뜻은 아니다. 그러나 영혼과 이성을 아우르는, 신앙에서 영감을 받은 교육을 제공함으로써 우리는 그들을 의미와 목적, 가치가 살아 숨 쉬는 은혜로운 초월적 지평(Transcendent Horizon)으로 인도할 수 있다. 이는 삶을 더 충만하게 살고, 모두의 공익을 위해 헌신하며 살아가도록 돕는 고양된 희망을 열어 준다. 특히 이러한 교육은 인간의 잠재력과 능력을 온전히 이끌어 내는 데 초점을 둔다. 시인 예이츠가 말했듯, 단순히 사람의 "이성만"(mind alone)을 계발하는 것이 아니라, 그가 "골수"(the marrow bone)라 부른 인간 존재의 깊은 본질까지 함께 형성하는 일이다("Poem for Old Age").

영적인 토대와 비전

현대 공교육은 대체로 과학, 기술, 공학, 수학(STEM 교육과정)을 중심으로 한 경험적이고 분리된 이성적 사고에 치우쳐 있다. 물론 이러한 앎의 방식은 매우 중요하고 필요하다. 그러나 그것만으로는 한계가 분명하다. 왜냐하면 그러한 교육은 교육 참여자들을 인간적으로 양성하는 데 부족하며, 사람들 자신뿐 아니라 공동선을 위한 공유된 책임감을 고양할 가능성이 낮기 때문이다. 특히 오늘날 포스트모던 사회에서 도덕적 나침반의 부재는 명백하며, 영혼의 권태감 또한 심각하다. 이성적·경험적(정신적) 차원을 넘어, 감정과 윤리적 차원(영혼)까지도 참여시키는 신앙에 기반한 교육이 지금 이 시대에 그 어느 때보다 필요하다. 그러므로 오늘날 우리가 직면한 이러한 시대적 도전들은, 실제로 참된 가톨릭 교육을 위한 새로운 기회를 제공할 뿐만 아니라, 더욱 절실한 필요성을 불러일으킨다.

이러한 교육은 반드시 영적인 비전에 기초해야 하며, 학생들의 영혼을 깊이 참여시키는 교육이어야 한다. 오늘날 가톨릭 교육학 분야조차 사회과학과 실증적 연구에 크게 의존하고 있음을 주목할 필요가 있다. 실증적 연구는 합당하고 중요한 앎의 방식이며, 교육 현장에 실질적이고 검증 가능한 개선점을 제공한다. 그러나 인간의 행복을 증진하는 궁극적 목표를 달성하려면 모든 교육은 힘을 부여하는 비전이 필요하다. 잠언서 저자가 현명하게 경고하듯, "예언이 없으면 백성이 문란해진다"(잠언 29,18).

가톨릭 교육은 유다교의 풍부한 영적 전통과 나자렛 예수 그리스도, 그리고 이천 년의 신앙 전통에서 생명을 주는 비전을 끌어올린다. 이 비전은 가톨릭 학교들이 지닌 영적 토대이며, 학생들에게 삶을 수평적·수직적으로 바라보게 하면서 현세적 목적과 초월적 목적 모두를 교육하도록 격려한다. 이 글은 가톨릭 관점에서 쓰였으나, 그 토대와 제안들은 폭넓게 그리스도교 전통(영국성공회, 루터교, 감리교 등)의 지지를 받는 학교에서도 수용될 수 있다.

단순한 논리로, 가톨릭 학교들은 교육 실천에 있어 이러한 신앙 전통의 깊은 가치와 진리, 지혜를 반영해야 한다. 신앙에 의해 형성된 만큼, 가톨릭 교육의 기초는 철학적 사유보다 영성에, 그리고 (물론 중요한 파트너이긴 하지만) 이성보다는 신앙으로부터 나온다고 할 수 있다. 영성(Spirituality)은 오늘날 다양하게 이해되고 있으며, 특히 **뉴에이지**라 불리는 시대에는 더욱 그러하다. 그러나 가톨릭 관점에서, 영성의 포괄적 의미는 단순히 **신앙을 행동으로 옮기는 것**(faith put to work)이다. 따라서 가톨릭 교육을 영성적 기초에 기반을 두는 것은, 가톨릭 신앙에 반영된 핵심 가치와 지혜가 학교 전체의 정신(ethos)과 교육과정에 깊숙이 작용하는 것을 의미한다. 예를 들면, 가톨릭 신앙은 본질적으로 인간을 긍정적으로 이해하고, 모든 사람의 존엄성과 권리를 지키는 데 헌신하며, 그리고 사람들이 자신의 선과 공동선을 실현하는 주체(agent)[1]가 될 수 있다는 가능성을 굳게 믿는다. 그렇다면 이러한 신앙이 가톨릭 교육의 영성적 토대로서 실천될 때, 그것이 어떤 의미를 지니는지 생각해 볼 필요가 있다.

---

1) 〔옮긴이 주〕 토마스 H. 그룸은 교육의 과정에서 교육자와 학습자의 주도성, 능동적 참여를 강조한다. 학습의 맥락에서 agent는 학습의 주체라는 의미로 사용되며 agency는 주도성으로 번역되고 있다.

나는 여기서 가톨릭 교육의 참여자 — 교사·직원·학생들 — 모두가 반드시 가톨릭 신자임을 요구하는 것은 아님을 분명히 하고자 한다. 그러나 모든 참여자가 **가톨릭** 교육의 기초가 되는 영성적 가치를 받아들이고 그 정신을 드러내야 한다. 그리스도인이 아닌 참여자들도 다른 종교적 또는 인본주의적 전통에서 영감을 받을 수 있다. 여기서 제시하는 핵심이 되는 영성적 가치는 가톨릭 신자들이 신앙의 확신에 따라 수용하고 실천할 내용이지만, 동시에 선의를 가진 모든 사람 — 교육자이든 학생이든 — 이 포용할 수 있는 보편적 가치이기도 하다. 그렇지만 현실적인 관점에서 볼 때, 가톨릭 학교의 교장은 학교의 신앙에 기반한 비전을 수용하고 명확히 표현하는 영성적 지도자여야 하며, 그러한 비전을 효과적으로 구현할 수 있는 교사진과 직원의 핵심 그룹도 반드시 필요하다.

더 나아가, 가톨릭 교육은 단순히 가톨릭 가치와 진리, 지혜를 가르치는 데 그치지 않고, 이를 교육과정 전반에서 실천하여 학생들의 인격과 삶을 형성해야 한다. 따라서 가톨릭 교육에 참여하는 **모든 이들은**, 그것이 구현하는 가치들**로부터** 적어도 배움을 얻어 자신의 삶과 영적 여정을 풍요롭게 할 수 있으며, 가톨릭 전통에 속한 이들은 이를 자신의 신앙 정체성으로 받아들이도록 준비될 수 있다.

제10장에서는 종교적으로 다양한 학생들을 둔 가톨릭 학교가 직면한 종교 교육의 여러 도전을 다룰 것이다. 여기서는, 최소한 가톨릭 신앙의 토대 위에서 이루어지는 교육은 학생들이 삶에 대해 전적으로 현세적인 차원에서만 바라보는 것이 아니라 초월적인 태도를 받아들이도록 이끌 수 있어야 함을 강조하고자

한다. 다시 말해, **신앙에 기초하여** 교육하는 가톨릭 학교는 **신앙을 위한** 교육 역시 수행해야 한다. 그러나 동시에, 사람들이 세상 속에서의 삶에 대해 각자가 선택한 고유한 신앙과 영적 가치를 언제나 존중해야 한다.

예수님과 가톨릭의 지성 전통

그렇다면 우리는 가톨릭 교육의 영적 토대와 비전을 어디에서 찾아야 할까? 이 질문은 매우 기본적이지만 결코 지나칠 수 없다. **예수 그리스도는 그리스도교 신앙의 중심이므로 가톨릭 교육에서도 반드시 중심이어야 한다**. 얼핏 보면 이것은 너무도 명백한 사실처럼 보인다. 그러나 실제로 복음서에 나타난 예수님을 교육의 중심에 세우는 일은 가톨릭 그리스도인들에게도 새로운 자각이며, 현대 학문과 교육적 해석학의 틀 속에서 지속적으로 재조명되어야 할 과제이다. 나는 이 중요한 작업에 작은 보탬이 되고자 한다.

그리스도인들에게 신앙의 중심이 무엇인지 물으면, 개신교 신자들은 보통 "성경"을, 가톨릭 신자들은 "교회"를 먼저 떠올릴 것이다. 물론 성경, 교회, 사도신경, 십계명, 성체성사와 다양한 상징들, 그리고 도덕적 덕목들은 모두 그리스도교 신앙의 중요한 구성요소다. 그러나 『가톨릭 교회 교리서』(*Cathechism of the Catholic Church*, 이하 CCC)는 이 점에 대해 명확하게 요약하고 있다. "교리교육의 핵심에서 우리는 무엇보다도 한 인물, 성부의 외아들, 나자렛 사람 예수 그리스도라는 인물을 만나게 됩니다"(CCC 426

항). 단순한 논리로, 그리스도교 신앙의 "핵심"(heart)은 가톨릭 교육에서도 "핵심"이어야 한다.

『가톨릭 교회 교리서』는 예수님을 두 가지 측면에서 이해하도록 돕는다. 하나는 역사적 인물인 나자렛 출신 목수로서의 예수님이며, 다른 하나는 믿음의 그리스도, 곧 하느님의 아들로서의 예수님이다. 이 두 본질, 곧 인성과 신성은 한 인격 안에서 공존하며 서로를 해치지 않는다. 이 두 측면 모두가 가톨릭 교육의 중심을 형성해야 하며, 복음서에 그려진 예수님의 모습은 생명을 주는 독특한 형태의 교육에 본보기가 되고 영감을 주며, 부활하신 그리스도는 그 교육이 목표하는 학습 성과를 실현하도록 이끄는 희망과 은총의 원천이 되신다.

예수 그리스도를 가톨릭 교육의 "모퉁이의 머릿돌"(사도 4, 11)로 제시하는 것은 신약성경의 근본으로 돌아간다는 뜻이다. 동시에 예수님 자신의 신앙과 교육학을 길러 낸 히브리 성경(흔히 구약성경으로 불리는)으로 되돌아가는 것을 의미한다. 제1장에서는 신약성경 학자 호세 파골라(José Pagola)가 예수님에 대해 사용한 "역사적 접근"(historical approximation)이라는 개념을 복원하는 작업을 시도할 것이다. 이는 복음서가 본질적으로 신앙의 텍스트이며, 특히 가톨릭 교육과 깊이 연결되어 있기 때문이다. 예수님의 중심성을 회복하려는 이 흐름은 본문 전체에 걸쳐 지속될 것이다.

복음서에 드러난 예수님의 핵심 가치에 집중하는 것은 하느님께서 인류에게, 그리고 교육받는 이들에게 주신 희망을 더욱 분명히 이해하도록 이끈다. 곧, 그리스도인들이 믿듯 하느님께서는 예수님을 신앙의 그리스도로 부활시키시고 높이 세우셨다(제

2장). 우리는 하느님께서 예수님을 바로 우리가 희망을 북돋는 교육을 하도록 높이 세우셨다고 제안한다. 또한 가톨릭 지성 전통의 위대한 역사적 인물들에게서 교육학적 지혜를 길어 올리며, 예수님의 가치가 세기를 넘어 어떻게 가톨릭 교육을 지속적으로 형성해 왔는지 살펴보게 될 것이다(제3~6장). 가톨릭 교육은 이천 년의 전통에서 배울 것이 많지만, 그 모든 것의 "핵심"에는 언제나 예수님이 계셔야 한다.

제7장에서 제10장까지 우리는 가톨릭 교육의 깊은 영적 토대를 계속해서 다져 나갈 것이다. 이를 위해 예수님의 복음 교육과정에서 더 많은 요소를 끌어올리고, 그것을 현대 가톨릭 신학과 결합하여 포스트모던 시대 교육자들에게 중요한 기초적 주제들과 연결한다. 요컨대, 가톨릭 교육을 위한 예수님으로부터의 배움은 이 책 전체를 관통하며, 오늘날 교육과정의 모든 측면에 적용할 수 있는 제안을 담고 있다. 덧붙여 말하자면, 여기서 **교육과정**이란 단순히 **무엇을 가르치는가**에만 국한되지 않는다. 그것은 **어떻게 가르치는가**(교수법), **누구를 가르치는가**(인간 이해), **어디에서 가르치는가**(학습 환경), 그리고 **무엇을 이루려 하는가**(의도된 학습 결과)를 모두 포함한다.

나는 앞서 인간이신 예수님께 초점을 맞추는 것이 가톨릭 신자들에게 새로운 의식이 될 수 있다고 언급했다. 우리는 예수님을 부활하신 신앙의 그리스도, 하느님의 아들, 지극히 거룩하신 삼위일체의 제2의 위격 등으로 인식하는 데 더 익숙하다. 이는 다양한 역사적 상황 때문이기도 하다. 그러나 무엇보다 결정적인 원인은 제2차 바티칸 공의회(1962~1965) 이전까지 "신앙 감각"(sense of the faithful)을 형성한 전통적 가톨릭 교리서의 교리 부분이 오로지 사도신경에만 기반을 두었기 때문일 것이다. 교리서는 사도신경의 각 조항을 취합하여 교리화했고, 대체로 문답 형식을 사용하였다.

하지만 종합적인 교리 교육에서 문제가 되는 것은 "동정 마리아께 잉태되어 나시고" 다음에 곧바로 "본시오 빌라도 통치 아래서 고난을 받으시고"가 나온다는 점이다. 이는 마치 예수님께서 탄생과 죽음 사이에 어떤 삶도 없었던 것처럼, 특히 공적으로 가르치시고 활동하신 (요한 복음에 따른) 약 3년간을 간과하는 것이다. 사도신경이 예수님의 공생활을 간과한 것처럼, 교리 교육도 마찬가지로 그 부분에 대해 거의 인식하지 못하고 있다.

게다가 제2차 바티칸 공의회 이전에는 가톨릭 신자들이 일반적으로 성경을 열심히 읽는 편이 아니었으며, 미사에서 봉독되는 성경 독서 역시 (오늘날의 더 폭넓고 대표성 있는 3년 주기가 아니라) 아주 제한된 1년 주기였다. 다행스럽게도 제2차 바티칸 공의회가 시작되면서 성경을 가톨릭 신앙의 중심으로 받아들이는 데 큰 진전이 있었다. 그러나 오래된 관습을 지우는 데는 시간이 걸린다. 특히 보다 전통적인 가톨릭 신자들은 여전히 신앙의 핵심을 "교회 중심"으로 이해하는 경향이 있다. 이제 우리는, 가톨릭 교육을 포함하여, 무엇보다 먼저 "예수님 중심"으로 생각해야 한다. 이러한 "예수 그리스도와 그분의 복음 중심성"으로의 전환은 프란치스코 교황의 교황직 전반에 뚜렷하게 드러난 특징이기도 하다(『교리 교육 지침』[2] 102항).

---

[2] 〔옮긴이 주〕 Pontifical Council for Promoting the New Evangelization, *Directory for Catechesis*, 2020: 교황청 새복음화촉진평의회, 『교리 교육 지침』, 한국천주교중앙협의회, 2025. 이 지침은 2020년 3월 23일 교황 프란치스코에 의

기쁜 소식은, 수많은 "역사적 예수 탐구" 과정을 거친 성경 비평학이 이제는 초기 그리스도교 공동체의 신앙에 반영된 예수님의 공적 사명(공생활)의 핵심 주제와 헌신이 무엇이었는지를 신뢰할 만하게 말할 수 있게 되었다는 것이다. 이러한 연구는 성경 고고학과 역사 인류학의 연구 성과를 토대로 하며, 성경 본문의 문학적 형식을 분석하고, 그리스도교 문헌과 다른 고대 문헌들을 비교하며, 그 밖에도 다양한 학문적 연구 방법을 활용한다.

이러한 연구는 예수님의 공생활을, 1세기 팔레스타인 지역의 유다인으로서 로마 제국의 강압적 지배 아래 살았던 사회·문화적 맥락 안에 위치시킴으로써, 그분에 대한 이해를 한층 깊게 해주었다. 그리고 그 맥락 속에서, 예수님의 핵심 가르침은 당시 지배 질서와 자주 대비되었다. 이렇게 예수님의 복음 선포 사명을 역사적 맥락에 놓고 바라볼 때, 복음이 지닌 종종 급진적인 성격과 하느님 나라를 위해 살아가라는 그분의 부르심이 더욱 선명하게 드러난다.

결론적으로, 신약성경 학자들은 호세 파골라가 말한 "역사적 접근"을 통해 예수님이 실제로 누구였는지, 그분이 가르침을 펼친 시대와 장소의 사회·문화적 특성, 그리고 그분이 가르치고 몸소 실천하셨던 핵심 가치와 진리를 제시할 수 있다 — 종종 당시의 통념과 대조하면서 말이다. 이러한 연구는 오늘날 우리에게 예수님의 가르침과 교육학이 의미하는 바를 상상하는 데 큰 도움을 주며, 특히 가톨릭 교육의 교육과정에 있어 중요한 참고가

해 승인되었다. 1971년 발행된 『교리 교육 일반 지침서』(*General Catechetical Directory*), 1997년 발행된 『교리 교육 총지침』(*General Directory for Catechesis*) 이후 발간된 교리 교육 지침서이다.

된다.

예수님의 가치와 관점, 특히 그분의 교육적 실천(praxis) — 그분이 행하고, 말하고, 가르친 것 — 은 분명히 그리스도교 신앙을 영적 토대로 삼는 교육과 밀접히 관련되어 있다. 실제로 네 복음서에서 예수님과 그분의 활동에 대한 가장 빈번한 묘사는 선생님과 가르침을 행하는 분이며, 이러한 표현은 백 번 이상 등장한다. 따라서 우리의 해석학적 관심사는 교육자의 관점에서 예수님이 무엇을, 어떻게 가르치셨으며, 어떤 "학습 결과"를 기대하셨는지에 집중될 것이다. 예수님과 오늘날 우리의 역사적 맥락 차이를 인정하면서도, 가톨릭 교육자들은 예수님이 가르친 내용과 방법을 본받아 가르쳐야 하며, 예수님의 교육과정이 우리 교육과정에 영감을 주고, 우리의 교육과정을 형성하고 이끌도록 해야 한다.

예수님의 교육적 실천이 가톨릭 교육에 영감을 주고 그 영적 토대를 제공하지만, 그리스도인들은 예수님이 오랫동안 약속된 기름부음받은 메시아, "하느님께서 다시 살리신"(사도 2,24) 인류 전체의 구원자이며 해방자라고 믿는다. 그리스도교 신앙은, 부활 사건이 역사의 흐름을 바꾸어, 비록 그 변화가 더디게 이루어진다 해도, 모든 사람과 피조물을 위한 생명 충만한 하느님 나라를 향하도록 이끌었다고 고백한다. 또한 그리스도교 신앙은, 예수님의 삶과 죽음, 부활로 이루어진 파스카 신비가 인류 역사 안에 바오로 사도가 거듭 "하느님의 충만한 은총"(로마 5,17; 1티모 1,14; 2코린 4,15)이라 부른 것을 흘러들게 하였으며, 그 은총은 모든 사람과 모든 피조물을 위한 것이라고 믿는다.

그리스도인들은, 모든 사람의 삶 속에서 활동하고 계시는 하느님의 사랑이 보장되어 있으며, 그것이 아무 대가 없이 — **은총**(*gratis*)으로 — 주어진다고 믿는다. 하느님의 은총은 사람들이 어려운 상황 속에서도 희망을 잃지 않고 최선을 다해 선하고 현명하게 살아가도록 힘을 준다. 이러한 희망을 위한 신앙의 확신은, 가톨릭 교육이 역사에 대한 순진한 낙관이 아니라, 학생들이 인간으로서 지닌 위대한 잠재력과 자신 및 공동선을 향한 최선의 노력이 하느님의 도움으로 힘을 얻고 지속될 수 있다는 믿음 위에 서도록 하는, 가장 생명을 주는 비전을 북돋을 수 있다. 이러한 은총이, 사람들이 그것을 믿든 믿지 않든 모든 이에게 열려 있다는 사실은 교회의 초 세기부터 변함없는 그리스도인들의 확신이었으며, 가톨릭 교육의 핵심적인 영적 토대이다.

물론, 가톨릭 교육에서 예수 그리스도를 본보기이자 영감의 원천, 그리고 힘을 주는 근원으로 삼는다고 해서, 가톨릭 학교의 모든 학생, 교직원이 그분을 자신들의 구원자로 고백해야 한다는 의미는 아니며, 또한 그렇게 요구되어서도 안 된다. 다시 말해, 예수님이 대표하는 사랑, 자비, 연민, 평화, 정의, 정직, 책임감 등의 가치는 보편적이며, 그러한 가치에 기반한 교육은 종교적 배경이나 신앙의 유무를 막론하고 삶을 풍요롭게 하고 영적 지혜를 제공할 수 있다. 예수님이 하느님에 의해 들어 높여졌다는 상징은 모든 사람을 위한 **그리스도교적** 희망의 근거가 된다. 다른 종교 전통을 가진 사람들도 각자의 신앙과 희망을 유지하는 영적 토대를 지니고 있겠지만, 가톨릭 교육을 통해 전달되는 희망으로부터 유익을 얻을 수 있다.

앞서 언급한 바와 같이, 예수님에게서 출발한 가톨릭 교육은 플라톤(Plato), 아리스토텔레스(Aristotle), 그리고 그리스-로마 문화와 초기 그리스도인들의 만남에서 시작된 서양 철학과 교육 전통과의 오랜 대화를 통해 형성되고 발전해 왔다. 처음부터 이러한 만남은 신앙과 이성, 계시와 과학, 지식과 지혜, 학문적 엄격함과 가치 형성 등 중요한 결합을 특징으로 하는 교육을 장려하였다. 이러한 결합은 **가톨릭 지성 전통**(Catholic Intellectual tradition)의 풍부한 유산을 구성하며, 오늘날 가톨릭 교육의 강력한 자산이 된다.

제3장, 제4장, 제5장, 제6장은 아우구스티누스(Augustine)와 아퀴나스(Aquinas), 노리치의 줄리안(Julian of Norwich), 안젤라 메리치(Angela Merici) 등 가톨릭 지성 전통의 주요 교육 사상가들의 지혜를 바탕으로 한다. 예수 그리스도에 대한 본래의 신앙과 지난 이천 년간 특히 서양에서 전개된 철학적·사회문화적 사상과 만남을 통해 형성되고 발전해 온 가톨릭 지성 전통은 오늘날 가톨릭 교육을 형성하는 풍부한 영적 유산을 제공한다.

제7장, 제8장, 제9장은 현대 신학이 제안하는 영적 토대를 강조하며, 현대 신학을 통해 드러난 가톨릭 교육의 주요 주제들을 다룬다. 가톨릭 교육 전체 교육과정의 관점에서, 제7장은 모두를 위한 공동선의 의지를 지닌 관계적 존재로서 인간에 대한 긍정적 이해(인간학과 사회학)를 성찰한다. 제8장은 세상 속 삶에 대한 희망적 전망과 참여적 인식론으로서 가톨릭적 세계론(cosmology)[3]에 집중하며, 제9장은 그리스도교 신앙의 공적 특성

---

[3] 〔옮긴이 주〕 cosmology라는 단어는 원래 "우주론(宇宙論)" — 즉, 우주의 기원·구 조·운행 법칙을 탐구하는 학문 — 을 뜻하지만, 이 책 저자가 말하는 cosmology는 과학적 개념이 아니라, "세계에 대한 근본적 이해와 전망, 곧 삶을 바라보는 통합적 관점"을 가리키는 신학적 표현이다. 따라서 이 책에서는 cosmology를 "세계론"으로 번역하였다.

과 공공 영역에서 정의와 연민을 실천하는 시민 교육의 책임에 대해 상세히 논한다. 제10장은 다양한 교직원과 학생 구성 속 가톨릭 학교의 종교 교육이 직면한 특정 도전에 대응하기 위한 성찰과 제안을 담았다.

후기에서는 지금까지의 모든 장에 담긴 지혜와 통찰을 종합하여, 가톨릭 교육학의 가능성과 방향을 제안할 것이다. 그리고 앞선 장들의 서술 방식에서 벗어나, 영성에 기초한 교육학적 접근방식을 통해 실제로 적용할 수 있는 실천적 통찰과 지혜들을 정리하여 제시할 것이다.

이 책 전반에 걸친 교육학

이 책에서 각 장의 구성은 내가 가톨릭 교육을 위해 제안하는 전반에 걸친 교육학을 그대로 반영할 것이다. 나는 먼저 각 장의 시작에서, **신앙으로부터 나오고**, **신앙을 위한** 교육에서 중요한 의미를 지닌 일반 주제를 설정한다. 그리고 독자들이 자신의 삶의 경험과 상황 속에서 이 주제를 성찰하도록 초대한다. 그다음에는 성경, 예수님의 교육과정(가르침), 그리고 이천 년에 걸친 가톨릭 교육의 전통을 폭넓게 활용하여 이 주제에 대한 응답과 교육적 함의를 제시한다. 또한 독자들이 이러한 영적인 지혜를 마음에 새기고, 가톨릭 교육자로서 실제로 실천할 수 있도록 이끈다. 각 장의 끝에서는 해당 주제가 교육과정에 주는 의미를 정리한 후, 각 장의 주제와 제안들이 교육자의 **영혼**(soul), 가르치는 **방식**(style), 그리고 교육 **공간**(space)에 어떤 의미가 있는지를 살펴보도록 초대한다. 이 세 가지는 가톨릭 교육의 영적 토대를 실행하는 데 서로 분리될 수 없는 요소들이다.

언어 사용 방식에 관하여, 독자들은 이미 눈치챘을지 모르지만, 나는 종종 단수 명사를 지칭할 때 복수 대명사를 사용한다. 예를 들어, "모든 교육자는 자기 자신의 교육학을 형성해야 한다"(every educator is to shape their own pedagogy)라는 표현이나, 셰익스피어의 문구인 "하느님께서 모든 이에게 그 마음의 소원을 이루어 주시기를"(May God send everyone their heart's desire) 같은 경우가 그렇다. 사실, 이는 엘리자베스 시대의 문법적 관습으로 되돌아가는 것이며, 전 미국 영어 교사협회(National Council of Teachers of English)에서도 승인한 바 있다. 나의 의도는 "그/그녀"(he/she)나 "그의/그녀의"(his/her)와 같은 어색한 구성을 피하면서, 성(性) 포용적인 언어를 장려하는 데 있다.

이와 비슷한 맥락에서, 나는 성경 원문을 직접 인용할 때를 제외하고, 하느님을 지칭하는 데에 남성 이미지를 사용하거나 남성 대명사를 쓰는 것을 피한다. 인간의 언어는 하느님(Divine)을 온전히 표현하기에 결코 충분하지 않기 때문에, 우리는 하느님에 대해 말할 수 있는 모든 것을 완전히 **포괄**할 수 없다. 그러나 성경이 자주 보여 주듯, 하느님을 남성적 이미지로만 묘사하는 것을 넘어서 더 **넓게** 표현할 수는 있다(시편 18,1~2에서는 단 두 절 안에서 하느님을 묘사하는 열두 가지의 다른 이미지가 나온다). 어떤 이들에게는 이것이 새로운 지평일 수도 있다. 나는 이를 존중하며 숙고해 볼 것을 권한다. 마지막으로, 나는 각주 사용을 피하고, 직접 인용문의 출처를 본문 안에서 밝히는 방식을 취한다. 자, 이제 계속해서 마음을 열고 읽어 나가기를 바란다.

제1부

가톨릭 교육의
복음적 기초들

제 1 부 · 가톨릭 교육의 복음적 기초들

제 1 장

예수님처럼 가르치기

경고(caution): "나의 형제 여러분, 많은 사람이 교사가 되려고 하지는 마십시오. 여러분도 알다시피, 우리는 엄한 심판을 받을 것입니다." (야고 3,1)

약속(promise): "그러므로 이 계명들 가운데에서 가장 작은 것 하나라도 어기고 또 사람들을 그렇게 가르치는 자는 하늘 나라에서 가장 작은 자라고 불릴 것이다. 그러나 스스로 지키고 또 그렇게 가르치는 이는 하늘 나라에서 큰사람이라고 불릴 것이다." (마태 5,19)

예수님 중심성

그리스도교 신앙을 가장 특징적으로 구분 짓는 것은 약 이천 년 전 고대 팔레스티나 지방에 살았고, 부모가 예수라는 이름을 지어 준 한 역사적 인물이다. 예수님께서는 그리스도교 신앙의 핵심을 이루는 분이며, 그 신앙이 삶 속에서 실천될 때 그 자체가 영성이 되기에, 가톨릭 교육의 중심 또한 마땅히 예수님이 되어야 한다. 물론 예수님의 시대로부터 이천 년의 전통이 있어 왔고, 교육자들은 그러한 풍부한 보고(寶庫)로부터 배우고 개발할 것이 많다. 그러나 가톨릭 교육은 언제나 예수님의 인격과 가르침 — 예수님이 누구였고, 무엇을 가르쳤으며, 어떻게 가르쳤는지 — 안에서 모퉁잇돌과 인도하는 별을 찾아야 한다. 예수님의 삶을 규정했던 목적과 그분이 실천한 교육 방법은, 오늘날 그분의 이름으로 행해지는 교육의 모든 영역 속에 스며들어야 한다.

예수님을 개별적으로 만난 그의 첫 번째 제자들은 하느님께서 예수님을 죽음에서 새 생명으로 부활시키셨다는 사실을 완전하게 확신했다. 이것은 나자렛으로부터 온 이 목수가 유다인들에게 오랫동안 약속되었던 기름부음받은이(Christ)/메시아(Messiah)라는 것에 대한 그들의 깊은 신앙을 촉진했다. 그들은 예수님을 주님(Lord) — 하느님의 신성한 히브리 이름 —, 그리고 하느님의 아드님이라고 불렀다. 예수님께서 유일무이하게 하느님의 현존을 온전히 드러내신 분임을 확신했기 때문이다. 그들은 예수님을 모든 이가 생명의 충만함을 얻기를 바라시는 하느님의 뜻을 (요한 10,10) 실현할 "세상의 구원자"(요한 4,42)로서 받아들였다. 시간이 흐르면서, 초대 그리스도교 제자들은 예수 그리스도께서 한 위격 안에 두 본성 — 완전한 인간성과 완전한 신성 — 을 지니신 분임을 인식하게 되었고, 예수님에 대한 그들의 이해를 표현하였다.

제2장에서 우리는 하느님께서 예수님을 죽음에서 일으키셨다는 그리스도교 주장의 본질, 근거, 그리고 교육적 함의를 살펴볼 것이다. 선의를 가진 사람이라면 누구라도, 그들이 예수님을 **신앙의 그리스도**(Christ of faith)라는 것을 받아들이는지와 관계없이, 역사적 인물로서의 예수를 영감을 주는 모델로 삼을 수 있다. 그 영감은 자기 자신을 돌보면서 동시에 모든 이의 공동선을 추구하는 올바른 삶에 대한 것이다. 뿐만 아니라, 이 글에서 계속 제안하는 바와 같이 예수님이 공생활에서 구체화한 가치들은 교육을 위한 보편적이고 가장 긍정적인 영적 근거를 제공한다. 어떤 종교적 믿음을 추구하는 사람이나, 믿음이 없는 사람이라도

모든 교육자는 예수님께서 보여 주신 가치들에서 영감을 얻을 수 있고, 이를 교육과정 전반에 실천함으로써 그 가치를 더욱 풍요롭게 할 수 있다.

이러한 제안은 예수님의 공생활에서 가르침이 차지하는 중심성을 전제로 한다. 예수님이 행하시고 성취하신 것은 그리스도교 역사를 통해 다양한 방식으로 묘사됐는데, 그것은 구원자, 구세주(Redeemer), 해방자와 같은 신앙적인 칭호나, 더 역사적인 묘사인 지혜의 스승, 치유자, 예언자, 의로운 분 또는 단순히 나자렛 사람 예수와 같은 표현에 반영되어 있다. 네 복음서에서 가장 자주 등장하는 예수님의 칭호는 *huios tou anthropou*인데, 이는 전통적으로 "사람의 아들"로 번역되지만, 더 정확히는 "인간 그 자체"(the human one)를 의미한다. *anthropou*는 남성과 여성을 모두 포함하는 단어이므로, 이 표현은 예수님께서 모든 인류와 깊이 연대하신다는 의미를 더 잘 드러낸다.

그러나 우리가 예수님께서 공생활 동안 하신 일을—즉 그분의 역사적 실천을—바라보게 되면, 그분의 본질적인 사명을 **교육**이라고 묘사할 수 있고, 그분을 우선적으로 '스승'이라고 부를 수 있다. 신약성경은 예수님의 공생활을 가르침으로 묘사한 경우가 100회가 넘고, 그보다 더 많이 반복하여 설교하기, 조언하기, 상담하기, 교정하기, 다가가기, 포용하기, 격려하기, 확언하기 등과 같이 묘사하는데, 이것들은 모두 교육의 방식들이다. 그러나 신약성경 학자들은 상대적으로 예수님의 실제 교육학(pedagogy)에 대해서는 거의 주의를 기울이지 않았다. 이 책에서의 해석학적 관점은 예수님의 교육적 접근의 풍부함, 즉 그의 전체 교육과정과 그것이 우리의 교육과정을 어떻게 풍성하게 할 수 있는지를 인식하는 데 도움을 줄 것이다.

요한 복음서에서만 예수님은 그분 시대 문화에서 스승을 뜻하는 랍비(rabbi)로 직접 묘사되거나 불린다. 예를 들어, 니코데모라는 유다인 지도자는 예수님께 다음과 같이 말을 한다. "스승님, 저희는 스승님이 하느님에게서 오신 스승이심을 알고 있습니다"(요한 3,2). 그러나 공식적으로 예수님은 전통적인 의미에서 랍비는 아니었던 것으로 보인다. 랍비가 되기 위해서는 엄격하게 제자를 선발하는 마스터 랍비의 지도하에 수년간의 집중적인 공부를 해야 했기 때문이다. 예수님은 인격적인 매력에 의지해서 모든 사람에게 다가가고 그들을 환대하는 카리스마 있는 예언자에 가까웠다. 그럼에도 불구하고, 스승으로서의 예수님은 전통적인 랍비의 역할과 일부 닮았다. 하느님의 백성으로서 살기 위한 최선의 방법인 하느님의 법률인 토라(Torah)를 가르치고, 말과 모범으로 이를 전하는 것이다. 예수님은 정기적으로 토라를 해석하였고, 때로는 토라를 재해석하기도 했으며, 언제나 그 완성을 향해 나아가셨다(마태 5,17~20을 보라).

세부 사항들에 안주하기보다는, 랍비가 그렇게 하는 경향이 있지만, 예수님은 토라를 이웃을 자기 자신처럼 사랑함으로써 하느님을 사랑하는 계명으로 요약하기를 선호하였다. 그는 "온 율법과 예언서의 정신이 이 두 계명에 달려 있다"(마태 22,40)라는 **가장 위대한 계명**에 근거하여, "남이 너희에게 해 주기를 바라는 그대로 너희도 남에게 해 주어라"(마태 7,12)라는 황금률을 제안하였다. 어쩌면 마리아 막달레나가 예수님을 가장 잘 불렀는지도 모른다. 그녀는 예수님을 "라뿌니"(Rabboni)라고 불렀는데, 이는 랍비를 더 친근하고 비공식적으로 부르는 단어이다. 이것은 마음 깊이 존경하고 사랑하는 스승님(요한 20,16)을 부를 때 사용하는 호칭이고, 예수님은 그녀에게 그러하였다.

나중에 더 자세히 설명하겠지만, 예수님의 전체적인 가르침의 방식에서 특징은 사람들의 일상생활에 깊이 관여하는 것이었다. 예수님께서는 거의 언제나 사람들의 처지나 관심사, 경험, 혹은 생활 관습의 한 장면에 주의를 집중시키는 것으로 가르침을 시작하셨다. 그리고 그들의 현실 한가운데에서 하느님 나라의 복음을 전하시며, 당신이 제시하는 삶의 방식을 그들이 스스로 선택하여 받아들이도록 이끄셨다.

더욱이 예수님께서는 명시적인 가르침에 의해서뿐만 아니라 (모든 교사가 그러하듯이) 자신의 행동을 통해 더 많이 가르치셨다. 제자들은 예수님이 다양한 상황에서 하시는 일을 보면서 끊임없이 배웠다. 예를 들어, 도움이 필요한 모든 사람을 위한 연민이 그의 교육 방식의 중심이었고, 가난하고 고통받는 이들을 돌보는 실천은 서로 맞물려 이루어졌다(마태 4,23을 보라).

중요하게도, 예수님께서는 공생활의 시작부터 제자들을 당신의 가르침 사명에 참여하도록 초대하셨다. 당시 사회에서 스승이라는 위치는 중요한 사회적 역할이었다. 복음서 전체에서 반복적으로 예수님은 사람들에게 "와서 나를 따르라"라고 초대하였고, 그렇게 따르는 것이 단순히 수동적으로 가르침을 받는 자리가 아니라, 예수님의 가르침 사명에 적극적으로 동참하는 자리임을 분명히 하셨다. 제자들은 하느님 나라를 위한 그의 가르치는 사명에 참여하여, 사람들이 예수님이 가르치고 몸소 살아 내신 "길이요 진리요 생명"(요한 14,6)을 받아들이도록 가르쳤다. 랍비들은 사람들이 토라에 따라 살도록 가르쳤지만 모두가 토라의 공식적인 교사가 될 필요는 없었다. 이와는 대조적으로 예수님은 모든 제자가 그의 가르치는 사명에 동참하여, 하느님 나라를 위한 삶의 방식으로서의 신앙을 받아들이도록 사람들을 교육하는 일에 함께하기를 원하셨다.

이러한 소명, 즉 그의 길을 받아들임과 동시에 그것을 다른 사람들에게 적극적으로 가르치는 일에 참여하는 것은 공관 복음서(마태오, 마르코, 루카)에서 예수님의 제자들에 대한 첫 번째 부르심 이야기, 그리고 요한 복음서에서 부활하신 후에 베드로와 나누신 대화 속에 잘 드러난다. 마르코 복음의 시작을 읽을 때 우리는 예수님께서 그의 첫 두 제자〔어부인 시몬(베드로)과 그의 동생인 안드레아〕에게 "나를 따라 오너라. 내가 너희를 사람 낚는 어부가 되게 하겠다"(마르 1,17)라고 부르신 것을 알 수 있다. 마태오 복음의 4장 18~20절은 마르코 복음의 부분(마르 1,18~20)과 직접적으로 대응된다. 반면에 루카 복음에서 예수님께서는 망설이는 베드로에게 "두려워하지 마라. 이제부터 너는 사람을 낚을 것이다"(마르 5,11)라고 말씀하신다. 요한 복음은 부활하신 예수님이 베드로에게 세 번이나 그의 "양들"을 돌보라고 명하시고, 마지막에 "나를 따라라"라고 말씀하신 장면을 전한다(요한 21,15~19). 예수님의 발자취를 따르도록 초대받은 베드로는 (예수님을 세 번 부인했던 과거를 뒤로하고, 요한 18,15~27 참조) 예수님처럼 이끌고 가르치는 새로운 사명을 부여받았다.

예수님께서는 공생활 중반쯤에 열두 명의 특별한 협력자를 뽑아 사도로 부르시고, 막 형성되어 가던 제자 공동체 안에서 가르치고 치유하는 지도적 역할을 맡기셨다. 곧이어 예수님께서는 "다른 일흔 명"을 선택하시어, 둘씩 짝지어 파견하시며 당신의 사명인 가르침과 치유에 동참하게 하셨다. 이 두 가지는 언제나 서로 긴밀히 연결되어 있었으며, 요약하자면 그들의 사명은 "병자들을 고쳐 주며" 동시에 "하느님의 나라가 여러분에게 가까이 왔다"라고 선포하는 것이었다(루카 10,1~12).

또한 주목할 점은, 예수님께서는 제자들〔그리스어 '*mathetes*'는 "도제"(apprentice)라고도 번역될 수 있다〕을 자신처럼 스승이 되도록 참여시키면서도, 그들이 가르치는 사람들 위에 "군림하지" 말라고 — 적어도 6번 서로 다른 상황에서 — 경고하셨다(마르 10,41~45). 대신에 그들은 모든 사람에게 "종"이 되어야 하고, 예수님의 겸손한 삶 자체를 본받는 도제가 되어야 했다. 분명히 예수님께서는 제자들이 당신과 같은 교육자가 되기를 바라셨다. 즉 그분이 무엇을, 어떻게, 누구에게, 어떤 목적을 가지고 가르치셨는지를 그대로 따르기를 원하셨다.

가톨릭 학교의 모든 교육자는 스스로를 예수님의 제자라고 인정하든 아니든 간에, 또 개인적 신앙과 관계없이 예수님의 교육과정으로부터 영감을 받을 수 있다. 반복하여 말하자면, 이것은 무엇을, 어떻게, 왜, 누구를 위해서, 그리고 어디에서 그가 가르쳤는지를 포함한다. 예수님이 오늘날의 가톨릭 교육에 기여할 수 있는 것을 더욱 제대로 인식하기 위해서, 우리는 잠시 예수님을 그분의 역사적 맥락 속에 놓아 보고, 그 맥락이 어떻게 그분의 가르침을 형성했는지를 살펴볼 것이다.

성찰과 대화를 위해

- 당신이 교육받았던 경험을 회상해 보라, 누가 당신에게 가장 영감을 주었던 교사로 떠오르는가? 그 이유는 무엇인가? 당신의 교육적 소명을 위해 그 교사로부터 당신이 배울 수 있는 것은 무엇인가?
- 그리스도교 신앙에서 직접적이든, 대중문화에서든(또는 가톨릭 학교라는 환경에서의 경험을 통해서든), 복음서에 묘사된 예수님에 대한 당신의 이미지는 무엇인가? 당신은 어떻게 그러한 이미지를 갖게 되었는가? 그것이 어떻게 당신이 현재 가르치는 데 영감을 주는가?

예수님에 대한 탐구

거의 이천 년 동안, 사람들은 역사적 인물인 예수님을 **알기** 위해 노력해 왔다. 여기서 '**알다**'라는 말은 단순한 인지적 지식을 넘어서는 의미를 지니므로, 강조할 만하다. 이는 사실 어느 누구를 **안다**고 할 때도 마찬가지다. 제8장에서 자세히 이야기하겠지만, 예수님을 **아는** 것 그리고 예수님이 사람들이 알기를 원하시는 것을 **아는** 것은 매우 총체적인 차원을 가진다. 그것은 사람들의 머리, 가슴, 그리고 손(의지)을 참여시킨다. 그리고 그것은 세상 속에서 사람들이 살아가는 방식을 알게 하고, 다듬어 주며, 새롭게 변화시킨다. 요한 복음에는 예수님이 그의 제자들을 위해 하느님께 드리는 기도가 있다. "영원한 생명이란 홀로 참 하느님이신 아버지를 알고, 아버지께서 보내신 예수 그리스도를 아는 것입니다"(요한 17,3). 다시 말하자면, 예수님 안에서 하느님을 **안다**는 것은 인간 마음의 궁극적 갈망을 충족시킨다. 이것은 분명히 총체적 지식의 한 형태를 반영한다!

더 나아가, 개인과 신앙 공동체 모두에게 있어 예수님을 '안다'는 것은 우리가 새로운 상황과 맥락 속에 놓이고, 새로운 질문과 도전에 직면할 때마다 계속해서 새롭게 전개된다. 예를 들어, 오늘날 우리는 예수님과 성경이 일반적으로 자연환경에 대한 깊은 존중과 돌봄을 권장한다는 것을 쉽게 이해하게 되었다. 이것은 기후 변화나 전 지구적 온난화가 긴급한 역사적 이슈가 되기 전에는 거의 주목되지 않았던 부분이다. 이처럼 그리스도교 전통은 수 세기 동안 계속해서 발전해 왔으며, 각 시대와 상황에서 나타나는 새로운 문제들을 다루기 위해 복음의 지혜를 새롭게 제공해 왔다.

그리고 제2차 바티칸 공의회에서 잘 이야기했듯이, "하느님 진리의 충만함을 향해" 그리고 그것의 "완성"을 위해(「계시 헌장」 8항) 이러한 여정은 앞으로도 계속될 것이다. 그리스도인들은 예수님의 가르침이 세기를 통해 더욱 깊어지는 것이, 마치 새로운 상황을 맞이할 때마다 "잠재된 유전 인자"(recessive genes)를 찾아내듯, 그리스도교 공동체의 식별을 통해 성령께서 이끄시는 것이라고 믿는다. 우리는 **신앙으로부터** 그리고 **신앙을 위해** 교육하는 방법에 관하여 이 오랜 역사 속에서 여전히 펼쳐지고 있는 그리스도교 전통으로부터 많은 것을 배울 수 있고, 배울 것이다.

그러나 우리가 이러한 이천 년의 전통으로부터 배울 것이 많더라도, 가톨릭 교육자들은 지속적으로 복음서에 그려진 예수님에게 돌아가고, 가장 먼저 예수님으로부터 그 근거를 찾아야 한다. 곧, 나자렛 출신 목수이시면서 스승이 되신 그분에게서 말이다. 서문에서 언급한 대로, 오늘날 우리는 예수님의 핵심 가치들을 알아 가는 것이 과거보다 훨씬 가능해졌다. 약 200년 전부터 신약성경 학자들은 "역사적 인물인 예수님을 향한 탐험"을 시작했다. 이러한 비평적 성경 연구는 다른 역사적 문헌이나 과학적 연구까지 동원하여, 예수님의 삶과 헌신에 대해 신뢰할 만하게 말할 수 있는 것을 분별해 왔다. 여러 차례에 걸친 "역사적 예수 탐구"의 과정을 지나온 오늘, 우리는 적어도 네 복음서에 드러난 예수님의 삶과 가르침의 큰 윤곽과 주요 주제들에 대해서는 확신을 가질 수 있으며, 그것이 신약성경의 다른 책들 속에서 더욱 풍요롭게 전개되었다는 사실도 알 수 있다.

성경의 텍스트들이 과학적 또는 객관적 역사로 취급될 수 없다는 것은 분명하다(그러한 가능성이 있다고 해도). 그러나 신약성경의 책들은 예수님을 직접 만난 많은 이들을 포함한 최초의 그리스도인 제자들의 신앙, 그리고 그분의 죽음 전후에 형성된 공동체들의 신앙에 대해 신뢰할 만한 증언을 담고 있다. 시간이 지나면서, 첫 번째 증인들이 나이가 들어감에 따라 글로 쓰여진 단편들이 나타나기 시작했고, 합의된 구전 전통도 함께 형성되었다. 마침내 기원후 70년쯤에 마르코 복음을 시작으로, 서로 다른 문화적 상황, 관심사, 그리고 청중을 반영하여 네 복음서가 형성되었다.

주목해야 할 것은, 모든 기록이 "하느님께서 예수님을 죽음의 고통에서 풀어 다시 살리셨다"(사도 2,24)라는 믿음을 굳게 가진 사람들에 의해 형성되었다는 점이다. 이는 곧 예수님이 "하느님의 아드님"(로마 1,4)이라는 것을 확인해 주는 사건이었다. 그런데 이 '그리스도/메시아'로서의 확인은 제자들의 시선을 역사적 인물로서의 예수님에게서 왜곡시키지 않고, 오히려 그분이 공생활 전반에 걸쳐 보여 주신 가르침과 헌신을 더 깊이 이해하고 소중히 여기도록 도와주었다. 제자들은 예수님과 그분의 가르침이 참으로 "하느님의 것"(필리 2,6)임을 확신하게 되었다.

오늘 우리에게도 마찬가지다. 예수님을 그분이 살았던 역사적 맥락 — 그분을 둘러싼 문화와 정치적 환경 — 안에서 바라보는 것은, 예수님이 가르치신 지혜와 진리, 그리고 가치들을 더욱 분명하게 드러내 준다. 특히 그분의 시대적·사회문화적 상황에 대한 비판과 대조 속에서 그 의미가 더욱 빛을 발하게 된다. 그렇다면 예수님의 초기 제자들과 초대 공동체가 가진 신앙을 바탕으로, 우리는 이 역사적 인물 예수님에 대해 무엇을 신뢰할 만하게 말할 수 있을까? 이러한 기초적 배경은 예수님의 교육학적 의미를 한층 드러내 주고, 오늘날 가톨릭 교육의 교육과정 안에서 우리가 그분에게서 무엇을 배울 수 있는지를 밝혀 준다. 이어지는 각 장에서는 주제와 관련된 맥락에서 역사적 예수님을 다루게 되지만, 여기서는 먼저 그 전체적 개요를 제시할 것이다.

나자렛의 예수님의 역사적 자리매김

우리는 예수님이 변방 중의 변방에 속하는 갈릴래아 지방의 나자렛이라는 작은 동네에서 자라났다는 것을 알고 있다. 그는 목수인 요셉의 아들이었고, 어머니의 이름은 마리아였다. 부모는 그를 히브리어로 "하느님께서 구원하신다"라는 뜻을 지닌 예수아(Jesuah)라고 이름 붙였다. 갈릴래아 사람들은 유다 지역 사람들보다 피부색이 검었다. 아마 예수님도 그랬을 것이다. 그들은 강한 억양으로 말했다. 갈릴래아 사람들은 로마 사람들과 유다 지역의 유다인 이웃들 모두로부터 인종적 편견을 경험했다. 특히 그들은 성전에 올라가 거룩한 날을 지내거나 예배를 드리러 예루살렘에 갈 때는 "시골뜨기"로 간주되었다.

예수님은 어렸을 때 히브리어의 전신인 아람어로 말했다. 가정 교육과 부모님의 좋은 본보기뿐만 아니라, 예수님은 교육과 예배가 이루어지는 장소였던 지역 유다교 회당에서 유다교 신앙의 가르침을 받았다. 복음서에 근거할 때, 예수님은 율법과 예언서에 모두 정통했던 것으로 보이며, 이사야서를 특히 선호했다. 마찬가지로 그는 시편과 지혜문학에 익숙했으며, 많은 구절을 기억해서 인용한 것으로 묘사된다. 이렇게 가정과 회당을 통해, 예수님은 풍요로운 유다교 신앙 안에 뿌리를 잘 내렸으며, 이는 그가 살아가고 다른 이들에게 삶을 가르치는 방식을 깊이 형성했다.

복음서들은, 일반적으로 아들이 아버지의 가업을 이어받듯이, 예수님이 아버지 요셉으로부터 목수가 되는 법을 배웠다고 증언한다. 한 가지 직업을 갖는다는 것은 경제적 안정성을 보장하는 것처럼 보일 수도 있으나, 갈릴래아 마을 사람들은 가구에 돈을 쓸 여유가 없어 기본적인 것 외에는 마련할 수 없었다. 경험을 통해 가난을 알게 된 것이 분명 예수님에게 가난한 사람들과 억압받는 사람들에 대한 공감을 가져다주었다.

예수님이 살던 시절, 갈릴래아는 시리아의 로마 영토 안에 있었다. 기원전 60년부터 약 200년간 로마인들은 갈릴래아를 철권 통치하였다. 그들은 백성들로부터 엄청난 세금, 조공, 수수료와 십일조를 징수했다. 갈릴래아 사람들은 또한 예루살렘에 있는 사제들에게 성전세를 내야 했다. 무거운 과세의 결과로 대부분의 갈릴래아 사람은 극심한 가난 속에 살았다. 한때 땅을 소유했던 많은 사람들은 땅을 잃고 빚을 지게 되었으며, 사채업자의 손에 자신들을 맡겨야 했고, 사채업자들은 그들을 더욱 착취했다. 용서받기 위해서는 단순히 빚을 탕감해 주면 된다고 했던 예수님의 말씀이 얼마나 급진적이었는지 상상해 보라(마태 6,12 참조).

땅을 잃고 가난한 일용직 근로자가 된 사람들은 또한 자기 존엄을 잃었으며, 사회적 수치를 떠안게 되었다. 명예와 수치심은 예수님 시대의 문화에서는 강력한 힘이었다. 질병 또는 가난과 같이 어떤 사람을 깎아내리는 것들은 그들의 사회적 지위를 격하시켰다. 이러한 문화적 흐름에 거슬러, 굶주린 이들을 먹이시고, 소외된 이들을 포함하여 병자를 치유하신 예수님의 많은 기적들은 그들의 개인적 고통을 경감시켰을 뿐만 아니라 그들의 부끄러움을 없애고 사회에서의 존엄성을 회복시켰다.

갈릴래아 사람들은 로마인들에 의해 잔혹한 일을 당했다. 로마인들은 무서운 잔인함으로 모든 형태의 항의와 저항을 진압했다. 그들은 세금을 내지 못한 마을에 정기적으로 와서 마을 전체를 불태웠다. 그런 상황에서 예수님께서 제국의 억압에 맞서 하느님 나라를 선포하셨다는 것은, 곧 당신의 파멸을 자초하는 일이었을 가능성이 크다. 실제로 예수님께서는 이 위험을 충분히 알고 계셨을 것이다. 왜냐하면 당신의 친척인 세례자 요한이 비슷한 이유로 목이 잘려 처형되었기 때문이다.

유다인들은 종종 로마 통치의 잔인함에 맞서 반란을 일으켰고, 로마인들은 이를 진압하기 위해 수단과 방법을 가리지 않았다. 기원전 4세기경의 로마 통치자 퀸크틸리우스 바루스(Quinctilius Varus)는 2천 명가량의 반란자들을 참수하고 그들을 도시를 둘러싼 십자가들에 나란히 걸어둠으로써 예루살렘에서 일어난 대중 봉기를 진압했다. 결국 서기 70년 로마인들은 예루살렘에 있는 유다인들의 신앙과 정체성의 중심, 곧 사랑받던 성전을 파괴해 버렸다.

어린 시절, 예수님은 그러한 이야기들을 듣고 직접적으로 잔인함과 사회적 압제를 경험했을 것이다. 그런 상황에서 예수님이 "때가 찼다"라고 선언하시며, 하느님 나라의 정의와 평화, 모든 이를 위한 생명의 충만함이 "지금" 여기서 실현되고 있음을(마르 1,15 참조) 선포하셨을 때, 처음 그 말을 들은 사람들은 얼마나 놀랐을까? 절망적인 상황 속에서 이런 이상적인 선포는 충격적일 수밖에 없었을 것이다. 예수님의 친척들이 "소문을 듣고 그분을 붙잡으러 나섰다. 그들은 예수님이 미쳤다고 생각하였던 것이다"(마르 3,21)라고 쓰여진 것은 놀라운 일이 아니다. 우리는 그들이 예수님의 정신 건강을 의심했던 것을 이해할 수 있다. 예수님께서 자신이 직면할 위험을 인식하지 못했다면, 인간적으로 보아 이는 미친 행동으로 보였을 것이다.

인간적으로 말해서, 왜 예수님께서 서른 살쯤 되던 무렵(그 당시 문화로는 이미 노년에 가까운 나이)에 나자렛의 집을 떠나 공적 가르침의 길로 나서셨는지 의문을 품지 않을 수 없다. 그 시작은 예루살렘 인근 요르단 강에서, 사촌 세례자 요한이 사람들에게 세례를 주고 있던 곳을 향해 약 70마일을 걸어가는 것이었다. 당시 아버지 요셉은 이미 세상을 떠났을 가능성이 높고, 예수님이 그의 어머니인 마리아의 주된 부양자였을 것이다. 그런데도 왜 예수님께서는 집을 떠나 **가르침**의 길로 나선 것일까? 많은 그리스도교 학자는, 당시 예수님이 약속된 메시아로서의 자기 정체성을 분명히 자각하고 계셨던 것은 아니라고 보고 있다. 인간적 관점에서 보자면, 예수님의 메시아로서의 자각은 공적 활동을 통해 서서히 형성되었고, 사람들이 그를 인식하면서 그의 정체성이 점차 확립되었을 것이다.

우리는 또한 왜 한 외딴 마을의 가난한 목수가, 모든 백성과 그 너머의 사람들까지 가르치고 교육해야 할 부름을 받았다고 확신하게 되었는지를 의아하게 여길 수밖에 없다. 이미 언급했듯이, 교사들은 스승 밑에서 토라에 대해 오랫동안 공부해야 했다. 예수님은 분명히 동네 사람들을 놀라게 했다. 예수님이 나자렛으로 돌아와 가르치셨을 때, 그들은 이렇게 수군거렸다. "저 사람이 어디서 이 모든 것을 얻었을까. (…) 목수로서 마리아의 아들이 아닌가?"(마르 6,2~3). 우리는 단지 예수님께서 하느님 나라가 임박했음을 가서 가르치라는 강력한 소명 의식을 느끼셨을 것이라고 추측할 뿐이다. 예수님이 가족과 마을을 떠나 미지의 세계로 떠나게 만든 것 — 그 자신을 파괴로 이끌 것이 분명한 일을 하도록 만든 것 — 은 그 이유 외에는 없었을 것이다.

요한은 "죄의 용서를 위한 회개의 세례를 선포"하였고, 예수님께서는 "갈릴래아 나자렛에서 오시어, 요르단에서 요한에게 세례를 받으셨다"(마르 1,4.9). 그리고 세례를 받자마자 예수님 주위에서 놀라운 신적 현현(theophany)이 일어났다. 세 개의 모든 공관 복음이 그것을 증언하고 있는데, 마르코는 다음과 같이 표현했다. "성령께서 비둘기처럼 당신께 내려오시는 것을 보셨다. 이어 하늘에서 소리가 들려왔다. '너는 내가 사랑하는 아들, 내 마음에 드는 아들이다'"(마르 1,10~11). 예수님께서도 그 자리에 있던 사람들과 마찬가지로, 이와 같은 "하늘로부터의" 놀라운 확언에 놀라지 않으셨을까?

우리가 어떻게 상상하든, 예수님의 세례는 그분의 공적 활동의 시작을 알렸고, 아마도 예수님 자신과 다른 이들이 점차 그분을 약속된 메시아로 알아보게 되는 출발점이 되었을 것이다. 요한 복음은 예수님의 세례에 대해 분명하게 언급하고 있지는 않지만, 세례자 요한이 처음에 예수님을 "세상의 죄를 없애시는 하느님의 어린양"이라고 가리키며, "이분이 하느님의 아드님"이시라고 증언하는 장면을 전한다(요한 1,29; 1,34).

세례를 받으신 후 예수님께서는 공적 가르침을 시작하셨는데, 적어도 루카 복음의 기록에 따르면, 그 첫걸음은 고향인 나자렛에서였다(루카 4,16 이하; 마르코와 마태오는 단순히 "갈릴래아에서"라고만 전한다). 세례자 요한이 처형된 후, 예수님께서는 점점 늘어나는 제자들과 함께 나자렛에서 북동쪽으로 약 30마일 떨어진 가파르나움의 시몬(후에 베드로라 불림)과 안드레아의 집으로 옮긴 것으로 보인다(마태 4,12~13 참조). 예수님의 가르침 사명은 치유, 빵의 나눔, 위로와 조언, 용서, 그리고 악을 쫓아내는 것을 포함했고, 이는 갈릴래아와 인근 지역 전역, 그리고 마침내 예루살렘까지 이르렀다. 요한 복음의 연대기를 따른다면, 예수님의 공생활은 약 3년 동안 지속되었으며, 그 사이 네 차례 예루살렘을 방문하신 것으로 보인다.

전승에 따르면, 유다 지방의 로마 총독인 본시오 빌라도(서기 26~36년)가 예수님을 예루살렘 밖의 작은 언덕에서 십자가형에 처했을 때, 그분의 나이는 약 33세였다. 빌라도는 예수님의 고향 갈릴래아 지방의 속주 로마 총독인 헤로데 안티파스와 결탁하여, 서로가 예수님의 형을 선고하는 책임을 지기를 거부하였다. 그들은 예수님의 십자가 "죄명 패"에 "유다인들의 임금"이라고 써서 못 박았다(마르 15,26). 적어도 로마인들에게 예수님은 정치적 위협이었다. 그분이 민중을 선동하여 로마에 대항하게 만들지도 모른다고 여겼기 때문에, 십자가 처형이 필요하다고 판단한 것이다. 그러나 예수님께서 살아오신 삶, 보여 주신 가치, 그리고 옹호한 대의를 생각한다면, 그분이 평온히 늙어 죽음을 맞이하는 일은 애초에 기대하기 어려웠다. 예수님께서는 그가 살았던 목적 — 하느님 나라 — 을 위해 돌아가신 것이다!

성찰과 대화를 위해

- 예수님의 역사적 맥락을 이해하는 것이 오늘날 교육자로서 우리가 예수님에게서 무엇을 배울 수 있는지에 어떤 영향을 줄 수 있을까?
- 자신의 교육 환경에서 나타나는 주요 특징들은 무엇이며, 이것이 교육 활동에 미치는 긍정적·부정적 영향은 무엇인가?
- 예수님의 모범에서 당신이 배운 실질적인 지혜는 무엇인가?

하느님 나라를 위해 살기

성경학자들은 거의 모두 예수님 삶의 중심적인 열정과 목적이 하느님 나라라는 것에 동의한다. 예수님께서는 자신의 **존재** 자체를, 사람들의 삶과 세상 안에서 하느님께서 다스리시는 이 위대한 유토피아적 비전에 두셨으며, 사람들이 이 비전을 살아 내고 전례 없는 방식으로 그 실현의 가능성을 경험하도록 인도하셨다. 이 상징은 모든 사람을 위한 최고의 삶과 모든 피조물의 안녕(well-*being*)[4]에 대한 희망을 나타내는데, 바로 이것이야말로 하느님께서 인간 역사에 대해 궁극적 결과로 바라시는 것이기 때문이다. 그리고 하느님께서 우리와 온 피조물을 위해 마련하신 비전이기에, 비록 역사적 시간이 아닌 마지막 때에야 완전히 실현되더라도, 결국은 이루어질 것이다. 한편, 예수님에게서 영적 토대를 찾는 교육자들에게 하느님 나라는 전체 교육과정과 학생들의 삶에 영향을 미칠 학습 결과를 안내하는 궁극적 비전을 제시한다.

전통적으로 그리고 대부분의 신약성경 번역에서, 그리스어 '*basileia tou theou*'는 "하느님의 나라"(kingdom of God)로 제시된다. 그러나 나라(kingdom)가 지리적 영역을 함축하는 반면, 이 개념은 오히려 점진적으로 전개되는 과정(unfolding process)을 가리킨다는 점에서, "하느님의 다스림"(reign of God)이라는 번역이 더 적합하다. 또한 마태오 복음은 "하늘 나라"(kingdom of heaven)라는 표현을 선호한다. 그러나 이것은 하느님의 다스림(reign of God)이 오직 영원의 미래에서만 실현된다는 의미라기보다, 경건한 유다인이었던 마태오가 거룩한 이름(하느님)을 직접적으로 사용하기를 꺼려 "하늘"을 하느님의 동의어로 사용했음을 보여 준

4) 〔옮긴이 주〕 모든 피조물의 안녕이란 모든 피조물(사람, 동물, 자연, 우주)이 하느님의 뜻 안에서 조화롭게 살아가는 상태를 말한다.

다. 따라서 예수님께서 말씀하신 하느님의 다스림은 단순히 "저 먼 하늘 나라"의 희망이 아니라, 지금 이 순간 땅에서 하느님의 뜻이 "하늘에서와 같이" 이루어지는 것으로 이해되어야 한다. 그러한 하느님의 뜻의 실현은 곧 빚이 탕감되고, 모든 이가 날마다 필요한 양식을 나누어 가지는 것을 포함한다. 그리고 이것은 특히 그 시대의 가난한 사람들에게는 중요한 두 가지 사회적 관심사였다(마태 6,9~13).

대조적으로, 공관 복음서에서는 "하느님 나라"라는 표현이 120여 차례 등장하지만, 요한 복음에서는 그 사용이 현저히 드물다. 예수님은 니코데모에게 "누구든지 위로부터 태어나지 않으면 하느님 나라를 볼 수 없다"라고 조언하신다. 이것은 "물과 성령으로 태어나야" 하는 것이고, 성령은 바람처럼 "불고 싶은 데로 분다"(요한 3,3~8). 전통적으로 이 말씀은, 성령께서 자유롭게 일하시며 어떤 특정 민족이나 종교에 제한되지 않고 보편적으로 하느님 나라를 실현하신다는 의미로 해석된다. 또한 요한 복음 후반부에서, 예수님께서 빌라도 앞에 서신 재판 장면이 등장한다. 빌라도가 예수님께 "당신이 유다인의 임금이요?"라고 묻는 것은(요한 18,33), 네 복음서 모두에서 드러나듯이 로마 당국이 예수님을 정치적 위협으로 여겼음을 보여 준다. 그 상황에서 예수님께서는 "내 나라는 이 세상에 속하지 않는다"라고 대답하신다(요한 18,36).

이러한 맥락에서, **하느님의 다스림**이라는 비전은 요한 복음 전체에 걸쳐 크게 드러나는데, 이는 모든 이를 향한 예수님의 신적 의도를 요약하는 "생명의 충만함"이라는 이미지로 제시되며, 때때로 이 이미지는 '**빛**'이라는 은유와 함께 나타난다. 요한 복음의 서두에서, 요한은 예수님을 하느님의 창조적 말씀이 사람이 되신 분으로 묘사하면서, "그분 안에 생명이 있었으니 그 생명은 사람들의 빛이었다"라고 밝힌다(요한 1,4). 이어서 요한 복음 3장 16절의 고전적 구절은 하느님께서 외아들을 세상에 보내시어, 모든 사람이 "영원한 생명을 얻게 하시려는" 뜻임을 천명한다. 이후 예수님은 "세상에 생명을 주기 위해" 당신 자신을 내어 줄 것이라고 설명한다(요한 6,51). 이러한 생명은 단지 훗날 주어질 것이 아니라, 바로 지금 여기에서 시작되어야 하는 것이다. 생명과 빛의 은유를 결합하여, 요한은 예수님의 말씀을 이렇게 전한다. "나를 따르는 이는 어둠 속을 걷지 않고 생명의 빛을 얻을 것이다"(요한 8,12).

아마도 요한 복음에서 절정을 이루는 선언은, 예수님께서 자신을 "착한 목자"에 비유하신 직후에 이어지는 말씀일 것이다. **목자**는 성경의 예언서들에서 하느님을 가리키는 가장 사랑받는 이미지 중 하나이다. 예수님께서는 이렇게 선언하신다. "나는 양들이 생명을 얻고 또 얻어 넘치게 하려고 왔다"(요한 10,10). 그 뒤로 요한 복음은, 하느님의 사람으로서 가장 잘 살아가는 방식으로 예수님의 삶의 실천과 가르침을 제시하면서, 예수님께서 자신을 "길이요 진리요 생명"(요한 14,6)이라고 말씀하셨음을 기록한다. 분명히 요한 복음은 생명이라는 은유를 통해, 다른 복음서 저자들이 '하느님 나라'라는 주제로 제시한 생명을 주는(life-giving) 비전을 되풀이하여 강조하고 있다.

루카 복음은 예수님께서 자신에게 부여된 가르침 사명에 대해 느끼고 이해한 바를 다음과 같이 요약하여 제시하고 있다. "나는 하느님 나라의 기쁜 소식을 다른 고을에도 전해야 한다. 사실

나는 그 일을 하도록 파견된 것이다"(루카 4,43). 마태오 복음의 가장 초기의 요약은 다음과 같다. "예수님께서는 온 갈릴래아를 두루 다니시며 회당에서 가르치시고 하늘 나라의 복음을 선포하시며, 백성 가운데서 병자와 허약한 이들을 모두 고쳐 주셨다"(마태 4,23). 다시 한번 주목할 점은, 예수님께서 하느님 나라를 가르치실 때 모든 종류의 치유 기적을 포함하셨다는 것이다. 그것이 얼마나 강력한 가르침이었을지를 상상해 보라!

한편, 마르코 복음은 예수님의 가르침의 핵심을 가장 이른 시기에, 또 고전적으로 요약해 준다. 요르단에서 세례자 요한에게 세례를 받으신 후 예수님께서는 "광야에서 사십 일 동안" 유혹의 시련을 겪으셔야 했다(마르 1,13). 마르코는 이어 이렇게 전한다. "요한이 잡힌 뒤에 예수님께서는 갈릴래아에 가시어, 하느님의 복음을 선포하시며 이렇게 말씀하셨다. '때가 차서 하느님 나라가 가까이 왔다. 회개하고 복음을 믿어라'"(마르 1,15).

분명 예수님께서는 자신이 직면할 위험을 잘 알고 계셨을 것이다. 이미 사촌 요한이 비슷한 메시지를 전하다가 체포되었기 때문이다. 예수님께서는 '*basileia thou theou,*' 곧 "하느님 나라"라는 표현을 사용하실 때조차, 그분의 복음은 로마의 '*basileia*' — "통치"와 "제국"을 동시에 의미하는 단어 — 와 뚜렷한 대조를 이루었다. 아우구스투스(기원전 27년 ~ 서기 14년) 때부터 로마 황제들은 스스로를 신적 존재로 선포하며, 제국 통치에 신적 권위를 부여하였다. 그러나 예수님께서 선포하신 하느님 나라는 로마 제국의 통치와 근본적으로 대립되는 것임을 분명히 알고 계셨다. 더 나아가, 예수님께서는 "때가 찼고", 기다림이 끝났으며, 지금이 하느님 나라가 도래하는 순간이라는 것을 확신에 차서 선포하셨다.

이 나라는 사람들에게 회개(그리스어 *metanoia*)를 촉구한다. 즉, 사람들이 그들의 생각과 마음을 바꾸어, 하느님 나라가 지금 완전히 새로운 방식으로 실현되고 있다는 "기쁜 소식"—복음(evan-gelion)—을 믿음으로 받아들이고 살아갈 것을 요구한다.

하느님께서 모든 피조물을 다스리신다는 개념은 히브리어 성경들에서 공통된 주제이지만, '**하느님 나라**'라는 용어는 예수님 시대의 유다인 신앙에서 막 유행하기 시작하였다. 그 요약적 표현이 바로 **샬롬**(shalom)이다. 가장 자주 "정의와 함께하는 평화"로 번역되는 **샬롬**은 모든 사람과 모든 피조물을 위한 최고의 선, 모든 마음의 갈증이 완전히 충족되는 것을 의미한다. 시인 윌리엄 버틀러 예이츠는 이것을 "마음의 갈망이 머무는 땅"(the land of heart's desire)이라고 매우 잘 표현했다.

예수님께 있어서 하느님 나라란, 하느님께서 인류를 향해 가지신 가장 좋은 뜻이 결국에는 완전히 실현될 것이라는 의미다. 그것은 시간의 차원을 넘어선 어느 순간에 이루어지겠지만, 동시에 **지금** 여기서 이미 시작되어야 한다. 여기서 우리는 사람 마음 깊은 곳의 가장 지혜롭고 참된 갈망이 채워지는 것을 상상할 수 있으며, 그것은 하느님께서 우리에게 바라시는 바와도 맞닿아 있다. 그러므로 하느님 나라는 믿음·희망·사랑, 정의와 평화, 자비와 연민의 삶 안에서 드러난다. 또한 하느님 나라는 공동체에서의 포용과 환대를 특징으로 한다. 즉 모든 사람의 존엄성과 평등을 완전히 인정하는 태도로, 차별과 편견, 불의와 억압, 질병과 고통, 굶주림과 결핍, 환경 파괴를 끝내려는 노력으로 특징지어진다. 그 목록은 끝이 없다.

예수님의 가르침을 보면, 그분께서는 하느님의 나라를 긴장된 상징—양쪽 모두/그리고 희망—으로 이해하셨음을 알 수 있다. 곧 개인의 영혼을 향한 희망이면서 동시에 사회 전체를 변화시키라는 요청이다. 하느님의 나라는 종말에 완전히 실현될 것이다. 하지만 오로지 하느님만이 "그 날과 그 시간"을 아신다(마태 24,36). 한편, **지금**이라는 것은 "때가 차서" 그것이 도래했다는 것이다(마르 1,15). 그래서 우리는 "아버지의 나라가 오시며"라고 기도하고(마태 6,10), 동시에 "하늘에서와 같이 땅에서도 아버지의 뜻이 이루어지소서"라며 일상과 사회 속에서 실천해야 한다. 예수님께서는 제자들에게 하느님께서 먼저 그들 마음 안에 자리하셔야 한다고 말씀하셨다(루카 17,21). **그리고** 그것은 구체적으로 어려움 속에 있는 이웃에게 자비와 연민으로 다가가는 삶을 요구한다. 사실, 자비와 정의의 실천은 제자들이 "그 나라를 차지하기"(마태 25,34) 위한 절대적인 요구사항이다.

예수님께서 사셨던 삶과 그분의 복음을 통해 분명하게 드러나는 것은, 하느님 나라란 곧 하느님을 우리 삶 한가운데 모시는 것이라는 사실이다. 어떤 의미에서, 하느님 나라를 촉진하는 것은 예수님께서 제안하신 우상숭배를 금하는 "제1계명"을 충실히 사는 것이라 할 수 있다. "나는 너를 이집트 땅, 종살이하던 집에서 이끌어 낸 주 너의 하느님이다. 너에게는 나 말고 다른 신이 있어서는 안 된다"(탈출 20,2~3). 하느님께서 참으로 다스리시려면, 사람들의 삶 안에서 하느님이 언제나 첫째 자리에 계셔야 하며, "다른 신들"이 끼어들 여지가 없어야 한다. 바로 이런 맥락에서 예수님께서 제안하신 길은 깊은 논리를 지닌다. 곧 제1계명을 토대로 삼아, 예수님께서는 하느님 나라의 새로운 계약 안에서 **가장 큰 계명**을 선포하시며, 당신께서 드러내 보여 주신 하느님의 모습을 제시하신다.

예수님이 하느님 나라를 가르치실 때, 그분께서 하느님을 우리와 조건 없는 사랑의 계약을 맺으신 분으로 — 하느님 측에서 볼 때 — 묘사했다는 것은 분명하다. 우리가 그것을 얻으려고 노력할 필요가 없다는 의미에서 하느님은 우리를 조건 없이 사랑하신다. 그것은 거저 주시는 것이며, 은총으로 주어지는 것, 곧 대가 없이 주어지는 것이다. 그리고 사랑이 하느님의 본질 그 자체이기 때문에 하느님은 우리를 사랑하신다. 이 점을 가장 간단하고도 깊이 있게 표현한 성경의 문장은 "하느님은 사랑이십니다"(1요한 4,8)라는 선언이다. 그리고 다음과 같은 문장이 덧붙여지고 있다. "하느님께서 먼저 우리를 사랑하셨습니다"(1요한 4,19). 즉, 우리가 무언가를 해야만 사랑받는 것이 아니라, 하느님께서 먼저 주도적으로 우리를 조건 없이 사랑하신다는 뜻이다. 하느님은 사랑이시고 우리를 먼저 사랑하신다는 신약성경의 확신은 지극히 거룩하신 삼위일체에 관한 그리스도교 개념에서 충만하게 표현된다. 삼위일체 하느님은 그분 존재 안에서 서로 사랑으로 일치하실 뿐 아니라, 끊임없이 우리를 향해 사랑으로 다가오시는 분으로 드러난다.

하느님께서 우리를 조건 없이 사랑하신다는 사실을 전제로 하면, 예수님께서 하느님 나라에서 가장 큰 계명으로 **이웃을 자기 자신처럼 사랑함으로써 하느님을 사랑하는 것**을 제시하신 데에는 깊은 논리가 담겨 있다. 하느님의 무조건적인 사랑에 대한 우리의 신앙적 응답은 하느님과 이웃, 그리고 자기 자신을 사랑하는 것 외에는 달리 있을 수 없다. 심지어 원수까지도 사랑해야 한다(마태 5,44 참조). 그리고 이는 우리 존재의 모든 힘을 다해 이루어져야 한다. 그래서 누군가 예수님께 "모든 계명 가운데 첫째가 무엇입니까?" 하고 물었을 때, 예수님은 유다교 신앙의 두 전통적 율법 구절을 함께 인용하셨다. 하나는 "너희는 마음을 다하고, 목숨을 다하고, 힘을 다하여" 하느님을 사랑해야 한다(신명 6,4~5)는 말씀이고, 다른 하나는 "네 이웃을 너 자신처럼 사랑해야 한다"(레위 19,18)는 말씀이다. 예수님은 사실상 세 가지 계명 — 하느님 사랑, 이웃 사랑, 자기 자신에 대한 사랑(우리는 종종 세 번째 부분을 잊곤 한다) — 을 하나로 모아 엮으신 최초의 히브리 예언자이셨다.

마르코 복음에 따르면(12,28~34), 한 율법 학자가 예수님께 가장 큰 **계명**(단수)에 대해 묻는다. 그런데 언뜻 보면 예수님은 세 가지 계명 — 곧 하느님 사랑, 이웃 사랑, 자기 자신에 대한 사 랑 — 으로 대답하신 것처럼 보인다. "너는 마음을 다하고, 목숨을 다하고, 정신을 다하고, 힘을 다하여 주 너의 하느님을 사랑해야 한다"(여기서 신명기의 본문과 달리 "정신"을 덧붙인 점에 주목할 필요가 있다). 예수님은 그러고 나서 "네 이웃을 너 자신처럼 사랑해야 한다"라고 덧붙이신다. 그리고 "이보다 더 큰 계명(역시 단수임)은 없다"라고 요약하신다. 다시 말해, 이 세 부분은 서로 분리된 것이 아니라 유기적으로 연결되어 있다. 예수님께 있어 하느님 사랑은 곧 이웃을 자기 자신처럼 사랑할 때 드러난다. 율법 학자가 예수님이 말씀하신 것을 다시 반복하면서 동의하자, 예수님은 "**너는 하느님 나라에서 멀리 있지 않다**"(12,34)라고 응답하신다. 예수님의 가르침에서 보면, 이 근본적인 사랑의 계명은 우리가 하느님 나라를 살아가는 방식을 결정짓는 핵심이다. 다른 말로 하자면, 우리가 이 가장 큰 계명을 더 충실히 살아 낼수록, 하느님 나라는 우리의 삶과 세상 속에서 더욱 실현된다.

이러한 하느님 나라에서 가장 큰 사랑의 계명 — 곧 하느님을 조건 없이 사랑하시는 분으로 드러내고, 제자들 역시 그 사랑을 본받도록 초대하는 계명 — 은 예수님의 삶 그 자체의 기준점이 되었다. 예수님께서는 당신이 가르치신 것을 직접 실천하셨다. 그래서 예수님께서는 가난한 이, 굶주린 이, 병든 이, 슬퍼하는 이, 악의 세력에 억눌린 이, 사회에서 배제된 이, 거지, 죄인, 짓밟힌 이, 억압받는 이, 멸시받는 이, 박해받는 이들에게 특별히 사랑과 자비로 다가가셨다. 그 목록은 끝이 없다. 이러한 사람들을 해방시키는 실천은 예수님의 하느님 나라에 대한 가르침에 있어 필수적인 것이었다. 마태오 복음은 이를 이렇게 요약한다. "예수님께서는 온 갈릴래아를 두루 다니시며 회당에서 가르치시고 하늘 나라의 복음을 선포하시며, 백성 가운데에서 병자와 허약한 이들을 모두 고쳐 주셨다"(마태 4,23).

또한 기억할 것은, 예수님께서는 단순히 어려움에 처한 사람들을 도우시고 제자들에게도 그렇게 하라고 가르치셨을 뿐 아니라, 그들의 사회적 수치심을 지워 주시고 공동체로부터의 배제를 걷어 내 주셨다는 사실이다. 예수님께서 선포하신 하느님 나라는 철저히 **사회적**이면서 동시에 **개인적**인 차원을 지니고 있었다. 따라서 그분의 연민의 활동들은, 고통을 하느님의 뜻이나 죄에 대한 벌로 보는 숙명론에 맞서면서, 그 당시 사회적 맥락에 대한 의식을 일깨워 주었다. 예수님께서는 자신이 도운 사람들을 그들의 사회 안으로 다시 통합시키고, 그들의 존엄성을 회복시킴으로써 문화적 편견에 맞서 일하셨다.

그러므로 예수님의 가르침과 삶의 실천에서 비추어 볼 때, 하느님 나라는 모든 불의와 배제, 억압과 불평등에 철저히 반대한다는 사실이 명확하다. 예수님께서는 하느님께서 어떤 이유로든 학대나 차별을 결코 허락하지 않으시며, 오히려 그 반대 — 모든 이의 인간 존엄성에 대한 존중과 정의의 실현 — 를 요구하신다고 깊이 확신하셨다. 바로 이러한 하느님 나라의 사회적 가치에 대한 헌신 때문에, 오늘날 학자들은 예수님의 태도를 '가난한 이들에 대한 우선적 선택'이라고 부른다. 간단히 말하자면, 예수님께서는 가장 도움이 필요한 이들 — 곧 가장 작은 이들, 잃어버린 이들, 마지막 자리에 있는 이들 — 을 특별히 더 가까이하시고 사랑하셨다.

예수님께서 인류 역사 안에서 하느님 나라를 전하는 결정적인 존재요 스승으로서 자신을 어떻게 이해하셨는지를 보여 주는 복음서의 가장 좋은 요약은 루카 복음 4장 16~21절이다. 루카는 이 장면을 예수님의 갈릴래아 공생활 시작 부분에 배치하고 있다. 예수님께서는 안식일에 고향인 나자렛으로 가시어 "늘 하시던 대로" 마을 회당으로 가셨다. 예수님께서 성경을 읽기 위해 선택되셨거나 또는 자원하셨고, 예수님이 좋아하시는 "이사야 예언자의 두루마리"가 건네졌다. 예수님께서는 두루마리를 펴시고 의도적으로 이사야서 61장 1~2절을 찾으셨다. 루카 복음에 의하면, 예수님께서 그것을 읽으실 때, 억압받는 이들을 해방시키는 것에 대해 언급한 이사야서 58장 6절의 구절을 포함시키셨다.

예수님께서는 이렇게 선포하셨다. "주님께서 나에게 기름을 부어 주시니 주님의 영이 내 위에 내리셨다. 주님께서 나를 보내시어 가난한 이들에게 기쁜 소식을 전하고 잡혀간 이들에게 해방을 선포하며 눈먼 이들을 다시 보게 하고 억압받는 이들을 해방시켜 내보내며 주님의 은혜로운 해를 선포하게 하셨다"(루카 4,18~19). 여기서 마지막 구절은 바로 희년(Jubilee Year)에 대한 희망을 가리킨다. 희년은 칠 년을 일곱 번 지낸 뒤 맞이하는 제 오십 년째 되는 해다. 희년은 모든 것이 본래 하느님께 속해 있음을 드러내며, 모든 것을 하느님께 봉헌하는 궁극적인 안식의 때였다. 그래서 땅은 묵히고, 빚은 탕감되며, 노예와 포로는 모두 자유롭게 풀려났다(레위 25,10~12 참조).

예수님께서 이사야서를 읽으시고 앉으시자, "회당에 있던 모든 사람의 눈이 예수님을 주시하였다"(루카 4,20). 그리고 극적인 순간이 이어졌다. 예수님께서 "오늘 이 성경 말씀이 너희가 듣는 가운데서 이루어졌다"(루카 4,21)라고 말씀하신 것이다. 이는 분명히 당신이 하느님께서 보내신 메시아, 곧 '기름부음받은 이'임을 선포하신 것이다. 이 선언을 '기본 강령'으로 삼아, 루카 복음의 나머지 부분은 예수님께서 인류 역사 안에서 하느님 나라를 전하는 결정적 인물이요 스승으로서 그 정체성을 어떻게 완성해 나가셨는지를 보여 준다.

하느님 나라에 대한 예수님의 가르침 중 가장 위안이 되는 부분은 하느님 자비의 크심을 강조한 점이다. 예수님의 공생활에서 중심을 이룬 것 가운데 하나는 죄인들을 용서하시고 그들을 제자들의 공동체로 받아들이신 일이었다. 이 사실만으로도 강력한 가르침이 되었음은 분명하다. 실제로 예수님에 대한 빈번한 비난은 그가 죄 많은 사람과 어울리고 함께 식사한다는 것이었다. 당시 문화에서 함께 식사하는 행위는 포용과 환대의 상징이었기 때문이다.

그 대표적인 사례가 바로 세리 마태오를 제자로 부르신 장면이다. 이 이야기는 세 복음서 모두에 기록되어 있다(마르코와 루카는 그를 '레위'라 부른다). 예수님과 마태오 사이에 이전에 어떤 만남이 있었던 것처럼 묘사되지도 않는다. 예수님께서는 단순히 마태오에게 "나를 따라라"라고 말씀하시고, 마태오는 "일어나 그분을 따랐다"(마태 9,9). 당시 사람들에게 세리는 미움받아 마땅한 존재였다. 그들은 대개 유다인과 동족이면서도 로마 제국을 위해 세금을 거두었고, 높은 세금을 부과하면서 스스로도 넉넉한 수수료를 챙겼기 때문이다. 그런데 예수님께서 바로 그런 사람을 제자로 부르셨다는 사실은 예수님의 놀라운 포용성을 보여 준다. 또한 마태오가 즉각적으로 수락했다는 것은 예수님의 카리스마와 하느님 나라의 가르침이 지닌 매력을 잘 드러낸다.

그 이후, 예수님께서는 마태오의 집에서 식사 자리에 앉으셨다. 그러자 "많은 세리와 죄인도 와서 예수님과 그분의 제자들과 자리를 함께하였다"(마태 9,10). 예수님께서 이런 사람들과 함께 식탁 친교를 나누셨다는 사실은 강력한 메시지를 주었고, **동시에** 당연한 항의를 불러일으켰다. 그 자리에 있던 몇몇 바리사이들 — 율법을 성실히 해석하고, 종교적 의무를 소홀히 하는 사람들과는 거리를 두고자 했던 이들 — 은 예수님의 제자들에게 이렇게 물었다. "당신네 스승은 어째서 세리와 죄인들과 함께 음식을 먹는 것이오?"(마태 9,11). 예수님께서 이 말을 들으시고 대답하셨다. "건강한 이들에게는 의사가 필요하지 않으나, 병든 이들에게는 필요하다"(마태 9,12). 이어서 제자들에게 과제를 내주듯 말씀하셨다. "너희는 가서 '내가 바라는 것은 희생 제물이 아니라 자비다' 하신 말씀이 무슨 뜻인지 배워라"(마태 9,13).

여기서도 예수님께서는 다시 한번 호세아 예언자의 말을 암송으로 인용하셨다. "내가 바라는 것은 희생 제물이 아니라 **자비**다"(호세 6,6). 호세아는 이 말씀을 야훼의 음성으로 전하며, 제의적 예식보다 자비를 우선하시는 하느님의 뜻을 드러냈다〔원래 히브리어 헤세드(hesed)는 "자애로운 사랑"이라는 의미도 담고 있다〕. 하느님께서 제의적 순결보다 자비를 더 기뻐하시듯, 예수님께서도 같은 길을 선택하신 것이다. 그러고 나서 예수님께서는 "사실 나는 의인이 아니라 죄인을 부르러 왔다"(마태 9,13)라고 결론지으신다. 예수님께서 선포하신 하느님 나라는 죄인들을 따뜻하게 환대한다.

예수님의 용서는 너무나도 급진적이어서, 무지하거나 마음이 완고하여 아직 잘못을 뉘우치지 않은 이들조차 용서하셨다. 십자가 위에서 예수님께서는 당신을 십자가에 못 박은 이들을 위하여 기도하셨다. "아버지, 저들을 용서해 주십시오. 저들은 자기들이 무슨 일을 하는지 모릅니다"(루카 23,34). 또한 제자들이 용서를 받는 기준을, 우리 스스로 "저희에게 잘못한 이를 저희도 용서하였듯이"(마태 6,12) 살아가는 데 두셨다. 예수님께서 가르치신 이러한 하느님 나라는 참으로 혁명적인 사건이다!

예수님께서 하느님 나라의 넉넉함을 가르치신 또 하나의 놀라운 사례는 포도밭 일꾼들의 비유다(마태 20,1~16 참조). 이 비유에서 포도밭 주인은 "오후 5시"(at the eleventh hour)[5]에 와서 일한 이들에게, 하루 종일 뙤약볕 아래서 일한 사람들과 똑같은 품

---

5) 〔옮긴이 주〕 당시 유다인들의 시간 개념에서 "열한째 시"는 오후 5시를 말한다. 유다인들은 '해 뜨는 시간'(약 오전 6시)을 하루의 첫 시간으로 계산했다.

삯을 준다. 도대체 어떤 주인이 이렇게 터무니없이 후할 수 있겠는가? 가능한 이유는 단 하나다. 늦게 온 사람들이 품삯을 다 받을 자격이 있어서가 아니라, 그 품삯이 가족을 먹여 살리는 데 꼭 **필요**했기 때문이다. 마찬가지로, 하느님께서는 우리가 그것을 얻을 자격이 없을지라도 우리에게 필요한 것을 주신다. 하느님 나라에 속한 사람들, 그리고 예수님께 영감을 받은 교육자들 역시 그런 후한 사람들이 되어야 한다.

예수님께서 당신의 전 존재를 하느님 나라에 내어 맡기셨고, 마침내 그러한 헌신 때문에 십자가에 못 박히셨듯이, 제자들 또한 하느님의 뜻을 위하여 모든 것을 내어놓는 삶을 살아야 한다. 예수님께서는 짧은 두 가지 비유를 통해 하느님 나라를 위한 아낌없이 "모든 것을 건 헌신"을 격려하신다. 하느님 나라는 "밭에 숨겨진 보물"과 같다. 어떤 사람이 그것을 발견하면, 다시 감추어 두고 "기뻐하며" 가진 것을 **다** 팔아 그 밭을 산다(마태 13, 44). 또 하느님 나라는 "좋은 진주"를 찾는 장사꾼과 같다. 그는 값진 진주 하나를 발견하자, 가진 것을 모두 팔아 그 진주를 샀다(마태 13,45~46). 가톨릭 교육자가 예수님의 영적 토대 위에서 개인적·사회적 윤리를 가르칠 때, 그들이 제안하는 모든 것의 궁극적 기준은 하느님 나라를 증진시키는가 아닌가에 달려 있어야 한다.

하느님 나라를 위해 모든 것을 바쳐야 한다는 예수님의 가르침에서 위로가 되는 점은, 아주 적은 노력조차 큰 차이를 만들 수 있다는 다른 두 비유와 바로 연결되어, 이 두 비유가 나왔다는 사실이다. 아주 작은 겨자씨가 큰 나무가 될 수 있고, 작은 누룩은 거대한 밀가루 반죽 더미를 부풀어 오르게 할 수 있다(마태 13,31~33 참조). 하느님 나라에 관해서도 이것은 마찬가지이다.

그리고 모든 교육자가 이것을 경험해 왔다. 친절한 말 또는 도움이 필요한 학생에게 준 아주 작은 도움은 희망을 줄 수 있고, 인생을 바꿀 수도 있다.

특히 교육자들은 자신들의 선한 노력이 하느님의 은총으로 더욱 커져서 백 배의 열매를 맺을 수 있다(마르 4,20 참조)는 점에서, 그들의 일을 하느님과의 동반자적 사명으로 바라볼 필요가 있다. 우리는 교육자로서 역사적인 예수님의 이야기는 일단 여기에 남겨 둔다. 그러나 우리는 가톨릭 지성 전통의 위대한 주창자들(제3~6장)을 살펴보는 동안 자주 하느님 나라에 대한 예수님의 가르침과 모범을 언급할 것이며, 예수님께서 무엇을, 어떻게 가르치셨는지가 가톨릭 교육의 모든 기본 주제와 관련되기 때문에, 제3부 전반에 걸쳐 다시 더 명시적으로 언급하게 될 것이다. 이 장의 성찰에서 얻게 되는 핵심적인 교훈은 하느님의 나라가 가톨릭 교육자들이 학생들의 삶 속에서 가르치고 북돋아 주어야 할 위대한 영적 토대와 희망의 비전을 말해 준다는 점이다.

성찰과 대화를 위해

- 예수님께서 보여 주신 하느님 나라를, 교육자로서 당신 소명의 영적 토대로 삼는다고 상상해 보라.
- 가르치고 실천해야 할 핵심적인 약속과 가치들은 무엇인가?
- 당신이 (아마 그런 용어를 직접 쓰진 않겠지만) 하느님 나라를 위한 "배움의 결과"를 얻기 위해 이미 실천하고 있는 방법들이 있다면 구체적으로 어떤 것들인가?
- 예수님처럼 하느님 나라를 가르치고자 할 때, 오늘날 새롭게 인식하게 되는 도전 과제들은 무엇인가?

가톨릭 교육을 위해

▌하느님 나라를 위해 교육하기▐ 이 책의 각 장에는, 그 장에서 제시하는 영적 토대를 가톨릭 교육자들이 어떻게 구현해야 하는지를 명시적으로 성찰하는 부분(또는 부분들)이 포함되어 있다. 여기에서는 예수님의 가르침 속에서 중심을 차지하는 하느님 나라와 그 근본 율법인 근원적 사랑이 오늘날 가톨릭 교육에 의미하는 바가 무엇인지를 성찰하면서 시작하고자 한다. 사실, 예수님께서 가르치신 하느님 나라의 영적 토대를 받아들이고 그것을 가톨릭 학교의 전체 교육과정에 반영하는 것이 이 책의 중심 주제이다. 여기에서는 특히, 가장 큰 계명이 지닌 공동체적 특성에 의해 요구되는 사회적 함의들을 강조하려 한다.

역사 이래로 모든 문화권의 사람들은 교육이 지닌 중요한 사회적 잠재력, 심지어 어떤 거대한 공적 목적까지도 인식해 왔다. 서양에서 고대 그리스인들은 **파이데이아**(*paideia*)[6]라는 교육의 개념을 갖고 있었다. 이것은 선량한 사회를 구축할 좋은 시민을 양성하기 위해 예술과 과학을 결합한 총체적인 교육과정을 의미한다. 이와 비슷하게, 로마인들에게 교육의 목적은 **후마니타스**(*humanitas*), 즉 사람들이 인간으로서의 잠재력을 충분히 발휘하면서 살고 공공 영역에서는 공동선을 위해 기여하도록 준비시키는 것이었다. 그 이후로 서양 역사 전반에 걸쳐 일관된 주제는 교육이 사람들의 완전한 발전을 촉진해야 한다는 것이었다. 즉

---

6) 〔옮긴이 주〕 파이데이아는 고대 그리스의 전인적 교육 이념이다. 인간을 이성과 덕성을 갖춘 온전한 인간 존재로 기르는 교육을 의미한다.

그들의 **존재** 자체 — 그들이 **누구이며**, **어떻게** 살아야 하는지 — 를 형성하는 것이었다. 교육은 사람들이 그들 자신을 위해 그리고 다른 사람들을 위해 삶을 인간답게 만들고 유지하도록 해 주어야 한다. 요컨대, 교육은 사람들과 그들이 속한 사회의 **안녕**을 위한 고귀하고 공적인 비전에 봉사하는 것이다.

예를 들어 플라톤은 교육이 사람의 영혼을 "참되고, 선하며, 아름다운 쪽으로" 참여시키고 변화시키는 것이라고 말했다. 아리스토텔레스는 교육이 사람들로 하여금 행복을 추구하도록 격려해야 하며, 이를 위해 실천적·사회적 덕을 길러 주고 궁극적으로는 가장 높은 형태의 지식인 영적 지혜에 이르도록 해야 한다고 보았다. 다니엘서는 교육의 목적은 사람들이 지혜롭게 살아가게 하는 것이라고 제안하면서, 다른 이들을 그러한 "의로움"으로 가르치는 이들은 "창공의 별들처럼 영원 무궁히 빛날 것"이라고 하였다(다니 12,3).

근대에 이르러 위대한 교육자인 마리아 몬테소리(Maria Montessori, 1878~1952)는 가르침은 학생들이 무한한 창의성과 책임 있는 자유를 누릴 수 있도록 동행하는 "위대한 동반자 관계의 예술"이라고 말했다. 존 듀이(John Dewey, 1859~1952)는 교육을 인간의 발전과 사회 개혁의 주요 수단이라고 묘사했다. 유명한 브라질 교육자인 파울로 프레이리(Paulo Freire, 1921~97)는 억압받는 사람들을 일으켜 세우고 모든 사람의 해방을 촉진하는 우리 시대 교육의 유토피아적인 비전을 제안했다. 저명한 철학자이자 수학자인 알프레드 노스 화이트헤드(Alfred North Whitehead, 1861~1947)는 "교육의 본질은 종교적인 것이어야 한다"라고 쓰고, 그것이 "의무와 존경심을 심어 주는 것"을 의미한다고 하였다(「교육의 목적」 3,14).

제8장에서 자세히 설명하겠지만, 서구 민주주의 사회에서 대부분의 공교육은 그러한 고귀한 비전과 사회적 목적의 의미를 많이 상실했다. 공교육은 자기의 이익을 넘어서는 "이웃"에 대한 관심 없이, 억제되지 않은 자본주의의 기업 세계에서 "정상에 오르도록" 사람들을 준비시키는 데 더 관심이 있다. 그 학습 성과는 결국 캐나다 철학자 찰스 테일러가 "차단된 자아"(buffered selves)[7] 라고 부른, 오직 자기 자신만을 위해 독립적으로 행동하는 사람들을 양산하는 데 있다. 가톨릭 학교가 이를 따르는 것은 끔찍한 실패가 될 것이다. 대신에 예수님께서는 그분의 발자취를 따르는 교육자들에게 가장 큰 영감을 주고 사회 전체를 아우르는 교육의 비전 — 근원적 사랑을 요구하는 하느님 나라 — 을 주셨다. 가톨릭 교육자들이 무엇을 가르쳐야 하는지, 그것을 어떻게 가르쳐야 하는지, 또 동료 학습자들과 모든 이의 공동선을 위하여 어떤 목적을 가지고 그것을 가르쳐야 하는지는, 언제나 이 영적 토대 — 곧 모든 사람과 모든 피조물에게 생명의 충만함을 주시는 하느님 나라에 대한 예수님의 비전(요한 10,10 참조) — 에 바탕을 두고 있어야 한다.

예수님의 삶과 가르침의 중심적 헌신으로서 하느님 나라는, 무엇보다도 먼저 가톨릭 교육자들에게, 하느님과 이웃을 자기 자신처럼, 심지어 원수까지도 사랑하는, 이 근원적 사랑의 계명에

---

[7] 〔옮긴이 주〕 찰스 테일러(Charles Taylor)가 그의 저서 *A Secular Age*에서 다룬 "buffered self" 개념은 "스스로를 독립적이고 자족적인 존재로 여기며, 자기 이외의 초월적·타자적 관계를 차단한 자아"를 말한다. buffered selves는 '완충된 자아'로 번역되기도 한다.

대해 가르치도록 초대한다. 이것은 하느님의 우리를 향한 무조건적인 사랑에 응답하는 궁극적인 방식이다. 파울로 프레이리는 사회적으로 해방적이며 인격적으로 인간화하는 교육을 구상하면서, 그 토대는 반드시 예수님의 가장 큰 계명 — 근원적 사랑 — 이어야 한다고 주장했다. 오직 학생들을 자기 자신처럼 사랑하고 그들 또한 그렇게 살아가도록 격려할 때에만, 우리는 학생들의 전인적 잠재력을 존중하고 사회의 공동선을 위한 교육을 제공할 수 있다.

이웃을 자기 자신처럼 사랑하라는 데 초점을 두게 될 때, 그러한 사랑은 반드시 개인적이면서 동시에 공동체적이어야 하며, 진정한 자기 사랑을 북돋우는 동시에 사회적·공적 영역에서 다른 이들을 향한 근원적 사랑을 격려해야 한다. 따라서, 그리고 앞으로도 계속 강조하겠지만, 가톨릭 교육은 학생들의 개인적 안녕을 증진할 뿐만 아니라 그들의 공동체와 사회에서 하느님 나라의 평화와 정의를 증진해야 한다. 가톨릭 교육은 모든 사람의 존엄성과 포용을 증진하면서, 학생들의 인권 **그리고** 학생들의 사회적 책임을 옹호해야 한다. 가톨릭 교육은 예수님께서 하느님 나라에 대한 헌신으로 보여 주시고 가르치신 영적 가치들을 학생들이 받아들이도록 준비시켜야 한다. 그들에게 그보다 덜한 것을 선택하도록 장려하는 것은 가톨릭 교육이 아닐 것이다.

그러므로 우리는 하느님 나라를 가톨릭 교육의 근본적이고 **궁극적 목적**(meta-purpose), 곧 우리가 교육을 통해 기여하고자 하는 궁극적 영적 비전으로 생각할 수 있다. 물론 실제 교육 현장에서는 교육자들이 더 즉각적인 **학습 성과**를 위한 교육과정을 계획해야 한다. 교사로서 우리는 학생들에게 무엇을 배우게 할지 선택하고, 그에 맞게 교수법을 설계하며, 그것이 성공했는지 평가해야 한다. 그러나 이러한 수업 계획의 일상적 실용성 속에서도, 가톨릭 교육자의 교육과정 선택을 인도하는 궁극적 기준은 그것이 학생들의 삶과 세상의 삶 속에서 하느님 나라를 발전시키는지 여부여야 한다.

암묵적으로든 명시적으로든(이는 가르치는 과목에 따라 다소 달라질 수 있지만), 하느님 나라를 가톨릭 교육의 궁극적 목적으로 삼는 것은 사회의 복지에 크게 기여할 수 있다. 마찬가지로, 그것은 학생들의 삶을 궁극적 의미를 지닌 삶으로 크게 풍요롭게 하여, 그들이 자기 삶을 초월적 지평 — 곧 무조건적 사랑이신 은혜로운 하느님 — 안에서 살아가도록 할 수 있다. 그리고 가톨릭 교육은 **이제** 그 자체의 보상으로 하느님 나라를 위한 삶을 제시해야 한다. 예수님께서 가르치시고 삶으로 보여 주신 하느님 나라를 위해 사는 것보다 더 확실한 행복의 길은 없다. 참행복 선언(Beatitudes, 마태 5,3~11)은 이러한 **삶의 방식**을 집약적으로 보여 준다. 참고로 마카리오스(makarios)는 "복된"(blessed)뿐만 아니라 "행복한"(happy)으로도 번역될 수 있다. 우리는 정직하게 학생들에게 이렇게 약속할 수 있다. 그들이 삶에서 가장 큰 행복을 찾게 되는 길은 근원적 사랑이라는 가장 큰 계명을 실천하는 데 있으며, 나아가 평화를 이루는 사람이 되고, 정의를 갈망하며 목말라하고, 자비와 연민을 베푸는 삶을 사는 데 있다고 말이다. 다시 말해, 하느님 나라를 살아가는 데 있다. 그리고 예수님의 하느님 나라 비전에서 영감을 받은 가톨릭 교육은 학생들이 삶과 세상 속에서 키워 가야 할 신앙의 모습을 제안한다.

❙ 삶의 방식으로서 살아 있는 신앙을 위하여 ❙ 가톨릭 교육은 신앙에 **근거하여**, 그리고 신앙을 **위해** 실시되어야 한다. 그러므로 명백히 많은 것들이 우리가 **신앙**을 어떻게 이해하느냐에 달려 있다. 하느님 나라가 "땅 위에서" 그리고 "지금" 실현되어야 한다는 것을 기억할 때, 가톨릭 학교는 인간의 삶 속에서 실존적 신앙, 다시 말해 하느님 나라를 살아가는 **삶의 방식**이 되는 **살아 있는** 신앙을 가르쳐야 한다.

우선 여기서 요구되는 것은, 흔히 신앙을 단순히 **믿음**(belief)과 동일시하는 통념을 훨씬 넘어서는 것이다. 물론 신앙에는 신경(creed)의 차원이 있지만, 단순한 믿음만으로는 하느님 나라를 위한 **살아 있는** 신앙에는 결코 도달할 수 없다. 예수님께서 가르치시고 삶으로 보여 주신 것처럼, 그리스도교 신앙의 핵심을 하느님 나라에 두는 것은 일상의 삶 속에서 "실제로 실천되는" 총체적 신앙을 요구하며, 학생들을 그러한 살아 있는 신앙 안에서 깊이 양성하는 교육을 요구한다.

우리는 먼저 예수님께서 가르치신 하느님 나라의 진리와 가치를 **살아 있는** 신앙으로 받아들이고, 그것을 다시 삶의 모든 차원 — 개인적·공동체적·사회적 차원 — 에서 실천해야 하는 것으로 이해해야 한다. 가톨릭 교육이 지향해야 할 궁극적인 학습 결과는 바로 이러한 **살아 있는** 신앙이며, 우리가 교육을 시작하는 근원도, 교육이 나아가야 할 목적도 결국 이 신앙 안에 있다.

이미 언급했듯이, 그리스도교 전통에서 신앙은 결코 홀로 실현되지 않으며, 언제나 다른 두 가지 위대한 덕목인 희망과 사랑과 긴밀히 얽혀 있다. 예수님께서는 하느님 나라의 가장 큰 계명으로 온 존재를 다한 하느님 사랑과 이웃 사랑을 제시하시며, 이러한 사랑이 그리스도교 신앙생활의 핵심 토대가 되도록 하셨다. 마찬가지로 **살아 있는** 신앙은 희망을 살아 있게 유지시키며, 힘든 시기에도 여전히 희망을 품게 해 준다. 이는 순진한 낙관주의가 아니라, 희망을 향해 우리 자신이 능동적으로 살아가도록 이끄는 내적인 다짐이다.

가톨릭 지성 전통은 토마스 아퀴나스의 가르침을 따라, 세 덕목이 서로 긴밀히 맞물려 순환한다는 생각을 발전시켜 왔다. 곧, 신앙은 희망과 사랑으로 살아가게 하는 원천이며, 사랑으로 살아가는 것은 신앙을 지탱하는 희망을 길러 주며, 그 순환은 계속 이어진다. 그러나 사실 아퀴나스 훨씬 이전부터 이미, 신앙·희망·사랑의 이러한 상호성은 하느님 나라를 위한 예수님의 삶과 가르침 속에 분명히 드러나 있었다.

더 나아가, 삶의 방식으로서의 신앙은 총체적이다. 그것은 인간 전체 — 그의 온 **존재** — 를 참여시키기 때문이다. '하느님 사랑과 이웃 사랑'이라는 가장 큰 계명과 맞물려, 신앙은 사람의 정신과 마음과 힘을 모두 참여시킨다. 다시 말해, 신앙은 우리로 하여금 교회의 신앙 고백과 확신을 받아들이도록 이끌고(지성), 하느님·이웃·세상과 맺는 우리의 관계를 형성하게 하며(마음), 하느님 은총의 도움으로 우리의 삶을 지탱하는 가치와 윤리를 살아 내도록 한다(힘/의지).

마지막으로, 예수님께서 우리를 초대하시는 '**살아 있는**' **신앙**, 그리고 가톨릭 교육이 길러야 할 신앙은 '**살아 있고**', **실제로** '**살아 내며**', '**생명을 주는**' 것이어야 한다. 예수님의 하느님 나라 비전은 사람들을 삶의 여정 속에서 길러지고 성숙해 가는 신앙의 지평으로 초대한다. 그 신앙은 언제나 살아 있고 활기차며,

새로운 차원의 신실함을 향해 끊임없이 확장되어 간다. 분명 그리스도교 신앙은 '**살아 내야**' 할 것이다. 예수님께서 몸소 모범을 보여 주시고 거듭 가르치신 대로, 하느님 나라는 단순히 하느님의 은총만으로 주어지는 것이 아니라, 우리의 주체적 참여를 요구하는 선물(gift, 라틴어 *gratia*)이다. 하느님의 도우심으로, 그리스도교 신앙은 반드시 실천되어야 한다! 또한, 하느님 나라를 향한 삶의 방식으로서의 그리스도교 신앙은 분명히 자기 자신과 타인, 그리고 세상에 '**생명을 주는**' 것이어야 한다. 가톨릭 교육이 학생들의 삶 안에서 이처럼 '**살아 있는**' 신앙을 '**바탕**'으로, 또 그 신앙을 '**목표**'로 삼아 교육한다는 것은 참으로 고무적인 영적 토대이며, 고귀한 지평이다.

뒤에서 우리는 모든 학생을 '신앙 **안**'**에서** 성장하도록 교육하는 가톨릭 학교에서의 종교 교육의 명시적 역할을 더 자세히 다룰 것이다. 다시 말해, 인간 존재의 의미와 목적, 그리고 윤리의 기반으로서 무조건적 사랑의 초월적 지평을 제시할 것이다. 위에서 설명한 신앙의 의미가 분명히 보여 주듯, 신앙은 학생들을 세상 **속에서** 살아가는 전인적 삶의 길로 이끈다. '**살아 있는**' 신앙은 학생들의 **삶 전체를 이끌어 가는 기준**이 되어야 한다. 곧, 그들이 어떤 존재로 서 있는지, 어떤 사람으로 성장해 가는지, 그리고 자신의 삶을 어떻게 살아 내는지 안에 깊이 스며들어야 한다. 가톨릭 학교는 학생들이 그러한 **살아 있는** '신앙 안'에서 성장하도록 격려하고 교육해야 한다. 그러나 동시에, 학생 각자가 어떤 특정한 신앙 전통 속에서 자신만의 정체성을—혹은 전혀 신앙이 없는 정체성을—형성하더라도, 그 선택은 존중해야 한다!

가톨릭 교육자로서 자신의 소명을 새롭게 하기

각 장의 결론은 독자들이 교육자로서의 자기 소명을 유지하고 새롭게 하는 데 있어, 그리고 학교에서의 삶을 형성하도록 돕는 더 실제적인 성찰을 하도록 이끌 것이다. 우리는 세 가지 실제적인 주제를 **교육자의 '영혼'을 위하여**, **교육자의 '가르침'을 위하여**, **교육 '공간'을 위하여**라고 이름 붙일 것이다. 그러나 세 가지 모두 — 영혼뿐만 아니라 — 각 장에서 제안된 기초가 되는 영성을 택해서 이를 가톨릭 학교의 교육과정에서 실천하도록 격려한다. 또한 교육 공간은 단지 교사의 교실이나 실험실만을 뜻하지 않는다. 그것은 학교 공동체가 만들어 가는 전체적인 정신(ethos)과 분위기까지 포함한다. 잠시 멈추어 이러한 성찰을 해보는 것은 유익할 것이다. 더 바람직한 것은, 당신의 지혜를 나누며 함께 대화할 수 있는 동반자가 곁에 있는 것이다.

▌교육자의 영혼을 위하여▐ 피터 모란과 함께 가톨릭 노동자 운동의 위대한 사회 개혁자이자 공동 설립자인 '하느님의 종'[8] 도로시 데이(Dorothy Day, 1897~1980)는 가치 있는 직업을 갖는 것보다 더 큰 은총은 없다고 썼다. 학생들의 삶과 사회 전체 안에서 이 고귀한 소명이 지닌 생명력을 일깨우는 힘과 역사적 의미를 생각해 보면, 교육자의 소명은 "참으로 풍성하고" 가치 있는 일이다. 상상해 보라. 가톨릭 교육자는 예수님이 가르치신 하느님

8) 〔옮긴이 주〕 가톨릭교회에서 '하느님의 종'은 성덕이나 순교의 평판이 높은 가운데 사망한 분을 부르는 호칭이며, 시복 추진이 승인된 이들에게 붙인다.

나라의 첫째가는 일꾼으로 부름 받은 사람이다. 그러나 일상의 반복적이고 단조로운 흐름 속에서, 우리는 우리가 다른 사람들의 삶과 세상 속에서 실제로 "하는 일" — 그들의 존재 자체를 형성하고, 따라서 우리의 사회를 형성하는 일 — 의 중요한 의미를 잊을 위험에 빠지기도 한다.

- 하느님 나라의 비전은, 특히 어려운 시기와 상황에서, 당신이 지닌 소중한 소명을 계속 이어 가도록 어떻게 영감을 줄 수 있을까?
- 겨자씨 하나를 뿌리거나 한 줌의 누룩을 넣는다는 그 비유적 행위가 하느님의 은총으로 "백배의 결실"을(마르 4,20) 맺을 수 있음을 기억하는 것이 당신에게 어떤 용기를 줄 수 있을까?

▌가르침을 위하여▐ 우리는 나중의 장들에서 예수님의 교육학을 더 자세히 설명할 것이다. 예수님 시대와 우리 시대의 역사적·사회적·문화적 차이를 고려하더라도, 모든 가톨릭 교육자는 어떤 의미에서 예수님이 하셨듯이 가르쳐야 한다.

- 예수님의 교육 방식에서 지금까지 알고 있던 것 혹은 이번 장에서 새롭게 배운 것 가운데, 특히 마음에 깊이 와닿은 점은 무엇인가? 그 가운데 어떤 점이 당신을 매료시키고 끌어당겼나? 예수님에게서 무엇을 배울 수 있겠는가?
- 예수님의 삶을 움직인 중심 열정이 하느님 나라였던 것처럼, 당신의 가르침을 이끌어 가는 가장 깊은 열정은 무엇인가? 그 열정이 특히 힘든 상황이나 도전적인 환경에서 어떻게 당신에게 영감을 주고 힘을 줄 수 있을까?

▌교육 공간을 위하여▐ 우리는 예수님의 하느님 나라를 위한 삶을 현대적으로 요약하면, 그분께서 "가난한 이들을 위한 선택"(option for the poor)을 하셨다는 것이라고 언급했다. 이는 단순히, 예수님께서 가장 필요로 하는 이들—가장 작은 이들, 잃어버린 이들, 사회의 가장 뒤에 밀려난 이들—을 우선적으로 돌보셨다는 것을 의미한다.

- 어떻게 당신의 교실 환경을 '가난한 이들을 위한 선택'이 이루어지도록 만들어 갈 수 있겠는가? 예를 들어, "학업적으로 가난한" 학생들, 혹은 "조금 다르게 재능을 지녀서" 더 많은 시간이나 개인 지도가 필요한 학생들, 또는 덜 인기 있는 학생들을 어떻게 대할 수 있겠는가?
- 교실 안팎에서, 학생들이 '가난한 이들을 위한 선택'을 하도록 어떻게 격려할 수 있겠는가?

제 2 장

희망을 북돋는 교육하기

힘을 주는 희망

비록 우리가 자주 언급하지는 않지만, 교육의 가장 주요한 기능은 사람들에게 세상에서의 그들의 삶에 대한 '**희망**'을 제공하는 것이다. 부모들은 자녀가 지금보다 더 성장하고 발전하리라는 희망으로 학교에 보내고, 청소년과 성인들 역시 자신을 한 단계 더 키워 주리라는 기대를 품고 학교를 찾는다. 우리가 갖는 일반적인 인식은, 교육이 사람들이 원래는 가질 수 없었을 기회와 가능성에 대한 희망을 제공한다는 것이다. 그러나 교육이 사람들에게 제공할 수 있는 가장 큰 희망은, 사람이 더 온전히 충만하게 살아가는 존재로 성장하여, 스스로의 삶을 꾸려 나갈 능력을 갖추고, 의미 있는 인생을 살며, 공동선을 위해 힘을 보탤 수 있게 되는 것이다.

한편, 교육이 주는 희망은 학습자의 주체성과 책임을 요구한다(예를 들어, 공부하려는 의지). 그렇지 않다면 그것은 단지 이루어질 리 없는 희망적 사고에 불과하여 결국 실망을 안겨 줄 것이다. 다른 한편으로, 전적으로 우리 자신과 우리의 개인적 노력에만 의존하는 희망은 힘을 주는 지평이 되기보다는 오히려 억압으로 작용할 수 있다. 우리의 인간 조건은 스스로를 넘어서는, '**은총**'처럼 주어지는 희망의 근원을 필요로 한다. 특히 힘겨울 때에도 희망을 이어 갈 수 있도록 우리에게 선물로 다가오는 희망 말이다.

따라서 가장 오래 지속될 수 있는 희망은 '**신앙**'에 기반을 둔다. 신앙은 인간의 최선의 노력을 북돋우고 지탱해 주면서도, 동시에 개인적 능력을 넘어선 선물의 차원을 드러낸다. 모든 위대한 종교는 지속적인 희망을 제공하는 신앙의 체계이며, 그 희망을 실제로 살아 내도록 이끄는 원천이다. 이번 장에서 우리는 신앙과 희망의 특별한 공생관계를 살펴볼 것이다. 다만 앞 장에서 언급했듯, 세 번째 덕목인 사랑은 신앙과 희망 사이를 끊임없이 오가며 이 둘과 더불어 '**살아 있는**' 신앙을 형성한다.

서로 다른 신앙 전통들은 희망에 대한 다양한 근거를 가지고 있으며, 다른 종교적 배경을 지닌 교육자들 역시 각자의 영적 자원을 활용할 수 있다. 여기에서 나는 희망으로 교육하기 위한 궁극적인 그리스도교 신앙의 토대를 제시할 것이다. 그리고 각자가 가진 희망이 — 어떤 기반 위에 있든 — 어떻게 교육을 더 인간적으로 만들고, 삶을 길러 내는 씨앗과 열매가 될 수 있는지 함께 그려 보고자 한다.

그리스도교 신앙에는 희망을 북돋우는 다양한 상징이 있다.

"하느님은 사랑이시다"(1요한 4,8), 마리아가 노래한 "그분의 자비는 영원하다"(루카 1,54~55), 그리고 "영원한 생명"에 대한 약속(사도신경) 등이 그 예다. 그러나 모든 그리스도교적 희망을 가장 깊이 지탱하고 관통하는 상징은 예수 그리스도의 부활에 대한 신앙이다. 그리스도교 신앙의 핵심은 하느님께서 십자가에서 처형되신 예수님을 사흘째 되는 날 새 생명으로 일으키셨다는 믿음이다. 이는 죽음을 통한 예수님의 패배를 전복시키는 궁극적 상징이다. 그를 죽은 이들 가운데서 일으키심으로써, "우리의 구원자이신 하느님"은 "그리스도 예수님을 우리의 희망"(1티모 1,1)으로 삼으셨다. 그리스도교 신앙은 파스카의 신비 — 예수님의 죽음과 부활 — 를 통해 바오로 사도가 "넘치도록 풍성한 하느님의 은총"이라 부른 것이 인류 안에 흘러들었다는 믿음을 고백한다. 그 은총은 우리로 하여금 자신의 삶과 다른 이들을 위해 희망의 증인이 되도록 힘을 준다. 그러나 순진한 낙관주의를 부추기는 대신에, '**희망을 위한 그리스도교 신앙**'은 다시 말하지만 '**살아 있는 신앙**'이어야 한다. 곧, 우리의 모든 희망을 위해 실제로 작동하는 신앙, 그리고 하느님 은총의 도움 속에서 그렇게 실천되는 신앙이어야 한다.

예수님의 부활은 그리스도인의 희망을 가장 굳건히 지탱하는 신앙의 핵심 교리이기에, 그 의미가 무엇인지 다시금 짚어 보는 일은 큰 도움이 될 것이다. 이러한 희망을 받아들이고 실천하는 것은 가톨릭 교육의 사명에 강력한 영적 토대를 제공한다. 하느님께서 예수님을 부활시키셨다는 그리스도교의 확신은 다른 신앙 전통을 지닌 이들에게도 각자 희망의 토대를 다시 새롭게 발견하도록 영감을 줄 수 있을 것이다. 세부적인 면은 다를지라도, 본질에 있어 그것은 충분히 그리스도교의 근원 — 곧 우리의 은혜로우신 하느님 — 과 닮아 있을 수 있다.

성찰과 대화를 위해

- 삶의 여정 중에 당신 자신의 희망의 주된 원천은 무엇인가? 특히 도전과 어려움을 마주쳤을 때, 희망이 어떻게 당신이 "계속해서 나아가도록" 도와주는가?
- 당신은 희망과 교육이 어떤 방식으로 서로 연결되어 있다고 보는가? 당신이 가르치는 일은 어떤 점에서 학생들에게 희망을 심어 주는 일이 되는가?
- 당신의 희망을 가장 많이 지탱해 주는 신앙의 토대는 무엇인가?

예수님의 부활에 대한 질문들

초기 그리스도교 공동체는 "하느님께서 예수님을 죽은 자들 가운데서 일으키셨다"(사도 13,30)는 것을 흔들림 없는 믿음으로 받아들였다. 그리고 그 부활 사건 안에서, 하느님께서 예수님을 참으로 하느님의 아들이심을 드러내셨다고 확신했다. 사도 바오로가 "죽은 이들 가운데에서 부활하시어 (…) 하느님의 아드님으로 확인되신 우리 주 예수 그리스도이십니다"(로마 1,4)라고 기록한 바와 같다. 또한 초기의 제자들은 예수님의 죽음과 부활이 인류 역사의 전체적인 흐름을 바꾸어 놓았으며, 하느님의 모든 창조가 이제 하느님 나라의 실현을 향한 희망으로 분명히 방향 지어졌다고 굳게 믿었다. 예수님께서 삶과 죽음을 통해 하느님 나라를 증언하셨기에, "예수님을 하느님께서 다시 살리시고"(사도 2,32), 우리는 지금 "희망 속에 기뻐할 수" 있다(로마 12,12).

예수님께서 죽음에서 새 생명으로 부활하셨다는 사실은 선이 악을, 사랑이 증오를, 정의가 불의를, 평화가 폭력을, 포용이 차별을 결국에는 이기리라는 확고한 희망을 보증한다. 그리고 모든 사람에게 "새로운 삶을 살아가게" 될 수 있다는 희망을 보장한다(로마 6,4). "주 예수님을 일으키신 분께서 우리도 함께 일으키셨기"(2코린 4,14) 때문에, 모든 인간은 예수님의 부활로 함께 일으켜질 것이다. 예수님의 부활 때문에, 죽음조차도 "독침"을 잃었다(1코린 15,55). 분명히 우리는 모두 죽을 것이다. 그러나 그만큼 확실하게 "모든 사람이 살아나게 될 것"(1코린 15,22)이다. 이는 하느님의 영원한 시간 안에서, 모든 이의 희망의 궁극적 지평이신 하느님께로 돌아가는 일이다.

예수님의 부활과 그 부활이 열어 주는 보편적 희망이 단순한 공상이나 바람으로 치부되지 않도록, 그리스도인들이 왜 이것을 신앙의 핵심 상징으로 굳게 믿게 되었는지 그 근거들을 간략히 성찰해 보자. 이러한 성찰은 그리스도인들뿐 아니라 다른 이들도 가톨릭 교육 안에서 이 부활이 상징하는 희망을 어떻게 받아들이고 실현할 수 있는지를 보여 줄 것이다. 그리스도인들의 이 '희망을 위한 신앙' 주장에 대해 가장 분명히 제기되는 네 가지 질문은 다음과 같다. 무엇이 부활인가? 그것은 믿을 수 있는가? 그것은 무엇을 약속하는가? 그것은 어떻게 작동하는가? — 특히 교육을 위해서 말이다.

이러한 응답들이 가톨릭 신앙을 고백하는 교육자들로 하여금 예수님의 부활에 담긴 희망을 받아들이고, 그 영적 확신이 그들의 소명 전체에 스며들도록 자극하기를 바란다. 또한 다른 신앙 전통을 지녔거나 특정 종교가 없는 교사들에게도, 이 그리스도교적 확신이 각자가 가진 영적 자원 안에서 교육을 위한 희망의 원천을 새롭게 발견하도록 영감을 주기를 바란다. 모든 가톨릭 교육자가 희망 — 개인들을 위한 희망과 세상을 위한 희망 — 을 위한 교육을 수행하는 것은 반드시 필요하다. 그리고 우리의 학생들 역시 살아 있는 신앙을 실천하여 모든 이를 위한 희망의 일꾼이 되어야 한다.

▌무엇이 부활인가?▐ 먼저 주목해야 할 것은, 그리스도인들이 부활을 하느님께 속한 크나큰 신비로 받아들이며, 인간의 경험이나 이해를 뛰어넘는 사건으로 여긴다는 점이다. 성경은 예수님의 부활을, 마치 그분이 일상으로 되돌아온 것처럼 그분의 지상적 몸이 되살아난 것으로 묘사하지 않는다. 그리고 부활은 몇몇 종교에서 말하듯, 영혼이 다시 자기 육신과 결합하거나 새로운 몸을 입는 재소생이나 환생 같은 것이 아니었다. 그럼에도 불구하고, 그리스도인들은 예수님의 지상적 몸에 대해 그것이 '실재'였다고 확신한다.

복음서에 따르면, 부활하신 예수께서는 제자들과 함께 아침을 나누셨고(요한 21,1~14 참조), 또 "의심하는 토마스"에게 당신의 못 자국 난 상처에 손을 넣어 보라고 하셨다(요한 20,24~29 참조). 다른 한편으로, 부활하신 그리스도께서는 잠긴 문도 통과하실 수 있었고(요한 20,19 참조), 원하실 때 제자들에게 나타나실 수도 있었다. 따라서 예수님의 지상 육신은 부패하지 않았고 — 그분의 무덤은 비어 있었으며 — 부활하신 몸은 우리가 아직 경험하지 못한 신적 차원의 현실이었다.

그렇다면, 그리스도인들이 주장하는 바에 따르면 어떤 일이 있었던 것일까? 학자들은 마르코의 기록이 가장 초기의 복음이었다는 것에 동의한다. 그러므로 그의 연대기를 따라가 보자. 마르코 복음은 이렇게 전한다. “안식일이 지나자, 마리아 막달레나와 야고보의 어머니 마리아와 살로메는 무덤에 가서 예수님께 발라 드리려고 향료를 샀다”(이는 십자가 처형이 있은 지 사흘째 되는 날이었다). 그들은 “누가 그 돌을 무덤 입구에서 굴려 내 줄까요?” 하고 걱정하고 있었다. 그러나 그곳에 이르렀을 때, “그 돌이 이미 굴려져 있었다. 그것은 매우 큰 돌이었다.” 그들은 무덤 안에서 “웬 젊은이가 하얗고 긴 겉옷을 입고 오른쪽에 앉아 있는 것”을 보았고, “깜짝 놀랐다”(마르 16,1~5).

그 젊은이는 그들에게 말하였다. “놀라지 마라. 너희가 십자가에 못 박히신 나자렛 사람 예수님을 찾고 있지만, 그분께서는 되살아나셨다.” 그리고 이어서 말했다. “가서 제자들과 베드로에게 이렇게 일러라, ‘예수님께서는 전에 여러분에게 말씀하신 대로 여러분보다 먼저 갈릴래아로 가실 터이니, 여러분은 그분을 거기에서 뵙게 될 것입니다.’” 소위 마르코 복음의 짧은 결말로 알려진 부분은 이렇게 끝난다. “그들은 무덤에서 나와 달아났다. 덜덜 떨면서 겁에 질렸던 것이다. 그들은 두려워서 아무에게도 말을 하지 않았다”(마르 16,6~8).

이어지는 긴 결말에는 부활에 관한 세 가지 이야기가 더 전해진다. 그 첫 번째는, 예수님께서 주간 첫날 새벽에 부활하시어 “마리아 막달레나에게 처음으로 나타나셨다”는 내용이다(마르 16,9). 마리아는 제자들에게 달려가 “예수님께서 살아 계시며 그녀에게 나타나셨다"라고 전했지만, "그들은 말을 듣고도 믿지 않았다"(마르 16,10~11). 두 번째 이야기는 두 제자가 시골로 가고 있을 때 예수님께서 그들에게 나타나셨다고 기록한다. "그들이 돌아가 다른 제자들에게 알렸지만, 제자들은 그들의 말도 믿지 않았다"(마르 16,13). 마지막으로, 마르코는 부활하신 예수님이 "열한 제자에게 나타나셨다"라고 전한다. 예수님께서는 되살아난 당신을 본 이들(예를 들어, 여자들)의 말을 그들이 믿지 않았기 때문에 "그들의 불신과 완고한 마음을 꾸짖으셨다." 그러고는 그들에게 이렇게 사명을 맡기셨다. "온 세상에 가서 모든 피조물에게 복음을 선포하여라"(마르 16,15).

다른 세 복음서는 마르코 복음을 많이 반영하고 있지만, 부활하신 예수님을 만난 제자들에 대한 그들만의 이야기를 덧붙인다. 이제 우리는 아래에서 그 가운데 몇 가지 구체적인 내용을 살펴보려 한다. 현재까지 보았듯이, 네 복음서 모두는 예수님께서 죽은 이들 가운데서 부활하셨다고, 그리고 마리아 막달레나와 다른 여자들을 시작으로 제자들에게 거듭 나타나셨다고 분명히 증언하고 있다. 실제로 바오로는 기원후 53년경, 곧 네 복음서가 쓰이기 훨씬 이전에 기록된 코린토인들에게 보낸 첫 번째 편지에서, 예수님께서는 "한 번에 오백 명이 넘는 형제들에게 나타나셨는데, 그 가운데 더러는 이미 세상을 떠났지만 대부분은 아직도 살아 있습니다"라고 증언하고 있다(1코린 15,6).

▌그것은 믿을 만한 일인가?▐ 예수님의 부활이 몇몇 사람들이 처음에 주장했듯이 단순히 꾸며낸 이야기**였다고** 잠시 상상해 보자(마태 28,11~15). 혹은 단지 제자들의 마음속에 있는 희망 어린

상상에 지나지 않았다고 한다면 어떠하겠는가? 그런 주장이 사실이라면, 수많은 사람들이 거대한 공모에 가담하거나 심각한 착각에 빠져 있어야만 했을 것이다. 그런데, 그들 중 많은 사람들은 박해로 고통받았고 예수님의 부활을 증언하는 중에 목숨을 잃었다(참조: 사도 7,54~8,3; 9,1~2). 이러한 사기가 거의 가능성이 없는 것이라고 간주한다면, 우리는 예수님의 부활이 정말 있었던 일이라고 믿을 만한 세 가지의 이유를 확인할 수 있다.

첫째, 제자들이 이야기를 꾸미려고 공모했다거나 지나치게 쉽게 믿었다기보다는, 앞에서 인용한 마르코 복음의 구절들은 제자들이 예수님의 부활을 전혀 기대하지 않았고, 그것을 믿는 데에 매우 주저했다는 사실을 분명히 보여 준다. 다른 세 복음서 역시, 제자들이 의심하고 쉽게 믿으려 하지 않았던 모습을 똑같이 전해 준다. 예를 들어, 루카 복음에서, 여자들이 사도들에게 처음 이 소식을 전했을 때, 사도들은 "그 이야기가 헛소리처럼 여겨졌다. 그래서 사도들은 그 여자들의 말을 믿지 않았다"(루카 24, 11). 루카 복음의 또 다른 기록에서는, 부활하신 그리스도께서 제자들에게 나타나셨을 때 "그들은 너무나 무섭고 두려워 유령을 보는 줄로 생각하였다"(루카 24,37)라고 전한다. 그들은 지나치게 잘 속는 공동체가 아니었다.

둘째, "예수님을 버리고 달아난" 제자들은 곧 예수님의 복음과 부활에 대한 두려움 없는 증인들이 되었다(마르 14,50). 마르코는 이렇게 전한다. "제자들은 떠나가서 곳곳에 복음을 선포하였다. 주님께서는 그들과 함께 일하시면서 표징들이 뒤따르게 하시어, 그들이 전하는 말씀을 확증해 주셨다"(마르 16,20). 그 까닭은 예수님께서 "당신이 살아 계신 분이심을 여러 가지 증거로 사도들에게 드러내셨고, 사십 일 동안 그들에게 여러 번 나타나시어, 하느님 나라에 관한 말씀을 해 주셨기" 때문이다(사도 1,3 참조: 부활하신 그리스도에게도 계속하여 하느님 나라가 중심임을 주목하라). 이후, 한때 예수를 알지도 못한다고 세 번이나 부인했던 베드로는(마르 14,66~72 참조) "하느님께서 그분을 다시 살리셨다"라고 담대히 선포하는 놀라운 설교를 했다(사도 2,24). 그 후, 처음에는 겁에 질려 숨어 있던 제자들이, 이제는 "큰 능력으로 주 예수님의 부활을 증언하였다"(사도 4,33).

셋째로 그리고 가장 설득력 있는 것은, 만약 예수님의 부활이 날조된 또는 사실인 것처럼 상상한 이야기라면, 그 맥락과 시대의 가부장적인 문화 속에서 여성 제자들은 **결코** 주된 증인들로 나타날 수 없었을 것이다. 네 복음서 모두 여성 제자들이 부활하신 그리스도를 처음으로 목격하고, 믿고, 증언하였다는 것을 분명히 전하고 있다.

가장 극적인 사건은 부활하신 예수님과 마리아 막달레나의 만남이다(요한 20,11~18 참조). 마리아는 처음부터 곧바로 믿은 것이 아니었다. 그녀는 처음에 정원지기를 마주쳤다고 생각하고 어디에서 예수님의 시신을 찾을 수 있는지 묻는다. 그분을 알아보고 부활하신 예수님과 이야기를 나눈 뒤, "마리아 막달레나는 제자들에게 가서 '제가 주님을 뵈었습니다'"라고 알렸다(요한 20,18). 예수님의 부활을 가장 먼저 선포한 역할 때문에, 후대의 그리스도교 전통은 마리아 막달레나를 "사도들의 사도"라고 불렀다. 이 칭호는 역사 속에서 잊혔으나, 최근 프란치스코 교황에 의해 다시 회복되었다. (흔히 그녀를 "죄 많은 여자"로 묘사하는 대중적 이미지는 복음서 어디에도 근거가 없다.)

이 모든 것은 예수님 부활의 사실성에 대한 그리스도인의 주장에 신뢰를 준다. 이제 우리는 묻는다. 이것이 인류 역사의 큰 흐름에, 그리고 가톨릭 교육자들의 사명에 어떤 의미를 갖는가? 이 부활 신앙은 예수님의 부활을 믿는 이들뿐 아니라, 다른 전통의 교사들 역시 그 안에서 자신들만의 희망의 상징을 발견하도록 북돋아 줄 수 있을 것이다. 그렇다면 이 부활 신앙은 가톨릭 교육자들에게 어떤 영적 토대를 제공하여, 그들이 희망을 북돋는 교육이라는 사명을 실천하도록 영감을 줄 수 있을까?

▌그것은 무엇을 약속하는가? ▌ 아일랜드 시인 윌리엄 버틀러 예이츠가 부활절에 관해 이렇게 쓴 것은 무슨 뜻일까? "모든 것이 변했다. 완전히 변했다. 끔찍한 아름다운 것이 탄생했다." 예이츠가 1916년 아일랜드 독립운동을 돌아보며 쓴 이 말처럼, 그리스도인들에게도 부활절은 모든 것을 바꿔 놓았다. 인류 역사의 방향을 결정적으로 전환시켜, 하느님 나라를 향한 길로 이끌어 놓은 것이다. 그러나 이러한 "끔찍한 아름다움"(예이츠가 말하는 "끔찍한"은 "놀라운"이라는 뜻이다)을 어떻게 명명할 것인가는, 하느님께서 예수님을 죽음에서 새로운 생명으로 일으키셨다고 믿기 시작한 지 이천 년 전 부활절 아침부터 지금까지, 그리스도인들에게 도전이 되어 왔다.

초기 제자들이 마주친 도전은 예수님의 끔찍한 죽음과 하느님께서 예수님의 부활을 통해 이루신 놀라운 반전이라는 역설을 이해하는 것이었다. 이것이 왜 그리고 어떤 목적을 위해 모든 인류를 위한 것이 되었는가? — 그리고 왜 이것이 가톨릭 교육자들과 가톨릭 교육이 실천해야 할 영적 토대가 되는가? 예수님의 부활을 가장 깊이 있게 해석한 이는 사도 바오로였다. 그는 다양한 비유로 그 의미를 설명했는데, 이제 그 가운데 몇 가지를 함께 살펴보도록 하자. 그 비유들이 강조점에서는 서로 다르지만, 예수님의 죽음과 부활이 모든 사람에게, 나아가 모든 피조물에게 '희망'을 준다는 것은 그 모두가 공통되게 약속하는 바였다.

바오로가 자주 반복한 비유 가운데 하나는, 하느님께서 그리스도 안에서 온 인류를 해방시키셨다는 것이다. 곧 개인을 죄의 노예 상태에서 '해방'시키셨고, 부정의한 사회 구조에 맞설 수 있도록 '해방'시켰으며, 우리가 더 나은 인간과 공동체로 성장할 수 있도록 '자유'를 주셨다. 바오로 사도는 확신에 차서 로마인들에게 이렇게 썼다. "예수님 안에서 생명을 주시는 성령의 법이 그대를 죄와 죽음의 법에서 해방시켜 주었습니다"(로마 8,2). 예수님의 죽음과 부활 때문에 모든 사람이 "하느님의 자녀들이 누리는 영광의 자유"(로마 8,21) 안에서 살 수 있게 되었다. 그리고 갈라티아인들에게 바오로 사도는 이렇게 권고했다. "그리스도께서는 우리를 자유롭게 하시려고 해방시켜 주셨습니다. 그러니 굳건히 서서 다시는 종살이의 멍에를 매지 마십시오"(갈라 5,1). 사람들이 개인적 속박에 얽매여 살거나, 부정의한 사회 제도나 억압적 문화 관습을 무기력하게 받아들이는 대신, 부활하신 그리스도께서는 그리스도인들이 모든 차원에서 자유를 옹호할 수 있도록 힘을 주신다. 가톨릭 교육은 학생들에게 이런 자유의 희망을 제시해야 하며, 학생들이 이를 받아들이고 자신들의 삶을 통해 해방하는 일을 하시는 하느님의 협력자가 되도록 격려해야 한다.

또 하나의 고전적인 본문은 코린토 1서 15장인데, 여기서 바오로는 예수님의 부활을 단지 그리스도교 제자들만이 아니라 인류 전체를 새롭게 일으키는 사건으로 그려 낸다. 바오로는 먼저, 하느님께서 예수님을 죽은 이들 가운데서 일으키심으로써, 예수님과 그분의 삶과 죽음이 의미하는 바를 확증해 주셨다고 강조한다. 곧 부활은 예수님과 그분의 가르침에 대한 하느님의 무조건적인 보증이다. 그러고 나서 바오로는 예수님의 부활에 대한 믿음이 또한 우리의 부활에 대한 희망을 준다고 주장하는데, 이는 예수님께서 온 인류와 연대하시기 때문이다. 사실 바오로에게 이러한 희망은 그리스도교 신앙의 생사를 가르는 핵심이었다. 그는 이렇게 단언한다. "죽은 이들의 부활이 없다면 그리스도께서도 되살아나지 않으셨을 것입니다. 그리스도께서 되살아나지 않으셨다면, 우리의 복음 선포도 헛되고 여러분의 믿음도 헛됩니다"(1코린 15,13~14).

그러한 희망에 대한 믿음을 헛되기보다, 바오로는 우리의 가장 크고 궁극적인 손실 — 생명에서 죽음으로 넘어가는 것 — 을 상쇄시킴으로써 예수님의 부활이 "죽음"(1코린 15,26)조차 파멸시켰다고 주장한다. 하느님께서 예수님을 죽은 이들 가운데서 부활시키심으로써, 이제 모든 사람에게 죽음은 "독침"(1코린 15,55)을 잃었다. 우리는 "주 예수 그리스도를 통하여 (죽음에 대한) 승리를"(1코린 15,57) 얻게 되었다. 비록 이것이 우리 각자의 궁극적인 죽음의 현실을 지워 없애지는 않지만, 죽음을 영원한 생명으로의 다시 태어남으로 변화시킨다. 가톨릭 교육은 학생들에게 이러한 최종적 희망을 제시해야 한다. 곧 삶의 궁극적 지평으로서, 하느님의 현존 안에서 영원한 생명을 살아갈 가능성을 제시하는 것이다.

예수님의 죽음과 부활이 전하는 희망을 담아내기 위해서 때로 바오로 사도는 같은 구절 안에서도 여러 가지 비유를 사용한다. 따라서 부활하신 예수님께서는 "하느님에게서 오는 지혜가 되시고, 의로움과 '거룩함'과 속량이 되셨다"(**1코린** 1,30). 마찬가지로, "이 아드님 안에서 우리는 **속량**을, 곧 죄의 **용서**를 받는다"(콜로 1,14). 모든 은유를 요약하는 것처럼, 바오로는 우리가 "예수님 안에서 충만하게"(콜로 2,10, 강조가 더해짐) 되었다고 말한다. 가톨릭 교육은 학생들에게 충만한 삶의 지평을 보여 주어야 한다. 요한 복음에 따르면, 그것이 바로 역사적 예수님께서 약속하신 것이며(10,10), 그분의 죽음과 부활로 가능하게 된 것이다.

부활의 신비가 인류 전체에 미치는 의미를 비유로 풀어낸 사람이 바오로만은 아니다. 베드로 1서에는 이렇게 감동적인 요약이 담겨 있다. "우리 주 예수 그리스도의 아버지 하느님께서 찬미받으시기를 빕니다. 하느님께서는 당신의 크신 자비로 우리를 새로 태어나게 하시어, 죽은 이들 가운데에서 다시 살아나신 예수 그리스도의 부활로 우리에게 생생한 희망을 주셨고, 또한 썩지 않고 더러워지지 않고 시들지 않는 상속 재산을 얻게 하셨습니다. 이 상속 재산은 여러분을 위하여 하늘에 보존되어 있습니다"(1베드 1,3~4). 그러한 궁극적 지평을 향한 신앙에 근거를 둔 교육은 학생들에게 엄청난 희망을 분명하게 제공해야 한다.

그리스도교 역사 속에서, 파스카 신비가 촉발한 역사적 희망을 담아내기 위해 세 가지 주요한 은유가 등장해 왔다. 곧 '구원'(salvation), '속량'(redemption), 그리고 '신적 참여'(divinization, 또는 theosis, 하느님을 닮아 감)이다. '**구원**'과 **구원자** '**예수님**'이라는 표현은 곧 우리를 안전하게 지켜 주시고, 온전히 회복시키며, 위험에서 건져 내시고, 참된 건강과 평화를 누리게 하신다는 뜻을 담고 있다(라틴어 *salus*에서 유래). 바오로는 자주 "예수님 안에서 받는 구원"(2티모 2,10)에 대해 썼으며, 예수님을 "우리의 구원자"(티토 1,4)라 불렀다.

'**속량**' 그리고 인류의 구속주(redeemer)로서 예수님께서는 우리가 갈망하는 용서와 자비에 응답하시고, 또한 개인적 죄와 사회적 죄가 초래하는 악의 결과를 극복하도록 하느님의 도움을 베푸신다. 바오로가 말하듯, 모든 사람은 "그리스도 예수님 안에서 이루어진 속량"(로마 3,24)을 발견할 수 있으며, 그분은 "우리의 죄를 용서해 주시는"(에페 1,7) 분으로서 우리의 구속주가 되신다. 그렇다면 우리는 담대히 이렇게 말할 수 있을 것이다. 가톨릭 교육은 사람들의 삶이 다시 회복되도록 돕는 역할을 해야 하며, 그들이 결코 실수와 부족함에 얽매이지 않고 언제나 회개하고 새로워질 수 있다는 것을 확신시켜야 한다. 얼마나 놀라운 희망인가!

'**신적 참여**'(divinization)의 은유는 아마도 인류에게 주어진 희망의 가장 궁극적인 표현일 것이다. 이는 예수님의 죽음과 부활을 통해 모든 이가 하느님의 모습을 닮아 가며(창세 1,26~27을 떠올리게 함), 우리 존재 안에 내재된 신적 잠재력을 점점 더 드러낼 수 있게 된다는 것이다. 바오로는 코린토 신자들에게 이렇게 반문한다. "여러분이 하느님의 성전이고 하느님의 영께서 여러분 안에 계시다는 사실을 여러분은 모릅니까?" 그리고 이렇게 덧붙인다. "하느님의 성전은 거룩하기 때문입니다. 여러분이 바로 하느님의 성전입니다"(1코린 3,16~17). 예수님께서 인류 전체와 맺으신 인간적 연대, 그리고 하느님과 맺으신 신적 결합을 통해, 이제 모든 사람이 "하느님의 본성에 참여"(2베드 1,4)를 할 수 있게 되었다. 이 **신적 참여** 혹은 **테오시스**(*theosis*)라고 불리는 이 사상은 동방 정교회와 동방 가톨릭 전통에서 크게 선호됐다. 이 전통을 대표하는 위대한 신학자 아타나시우스(Athanasius, 296~373)는 이것을 다음과 같이 요약하였다. "하느님께서 (예수님 안에서) 인간이 되신 것은, 인간이 하느님을 더 닮아가도록 하기 위함이다." 학생들의 긍정적 잠재력에 대해 상상할 때 이것은 교육자들에게 얼마나 놀라운 희망을 제공하는가 — 이것은 거의 무한해 보인다!

▎그것은 어떻게 작동하는가?▎ 하느님께서 예수님의 삶과 죽음, 부활 안에서 이루신 일을 표현하는 이런 긍정적인 비유들은 신약성경 전체에 넘쳐나며, 우리에게 깊은 영감을 준다. 그러나 우리는 이렇게 의문을 가질 수 있다. 그 모든 비유가 과연 일상 속에서는 어떻게 현실이 되는가? 사람들은 파스카 신비가 전하는 희망을 어떻게 체험하며, 또 어떻게 자기 삶 속에서 살아 낼 수 있을까? 그리고 가톨릭 교육자들은 이런 희망을 어떻게 교육 안에서 실제로 구현할 수 있을까? 이 모든 비유와 그 안에 담긴 희망은 단순한 공상이나 막연한 바람에 불과한 것은 아닐까?

요약하자면, 모든 비유는 하느님의 **은총**의 힘을 통해 실현되고 효과를 발휘한다. 하느님의 은총은 태초의 (약 140억 년 전 '빅뱅'으로 시작된) 창조 행위로부터 이미 세상 안에서 작용해 왔으나, 예수님의 삶과 죽음, 그리고 부활을 통하여 그 은총은 한층 더 충만히 증대되었다. 이제 사람들은 바오로가 거듭 강조한 바와 같이 "하느님 은총의 충만함"(로마 5,17)을 끊임없이 받고 있다. 하느님께서는 이제 "넘치도록"(1티모 1,14) 은총을 쏟아 주신다. 그 결과, "우리 주 예수님 안에서" 하느님의 "은총과 평화가 풍성히"(2베드 1,2) 우리에게 주어졌다.

물론, **은총**이라는 말은 간단히 정의하기 어려운 개념이다. 그러나 신약성경에서만 150번 이상 언급되고 있으며, 이는 분명히 중심적인 주제임을 보여 준다. 앞에서도 언급했듯이, 그리고 제7장에서 다시 살펴보겠지만, 은총이 무엇이고 그것이 어떻게 **작동하는가**는 종종 그리스도교 논쟁의 중심이 되어 왔다. 무엇보다 중요한 것은 예수님의 궁극적인 계시, 곧 "하느님은 사랑이시다"(1요한 4,8)라는 진리와, 하느님께서 우리를 조건 없이 사랑하신다(1요한 4,19)는 사실을 기억하는 것이다. 게다가 하느님의 사랑은 저 멀리 하늘에서 건네는 선의의 감정이 아니라, 우리의 삶 안으로 다가와 끊임없이 지지하고 돕고 격려하며, 우리가 하느님의 사람으로 살아가는 데 필요한 모든 것을 채워 주는 사랑이다.

하느님의 은총은 '**하느님의 효과적인 사랑은 언제나 사람들의 삶 속에 작용하고 있다**'는 칼 라너(Karl Rahner, 1904~84)의 말에 잘 요약되어 있다. 우리는 우리 안에 있는 영혼 덕분에 은총을 받아들이고 응답할 수 있다. 곧 창세기(2,7)가 말하듯, 하느님의 생명으로 살아 있게 하는 영, 곧 우리 존재를 규정하는 그 영이 있기 때문이다. 그리고 은총은 우리 영혼 안에서 활동하며, 우리의 자유 의지를 억누르지 않고 오히려 더욱 일깨우고 참여시키는 방식으로 작용한다. 은총은 우리의 최선의 노력에 힘을 실어 주고 유지시켜 준다.

가톨릭 지성 전통의 오래된 정식 표현대로 "은총은 본성을 통해 작용하고 향상시킨다." 즉 하느님은 우리의 최선의 노력을 촉구하고 강화하신다. 하느님의 은총은 "무상으로 주어지는 것"(*gratia*)이지만, 앞서 말했듯이 우리에게는 책임으로, 아니 더 정확히 말하면 "응답할 수 있는 능력"(response-ability)으로 다가온다. 성경이 전하는 이미지는 하느님과 우리 사이의 '계약적' 동반자 관계이다. 이 계약은 언제나 하느님과 인간 모두가 각자의 헌신에 충실할 것을 요구한다. 은총은 우리가 주체적으로 살아가도록 힘을 주며, 동시에 그 힘을 실제로 발휘할 것을 기대한다.

신약성경의 기록이 분명히 보여 주듯, 하느님의 은총은 그리스도인들만이 아니라 모든 이에게 열려 있다. 왜냐하면 예수님께서 시작하신 하느님의 '**해방하는 구원**'(liberating salvation, 내가 좋아하는 비유임)이 이제 성령을 통해 이어지고 있기 때문이다. 성령은 바람과 같아서, "불고 싶은 데로 분다"(요한 3,8). 제2차 바티칸 공의회는, 예수님께서 당신의 인성을 통하여 전 인류와 결합하셨다는 점을 언급하면서, 이천 년에 걸친 전통을 요약했다. 그 결과, "그리스도인"뿐만 아니라 "그 마음에서 은총이 보이지 않게 움직이고 있는 선의의 모든 사람"도 "하느님만이 아시는 방법으로" "파스카 신비"로부터 유익을 얻을 수 있다. 곧, 모든 사람은 예수 그리스도 안에서 하느님의 구원 은총에 힘입어 살아갈 수 있다(「사목 헌장」 22항).

중독에서 회복하는 사람들을 보면, 그 과정이 얼마나 큰 도전인지를 말하곤 한다. 그러나 동시에 그들은 흔히 더 높은 힘 — 곧 하느님의 은총이 자기들의 노력 안에서 작용하고 있음을 고백한다. 이제 모든 사람이 "확신을 가지고 은총의 어좌로 나아갈" 수 있고, "자비를 받고 은총을 받아 필요할 때 도움을" 받을 수 있다(히브 4,16). 생태적 문제에 있어서도, 하느님의 은총은 — 우리의 협력과 함께 — 결국 "피조물도 멸망의 종살이에서 해방되어, 하느님의 자녀들이 누리는 영광의 자유를 얻을 것"(로마 8,21)이라고 보장한다.

가톨릭 신앙이 지닌 가장 희망에 찬 영적 토대 가운데 하나이자, 가톨릭 교육에서 철저히 실천되어야 할 것은 학생들에게 언제나 하느님의 은총이 함께한다는 사실을 확신시켜 주는 것이다. 학생들은 늘 자신이 할 수 있는 최선을 다할 수 있고, 하느님의 은총은 그 노력을 북돋아 주어 언제나 희망 안에서 앞으로 나아가게 한다. 요약하자면, 예수님의 죽음과 부활 그리고 이 파스카 신비를 인류 역사에 넘치도록 베풀어 주신 하느님의 은총 때문에, 모든 사람은 어떤 일이 닥치더라도 희망을 품고 살 수 있다.

가톨릭 교육자로서 우리는 언제나 학생들에게 용기를 북돋아 줄 수 있다. 결국 거짓은 진실이 될 수 없고, 폭정은 지속될 수 없으며, 억압은 승리할 수 없고, 불의는 우세할 수 없으며, 노예 상태는 영원히 남아 있을 수 없고, 차별은 정의가 될 수 없으며, 감당하기 어려운 십자가는 없고, 회복할 수 없는 중독도 없으며, 고칠 수 없는 나쁜 습관도 없다고 말이다. 그리고 그 목록은 끝없이 이어질 수 있다. 이것이야말로 모든 사람을 위한 신앙에 기초한 희망의 영적 토대이며, 가톨릭 교육이 그 위에 뿌리내려야 할 기초이다. 이제부터 그리고 이어지는 장들에서, 가톨릭 교육자에게 이러한 희망이 구체적으로 어떻게 실천될 수 있을지를 함께 그려 보고자 한다.

성찰과 대화를 위해

- 당신의 삶 속에서 하느님의 은총이 생생하고도 분명하게 작용했던 순간을 떠올려 보기 바란다. 그 기억으로부터 무엇을 배울 수 있는가?
- 하느님의 끊임없는 도우심 — 곧 은총 — 이 지금의 당신에게 어떤 희망을 북돋아 주고 있는가? 학생들을 향해 품고 있는 당신의 희망은 무엇인가? 그 희망을 어떻게 당신의 가르침과 교육 실천안에 드러낼 수 있을까?

가톨릭 교육을 위해

만일 하느님의 풍성한 은총이 언제나 모든 이에게 열려 있고 작용하고 있으며, 그 풍성한 은총이 그리스도교 신앙에서는 예수님의 죽음과 부활을 통해 드러난다는 '**희망**'**을 품은 신앙**을 우리가 받아들인다면, 그것은 가톨릭 학교의 교육과정과 교사들에게 어떤 의미를 지니게 될까? 또한 만일 세상에서의 삶이 하느님의 은총이 펼쳐지는 무대이며 우리가 그 안에서 은총의 도구가 된다는 영적 토대를 받아들인다면, 가톨릭 교육은 어떠해야 할까?

우리는 이미 은총에 관하여 많은 것을 말해 왔으며, 이 주제는 특히 가톨릭적 인간 이해(제7장)와 가톨릭적 세계론(삶에 대한 관점), 그리고 그 성사성의 원리(제8장)와 관련하여 반복해서 언급될 것이다. 지금 이 자리에서 요약하자면, 선을 향한 우리의 능동적 노력을 가능하게 하고 지탱해 주는 하느님 은총의 도움은, 가톨릭 신앙이 지닌 가장 긍정적인 영적 토대 가운데 하나이며, 가톨릭 교육이 학생들에게 전해 줄 수 있는 핵심적 유산이라는 것이다.

먼저 은총에 관한 가톨릭 신학이 어떻게 우리가 '신앙으로부터' 출발해, 또 '신앙을 향해' 나아가는 교육을 가능하게 하고, 그 교육이 모든 이에게 '희망'을 전해 주는지를 살펴보자. 그리고 이어서, 그러한 희망이 지닌 '가능성'과 '책임'에 대해서도 생각해 보자. 앞서 말했듯이, 그리스도교 신앙이나 은총의 신학을 직접 믿지 않는 교육자라 해도, 그로부터 영감을 받아 각자의 영적 자원과 전통 안에서 교육 활동 전체에 깊은 울림을 주는 희망의 원천을 찾아낼 수 있을 것이다.

▍희망을 북돋는 신앙으로부터의 그리고 신앙을 위한 교육▍ 서문에서 우리는『가톨릭 교회 교리서』의 요약적 가르침을 인용하였다. "(그리스도교 신앙의) 핵심에서 우리는 무엇보다도 한 인물, 성부의 외아들, 나자렛 사람 예수 그리스도라는 인물을 만나게 됩니다"(426항). 이제 우리는 두 측면을 함께 바라볼 수 있게 되었다. 곧 역사적 인물로서의 예수님과 하느님께서 신앙의 그리스도로 일으켜 세우신 그분이다. 이를 통해 가톨릭 교육의 토대가 되어야 할 "핵심"에 대해 더욱 온전히 이해할 수 있게 되었다. 예수님께서 선포하신 하느님 나라의 중심성(제1장에서 다룸)과 부활하신 그리스도를 통해 흘러넘치는 하느님의 은총을 기억한다면, 우리는 지금의 포스트모던 시대를 맞아 희망을 북돋아 주는 신앙**으로부터** 시작하고 신앙을 **성장시키는** 교육을 담대하게 해 나가야 한다. 제1장에서 **살아 있는** 신앙에 대해 살펴본 바와 같이, 이제 우리는 포스트모던 시대라는 맥락에서의 도전에 주목하고

자 한다. 세속화된 시대의 흐름과는 달리, 신앙은 모든 이에게 희망을 북돋아 주어야 한다.

우선, 너무나 분명한 사실부터 말하자면, 한 학교가 자신을 **가톨릭 학교**라고 세상에 드러내는 것은 곧 삶에 대한 특정한 신앙적 **관점에서** 교육하겠다는 약속이며, 학생들에게도 그러한 **신앙을 북돋우겠다**는 선언이다. 가톨릭 학교는 분명히, 학생들이 세상 안에서 마주하게 될 삶의 현실과 도전에 대비하도록 준비시켜야 한다. 이는 현실적인 차원의 과제이다. 그와 똑같이, 가톨릭 학교는 삶에 대한 '**초월적 관점**'을 제시해야 한다. 곧 학생들이 자기 자신과 타인, 그리고 궁극적 지평에 대한 신앙을 지니도록 격려해야 한다. 이 초월적 신비에 이름 붙이고자 할 때, 신앙인들은 "**하느님**"이라 부르며, 그리스도인들은 예수 안에서 드러난 인격적 하느님을 고백한다. 그분은 우리를 무조건적으로 사랑하시며, 우리를 계약적 동반자 관계로 이끄신다. 이를 통해 하느님께서는 우리의 삶에 의미와 도움(은총)을 주시고, 윤리적 길을 밝혀 주신다.

따라서 가톨릭 교육은 인간 삶을 바라보는 두 시각, 곧 세상 속에서 살아가는 **수평적 차원**과 하느님을 향한 **수직적 차원** 모두를 토대로 해야 한다. 그리고 학생들이 신앙을 통해 지금 여기의 삶에서도, 또한 궁극적인 차원에서도 희망을 지니고 살아가도록 이끌어야 한다. 그러나 과연 신앙에 기반을 두고 희망을 북돋우는 교육이 포스트모던 상황 속에서도 타당한가? 이런 영적 토대가 오늘 우리의 시공간 안에서 교육의 기반으로서 실제로 설득력이 있고 효과를 낼 수 있을까? 우리는 이 도전에 대해 냉정하게 현실을 직시해야 한다. 하지만 동시에 신앙을 지탱하는 희망을 살리고, 희망을 북돋는 신앙 또한 지켜가야 한다.

희망을 북돋는 신앙 기반 교육의 도전과 기회를 이해하기 위해서는, 이를 우리의 역사적 맥락에서 파악하는 것이 도움이 될 것이다. 오늘날 널리 퍼져 있는 전제는 우리가 세속적인 — 신앙 또는 종교적 영향력이 공적인 영역에서 거의 부재한 — 시대에 살고 있다는 것이다. 많은 현대인은 "배타적 인문주의"(exclusive humanism)를 받아들이는데, 이를 통해 그들은 "차단된 자아"(buffered selves)로 살아간다. 곧, 초월자는 물론 이웃으로부터 닫혀 있으며, 오직 **자기**(self)만을 위해, 그리고 **자기**에 의해서만 살아가는 것이다(캐나다 철학자 찰스 테일러). 그들은 신앙을 이미 한물간 것으로 여기며, 곧 완전히 사라지게 될 것이라고 간주한다. 그렇다면 세속화된 세계의 사회문화적 현실 앞에서 이미 구시대적이라 여겨지는 신앙 교육 체제를 굳이 왜 지지하고, 또 이어 가야 하는가? 희망의 근원으로서 신앙을 내세우는 일이 과연 허망한 자기기만에 불과한 것은 아닐까? 더 나아가 그것이 자칫 우리의 인간적 책임을 흐리게 하여, 스스로 직면해야 할 문제를 외면한 채 하느님께 떠맡기려 드는 위험한 태도로 전락하는 것은 아닐까? 마치 우리가 홀로 맞서야 할 현실을 회피하는 것처럼 말이다.

세속화는 여러 방식으로 이해될 수 있는데(종교 실천의 쇠퇴, 공적 영역에서 종교적 영향의 소멸 등), 테일러는 우리 시대 세속화의 가장 위협이 되는 측면은 사회적 상황이 신앙에 불리하게 변했다는 점이라고 주장했다. 그리 멀지 않은 과거에는 서구 문화가 주로 문화화(enculturation)를 통해 신앙을 장려하던 때가 있었다. 그러나 지금은 사회문화적 조건들이 신앙에 불리하게 작용하고 있다. 오늘날의 세속화는 **근대성**의 유산이라 할 수 있다. 곧, 비판적 이성과 기술적 합리성을 절대시하며 신앙을 그저 허황된 바람쯤으로 치부했던, 이른바 근대 세계의 출현에서 비롯된 것이다. 가톨릭 교육이 이러한 강력한 조류에 거슬러 헤엄칠 수 있을까?

근대성과 그 주요 사상가들(포이어바흐·니체·마르크스·프로이트 모두 무신론자)의 전형적인 태도는 "계몽"은 사회에서 종교적 신앙을 **제외하는** 것이고, 교육받은 사람들은 신앙을 그저 조부모 세대의 미신쯤으로 인식하게 된다는 것이었다. 그러나 이런 상황은 일어나지 않았다. 오늘날 세계의 약 85%의 사람들이 계속해서 신앙적 입장을 고수하고 있다. 신앙이 왜 여전히 지속되는지를 궁금해할 때, 그리스도교와 유다교의 대답은 명확하다. 모든 인간은 하느님의 모습대로 창조되었고(창세 1,27 참조), 하느님의 숨결로 살아 있는 존재가 되었다는 것이다(창세 2,7 참조). 다시 말해, 우리는 신앙 안에서 살아가도록 창조된, 본래 영적인 존재인 것이다. 프랑스 수학자인 파스칼(Blaise Pascal, 1623~1662)은 이러한 성경적 진리를 "인간의 마음에는 다른 어떤 것도 채울 수 없는 하느님 형상의 빈 공간이 있다"라고 요약하였다(파스칼, 『팡세』 참조).

근대성은 이러한 신앙 감정을 단순히 무지하고 심지어 비합리적이라고 일축했다. 이에 반해, 이제 서양의 인식이 근대 시대를 벗어나 포스트모던 시대로 넘어갔다는 중요한 징후들이 나타나고 있다. 포스트모던 시대는 근대의 합리적 엘리트주의와 당연시된 무신론을 거부하고, 삶에 대한 신앙적 관점에 더 개방적이다. 신앙이 비이성적이라는 근대의 주장과는 반대로, 많은 포스트모던 사상가들〔예를 들어, 리쾨르(Ricoeur), 가다머(Gadamer), 레비나스(Levinas), 크리스테바(Kristeva), 테일러(Taylor), 켈러(Keller)〕은 그들 중 상당수는 신앙인이기도 한데, 믿음을 불신앙만큼이나 합리적인 것으로 본다. 즉, 유신론과 무신론을 최소한 이성의 차원에서는 동등한 지위에 놓는 것이다. 새롭게 떠오르는 이러한 정서는 거의 이천 년 동안 가톨릭의 지성 전통을 통해 울려 퍼져 왔다. 곧 신앙과 이성의 협력 관계를 옹호하며, 서로를 고양하기 위해 신앙과 이성 둘 다 필요하다고 주장해 온 전통이다.

여기에는 또한 아이러니가 있다. 신앙적 관점이 오히려 스스로를 **과학적**이라고 주장하는 무신론적 관점보다 더 합리적일 수 있다는 것이다. 철저한 합리주의적·경험주의적 접근은 세상에서의 삶과 관련된 '**무엇**'과 '**어떻게**'의 질문에는 효과적으로 대응할 수 있지만, '**왜**'라는 질문은 철저히 회피한다. 궁극적인 '**왜**'의 질문은, 다름 아닌, 어찌하여 아무것도 없음이 아니라, 무엇인가가 존재하는가에 대한 것이다. 그리하여 우리는 창조 세계에 깃든 지성과 질서에 대해, 또 우리가 경험할 수 있는 아름다움이 '**왜**' 존재하는지, 사람들이 왜 본래적으로 윤리의식을 지니고 있는지, 우리가 왜 사고할 수 있으며 더 나아가 자기 사고를 성찰할 수 있는지 의문을 품을 수 있다. 그리고 이러한 왜의 질문들은 끝없이 이어진다. 이 '**왜**'의 질문들을 솔직하게 마주할 때, 신앙적 입장이 순수한 이성적 설명보다 더 합리적으로 보일 수 있다—사실 이성적 설명은 존재하지 않기 때문이다!

테일러와 다른 사회 비평가들은 근대성의 신앙에 대한 적대적 태도와 비교하여, 현재 우리 포스트모던 시대는 신앙에 대해 새로운 개방성의 중요한 징후를 보여 준다고 주장한다. 그들은 단순히 물려받은 신앙을 넘어 — 몇몇 학자들이 **이성적으로 잘 정립된 신앙**(well-reasoned faith)이라 부른 — 스스로 확신하여 선택한 신앙이 모든 이의 공동선을 위한 사회적 기능에 영적 토대를 제공하려면, 공적 영역에서 절실히 필요하다고 제안한다. 또한 이들에 따르면, 그리고 실제 경험적 자료가 이를 뒷받침하듯, 완전히 세속적인 틀 속에서만 살아가는 삶보다, 확신에 찬 신앙과 영적 기반 속에서 살아가는 사람들이 훨씬 더 인간답게 살아가는 경향이 있다는 것이다.

주목할 만한 사실은, 오늘날 많은 젊은이가 자신을 "영적이다"라고 말하면서도 곧잘 "그러나 종교적이지는 않다"라고 덧붙인다는 점이다. 적어도 그들은 자기 영혼을 의식하고, 영성을 위한 필요를 인식하고 받아들이고 있다. 마찬가지로, 종교가 "없다"라고 주장하는 사람 중 약 90%는 (어떤 방식으로든) 신을 믿는다고 주장하고, 약 75%는 정기적으로 기도한다고 인정한다. 사회학자 그레이스 데비(Grace Davie)가 주장하듯이, 비록 특정한 신앙 공동체에 속하지는 않더라도, 여전히 과거와 다름없이 많은 수의 신앙인이 존재할 수 있다. 분명히, 영적인 것에 더 우호적이고 개방적인 이 새롭게 떠오르는 시대는, 인간 조건에 희망을 불어넣는 신앙**으로부터**의, 또 신앙을 **위한** 교육을 담대히 수행하는 데 더 적합할 수 있을 것이다. 참으로 그렇게 보인다!

이제부터는 가톨릭 교육이 신앙**으로부터** 교육하도록 부여받은 사명에 특별히 초점을 맞추어 보자. 서두에서 언급했듯이, 이것은 철학보다는 영성에 더 기반을 둔 교육을 의미한다. 그 영성적인 기초는 그리스도교 신앙의 모든 핵심 신념과 가치들을 반영하여 교육과정 전체에 걸쳐 적용되어야 한다. 물론 그 결정적인 핵심은 하느님 나라에 대한 예수님의 비전이며, 이제 그 비전은 부활하신 그리스도를 통한 하느님의 풍성한 은총에 의해 희망이 더해진다.

더 나아가, 신앙**으로부터** 이루어지는 가톨릭 교육은 이천 년에 걸쳐 형성된 가톨릭 지성 전통에 기대고 그것을 반영해야 한다. 곧 신앙과 이성, 계시와 과학, 지식과 인격 형성 등 교육과 관련된 다양한 협력 관계를 끌어와 반영해야 한다. 마찬가지로, 신앙**으로부터**의 교육은 교육의 기초가 되는 쟁점들에 관한 현대 가톨릭 신학을 반영해야 한다. 여기에는 개인과 공동체에 대한 이해(제7장), 삶의 의미에 대한 관점과 인격 형성적 앎의 방식에 대한 선호(제8장), 그리고 모든 이를 위한 연민과 정의를 북돋우는 공적 신앙의 수용(제9장)이 포함된다.

신앙을 위한 교육에서, 나는 가톨릭 학교가 삶에 대한 가톨릭 신앙의 입장을 선호하면서도 학생들의 특정한 영적 정체성을 — 그것이 확고히 자리 잡았든, 아직 형성 중이든 — 존중해야 한다는 점을 반복해서 강조하고자 한다. 가톨릭 학교는 비가톨릭 학생들을 결코 개종시키려 해서는 안 되며, 그들의 고유한 신앙 전통과 내적 식별을 존중해야 한다. 반면에, 가톨릭 학교는 신앙이 없는 교육을 제공해서는 안 된다. 그것은 학생들과 학부모, 그리고 하느님과 맺은 언약을 어기는 것이다. 적어도, 가톨릭 학교의 전체 교육과정은 모든 교사와 행정가가 협력하여, 삶을 위한 신앙의 토대 위에서 학생들을 교육하도록 구성되어야 한다. 그리고 여기에 하나를 덧붙이자면, 이러한 교육은 희망을 불어넣고 학생들의 고유한 주체성을 북돋우는 하느님의 은총에 대한 확신 속에서 이루어져야 한다는 것이다. 가톨릭 학교가 학생들에게 제안하는 초월적인 지평은 결코 자연신론(deism)의 비인격적이고 무관심한 신이나, 우주의 에너지, 혹은 흔히 말하는 "포스"(the Force)[9]이어서는 안 된다. 그 대신에, 가톨릭 학교는 예수님께서 보여 주신 것처럼, 자비로우신 인격적 하느님을 제시해야 한다. 그분의 능동적인 사랑은 언제나 학생들의 삶 속에서 작용하며, 그들이 신앙과 희망과 사랑으로 살아가는 응답을 할 수 있도록 힘을 북돋아 준다.

신앙**으로부터**, 또 신앙을 **위해** 교육한다는 점을 분명히 드러내는 일은, 적어도 미국에 있는 가톨릭 고등 교육 기관에는 특별한 도전인 것처럼 보인다. 이를 보여 주는 "작은 징후"가 있는데, 우리의 가톨릭 대학과 단과대학들의 비전 선언문을 읽어 보면, 하느님을 명시적으로 언급하는 경우는 드물고, 예수님의 이름은 더더욱 찾아보기 힘들다. 물론 이 학교들은 저마다의 가치를 반영하기 위해 인본주의적 언어 — 영적 성장, 삶의 목적과 의미 추구, 연민과 정의에 대한 헌신 등 — 를 사용한다. 그러나 대부분의 경우 그들 교육의 영적인 기초와 궁극적 지평, 즉 예수 그리스도 안에 계시된 하느님을 언급하지 않는다. 그들은 하느님이나 예수님을 명시적으로 언급하는 것이 잠재적 학생들과 교직원들에게 "거부감"을 줄까 봐 우려하는 것일지도 모른다. 가톨릭 대학과 단과대학들은 이러한 근대의 편견과 염려들을 넘어, 예수 그리스도를 통해 계시된 하느님에 대한 신앙을 교육의 초석으로 분명히 받아들여야 한다.

---

9) 〔옮긴이 주〕 "포스"(the Force)는 영화 「스타워즈」(Star Wars) 시리즈에서 나온 개념으로, 선과 악 양쪽 모두에서 사용될 수 있는 우주 만물을 관통하는 신비한 힘을 말한다.

▌희망을 북돋는 그리스도교 신앙의 가능성과 책임▐ 이것은 동전의 양면과 같으며, 우리는 앞에서 이것에 대해 이미 많은 것을 암시했다. 하느님의 은총에 대한 확신을 가진 교육은 분명히 학생들에게 놀라운 가능성을 제시할 것이다. 그러나 동시에, 그 동일한 은총은 큰 책임 또한 요구한다. 이해를 돕기 위해, 여기서는 두 측면을 구분하여 살펴보고자 한다. 먼저, 가능성이다.

초기 교회의 위대한 학자인 성 이레네우스는 (2세기의 글에서) 하느님께서 우리를 향해 품으신 뜻과 인간 안에 잠재된 가능성을 참으로 앞선 시각으로 그려 내었다. 현대적 번역으로 하자면, "하느님의 영광은 온전히 살아 있는 인간이다." 다시 말해, 하느님의 의도는 모든 사람이 생명의 충만함으로 꽃피우는 것이고, 우리가 더 많이 그럴수록 하느님께서 더 영광을 받으시는 것이다. 우리를 제한하는 것이 아니라, 하느님에 대한 신앙과 희망은 우리의 인간적 잠재력을 증진시킨다.

하느님 나라의 비전과 하느님 은총에 대한 확신에 근거를 둔 가톨릭 교육은 모든 학생을 위한 그러한 희망의 촉매제가 되어야 한다. 우리는 학생들의 능력 차이와 관계없이 그들의 은사와 재능을 개발할 수 있도록 해야 하며, 그들이 더 많이 그렇게 할수록 하느님이 더 많이 찬양받고 영광을 받으신다는 것을 확신해야 한다. 가톨릭 지성 전통 안에서 로욜라의 이냐시오는, 이레네우스보다 약 천오백 년 뒤에, **마지스**(*magis*)라는 개념을 통해 이 정신을 옹호하였다. 이것은 가톨릭 교육이 각 사람으로 하여금 자신에게 주어진 고유한 은사와 잠재력 안에서 최고로 성장하고 탁월함에 이르도록 이끌어야 한다는 것을 의미한다.

이제 희망을 품은 신앙인으로서 우리의 책임을 말할 차례다.

여기서 우리가 다시금 기억해야 할 것은, 영어 'grace'라는 말이 라틴어 '*gratia*'에서 왔는데, 그 뜻은 곧 "거저 주어지는 선물"이다. 이는 하느님의 실효적인 사랑이 우리 삶 안에서 무상으로, 우리의 공로와 무관하게, 예수님 안에서 이루어진 하느님의 해방적 구원의 선물로 전해진다는 사실을 상기시킨다. 하지만, 위대한 루터교 신학자 디트리히 본회퍼(Dietrich Bonhoeffer, 1906~45: 나치에 의해 처형됨)가 한 불멸의 말처럼 "값싼 은총은 없다." 야고보서도 이렇게 요약한다. "영이 없는 몸이 죽은 것이듯, 실천이 없는 믿음도 죽은 것입니다"(야고 2,26).

그러므로, 하느님의 은총은 우리의 주체성을 강화하고 우리의 책임을 심화시킨다. 우리는 그리스도교 설교자가 다음과 같이 말하는 것을 들을 수 있다(특히 일요일 아침 텔레비전에서). 신앙이란 단순하게 하느님께서 우리에게 좋은 일을 해 주신다는 것을 믿고, 심지어는 우리를 부유하게 해 주실 것이라고 신뢰하는 것 — 곧 맹목적인 신앙 말고는 우리의 어떤 책임도 없는 것 — 이라고 말이다. 그러나 가톨릭 신학에서 이것은 반쪽짜리 이야기이다. 앞서 이야기했듯이, 하느님의 모든 은총은 우리에게 책임 — 응답하는 능력 — 으로 다가온다. 하느님의 은총과 인간의 주체성은 협력하여 작동해야 하며, 은총은 우리의 언약적 응답을 일깨우고 지속시키는 역할을 한다.

세 가지 위대한 덕의 조화로움에 대해 다시 생각해 볼 때, 사랑으로 신앙을 실천하는 것이 우리 희망의 원천이다. 희망이 살아 있는 신앙에서 솟아나지 않는다면, 그것은 단지 희망 사항일 뿐이며, 진정한 낙관이 아니라 허망한 환상에 지나지 않는다. 은총으로 우리는 우리의 희망을 위해 일해야 하며, 사랑을 지닌 살아 있는 신앙을 통해 우리는 우리의 희망 속에서 확신을 가질 수 있다. 이러한 영적 토대는 학생들이 자기 자신과 타인을 위한 희망 안에서 자라나도록 가톨릭 교육자들로 하여금 그들을 돌보게 한다. 또한 하느님의 은총 안에서 사랑을 지닌 살아 있는 신앙을 통해 자신들의 희망을 향해 일하는 책임을 받아들이도록 격려한다.

가톨릭 교육자로서 자신의 소명을 새롭게 하기

하느님께서 예수님을 죽은 이들 가운데에서 일으키신 것은 모든 사람을 위한 그리고 인류 역사 전체에 대한 강력한 희망의 상징이다. 비록 그리스도교 신앙의 중심에 있지만, 가톨릭 교육에 대한 그 의미 — 곧 부활의 희망과 그 충만한 은총이 교사들의 일상적인 가르침에 어떤 뜻을 가지는지 — 에 대해서는 깊이 다루어진 논의가 드물다. 확실히 우리의 교육은 사랑 안에서 이루어지는 희망을 북돋는 신앙의 일이 되어야 한다. 그리고 그 모든 것은 하느님의 은총 안에서 유지되고 자라난다.

▌교육자의 영혼을 위하여▐ 하느님의 은총에 대한 확신 속에서, 가톨릭 교육자들은 학생들에게 희망을 불어넣을 놀라운 기회를 가지며, 또한 학생들이 다른 이들에게 희망의 일꾼이 되도록 준비시킬 수 있다. 그러므로 희망을 위해, 교육자들은 학생들의 삶에서 하느님의 은총의 도구가 되어야 한다. 그러나 때로는 교사와 학생 모두에게 희망을 간직하는 것은 도전이 될 수 있다.

- 희망을 위한 하느님의 은총의 도구가 되기 위해서는, 먼저 자신이 희망을 품고 있어야 한다. 이를 위해서는 자기 자신의 희망을 지탱해 주는 영적 실천들이 필요하며, 특히 어려운 상황에서 언제나 하느님의 도움을 청해야 한다. 당신의 희망을 유지하도록 돕는 현재의 실천들에는 어떤 것이 있는가? 당신은 그것을 어떻게 심화시킬 수 있는가?
- 하느님 말씀의 씨앗을 뿌리는 것을 말하면서, 바오로 사도는 어떤 사람은 심고 다른 사람은 물을 주지만 "오로지 하느님만이 자라게 하신다"(1코린 3,7)는 비유를 사용했다. 다시 말해, 교사로서 우리는 학생들에게 최선을 다해야 하지만, 나머지는 하느님께 맡겨야 한다. 그렇다면 이 지혜로운 영적 자세를 당신은 어떻게 살아 낼 수 있겠는가? (힌트: 하느님의 은총은 모든 일이 전적으로 **우리**에게만 달려 있지 않음을 보증한다.)

❙ 가르침을 위하여 ❙ 아마 우리 모두는 우리를 고무시켜 주는 가르침의 방식도 경험해 보았고, 또한 낙담하게 하는 가르침의 방식도 경험해 보았을 것이다. 하느님의 은총을 신뢰하는 가톨릭 교육자의 교육학은 모든 학생을 가장 격려하는 것이어야 하며, 학생들의 다양한 재능 전반에 희망을 불어넣어야 한다.

- 당신의 가르침 방식이 학생들에게 얼마나 용기와 힘을 북돋아 주는지 성찰해 보라. 1점에서 10점까지(10점은 매우 격려하는 방식) 점수를 매긴다면, 당신은 스스로 몇 점을 주겠는가?
- 학생들에게 희망을 심어 주기 위해 그리고 그들이 다른 이들에게 희망의 주체가 되도록 만들기 위해 당신의 가르침을 방식을 어떻게 수정하고 새롭게 할 수 있겠는가?

▌교육 공간을 위하여▐ 우리는 미국의 많은 가톨릭 대학이 그들의 사명 선언문에 "하느님에 관한 언어" 사용을 주저하는 것처럼 보인다고 지적하였다. 분명히 모든 가톨릭 학교는 그 학교의 가톨릭적 정체성과 신앙**으로부터** 그리고 신앙을 위하여 교육하려는 그 사명을 명확하고, 분명하며, 또한 설득력 있게 표현해야 한다.

- 당신의 학교에는 그리스도교적 '희망을 위한 신앙'의 토대 위에 서 있는 명확한 사명 선언문이 있는가? 그것이 최근에 검토된 적이 있는가?
- 만일 그 사명 선언문이 개정될 필요가 있다면, 어떻게 그것을 추진할 수 있을까? **당신이** 할 수 있는 좋은 제안은 무엇인가?

제 2 부

전통의 깊이로부터

제 2 부 · 전통의 깊이로부터

제 3 장

『디다케』, 아우구스티누스, 그리고 베네딕토

교육을 위한 열정

초기 그리스도교 교회가 교육을 그 핵심 사명 가운데 하나로 받아들이게 된 데에는 깊은 신앙적 이유가 있었다. 그것은 단순히 예수님께서 가르치신 것을 전수하기 위함일 뿐만 아니라, 일반 교육—즉 우리가 흔히 말하는 읽기(reading), 쓰기('riting), 셈하기('rithmetic), 수사학(rhetoric)의 네 가지 R—을 제공하기 위한 것이기도 했다.

처음부터, 예수님께서 가르치신 하느님 나라를 위해 살아가라는 명령은 제자들에게 모든 이의 공동선을 위한 책임 의식을 심어 주었으며, 이는 단지 그리스도인 동료들만을 위한 것이 아니었다. 그들은 하느님께서 예수님 안에서 이루신 해방적 구원이, 그리고 지금도 성령의 능력으로 계속되는 그 구원이 단지 개별 제자들의 개인적 이익을 위한 것이 아님을 깨달았다. 그들은 그리스도인들이 다른 이들의 행복과 모든 사람 — 그리스도인과 비그리스도인 모두 — 의 공동선에 기여함으로써 "자신의 구원을 위해 힘써야"(필리 2,12) 한다는 것을 분명히 알고 있었다. 실제로, 그렇게 생각하지 않았다면 그들은 결코 예수님의 제자일 수 없었을 것이다.

하느님 나라를 위한 그리스도교 신앙의 삶은 언제나 제자들과 그리스도교 공동체에게 세상 안에서 선한 일을 해야 함을 요구해 왔다. 교회가 점차 자리 잡아 가면서, 공동선에 기여하는 가장 필요하고 효과적인 방법 가운데 하나가 교육을 제공하는 것임을 인식하게 되었다. 그러나 이러한 염원은 즉각적인 합의를 가져오지는 못했다. 일부 사람들은 교회가 일반 교육에 발을 들이는 것 자체를 망설였는데, 그 과정에서 피할 수 없는 세속 학문과의 접촉이 자칫 신앙을 흔들 위험이 된다고 보았기 때문이다. 예수님의 복음을 가르치는 것이 세상 안에서의 교회의 본질적 사명이라는 점에는 물론 모두가 동의했다. 그러나 일부 교회 지도자들과 신학자들이 일반 교육 — 네 가지 R — 에 참여하는 것에 대해 의문을 품은 것은 충분히 이해할 수 있다. 교회는 그리스도교 신앙을 위한 복음 선포만으로도 이미 할 일이 충분하지 않았던가?

주변의 문화인 그리스-로마식 지적 생활이 복음의 높은 도덕적 기준에 위협이 될 수 있다는 우려는 근거가 있었다. **파이데이아**(*paideia*)라 불린 그리스의 교육 방식과 **후마니타스**(*humanitas*)라 불린 로마의 교육 방식은 전인적이었으나 동시에 귀족적 성격을 띠었으며, 기껏해야 전체 인구의 10%에 불과한 "완전한 시민들"

이라는 소수만을 위한 것이었다. 이는 "유다인도 그리스인도 없고, 종도 자유인도 없으며, 남자도 여자도 없습니다. 여러분은 모두 그리스도 예수님 안에서 하나입니다"(갈라 3,28)라는 그리스도교 신앙의 평등주의적 정신에 어긋나는 것이었다.

그리스-로마 교육에는 오늘날 우리가 교양 학문(liberal arts)이라고 부르는 분야들(철학·역사·언어학)과 자연과학들(물리학·생물학·천문학)이 포함되어 있었다. 또한 시, 음악, 우수한 (비그리스도교적) 문학 작품들을 통한 시민적 덕목의 깊은 형성이 함께 이루어졌다. 그러나 그들의 도덕규범은 그리스도인들이 인식한 복음에서 요구하는 더 높은 도덕적 기준에는 미치지 못하였다.

그리스의 시민 교육(*paideia*)은 충성스러운 시민과 도덕성 형성을 위해 신들을 숭배하는 것을 필수적으로 요구했다. 유다인 이웃들과 마찬가지로, 그리스도인들은 모든 형태의 우상숭배를 거부하고 특히 예수 그리스도를 통해 "알게" 된 "홀로 참하느님이신 아버지"를 흠숭하는 데 헌신하였다(요한 17,3 참조). 세속 학문의 인식 방식은 오직 인간 이성만을 통한 것이었으며, 올바른 이념을 수용하는 것(플라톤)과 이성적 분별과 논리적 설득을 통해 올바른 덕을 실천하는 것(아리스토텔레스)이었다. 그러나 그리스도인들은 예수님과 성경에 드러난 하느님의 계시로부터 그들의 근본적 진리와 도덕적 의무들을 받아들였다. 많은 면에서 결정적인 문제는, 과연 신앙과 이성이 화해하여 그리스도교 신앙에 기초한 교육 안에서 협력할 수 있는가 하는 것이었다.

그리스도인들이 부활하신 그리스도로부터 받았다고 믿는 위대한 사명 안에서, 우리는 신앙과 이성의 이중적 강조를 뒷받침하는 단서를 발견할 수 있지 않을까? 마르코 복음에서 예수님께서는 간결하게 "너희는 온 세상에 가서 모든 피조물에게 복음을 선포하여라"(마르 16,15)라고 말씀하신다. 이는 곧 복음을 전하고 사람들을 제자로 삼으라는 파견의 명령이었다. 그러나 마태오는 단순히 복음 선포에 국한하지 않고, 예수님께서 가르치신 것처럼 가르치는 일까지도 포함하도록 그 의미를 확장했다. 부활하신 그리스도는 제자들에게 모든 민족을 "제자로 삼고" "내가 너희에게 명령한 모든 것을 가르쳐 지키도록 하여라"라고 명령하셨다. 여기서 쓰인 그리스어 동사는 디다스콘테스(*didaskontes*)인데, 이는 일반적으로 '**가르치다**'라는 뜻을 가진 말이다. 이것은 제자를 양성하는 일 — 복음 선포 — 이 교육과 긴밀히 맞물려 이루어져야 함을 보여 주는 단서라 할 수 있지 않을까?

처음 몇 세기 동안 그리스도인들은 복음을 선포하고 제자를 양성하는 데에만 초점을 두고, 일반 교육에 참여하는 데 여전히 조심스러워하였다. 그러나 점차 일부 그리스도교 학자들은 세속 학문에 접근하는 것이 오히려 사람들이 복음을 이해하고 살아가는 데 도움이 될 수 있다고 제안하기 시작했다. 처음에 이러한 제안은 깊은 회의적 시각에 부딪혔다.

예를 들어, 위대한 그리스도교 신학자인 테르툴리아누스(Tertullian)는 "예루살렘"(곧, 복음)은 "아테네"(곧, 세속 학문)와 아무 관련이 없어야 하며, "교회 역시 학당과 무관해야 한다"고 주장했다. 그는 예수님 안에서 이미 충만한 계시를 받았는데 사람들이 무엇을 더 필요로 하겠느냐고 반문하며, "예수님 이후에는 더 이상 사색이 필요 없고, 복음 이후에는 연구가 필요 없다"라고 말했다. 그는 심지어 "학당과 교회의 조화"를 "이교도들과 그리스도인들" 사이의 위험한 결속에 비유하기까지 하였다(테르툴루

니아누스, 「이단 논박」 VII).

그러나 더 지혜로운 목소리들이 우세해졌는데, 이는 그리스도교적 파이데이아(*Christian paideia*)를 형성할 필요성을 인식했기 때문이다. 이는 세속 학문의 장점들과 문화의 선물들을 복음의 지혜와 통합하여, **살아 있는** 신앙을 북돋고 인간 존재의 번영을 도모하는 것을 의미하였다. 이러한 신앙과 학문의 협력에 의미 있는 주장을 펼친 인물은 알렉산드리아의 클레멘스(Clement, 150~215)였다. 그는 개종하기 전에 고전 그리스 학문에 정통하였던 저명한 그리스도교 신학자였다. 클레멘스는 그의 학문적 연구와 비판적 이성의 배경이 그의 그리스도교 신앙에 자산이 된다는 것을 쉽게 인식했다. 실제로 그는 자신의 배경이 그가 복음의 진리를 인식하도록 준비시켰다고 주장했다. 이러한 이유로 클레멘스는 그리스 철학이 그리스도를 맞이하도록 이끄신 하느님 섭리의 선물이라고 확신했다. 그것은 "정신을 단련하고, 지성을 일깨워서" 사람들이 그리스도 예수님 안에서 "진리 자체"를 만났을 때 더 쉽게 그것을 인식하도록 해 준다는 것이었다.

클레멘스는 나아가 교육이 사실상 하나의 **구원 활동**이라고 주장했는데, 이는 "우리 정신의 바탕에 놓여 있는 그것에 대한 지성적 응답에 의해 불러일으켜진 영원한 생명에 대한 열망"에서 시작된다는 것이었다. 교육을 통해 사람들을 영원한 생명을 추구하도록 이끄는 것은 바로 열망과 이성의 협력임을 주목해야 한다. 그는 열망과 배움, 신앙과 이성을 결합하고 우리가 영원한 생명으로 나아가도록 이끄시는 가장 뛰어난 "스승님"은 "착한 목자이신 예수님"이라고 제안했다.

클레멘스에게, 예수님의 교육학은 **설득**에서 출발하였는데,

이는 사람들의 실제적인 갈망을 일깨워 "단순히 지식의 삶이 아니라 덕의 삶으로 이끄는" 의도를 지녔다. 그러나 클레멘스는 스승인 그리스도는 "지식을 향한 (영혼의) 능력을 이끌고 계발하기 위해" 가르치신다고 주장했다. 그러므로 클레멘스에게 바른 교육은 그리스도교 신앙 안에서 설득과 인격 형성을 위한 자산이었다. 그는 요한 복음 8장 32절을 되새기며 이렇게 요약하였다. "지식은 빛이며 (…) 그리고 해방시킨다"(「그리스도 교사」).

클레멘스는 알렉산드리아의 위대한 그리스도교 학문의 중심지에서 저명한 교사가 되었고, 마침내 그곳의 책임자가 되었는데, 이는 아마 최초의 정규 가톨릭 학교였을 것이다. 그의 뒤를 이은 이는 오리게네스(Origen, 182~254)였는데, 그는 세속 학문의 여러 형태를 성경적 지혜라는 "하늘에 오르기 위한 발판"으로 여긴 또 다른 그리스도교 학자였다. 곧 에페소, 로마, 예루살렘, 안티오키아, 에데사 등지에서도 다른 그리스도교 학교들이 세워졌는데, 이들은 모두 세속 학문의 탁월한 성과와 합리적 사유를 그리스도교 신앙의 가르침 및 삶의 실천과 결합하여, 이른바 그리스도교적 파이데이아를 구축하려고 하였다. 이는 정규 가톨릭 교육의 시작을 알리는 것이었으며, 또한 그 후 여러 세기 동안 이어질 토대 — 가톨릭 지성 전통 — 를 마련하는 일이었다.

그러므로 가톨릭 지성 전통은 갈릴래아 언덕의 부활한 그리스도로부터 복음을 전하고 가르치라는 이중적 사명을 받은 것으로부터 시작했다고 말할 수 있다. 그 후 이어진 논쟁들 속에서, 그리스도교 교육자들은 점차 하느님의 계시와 세속 학문, 다시 말해 신앙과 이성의 협력이 필요함을 인식하게 되었다. 이러한 확신은 세기를 거듭하며 굳건히 자리 잡았다. 신앙은 근거를 마련하고, 성찰하며, 성장시키고, 설득력 있게 제시하기 위해 이성을 필요로 한다. 반대로 이성은 신앙의 빛에 비추어서 인도받음으로써 궁극적 진리와 위대한 도덕적 가치로 나아갈 수 있다. 후대의 역사가 증언하듯이, 비판적 이성의 검증 없이 행해진 신앙은 위험할 수 있었다(예: 노예제도 승인과 실천, 십자군, 마녀재판 등). 반면 초월적 지평인 하느님 없는 이성은 파멸적 이데올로기와 허위로 사람들을 이끌 수 있었다(예: 나치즘).

신앙과 이성 사이의 이 근본적 유대를 일찍이 형성한 후, 가톨릭 지성 전통과 그것이 장려한 교육은 수 세기 동안 가톨릭 교육을 특징짓는 다양한 협력의 형태들을 품어 왔다. 가톨릭 지성 전통은 결코 완전하게 성취된 적이 없었으며, 종종 미흡하였고, 때로는 존중받기보다 오히려 훼손되기도 하였다(예: 갈릴레오에 대한 정죄). 그러나 더 나은 형태로 구현될 때, 가톨릭 지성 전통은 오늘날까지 이어지는 협력의 흐름을 제시했다. 곧 신앙과 이성 사이, 계시와 과학 사이, 영적 차원과 학문적 차원 사이, 지혜와 지식 사이, 덕의 형성과 사상의 교육 사이, 인격적 성장과 학문적 탁월 사이, 전통과 새로운 지평 사이, 내재와 초월 사이, 수평과 수직 사이, 본성과 은총 사이의 협력이다. 궁극적으로 이는 하느님과 인류 사이의 계약적 동반자 관계를 반영한다.

그러므로 때로는 지켜지기보다는 위반되었을 때 더 존중받는 경우가 있었지만, 신앙과 이성의 협력은 여전히 다른 많은 협력 가능성을 우리에게 일깨운다. 이러한 협력들이 가톨릭 교육에 적용될 때, 그것은 총체적이고 인간화하는 교육과정을 위한 풍부한 가능성을 제공하며, 학생들의 행복과 사회의 공동선에 기여할 수 있는 큰 잠재력을 지니게 된다. 많이들 주장하는 것과 달리,

신앙과 이성의 협력 — 그리고 앞서 열거된 다양한 사례들 — 은 교육의 지평을 제한하기보다는, 오히려 사람들이 지혜롭고 올바르게 살아가도록 이끄는 교육의 가능성을 매우 풍성하게 할 수 있다. 이를 잘 보여 주는 한 예로, 계시와 과학의 협력을 들 수 있다.

가톨릭 학교는 종교 교육과정에서 창세기 1장에 기록된 창조 이야기를 가르칠 수 있는데, 이는 하느님께서 엿새 동안 만물을 창조하시고 일곱째 날에 쉬셨다는 신화(즉 진리이지만 문자적으로 받아들여서는 안 됨)를 반영한다. 마찬가지로, 과학 교과에서는 약 140억 년 전 에너지의 "빅뱅"으로부터 우주가 생겨났다는 우주생성론을 가르칠 수 있다. 그리고 이 두 진술 사이에는 모순이 없다. 그것들은 단순히 위대한 진리를 인식하는 서로 다른 두 가지 방식 — 신화적 방식과 과학적 방식 — 이며, 언제나 남아 있는 창조의 신비에 참여하는 방식이다. 사실 신앙의 이야기는 과학적 이야기 안에 영적 지혜를 더해 준다. 곧 모든 사람이 하느님의 모습대로 — 남성과 여성 모두 — 창조되었다는 것(창세 1,26~27), 인간은 지구의 책임 있는 관리자가 되어야 한다는 것(창세 1,28), 그리고 우리 자신을 포함한 모든 피조물이 "매우 좋다"(창세 1,31)는 것이다. 과학만으로는 이러한 지혜를 알 수도, 가르칠 수도 없다!

가톨릭 지성 전통을 저마다 다른 방식으로 구현했던 초기 학교들은 6세기에 번성하기 시작한 켈트 및 베네딕토 수도원 학교들, 9세기의 카롤링거 학교들, 12세기의 대성당 학교들로 이어졌다. 많은 대성당 학교가 이후, 첫 번째 위대한 대학들로 발전하였다. 그 예로는 볼로냐(1088), 파리(1150), 옥스퍼드(1167),

케임브리지(1209), 리스본(1213), 살라망카(1218) 등이 있다. 이 대학들은 신앙과 이성의 협력을 확고히 드러냈으며, 신학이 '학문의 여왕'으로 군림했다. 주목할 만한 것은, 최초의 위대한 대학들이 교황의 칙서(papal charter)—즉 교회의 위임—에 의해 설립되었다는 점이다. 이는 가장 학문적인 교육과 학문 연구조차 교회가 세상 안에서 수행하는 본질적 사명의 일부임을 반영한다. 그리고 이 초기 대학들은 특히 아우구스티누스회와 도미니코 수도회처럼 새롭게 등장한 수도회 출신 인물들로 교수진이 채워졌다.

전 세계적으로 복음화가 전개되고 그리스도교 신앙이 보편적 존재로 자리 잡게 되면서, 가톨릭 학교들도 그렇게 되었다—이제는 전 세계로 퍼져 나갔다. 가톨릭 학교들의 네트워크는 사회문화적 맥락에 따라 매우 다양하게 전개된다. 어떤 학교들은 오로지 교회에 의해 재정지원을 받고, 다른 학교들은 학생들의 등록금에 의해 유지된다. 또 일부 학교들은 정부의 지원을 받으며, 교회와 선출된 학교 이사회가 공동으로 운영을 담당한다. 실제로 전 세계 이백여 개 나라에 퍼져 있는 가톨릭 학교들은 아마도 세계에서 가장 큰 단일 교육 체제를 이루고 있을 것이다. 앞서 언급했듯이, 가톨릭 학교들은 점점 더 많은 비가톨릭 학생들을 받아들이고 있으며, 교사 중에서도 비가톨릭 비율이 점점 늘어나고 있다. 그러나 서문에서 이미 밝힌 것처럼, 프란치스코 교황은 이러한 상황을 안타까워하기보다 오히려 격려하신다. 교황은 개방된 입학 정책을 학교의 가톨릭 정체성에 대한 위협으로 보지 않는다. 오히려 지금이야말로 모든 **가톨릭 학교**가 본래의 약속을 되새기고, 그 약속대로 참된 가톨릭 교육을 구현할 것을 다짐해야 할 때이다.

가톨릭 학교가 본연의 사명과 약속을 지켜 내며 참된 정체성을 유지할 수 있도록 돕는 가장 귀중한 원천 가운데 하나는, 바로 이천 년 동안 이어져 온 가톨릭 지성 전통이다. 여기에서 엄선하여, 우리는 이 책의 제2부에서 오늘의 시대적 도전에 특별히 의미 있게 다가오며 가톨릭 교육의 비전을 풍요롭게 길러 줄 수 있는 몇 가지 역사적 지혜를 함께 살펴보고자 한다. 이 장에서는 고대의 지혜로운 전통을 되새기며 『디다케』, 히포의 아우구스티누스, 누르시아의 베네딕토를 중심으로 살펴볼 것이다.

다음 장에서는 토마스 아퀴나스와 노리치의 줄리안을 통해 오늘날의 가톨릭 교육에 필요한 지혜를 배우고자 한다. 제5장은 종교개혁 시대와 그 여파를 로욜라의 이냐시오와 함께 살펴본다. 제6장은 가톨릭 교육의 역사에서 위대한 여성 선구자 중 두 명인 안젤라 메리치와 메리 워드의 삶과 업적을 조명한다. 비록 수 세기를 걸쳐 가톨릭 교육을 주창한 이들 가운데 오직 몇몇 선택된 인물들에 불과하고, 모두 우리 시대보다 훨씬 이전에 살았던 이들이지만, 이 위대한 선조들은 "구름 같은 증인들"(히브 12,1)을 대표한다. 그들은 가톨릭 교육의 현재와 미래를 위한 풍성하고 생명력 있는 기억들을 제공한다.

성찰과 대화를 위해

- 당신의 경험에서 볼 때, 오늘날 학생들의 삶과 사회의 공동선을 위해 기여할 수 있는 가톨릭 교육의 잠재력은 무엇이라고 생각하는가?

• 가톨릭 지성 전통에서 신앙과 이성, 계시와 과학 등과 같은 협력 관계가 지니는 장점들은 무엇이라 생각하는가? 또 그런 협력 관계가 지니는 한계는 무엇일까?

『디다케』

우리는 초대 교회의 이 흥미로운 교훈 문헌에 대해 짧지만, 근본적인 성찰로 시작하려 한다. 『디다케』(*The Didache*)의 지혜는 모든 시대의 가톨릭 교육자들이 받아들일 필요가 있다.

신약성경 정경에 속하지 않지만, 『디다케』는 초기 그리스도인들이 신앙 안에서 무엇을 가르치고 또 어떻게 가르쳐야 하는지를 담은 가장 초기의 문헌으로 평가된다. 그 집필 시기에 대해서는 학자들 사이에 의견이 엇갈리지만, 일부는 이를 1세기 말로 추정한다. 그리고 적어도 몇몇 단락은 그만큼 오래된 것으로 보인다. 『디다케』의 첫 구절은 "열두 사도를 통해 이방인들에게 주신 하느님의 가르침"으로 시작하는데, 이를 통해 사도적 권위를 주장한다.

대부분 『디다케』라는 이름 그대로, 흔히 "가르침"(The Teaching)이라고 불리지만, 오랫동안 그 텍스트의 실제 판본은 알려진 바가 없었다. 많은 초기 그리스도교 작가들이 그것을 인용하거나 언급한 것으로 보이지만, 실제 텍스트가 없었기에 일부 학자들은 그것이 단순히 그리스도교 가르침 전체를 가리키는 일반적 표현에 불과하다고 추정하였다. 그러던 중 1873년, 콘스탄티노플에서 필로테오스 브리엔니오스 주교가 그리스어 사본을 발견하면서 학계에 큰 반향과 흥분이 일어났다. 그 이후에, 라틴어, 콥트어, 시리아어, 아랍어로 된 다른 사본들과 단편들이 발견되었는데, 이는 초기 교회의 수 세기 동안 『디다케』가 널리 사용되었고 상당한 권위를 지닌 문헌이었음을 시사한다.

우리는 『디다케』를 세 부분으로 요약할 수 있다: (1) 그리스도의 제자가 되기 위해 요구되는 삶의 요구들을 감동적으로 요약한 부분(제1부); (2) 기도와 예배로 유지되는 제자 공동체 안에서 제자 됨의 삶의 밝히는 부분 — 이 안에는 주님의 기도의 완전한 형태와 성찬 기도의 초기 단편 두 가지가 포함되어 있다(제2부); (3) 사도, 교사, 주교, 부제들이 이끄는 그리스도인 공동체를 묘사한 부분으로써, 이들은 모두 가르칠 수 있었을 뿐 아니라 성찬례를 집전할 수 있었으며, 그들의 진정성은 언제나 예수님의 "길"에 대한 충실성으로 평가되었다(제3부). 내가 여기서 강조하는 **생명을 주는 기억**(the life-giving memory)은 『디다케』에서 비롯된 것으로, 이는 첫 부분에서 집중적으로 제시되고 문헌 전체에 두루 스며 있는 살아 있는 그리스도교 신앙의 묘사이다.

첫 번째 절은 문서 전체를 요약하는 대담한 선언으로 시작한다: "두 가지 길이 있다. 하나는 생명의 길이고 다른 하나는 죽음의 길이다. 두 길 사이에는 크나큰 차이점이 있다"(1,1). 그러고 나서 이 두 길을 요약하는데, 이렇게 시작한다. "이제 이것은 생명의 길이다: 우선 너는 너를 만드신 하느님을 사랑해야 하고, 둘째로 네 이웃을 너 자신과 같이 사랑해야 한다"(1,2).

그 후 『디다케』는 그리스도인들이 살아가야 할 참된 생명의 길을 개괄하는데, 가장 큰 계명에 대한 해설로 시작하며, 원수에 대한 사랑을 강조한다. 예상할 수 있듯이, 이어서 모든 시대에

피해야 할 잘 알려진 죄악들(살인, 간음, 음행, 도둑질 등)과 그 시대적 맥락에 더 관련된 것들(주술, 마술, 점성술 등)을 열거한다. 『디다케』가 제시하는 바는 분명하다. '**생명의 길**'은 단순히 그리스도교 신앙이 요구하는 의무일 뿐만 아니라, 신앙이 주는 선물이기도 하다. 곧 이것은 우리 자신과 다른 이들의 선을 위한, 우리가 살아야 할 삶에 있어서 최선의 길이다.

그다음 『디다케』는 '**죽음의 길**'을 묘사하는데, '생명의 길'이 피해야 할 것들을 반복하면서, 특히 사회적 죄들을 덧붙인다. 그러므로 죽음의 길을 받아들인 사람들은 "가난한 사람들을 위한 동정심도 없고, 억압받는 이들을 위해 노력하지도 않으며 (…) 도움을 필요로 하는 사람들을 외면하고, 고통받는 사람들을 억압하고, 부자를 옹호하고, 가난한 이를 부당하게 비난하고, 철저하게 사악하다"(5,2). 그리고 모든 이에게 주는 일반적인 권고로서, 이렇게 촉구한다. "아무도 너희를 **가르침의 길**에서 벗어나게 하지 않도록 주의하라"(6,1). 제1부는 따뜻한 자비의 음성으로 마무리된다. "만약 너희가 주님의 멍에를 멘다면, 너희는 완벽해질 것이다. 그러나 만약 너희가 할 수 없다면, 너희가 할 수 있는 것을 하여라"(6,2). **이는 우리 모두에게 큰 위로가 된다**.

'가톨릭 교육'을 위한 『디다케』. 모든 시대를 아우르는 가톨릭 교육을 위한 『디다케』의 핵심 지혜는, 우리 자신과 다른 이들에게 **생명**을 주는 것을 위해 살도록 사람들을 교육하고, 누구에게든 혹은 모두에게든 "죽음에 이르게 하는 것"을 피하도록 가르쳐야 한다는 것이다. 가톨릭 학교의 전체 교육과정은 학생들이 그들 자신에게 생명을 주는 방식으로, 그리고 예수님의 열망대로 "세상에 생명을 주는"(요한 6,51) 삶을 살도록 알리고(inform), 형성하며(form), 변화시키는(transform) 방향으로 구성되어야 한다. 가톨릭 교육은 영적 토대를 바탕으로 하고 또 그것을 지향하여, 모든 참여자가 삶에 대해 매우 긍정적인 관점을 가지도록 격려하고, 신앙에 대한 각자의 정체성이 어떠하든 세상 속에서 책임 있게 참여하도록 이끌어야 한다.

일부 학자들은 『디다케』에 대해, 사람들에게 **선택**을 제시한다는 것 — 모든 사람이 생명의 길과 죽음의 길 사이에서 선택할 수 있다고 제시하는 것 — 이 당시로는 반문화적이었다고 평한다. 그 시대와 맥락에서 사람들은 일반적으로 자신의 삶이 신들에 의해, 별들의 움직임에 의해, 혹은 사회적 환경에 의해 결정된다고 여겼으며, 자신의 운명을 형성하는 데 있어 선택권이 거의 없다고 생각했다. 그러나 그리스도교 신앙은 모든 사람에게 열려 있는 하느님의 은총을 통해, 모든 사람이 죽음의 길을 피하고 대신 자기 자신과 다른 이들의 삶을 풍요롭게 하는 길을 선택할 수 있다고 증언한다. 우리가 이러한 주체성을 가지고 하느님과 협력한다는 것은, 우리 삶 속에 적용해야 할 가장 생명을 주는 영적 토대이다.

『디다케』는 우리가 그러한 주체성을 지니고 있음을 증언하는데, 이는 당시의 숙명론에 맞선 것이며, 어쩌면 오늘 우리의 시대에도 맞서는 것이다. 그러므로 가장 초 세기의 기억으로서 『디다케』는 가톨릭 교육자들에게 모든 학생을 자신과 다른 이들을 위해 '**생명을 북돋는**' 방식으로 가르치라고 초대한다. 그리고 완전하지는 못하더라도, 언제나 "우리가 할 수 있는 것을 하라"는 따뜻한 권유를 덧붙인다.

히포의 아우구스티누스

바오로 사도 이후, 그리스도교 신앙에 대한 이해를 형성하는 데 있어 성 아우구스티누스만큼 큰 영향을 미친 인물은 없다. 마찬가지로, 가톨릭 지성 전통의 "양자 모두"(both/and)를 구축하는 데 있어 그보다 중요한 설계자는 없었다. 아우구스티누스(354~430)의 교육자를 위한 앎의 방식을 요약하자면, 모든 지식은 진리에 대한 인간의 갈망(진심에서 우러나오는)으로부터 기원한다는 것이고, 그 근본 원천을 앎을 추구하는 이의 애정에 두는 것이다. 그러나 신뢰할 만한 지식을 위해서는, 마음이 반드시 이성의 능력들과 결합해야 한다.

아우구스티누스가 『고백록』에서 언급했듯이, 열여덟 살 무렵 그는 로마의 철학자 키케로(Cicero)의 글을 읽고 "진리를 추구하도록 자극을" 받았다. 이것은 그의 삶에서 중심적인 철학적 열정이 되었고, 마침내 그의 "안식 없는 마음"을 채우기 위해 그리스도교 신앙을 받아들이도록 이끌었다. 키케로의 사상과의 그 만남은 또한 아우구스티누스가 자신의 인식 활동에서 비판적 사고를 활용하도록 격려했으며, 특히 플라톤 철학에 크게 의지하도록 이끌었다.

주목할 점은, 후대의 계몽주의가 정신을 이성에 국한된 것처럼 다룬 것과 달리, 아우구스티누스는 기억과 상상력의 기능 또한 강조했다. 그는 정신의 세 가지 능력이 하나이면서 삼위이신 하느님과 유사하게 작동한다고 비유했다. 키케로를 읽으며 겪은 지적 회심 이후, 진리를 추구하는 것은 아우구스티누스의 삶을 이끄는 열정이 되었다. 그는 오직 그렇게 할 때만 우리가 올바르고 지혜롭게 살아갈 수 있다고 확신하였다. 마침내 그는 우리가 알아야 할 가장 궁극적이고 결정적인 진리는 하나님께서 우리를 사랑하신다는 것임을 깨닫고 받아들이게 되었다.

서른세 살에, 방황의 젊은 시절을 보낸 뒤 아우구스티누스는 그리스도교 신앙을 받아들였다. 이제 그는 이성이 — 기억과 상상력과 늘 결합하여 — 진리를 추구하는 여정에서 신앙에 의해 풍요로워질 수 있으며, 반대로 신앙은 이성의 비판과 설득을 통해 더 깊어지고 성숙해질 수 있다고 확신하게 되었다. 아우구스티누스는 때때로 "**가톨릭적**"(catholic)이라는 형용사를 사용하여, 진리가 어디에서 발견되든 그것을 받아들일 수 있어야 한다는 열린 태도를 강조했다. 그는 모든 진리는 궁극적으로 하나님께 속한다고 확신했기 때문이다.

아우구스티누스에게, 진리를 향한 인간의 욕구와 갈망은 곧 하나님을 향한 우리의 굶주림을 드러낸다. 아우구스티누스는 『고백록』의 첫머리에서 이렇게 고백한다. "당신은 당신만을 위해 우리를 만드셨습니다. 주님, 우리의 마음은 당신 안에서 쉴 때까지 제대로 쉴 수 없습니다." 그러므로 신학적으로, 우리의 지식에 대한 갈망은 곧 하나님을 향한 갈망으로 규정할 수 있다. 그리고 아우구스티누스에게, 하나님을 "안다"는 것은 점차 더 깊이 하나님의 사랑을 체험하는 삶으로 성장해 가는 것을 의미한다. 그러한 초월적 지평 안에서, 모든 학문 분야와 모든 인식의 길은 궁극적 진리를 향한 마음의 갈망으로부터 힘을 공급받으며, 온전한 정신에 의해 인도된다. 따라서 아우구스티누스에게 있어 모든 지식 탐구, 곧 모든 학문적 배움은 궁극적으로 우리로 하여금 하나님을 알게 하고, 우리를 향한 하나님의 무조건적 사랑을 깨닫게 한다.

아우구스티누스는 북아프리카의 타가스테(오늘날 알제리)에서 태어났으며, 그의 아버지 파트리키우스는 이교도였고, 그의 어머니 모니카(후에 성인으로 시성됨)는 독실한 그리스도인이었다. 그는 그 당시의 전형적인 그리스-로마 파이데이아 교육을 받았고, 문법과 수사학 교사가 되었다. 그는 그리스도교 신앙으로 회심한 이후 사제가 되었고, 히포의 주민들에 의해(그 시대에는 백성이 이런 권한을 가졌다!) 주교로 선출되었다(서기 396년). 그는 그곳에서 수도 공동체를 세우고, 히포에서 학자이자 주교로서 가르치고, 설교하고, 그리고 방대한 저술 활동을 하며 일생을 보냈다. 그는 본인의 가장 위대한 고전인 『신국론』(*The City of God*)을 15년 넘게 집필했으며, 그가 세상을 떠나기 직전에 완성했다. 그는 결코 자신의 젊은 시절의 **방황**을 잊지 않았으며, 교회가 성인과 죄인 모두를 똑같이 환영해야 한다고 주장했다.

아우구스티누스는 그리스도교 신학에 대한 기여로 가장 유명하지만, 가톨릭 지성 전통을 반영하는 그의 교육 관련 저술들 또한 오늘날 우리가 길어 올릴 수 있는 소중한 자원이다. 여기서 우리는 선택적으로, 그의 가장 통찰력 있는 교육적 작품 중 두 가지만을 다룰 것이다. 하나는 『첫 교리 교육』[10](*The First Catechetical Instruction*, 라틴어 제목으로는 *De Cathechizandis Rudibus*, 직역하면 "시골 사람들에게 교리를 가르침")이고, 다른 하나는 『교사론』(*The Teacher*, 라틴어 제목으로 *De Magistro*)이다. 첫 번째 저술은 제목이 암시하듯이 교리 교육 — 그리스도교 신앙 안에서의

10) 〔옮긴이 주〕 가톨릭 학계에서는 일반적으로 라틴어 제목을 따라 『초심자 교육론』으로 번역하고 있지만, 여기서는 저자의 영어 제목을 따라 『첫 교리 교육』으로 번역하였다.

교육—에 초점을 두고 있으며, 두 번째 저술은 일반 교육을 다룬다. 이 두 저술에는, 지식을 향한 우리의 모든 갈망을 이끌어 내는 근원적 동력인 진리를 향한 인간의 열망 그리고 궁극적으로는 하느님을 향한 열망에 대한 아우구스티누스의 중심 사상이 담겨 있다.

❙ 교육자 아우구스티누스 ❙ 그의 『첫 교리 교육』 전체를 읽어 보면, 아우구스티누스는 오늘날의 기준으로 보아도 놀라울 만큼 진보적인 교육학을 제안하고 있다. 존 듀이, 몬테소리, 넬 나딩스, 파울로 프레이리 같은 위대한 현대 교육자들은 아우구스티누스의 통찰을 계승하고 있다.

아우구스티누스는 교사들에게 학생들의 신뢰와 자신감을 얻고, 그들의 안녕을 위해 항상 사랑으로 보살펴야 한다고 조언한다. 가르침을 시작할 때는 먼저 학생들이 배우려는 것에 관심을 불러일으켜야 하며(듀이가 크게 강조함), 학생들의 참여를 유지하기 위해 다양한 교수법을 사용해야 한다. 학문 수준은 학습자들의 능력에 맞추어야 하며, 조금씩 분명하게 설명해야 한다. 흥미로운 발표를 제공하고, 자주 멈추어 요약해야 한다. 쾌적한 학습 환경을 조성하고, 학생들의 신체적 편안함에도 신경 써야 한다. 모든 이가 기여할 수 있는 환영의 공간을 만들어야 한다. 그는 또한 교사들이 자신이 가르치는 것에 대한 쾌활함(*hilaritas*)을 유지해야 하며, 체벌을 절대 사용해서는 안 된다고 지적한다. 이는 그의 시대 학교에서는 혁명적인 생각이었으며, 사실 비교적 최근까지도 그렇다.

『첫 교리 교육』에서 아우구스티누스는 "그리스도께서 오신 가장 중요한 이유는 하느님께서 우리를 사랑하신다는 사실을 드러내고 이를 가르치기 위함이다"라는 핵심적 확신을 제안했다. 실제로 교리 교사는 그리스도교 신앙의 모든 내용을 다루되, 그것을 "세상 창조로부터 현재 교회 역사에 이르기까지 하느님께서 인간과 맺어 오신 관계에 대한 이야기"로 엮어야 한다. 그리고 "그 모든 것은 궁극적으로 사랑을 최종 목적으로 삼아야 한다." 그리고 학습의 **성과**로서 아우구스티누스는 교리 교사에게 이렇게 조언한다. "〔하느님의〕 이 사랑을 네 앞에 목표로 두고, 네가 말하는 모든 것을 이 목표에 연결시켜라. 그렇게 해서 네 말을 듣는 이들이 믿게 하고, 믿음으로 희망하게 하고, 희망으로 사랑하게 하라." 아우구스티누스에게 있어, 인간의 소명은 하느님의 사랑에 응답하여 사랑의 삶을 사는 것이다. 이것이 그리스도교 종교 교육 안에서 가르치고 배워야 할 궁극적인 지혜이다 (13~17).

『첫 교리 교육』 이후 약 25년 뒤에 집필되었으며 초기의 통찰을 더 발전시킨 『신국론』 후반부에서 아우구스티누스는 인류의 전 역사를 하나의 이야기 구조 속에 담아내었다. 그는 세계의 역사를 하느님의 구원적 사랑이 그 안에서 펼쳐지는 역사로 제시하였다. 인간의 고통과 죄 많음에도 불구하고, 아우구스티누스는 하느님께서 우리의 구원을 위해 인간의 역사 안에서 일하신다고 확신했다. 이 지상의 도시는 궁극적으로 우리의 영원한 집으로 합쳐질 것이다. 이것이 궁극적 진리이며, 어떠한 학문 분야에서든 모든 교육은 사람들이 이러한 의미와 목적의 지평 안에서 살아가도록 섬세하게 구성될 수 있고, 그들의 지성을 계몽하고 마음의 갈망을 충족시킬 수 있다.

아우구스티누스의 일반 교육 저술인 『교사론』으로 시선을 돌려보면, 아이러니하게도 제목과 달리 교사의 역할을 축소하고 실제로는 가르침과 배움의 과정에서 학생이 참된 주체임을 확고히 하는 데 집중하고 있다. 실제로 아우구스티누스에 대해서 일부 비평가들—예를 들어, 약 800년 뒤에 교사에 관한 유사한 저술을 남긴 아퀴나스(다음 장에서 살펴볼 예정)—은 그가 학생의 역할을 지나치게 강조하여 마치 교사가 불필요한 것처럼 만들었다고 말하곤 하였다. 그러나 아우구스티누스의 제안은 가톨릭 교육자들에게 언제나 도전이 될 것이다. 곧 학생들을 그들 학습의 주체로서 적극적으로 참여시키고, 무엇을 생각하고 무엇을 보아야 할지 교사가 말해 주는 것이 아니라 학생들 스스로 생각하고, 스스로 보도록 격려해야 하는 도전이다.

『교사론』의 처음 10개 장은 언어에 대한 분석으로, 이는 오늘날 우리 시대의 언어 철학과 기호학에 대한 관심을 미리 예견하는 것이기도 하다. 그러한 토대를 바탕으로 아우구스티누스는 가르침에서 말의 주된 목적은 학생들 내면 안에 이미 자리하고 있는 '참된 진리'를 밖으로 이끌어 내는 것이라고 주장한다. 앞서 언급한 주제를 다시금 되새기자면, 각 사람 안에 있는 진리는 곧 "하느님의 영원한 지혜"에 참여하는 것이다(177). 아우구스티누스는 이 "모든 이성적 영혼이 의지하는 **하느님의 지혜**"는 각자의 "내적 진리의 빛"을 통해 접근한다고 설명한다(179). 이런 이유로, 그는 마치 학생에게 직접 말하는 듯 이렇게 적고 있다. "나는 네 **안에 계신** 스승의 목소리를 들을 수 있는 너의 수용 능력 맞추어 질문하고자 한다"(180).

따라서 아우구스티누스에게 교사의 본질적 역할은 가르침과 배움의 역동성 안에서 학생들의 주체적 활동을 이끌어 내는 것이다. 특히 질문의 중요한 역할(소크라테스적 교육 방식을 상기시킴)을 주목해야 한다. 자신의 핵심 제안을 마무리하면서, 아우구스티누스는 수사적으로 이렇게 묻는다. "누가 자기 자녀를 학교에 보내면서 교사가 생각하는 것을 배우도록 하는 어리석은 호기심을 가지겠는가"(185). 다시 말해, 젊은이들을 학교에 보내는 이유는 교사의 생각을 배우게 하기 위해서가 아니라, 스스로 생각하는 법을 배우게 하기 위해서이다(175~186).

❙ 가톨릭 교육을 위한 아우구스티누스 ❙ 오늘날 가톨릭 교육을 위하여 아우구스티누스에게서 얻을 수 있는 세 가지 귀중한 자산을 생각해 볼 수 있다. 그 자산들은 후대의 사상가들에게도 이어져 강조되겠지만, 여기서는 아우구스티누스의 공로로 인정하고자 한다. 첫째는, **모든 '교육과정'이 통합적 핵심을 가져야 하며**, 학문의 모든 분야가 함께 협력하여 궁극적 진리의 지평 안에서, 또 그 지평을 향해 나아가야 한다는 그의 제안이다. 후기 계몽주의 시대는 학문의 각 분과를 신앙에 기초한 토대에서 의도적으로 분리시켰는데, 이는 신앙이 학문의 자유와 엄밀성을 훼손할 것처럼 여겼기 때문이다. 그러나 그 결과 학문은 통합적 지평을 상실하게 되었다. 아우구스티누스는 신앙과 이성이 하나의 통합된 교육과정 안에서 서로 풍요롭게 할 수 있다는 확신을 보여 준다. 이는 진리를 알고 그 진리 안에서 살아가고자 하는 인간의 마음과 정신의 공통된 탐구를 통해 굳게 결속되며, 마침내 우리를 향한 하느님의 사랑과 그 사랑이 불러일으키는 희망이라는 궁극적 지평으로 나아가게 한다.

가톨릭 교육을 위한 아우구스티누스의 두 번째 유산은, '**인**

식 주체의 능동성'을 강조한 것이다. 다소 과장된 면이 있을지라도, 훌륭한 교육은 가르침과 배움의 과정에서 학생들을 능동적 **참여자**로 온전히 참여하게 하는 것임은 의심할 여지가 없다. 학생들은 단순히 교사로부터 받은 것을 그대로 되돌려 주는 수동적 수용자가 되어서는 안 된다. 오히려 어떤 학문 분야가 가르쳐지고 있든지 거기에 능동적으로 참여해야 하며, 스스로 사고하도록 초대받고, 또 자신만의 이해와 판단과 결정을 내리도록 격려받아야 한다. 아우구스티누스는 가톨릭 교육은 파울로 프레이리가 "저축식 교육"이라 부른 것과 정반대여야 한다고 강력히 주장했을 것이다. 곧 교사가 정보를 수동적인 그릇에 단순히 "예치"해 두고, 학생들이 그것을 시험 때 다시 꺼내기를 기대하는 방식이 되어서는 안 된다는 것이다.

셋째, 우리는 아우구스티누스의 각 저술에 담긴 핵심적인 교육학적 통찰을 두루 배워야 하며, 어느 하나를 선택하여 다른 것을 배제하기보다, 그것들을 생산적인 긴장 속에 보존해야 한다. 『교사론』에서 아우구스티누스는 지식에 이르는 과정에서 학생의 절대적인 주체성을 강조한다. 마치 모든 지식이 내면에서 흘러나와야 하는 것처럼 보이며, 교사는 단지 좋은 질문으로 그것을 불러내고 이끌어 줄 뿐이다. 그러나 이는 교사의 역할과 학문 전통의 중요성을 경시하는 것처럼 보일 수 있다.

그러나 아우구스티누스는 『첫 교리 교육』에서, 그리고 그의 대작 『신국론』에서 이를 확장하면서, 인식 주체(knower)에 대한 강조를 한층 세밀하게 조정한다. 곧 교사는 하느님께서 인류 역사 안에서 행하셨고 지금도 행하고 계신 위대한 구원의 이야기를 반드시 가르쳐야 한다는 사실을 분명히 밝힌다. 이 두 저술을 생산적인 긴장 속에 함께 놓고 보면, 그것들은 안에서 오는 것과 밖에서 오는 것을 **모두** 존중하는 교육학의 필요성을 드러낸다.

종교 교육에서 이것은 사람들의 삶에서 비롯된 자신의 이야기와 영적 지혜를 존중함과 동시에, 그들에게 그리스도교의 이야기 — 아우구스티누스가 제시한 바와 같이, 인류 역사 안에서 전개된 하느님의 구원 활동이라는 전체적 그리스도교의 이야기 — 에 접근하도록 하여, 이 두 가지 원천으로부터 배우고 통합하도록 격려하는 것을 의미한다. 일반 교육에서 이것은, 학생들을 자기 인식과 경험의 주체로 능동적으로 참여하게 하는 한편, 존 듀이가 "문명의 축적된 자본"이라고 부른 것 — 인류가 세대를 넘어 남겨온 모든 예술, 과학, 학문 분야 — 에 쉽게 접근할 수 있도록 하는 것을 의미한다. 내면으로부터의 앎과 외부로부터의 앎이라는 — 아우구스티누스의 교육 저술들 각각이 제시하는 — 이 두 가지 확신을 함께 받아들이는 것은 모든 교육자에게 중요하다. 후대의 사상가들은 이 두 가지 입장을 더욱 분명히 드러내겠지만, 우리는 이미 아우구스티누스의 역설적인 입장 속에서 그 씨앗을 발견할 수 있다.

성찰과 대화를 위해

- 『디다케』의 지혜를 되새기며, 오늘날 우리의 시대와 상황에서 '**생명의 길**'로 꼽을 수 있는 것들은 무엇인가? 그리고 '**죽음의 길**'은 무엇인가? 당신의 교육은 어떻게 학생들을 '생명의 길'로 이끌고, '죽음의 길'을 피하도록 격려할 수 있는가?
- 아우구스티누스가 인류의 가장 깊은 갈망은 진리를 아는 것, 그리

고 궁극적으로는 하느님께서 우리를 사랑하신다는 사실을 아는 것이라고 제안한 바에 대해서 어떻게 생각하는가? 이러한 영적 토대를 바탕으로 할 때, **당신은** 어떻게 학생들을 가르칠 수 있을까? 또 어떻게 학생들에게 하느님의 사랑을 증언할 수 있을까?

성 베네딕토와 수도원 학교들

아우구스티누스가 임종을 맞이하던 431년에, 야만족들은 이미 로마(410)를 함락시킨 뒤 히포 성문 앞에 이르러 있었다. 이들은 로마 제국의 통제와 문화권 밖에 있던 민족들로 훈족, 프랑크족, 반달족, 색슨족, 고트족, 켈트족 등이었다. 그들은 제국을 파괴하고 그 전리품을 차지하려는 듯 보였다. 그 뒤 유럽 전역에는 흔히 **암흑시대**라 불리는 시대가 도래했는데, 이 시기에는 서구 문화의 상당 부분과 그리스-로마의 파이데이아 교육 전통, 그리고 이를 이어받은 그리스도교 학교들마저도 거의 사라지고 말았다. 그것들은 6세기에 이르러, 그 민족들이 어느 정도 그리스도교 신앙으로 개종하고 수도원 학교들이 세워지기 시작할 때에야 비로소 다시 살아나기 시작했다.

수도원 생활(monasticism)은 그리스도인들이 신앙을 사는 데 있어서의 엄격함을 잃어버린 데 대한 응답으로 등장하였다. 교회의 초창기에, 그리고 심지어 아우구스티누스 시대에 이르러서도, 몇몇 문화권에서는 그리스도교 신앙에 새로 들어오려는 사람들을 받아들이기 위한 엄격한 예비신자 과정(catechumenal process)이 있었다. 이 과정은 최대 3년간 지속되었으며, 그리스도의 제자로서 사는 것 — 그리스도교 신앙을 **삶으로 살아 내는** 것 — 에 중점을 두었다. 그러나 313년 콘스탄티누스의 밀라노 칙령을 시작으로 그리스도교가 로마 제국의 공인 종교가 되자, 수많은 개종자가 몰려들었으나 신앙 안에서의 형성이나 충분한 교리 교육을 거치지 못하는 경우가 대부분이었다. 예를 들어, 콘스탄티누스 황제가 그리스도인만이 로마 군대의 장교가 될 수 있다고 선언했을 때, 얼마나 많은 병사가 어떻게 했을지 상상해 보라! 결국 어떤 통치자가 그리스도교를 받아들이면, 온 민족이 무더기로 그리스도교로 개종하는 일이 일어났지만, 복음적 삶을 위한 실제적인 준비나 양성은 거의 없었다.

수도원 생활은 철저한 그리스도교적 삶의 제도화된 표현으로, 참여자들을 공동체 안에 묶어 주었고, 규칙 있는 일과를 따르는 삶으로 이끌었으며, 가난·정결·순명의 서원을 기꺼이 받아들이도록 하였다. 그것은 그리스도교적 규율이 무너진 데 대한 응답으로 등장하였으며, 복음의 근본적 가치로 돌아가 이를 공동선을 위하여 실천하고자 결의하였다. 수도자들은 부자 청년에 대한 예수님의 초대, 곧 "가서 가진 것을 팔아 가난한 이들에게 주어라. 그러면 네가 하늘에서 보물을 차지하게 될 것이다. 그리고 와서 나를 따라라"(마르 10,21)를 받아들였다.

그러므로 수도원 생활의 성소는 단순히 자기 영혼을 구원하고자, 곧 "하늘의 보화"를 얻고자 받아들여지는 것이 아니었다. 오히려 그것은 예수님의 복음적 가치를 살아 내어, 세상 속에서 봉사하고, 특히 "가난한 이들에게 주라"는 말씀에 따라 하느님 나라를 확장하기 위한 것이었다. 수도원 생활은 그리스도교 신앙의 사회·정치적 성격과 모든 이를 위한 공동선을 위해 일해야 할 책임을 깊이 확신하였다. 수도자들의 육체적 노동은 기도의 "일"에 의해 지탱되었다.

수도원들이 맡은 주요 사회봉사 중 하나는 교육을 제공하는 것이었다. 또한, 그들은 야만인들에 의해 파괴될 위험이 있는 문화적 필사본들—특히 성경—을 필사함으로써 학문을 보전하는 데 전념했다. 가장 중요한 사례는 5세기 후반에 시작된 초기 아일랜드 수도원들의 교육 사업과 필사하는 일이었다. 그들은 암흑시대 속에서, 먼저 아일랜드에서, 그리고 이어서 유럽 전역에서 빛의 등불이 되어 주었다. 그러나 여기서는 베네딕토 수도원 생활의 의미 있는 사례와 그 수도원 학교들을 통하여 교회의 교육적 사명에 기여한 바에 초점을 맞추고자 한다(켈트 수도원 생활에 대해서는 제4장에서 조금 더 다룰 것이다).

누르시아의 베네딕토(Benedict of Nursia, 480~547)는 귀족 가문에서 태어났고, 여전히 로마 귀족의 특권이었던 좋은 교육을 받았다. 스무 살 무렵, 몇 차례 방황도 하고 사랑에 빠지기도 했던 그는, 결국 복음의 근본적 요청—원수를 사랑하고, 가난한 이를 돕기 위해 모든 것을 내어 주는 것 등—을 따르기로 결심했다. 그는 은둔자가 되기 위해 출가했고, 3년이 지난 후에 수도원에 들어갔다. 마침내 그는 자신의 이름을 따서 불리게 된 수도회를 창설했는데, 본부는 로마에서 남동쪽으로 약 80마일 떨어진 몬테카시노에 자리 잡았다(529년에 설립).

베네딕토 수도회는 공동체 안에서 개인을 존중하고 풍요로운 영성을 살도록 초대하였다. 여기에는 당시 노예의 일로 여겨졌던 육체노동에 대한 수용, 매일 공동 기도 생활, 성경에 대한 관상적 묵상이 포함되었다. 수도원들은 가난한 이들, 병든 이들,

그리고 도움이 필요한 이들을 돌보는 데 있어 큰 사회적 역할을 수행하였다. 또한 농업 방식을 개선하고, 법학과 의학을 포함한 전문 분야의 발전에도 기여하였다.

그러나 여기서 가장 중요한 우리의 관심사는 베네딕토 수도원들이 약 300년간 서양 세계에서 교육의 주된 주체가 되었다는 것과 그것이 오늘날에 이르기까지 중요한 영향을 미치고 있다는 것이다. 그리스도교 신앙에 대한 가르침과 함께, 수도원 학교들은 문법·수사학·논리학의 3학(*trivium*: 모두 사람이 잘, 그리고 논리적으로 말하도록 해 주는 과목들)과 산술·기하·천문·음악의 4학(*quadrivium*)로 이루어진 7개의 자유 교양 교과를 가르쳤다. 이러한 전체 교육과정은 끊임없이 신앙과 이성, 계시와 과학, 인격 형성과 지식 교육 등을 참여시키는 가톨릭 지성 전통의 전형적인 사례였다. 수도원 교육이 궁극적으로 의도한 학습 성과는 단순히 지식이 아니라 삶을 위한 영적 지혜였다.

이전의 원천들과 자신의 수도원 생활 경험에 바탕을 두고, 베네딕토는 수도원 공동체를 위한 『베네딕토회 규칙서』(*Rule*)를 집필했다. 그는 그것을 모든 재화를 공유하기로 서약한 안정된 공동체 안에서 복음의 근본정신을 살아 내고자 하는 "초심자"들을 위해 썼다. 『베네딕토회 규칙서』는 서양 문명과 교육에서 가장 위대한 고전 텍스트 중 하나이다. 베네딕토 수도자를 가르친 방식과 일반 대중에서 교육을 제공한 방식 모두에서 그러하다.

전승에 따르면, 베네딕토는 평생 그의 누이인 스콜라스티카(Scholastica, 480~547)와 가까운 관계를 유지했으며, 그녀는 몬테카시노 근처에 머물렀다고 전해진다. 그리고 남매는 정기적으로 만나 대화를 나누었다고 한다. 베네딕토의 격려로 스콜라스티카는 몬테카시노 근처에 수도원을 세웠으며, 그것은 그녀 오라버니의 규칙을 본받아 설립된 것으로, 여성을 위한 베네딕토회 수도 생활의 기원이 되었다. 그들은 단지 며칠을 차이로 죽었고, 베네딕토의 지시에 따라 몬테카시노에 있는 같은 묘지에 묻혔다. 사실상, 그들은 남성과 여성을 위한 베네딕토 수도회의 공동 창립자였다.

▌교육자 베네딕토▐ 교육 사명에 영감을 주고 오늘날 가톨릭 교육을 위해 큰 지혜를 제공하는 베네딕토회 고유의 은사에는 적어도 세 가지 특징이 있다. 첫째, 사회의 선익을 위해 언제나 열려 있는 **공적 신앙**의 실천, 둘째, 이성적·논증적 방식뿐 아니라 앎의 영적인 방식을 포용하는 태도, 셋째, 모든 이를 맞이하는 **환대와 포용**의 전통이다. 이 세 가지는 서로 겹치지만, 우선 각각에 대해 간단히 살펴보겠다. 그것들은 가톨릭 교육자들이 우리 시대에 실천해야 할 영적인 토대를 제안한다.

- **공적 신앙을 위해 교육하기:** 처음에는 수도 생활이 세상으로부터의 물러남처럼 보일 수 있다. 그러나 이미 언급했듯이, 베네딕토회의 은사로 대표되는 그리스도교 수도 생활은 세상에 대한 깊은 돌봄의 표현이었다. 다른 종교들에는 일종의 도피처럼 보일 수 있는 수도 전통들이 있지만, 그리스도교 수도 생활에서는 수도원에 들어감이 세상을 피하기 위함이 아니라, 오히려 세상을 포용하고 섬기기 위함이었다. 수도자들이 하루 일과 속에서 규칙적으로 드리는 기도 생활조차도 그 궁극적 지향은 다름 아닌 하느님 나라를 앞당기려는 것이었다.

『베네딕토회 규칙서』는 모든 수도자에게 매일 육체노동을 하도록 요구했고, 이를 기도와 동등하게 "하느님의 일"이라고 간주했다. 수도자들은 오직 자신들의 노동을 통해서만 필요한 자원을 얻을 수 있었다. 베네딕토는 예수님의 이름으로 이것을 강조하였으며, 그 자원은 가난한 이들을 먹이고 보호하며, 병든 이를 돌보고, 유가족을 위로하며, 죽은 이를 묻어 주는 일(이는 베네딕토가 특히 즐겨 언급한 목록임) 등에 사용되었다.

수도원들이 교육을 맡게 된 것은 처음에는 필요에서 비롯되었다. 수도자들은 일과 중에 일정한 간격으로 함께 시편을 기도하는 성무일도(Divine Office)에 참여하기 위해 읽을 수 있어야 했다. 그리고 또한, 그들은 원고를 필사하기 위해 글을 읽을 줄 알아야 했다. 그러나 곧, 그들의 교육은 지역 마을의 아이들에게까지 확장되었고, 이는 보편적 교육의 필요성을 초보적으로나마 인식한 것이었다. 그들의 교육은 수도원 생활과 마찬가지로, "선한 일을 행함으로써 우리 삶의 경로를 바로 세우기 위한"(규칙서 1:5) 것이었다. 여기서 베네딕토는 가장 으뜸가는 계명으로 하느님과 이웃을 자기 자신처럼 사랑하라는 계명을 맨 앞에 두고, 이어 황금률을 제시한다. 그는 이를 부정형으로 표현하여 "네가 당한다면 불쾌할 일을 다른 이에게 행하지 말라"(규칙서 3:1)라고 하였다. 베네딕토는 이것이야말로 우리를 "하느님의 모습으로 변화시키는"(규칙서 1:3) 삶과 교육의 길이라고 약속하며, 인간의 **신화**(神化, *theosis*, 신적 잠재력)를 굳게 믿었다. 베네딕토의 제안에는 매우 긍정적인 인간관이 드러나 있다.

• 앎의 영적인 방식: 『베네딕토회 규칙서』는 육체노동과 공동기도가 결합 된 삶 안에서, 수도자들이 내면의 영에 귀 기울이고 응답하는 관상적 삶으로 들어가도록 초대하였다. 그들의 관상 수

행의 정수는 렉시오 디비나(*lectio divina*)였다. 문자 그대로 "거룩한 독서"라는 뜻인 이것은, 성경의 한 구절을 반복하여 읽으면서 점점 더 깊이 들어가, 본문이 마음에 말을 걸고 삶의 거룩함으로 부르실 때 내적 영의 소리에 귀 기울이는 영적 실천이다.

렉시오 디비나의 일반적인 방식은 먼저 성경 본문을 단순히 읽는 것으로 시작된다. 이는 말씀을 대할 때 처음으로 눈에 들어오는 부분, 그리고 독자의 마음을 가장 먼저 끌어당기는 울림을 알아차리기 위함이다. 이어 두 번째 독서를 통해 더 깊이 들어가 본문을 묵상한다(묵상은 하느님께 말씀드리는 것). 그 후 세 번째 독서와 멈춤을 통해 본문을 깊이 관상한다(관상은 하느님의 말씀을 듣는 것). 렉시오 디비나는 독자들이 그리스도인다운 삶을 향해 나아가도록 마음에서 우러나오는 기도로 마무리된다.

이러한 관상적 기도의 방식은 수도 생활의 일상적 노동과 삶의 리듬 곳곳에 스며들어 있었다. 『베네딕토회 규칙서』는 "모든 공동체는 정해진 시간에는 육체노동으로, 다른 시간에는 렉시오 디비나로 이루어져야 한다"(규칙서 48:1)고 권고하면서, 주일에는 렉시오 디비나를 더 많이 할 것을 요구하였다(규칙서 48:6). 렉시오 디비나는 수도자들의 영적 삶을 기르는 데에만 목적이 있었던 것이 아니라, 그것을 공동체가 함께 수행하고, 깨달은 바를 대화로 나눌 때는 사실상 수도자들이 신학을 "살아 내는" 방식이 되었다. 그들의 신학적 성찰은 깊은 사유에 뿌리를 두었지만, 그 특징은 마음에서 출발한다는 점에 있었다. 곧, 거룩한 본문에서 흘러나오는 지혜를 자신의 영혼과 공동체 다른 이들의 영혼을 통해 함께 나누며 듣는 것이었다.

베네딕토는 사람이 내면의 영에 귀를 기울일 때 "하느님의 은총에 장벽을 만들고 악으로 가는 길을 여는 사악한 악의 영을 주의 깊게 인식해야" 한다고 경고한다. 그 대신 우리는 "악으로부터 우리를 자유롭게 하고 하느님께 더 가까이 데려가는 선한 영"의 음성에 귀 기울여야 한다. 모두가 "노력하여 길러야" 할 것은 이 "선한 영"이다(규칙서 72:1). 우리는 이러한 영의 식별을 나중에 로욜라의 이냐시오 성인을 이야기할 때 다시 마주할 것이고, 이것이 가톨릭 교육에 무엇을 의미하는지 살펴볼 것이다. 여기서 우리는, 이냐시오보다 천여 년 앞서, 베네딕토회 수도원에서 영혼을 참여시키는 "앎의 방식들" 중심에 영의 식별이 놓여 있음을 발견한다. 렉시오 디비나와 그것의 관상적 앎의 방식은 베네딕토회의 영성과 교육에 특징적 측면이 되었다.

• **환대와 포용:** 베네딕토 수도원은 놀라울 만큼 민주적이었다. 민주주의가 일반적인 정치적 관행이 되기 훨씬 전부터 말이다. 예를 들어, 수도원장(또는 베네딕토회 수녀원의 경우 수녀원장)은 구성원들의 투표로 선출되었다. 더욱이, 모든 지도자는 다른 사람들 위에 군림하기보다는, "선한 목자의 사랑이 넘치는 모범을 따라야" 하며, 길을 잃은 공동체 구성원을 특별히 돌보아야 한다(규칙서 27:2). 모든 중요한 결정은 공동체의 분별을 통해 이루어졌다. 이를 위해, 수도원장은 "전체 공동체를 한자리에 모아 그들 앞에 놓인 의제를 개인적으로 설명해야 한다"(규칙서 3:1). 그러고 나서, 놀랍게도 가장 어린 수도자가 가장 먼저 말하고 공동체가 그의 말을 경청해야 했다.

이러한 포용성(inclusivity)은 선한 의도를 가진 모든 지원자가 사회적 신분에 상관없이 공동체의 일원으로 환영받아야 한다는 정신에 반영되었다. 또한 포용성은 손님들을 따뜻하게 맞이하는 데에서도 나타났는데, 모든 이에게 베푸는 환대(hospitality)는 베네딕토회의 특별한 은사의 표지였다. 규칙서는 "수도원에 우연히 방문하게 된 어떤 손님이라도 우리가 그리스도 예수님을 대접하는 것처럼 대접받아야 한다"(규칙서 53:1)고 가르친다. 실제로, "누군가 문을 두드리자마자, 또는 가난한 사람이 불렀을 때, 즉시 부드러운 경건함과 따뜻한 자비로써 대답은 '하느님 감사합니다' 또는 '나에게 축복을 주소서'이어야 한다"(규칙서 66:1). 손님들은 "다른 그리스도"로 대접받아야 했다. 요한 복음에 전해지는 최후의 만찬에서의 예수님을 본받아(요한 13,1~15), 아빠스는 손님들의 발을 씻어 주어야 했으며, "그 예식에는 공동체 전체가 참여해야" 했다(규칙서 53:3).

❙가톨릭 교육을 위한 베네딕토❙ 가톨릭 학교가 가톨릭 지성 전통 속에 깃든 수도원의 정신을 교육 속에 살아 내려 할 때, 베네딕토회의 은사는 우리에게 이렇게 요구한다. 곧 **공적** '**신앙**'을 살아 내는 교육, 다시 말해 세상 속으로 나아가 도움이 필요한 이들에게는 연민으로, 모든 이를 향해서는 정의로 응답하는 사회 윤리를 가르치라는 요청이다. 오늘날에도 가톨릭 교육은 학생들이 비판적 사회의식을 키우도록 격려해야 한다. 곧 불의의 근원을 밝히고 공동선을 위하여 공적 영역을 변화시키는 데 힘쓰도록 하는 것이다. 이러한 사회·정치적 형성은 가톨릭 교육의 필수 요소가 되어야 한다. 우리는 제9장에서 공적이고 정치적인 신앙 개념을 더 발전시켜 다루겠지만, 여기서는 그 씨앗이 베네딕토회의 은사 안에 있음을 인식해야 하겠다.

마찬가지로, 베네딕토회 전통 안에 깃든 가톨릭 지성 전통에 충실한다면, 가톨릭 학교가 길러야 할 앎의 방식은 단순히 논리적이고 이성적인 차원에만 머물러서는 안 된다. 그와 더불어 관상적이며 묵상적인 앎의 방식을 포함해야 한다. 이것은 학생들에게 머리의 이성만이 아니라 자기 자신과 자기 마음에도 귀 기울이도록 격려하고 이끌어 주는 것을 의미한다. 잘 분별된다면, 이러한 영적 인식의 길은 인간을 풍요롭게 하고 내적 힘을 북돋아 주는 앎의 방식이 될 수 있다. 그러나 오늘날 모든 교육에서, 심지어 가톨릭 교육에서도, 오직 논리적 추론만을 선호하면서 이 전통은 대부분 상실되었다. 이제 가톨릭 교육은 영혼을 깊이 참여시키는 영적 성찰의 풍부한 전통을, 인간을 형성하고 인간다움을 회복하는 앎의 길로서 되찾아야 한다. 이에 대한 합리주의적 편견에도 불구하고, 그것은 순수한 인지적 차원만으로 얻어지는 것보다 훨씬 더 신뢰할 수 있다.

더 나아가, 가톨릭 학교는 환대와 무조건적인 포용성을 특징으로 해야 한다. '가톨릭'이라는 단어의 어원(그리스어 *katha holos*) 자체가 "모든 이가 환영받는다"라는 뜻이기 때문에, 우리는 이러한 영적인 기초로 다시 돌아와야 한다. 어떤 학교 — 혹은 교회 — 를 가톨릭이라 부르려면, 그것은 모든 이를 완전히 포용해야 한다. 다시 말해, 학교가 진정한 가톨릭(Catholic)이 되기 위해서는 보편적이어야(catholic) 한다. 그리스도교 전통을 통틀어, 『베네딕토회 규칙서』가 요구하고 베네딕토 수도원들이 실천한 환대보다 더 믿을 만한 보편성(catholicity)의 상징은 없다. 수도원에 오는 모든 이는 "우리와 함께 계시는 또 다른 그리스도"로 예우받아야 했다. 이는 존중과 환대의 극치를 의미한다. 또한, 수도원을 찾은 이들 대다수는 가난하고 도움이 필요한 이들이었음을 기억해야 한다.

마지막으로, 가장 어린 사람부터 시작하여 모든 수도자에게 공동체 분별 과정에서 목소리를 내게 하는 베네딕토회 전통은 보편성의 또 다른 사례이다. 이것은 분명 오늘날 가톨릭 학교의 운영에 있어서도 하나의 용기 있는 운영 방식(*modus operandi*)을 제시해 준다. 우리는 교직원뿐만 아니라 학생들의 의견을 구하고 환영하며, 그들의 관심사를 진지하게 받아들이고, 그들이 학교 공동체의 공동선을 돌보는 데 목소리를 내도록 할 수 있지 않겠는가?

성찰과 대화를 위해

- 당신의 신앙 여정에서, 또 교육자로서의 소명 안에서, 베네딕토회의 은사 가운데 가장 영감을 주는 것은 무엇인가?
- 당신의 교육 방법 속에 묵상적/관상적 앎의 방식을 어떻게 적용할 수 있을지 상상해 보라. 또한 학생들이 자기 영혼의 소리에 귀 기울이도록 어떻게 격려할 수 있겠는가?

가톨릭 교육자로서 자신의 소명을 새롭게 하기

『디다케』, 아우구스티누스, 그리고 베네딕토는 가톨릭 교육자의 '영혼'과 '가르침', 그리고 '교육 공간'에, 그리고 우리 시대 교육에 귀중한 지혜를 전해 준다. 그들의 유산은 오늘날 교육이 뿌리내려야 할 깊은 영적 토대를 보여 준다. 곧, 삶을 위한 살아 있는 신앙에의 헌신, 가르침과 배움의 역동 안에서 학생들의 주체적 참여를 끌어내는 것, 그리고 모든 이를 "식탁"에 기꺼이 맞아들이는 환대의 정신이다.

▌교육자의 영혼을 위하여▐ 가톨릭 교육은 분명히 사람들이 삶에서 좋은 근본적 선택을 하고, 건전한 양심을 기르며, 자기 자신과 다른 사람들을 위해 생명을 주는 길을 찾도록 격려해야 한다. 『디다케』는 이것을 생명의 길과 죽음의 길, 두 가지 길 중 하나를 선택하는 것으로 요약했다. 이것은 야훼 하느님께서 모세를 통해 밝히신 신명기의 말씀을 되새기게 한다. "나는 오늘 하늘과 땅을 증인으로 세우고, 생명과 죽음, 축복과 저주를 너희 앞에 내놓았다. 너희와 너희 후손이 살려면 생명을 선택해야 한다"(신명 30,19). 오늘을 사는 우리 역시 여전히 이러한 엄중한 양자택일의 길 앞에 서 있는 것은 아닐까?

- 당신의 신앙 여정을 되돌아볼 때, 삶을 가장 충만하게 살아가기 위해 맞이했던 중요한 전환점들은 무엇이었는가? 그리고 어떻게 하면 그 전환점들을 더 깊이 다져 나갈 수 있겠는가?
- 당신은 어떻게 학생들이 "생명을 선택하도록" 격려하고, 자극하며, 확신시킬 수 있겠는가?

▌가르침을 위하여▐ 가톨릭 교육자들이 가르침과 배움의 역동성 속에서 학생들을 적극적으로 참여시키는 교육 방식을 사용하는 것은 절대적으로 필요하다. 아우구스티누스 외에도, 우리는 뒤에서 아퀴나스와 메리 워드를 통해 이것을 뚜렷이 보게 될 것이다. 그러나 적어도 과거에 가톨릭 교육은 흔히 주입식이고 권위주의적이라는 고정관념이 있었다. 이는 가톨릭 지성 전통이 지닌 본

래의 정신과, 참으로 가톨릭다운 학교가 지향해야 할 바와는 분명히 배치되는 모습이다.

- 당신은 현재 어떤 방식으로 학생들을 자기 배움의 주체로 존중하며, 가르침과 배움의 과정에 적극적으로 참여하도록 이끌고 있는가?
- 당신은 어떻게 학생들이 언제나 스스로 사고하도록 이끌 수 있겠는가? (교육은 우리가 어떤 질문을 던지느냐에 크게 좌우되며, 단순한 기억을 넘어서는 사유로 나아가야 함.)

▎교육 공간을 위하여▎ 그 정의상, 가톨릭 학교는 모든 이들—교원·직원·학생들—에게 신앙, 배경, 인종, 경제적 상황, 성별, 민족, 성적 지향, 능력 등과 관계없이 환대와 환영의 장소가 되어야 한다.

- 당신의 학교가 세상에 "모든 사람을 환영합니다"라는 메시지를 어떤 모습으로 드러내고 있는지 살펴보라. 어떻게 학교의 환대와 포용성을 개선할 수 있겠는가?
- **당신은** 어떻게 학교의 '가톨릭 정신'을 풍요롭게 하는 데 기여할 수 있겠는가?

제 4 장

켈트 수도회, 토마스 아퀴나스, 그리고 노리치의 줄리안

켈트 수도회

베네딕토의 죽음(547년) 이후, 베네딕토 수도원과 그 학교들은 유럽 전역에 퍼져 나갔고, 로마 제국을 정복한 많은 야만인 부족을 복음화시키고 교육하는 데 중요한 역할을 수행했다. 그들은 이 선한 일에 있어서, 유럽 전역에서 큰 활동을 펼친 켈트 수도자들과 수도원들의 협력을 받았다. 6세기부터 아일랜드 교회는 수도원적 구조와 영성을 기반으로 하여(주교가 아니라 아빠스가 지도하는 형태로), 유럽 곳곳에 여러 수도원을 세우며 진출하였다. 기도와 자급을 위한 육체노동에 더해, 켈트 수도원들은 교육을 강조했고 이것은 단순히 수도원에 속한 수도자들만을 위한 것이 아니었다. 그들은 유럽 전역에서 "암흑시대"의 흐름을 더 계몽된 시대로 바꾸는 데 두 번째로 큰 영향력을 미쳤다.

아일랜드 수도회의 주요한 대표자이자 전파자로 여겨지는 인물은 성 콜룸바(Saint Columba, 521~97)였는데, 그는 콜룸 킬레(Colum Cille)로도 알려져 있으며, 아일랜드 중부에 있는 클로나드 수도원에서 수도자로서 삶을 시작했다. 콜롬바는 10개의 수도원을 설립한 것으로 알려져 있는데, 그중 가장 유명한 곳은 스코틀랜드 아이오나 섬에 새운 장대한 수도원 공동체였다. 아이오나에서 린디스판(Lindisfarne)의 주요 수도원이 설립되었고, 이후 북부 이탈리아의 보비오(Bobbio), 스위스의 세인트 갈(Saint Gall) 그리고 수많은 다른 지역들로 위대한 켈트 수도원들이 유럽 전역에 퍼져 나갔다. 가톨릭 교육과 그 영적 토대를 위해, 켈트 수도회(Celtic Monasticism)는 세 가지 귀중한 유산을 남기고 있다.

첫째, 켈트 수도회는 과거의 유산과 학문을 보존하고자 온 힘을 다했다. 유럽을 침략한 부족들은 성경뿐만이 아니라 플라톤과 아리스토텔레스, 키케로와 필로 같은 그리스-로마 학자들의 저술들과 같은 필사본들을 파괴하는 것을 즐기는 것처럼 보였다. 아일랜드는 유럽 대륙에서 떨어진 섬이었기 때문에, 침략한 부족들이 거기까지 자주 도달하지 못했고, 아일랜드 수도원들은 많은 가치 있는 필사본들을 보존했다. 더 나아가 그들은 그것들을 필사하여 옮겨 전해 주려는 지혜로운 본능까지 지니고 있었다.

일반적으로 아일랜드 수도원들은 수도자들이 고대 문헌들을 베껴 쓰는 필사실을 갖고 있었다. 종종 그들은 예술적인 삽화와 장식으로 성경을 필사했다. 우리는 『켈스의 서』(*Book of Kells*), 『더로우의 서』(*Book of Durrow*), 또는 『린디스판 복음서』(*Lindisfarne Gospels*)와 같은 아름답게 삽화가 그려진 네 복음서 필사본을 생각해 볼 수 있다. 아일랜드 수도원들에서 복사된 사본들은 이후 유럽 전역에서 학문 부흥의 주요한 자원이 되었으며, 적어도 한 명의 저자, 토머스 카힐(Thomas Cahill)이 『아일랜드인은 어떻게 문명을 구했는가』라는 제목의 책을 집필하도록 자극하기도 했다. 오늘날의 가톨릭 교육자들은 이 오래된 아일랜드 수도자들로부터 귀중한 교훈을 배울 수 있지 않을까? 단순히 과거를 반복하는 것이 아니라, 우리는 언제나 현재를 위해 과거의 지혜를 보존해야 한다. 이것은 인간 삶의 행복을 위한 중요한 봉사인데, 특히 새로운 것이 늘 옛것보다 더 낫다고 여겨지는 소비문화 속에서는 더욱 그러하다.

둘째, 아일랜드 수도회는 수도자들이 수도원을 떠나 당시 야만족이라고 불리던 이들에게까지 복음을 전파하기 위해 바다를 건너 여행하도록 격려하는 깊은 선교적 사명을 지니고 있었다. 그들은 선교사들을 그리스도를 위한 여행자들(*peregrini pro Christo*)이라고 불렀다. 그리고 그들은 당시 알려진 세계의 가장 먼 구석에까지 도달했다. 심지어 클론퍼트(Clonfert)의 브렌던(Brendan) 아빠스(484~577)와 그의 수도자들은 튼튼한 아일랜드 배인 커럭(currach)을 타고 항해하여, 훗날 "발견되었다"라고 하는 아메리카 대륙에까지 닿았다는 전설도 있다. 더욱이, 아일랜드 선교 수도자들은 하느님의 자비와 용서를 강조하여 사람들이 반복해서 고해성사를 볼 수 있도록 하였다. 그 당시에 로마 교회는 그것을 평생 단 한 번만 허용했다. 이 켈트 수도자들은 오늘날 가톨릭 교육에도 영감을 줄 수 있는데, 학생들이 의도적으로 자신의 신앙을 나누도록 초대하고, 언제나 하느님의 자비에 대한 확신을 갖도록 하는 것이다.

셋째는 오늘날 우리가 환경 의식이라고 부르는 것이다. 켈트 영성은 자연 안에서 현존하시는 하느님에 대한 깊은 감각과 지구와 피조물들을 돌보는 우리의 책임에 대해 깊은 인식을 갖고 있었다(지금도 그러하다). 그들은 피조물과 창조주 사이에는 단지 얇은 베일이 있을 뿐이라고 상상했으며, 그 베일은 자연 한가운데에서 가장 얇아진다고 여겼다. 오늘날 가톨릭 교육은 학생들에게 환경에 대한 책임 의식을 심어 주어야 한다. 켈트 영성에서 비롯된 몇몇 기도와 실천을 읽어 보는 것은 오늘날 우리 시대에도 환경 의식을 불러일으키는 데 영감을 줄 수 있다.

카롤링거 르네상스

베네딕토와 켈트 학교들은 유럽 전역에서 계속 퍼져 나갔지만 여전히 아주 적은 비율의 사람들 — 수도원 근처에 살았던 사람들 또는 수사나 수녀가 되기를 열망하는 사람들 — 에게만 닿고 있었다. 또한 대부분의 경우, 통치자들은 그들의 자녀들이 그러한 학교에서 제한된 자리를 차지하도록 했다. 실제로, 일반 대중들은 교육이 필요 없다는 것이 보편적인 태도였다. 누군가 공무원으로 일하거나 수도원 또는 수녀원에 갈 생각이 아니라면, 교육은 불필요한 사치로 여겨졌다. 비록 느리지만 샤를마뉴 황제의 등장(747~814)과 함께 더 포용적인 태도가 나타나기 시작했다.

카롤루스 대제로도 알려진 샤를마뉴는 아헨(Aachen, 현재 독일)에서 프랑크 왕국(현재 프랑스 등)의 왕실 가문에서 태어났다. 그는 771년에 프랑크 왕국의 황제가 되었고, 그 이후로 곧 다른 지역 부족들(색슨, 롬바르드 등)을 대부분 정복했다. 800년 성탄

절에, 로마의 성 베드로 대성당에서, 교황 레오 3세는 샤를마뉴를 신성 로마 제국 황제 — 사실상 서양 세계의 지배자 — 로 왕관을 씌웠다. 교황은 그에게 신앙의 수호자(Defender of the Faith)라는 특별한 명칭을 부여했다.

이 사건과 그 칭호는 흔히 '왕권과 교권의 결합'이라 불리는 시대의 시작을 의미하였다. 영적 권력과 세속 권력의 공생관계 — 흔히 그리스도교 세계(Christendom)라 불리며, 교황과 황제가 협력하여(비록 언제나 화목하지는 않았지만) 함께 일하는 구조 — 는 종교개혁 시기까지 이어졌다. 그리스도교 세계는 700년이 훨씬 넘도록 존속했으며, 그 기간 동안 교회는 교육자의 역할은 물론 때로는 통치자의 역할까지 담당했다.

샤를마뉴는 요크 대성당 학교(린디스판의 켈트 수도원에서 요크 지역에 세운 학교) 출신의 학식 있는 부제 앨퀸(Alcuin)의 도움을 받아, 신성 로마 제국 시대에 걸쳐 문화와 학문의 대대적인 르네상스를 시작했다. 샤를마뉴는 787년에 「교육 칙령」을 반포하여, 각 지역의 주교들에게는 청소년들을 위한 대성당 학교를 세우게 하고, 모든 수도원에는 수도자 교육을 위한 학교를 운영하도록 했다. 그 목적은 이른바 "교회의 군사들"이 "성경의 지혜"를 백성들에게 풀어 전할 수 있도록 하는 데 있었다(*Alcuin Letter to Charlemagne*, in Cully, 89~91).

카롤루스 대제는 앨퀸을 아헨에 있는 궁정 학교의 교장으로 임명했고, 앨퀸은 그 학교를 제국 전역에서 본받을 만한 모범으로 만들었다. 그것은 암흑시대 중에 잃어버린 그리스도교 파이데이아의 많은 것을 되찾아 주었다. 교육과정은 먼저 문법, 수사학, 논리학으로 이루어진 3학 과정(*trivium*)을 중심으로 구성되었고,

학생들은 호메로스(Homer)와 소포클레스(Sophocles) 같은 고전 작가나, 비드(Benerable Bede)와 보에티우스(Boethius) 같은 후기의 그리스도교 작가들의 글을 읽으며 공부했다. 이어서 산술, 기하학, 천문학, 음악의 4학 과정(*quadrivium*)이 뒤따랐는데, 특히 음악은 찬송가와 시편을 노래함으로써 그리스도교 교리 교육의 중요한 수단이 되었다.

이런 모든 자유 교양 과목들은 학생들이 사회에서 잘 기능할 수 있도록 하고, 신앙을 키우기 위해 성경을 읽고 공부할 수 있도록 하는 것이었다. 그러나 앨퀸은 그의 저술에서, 정규 교육의 궁극적 의도는 지식 그 너머에 도달해서 "지혜의 아름다움 안에서 꽃피우기 위한 것"이라고 강조한다. 지혜로워지는 것은 "하느님의 덕이고 지혜이신 우리 주 예수 그리스도"를 받아들이는 것의 학습 결과이다. 앨퀸은 영적인 **지혜**만이 더 나은 시민과 더 평화로운 제국을 만들 수 있고 영원한 생명으로 이끌 수 있다고 확신했다. 아마도 이것은 여전히 사실일 것이다!(Cully, 85~87).

그리고 2년 후인 789년에, 샤를마뉴는 서양 세계에서 보편 교육을 향한 첫 번째 중요한 발걸음을 내디뎠다. 그것이 실제로 실현된 것은 훨씬 뒤의 일이었지만, 그는 적어도 「보편 교육 칙령」(*Proclamation of Universal Education*)을 통해 그 씨앗을 뿌렸다. 그 칙령은 이렇게 선포하였다. "소년 소녀들이 읽는 법을 배울 수 있는 학교를 설립하라"(Cully, 91~92). 이 선포는 모든 수도원과 성당 학교들이 수도 생활을 희망하는 후보자들뿐만 아니라 지역의 어린이들을 받아들여야 한다는 점을 분명히 한 것이었다.

샤를마뉴의 동기는 전적으로 이타적인 것은 아니었다. 그는 교육의 정치적 잠재력을 인식했고 교육받은 대중이 더 나은 사회를 만들 것—아마도 전쟁도 줄일 것—을 알고 있었다! 그의 거대한 제국의 신흥 관료 제도는 또한 읽고 쓸 줄 아는 수많은 관리가 필요로 했다. 그러던 중 802년에, 샤를마뉴는 신앙 교육의 중요성을 분명히 하며 다음과 같은 칙령을 내렸다. "우리는 평신도들이 사도신경과 주님의 기도를 철저히 배우도록 명령한다"(Cully, 92). 실제로 주일마다 미사 때 사도신경을 함께 고백하도록 지시한 사람이 바로 샤를마뉴였다. 그는 여러 부족으로 이루어진 제국이 하나로 묶이기 위해서는, 공통된 신앙이 그 중심에 있어야 한다고 생각했다.

훗날 역사가들은 이러한 샤를마뉴의 개혁들이 이루어진 시대를 카롤링거 르네상스 시대라 불렀으며, 야만족의 침략으로 잃어버린 많은 부분을 되찾는 데 도움이 되었다(그 침략자들의 대다수는 이제 적어도 명목상으로는 그리스도교 신자가 되어 있었다). 앞서 언급했듯이, 샤를마뉴 시대에 나타난 위대한 성당 학교와 수도원 학교는 11세기 후반에서 12세기에 등장한 최초의 위대한 대학들—볼로냐, 살라망카, 옥스퍼드, 파리, 케임브리지 등—의 설립을 이끌었다. 교회가 대학들을 후원하고 그 안에서 신학을 학문의 여왕으로 세운 일은 가톨릭 지성 전통의 진수를 드러낸 것이었다. 그리고 새천년에 등장한 가톨릭 지성 전통의 가장 위대한 학자이자 대표자는 의심할 여지 없이 토마스 아퀴나스였다.

성찰과 대화를 위해

- 우리는 오늘날 보편 교육을 이루었다고 생각할지 모르지만, 실제로는 세계 곳곳에서 수많은 젊은이가 이 근본적인 인권을 누리지 못하고 있다(여학생들이 남학생들보다 더 자주 배제된다). 가톨릭 학교들은 어떻게 하면 모든 이들—남녀 학생들과 다른 능력을 가진 이들—이 좋은 교육에 쉽게 접근할 수 있는 보편 교육을 촉진할 수 있을까?
- 켈트 수도회는 뛰어난 생태적 감수성을 갖고 있었다. 오늘날 이 문제에 대해 가톨릭 학교들이 갖고 있는 책임은 무엇인가? 우리는 어떻게 환경을 지키고 돌보는 데 대한 깊은 헌신을 길러 줄 수 있을까?

토마스 아퀴나스

누구도 토마스 아퀴나스(Thomas Aquinas, 1225~74)만큼 신앙과 이성의 협력, 그리고 이에 상응하는 가톨릭 지성 전통의 표현들(지혜와 지식, 인격 형성과 학문적 탐구 등)에 있어 헌신한 사람은 없을 것이다. 토마스는 신앙은 하느님이 주신 선물이지만, 개인적으로 신앙을 자신의 것으로 만들고 확신을 갖고 살아가기 위해서는 이해를 추구해야 한다고 확신했다. 아퀴나스는 또한 이성이 신학을 돕는 역할을 할 수 있다고 믿었다. 이를테면 하느님의 존재와 같은 제1 원리들을 밝히는 데 기여하고, 역사의 전개 속에서 각 시대와 문화에 맞게 그리스도교 신앙을 변호하고, 해석하며, 발전시킬 수 있다고 본 것이다.

사실, 캔터베리의 성 안셀모(Anselm of Canterbury, 1033~1109)가

천명한 "이해를 추구하는 신앙"이라는 신학의 정의는 이 시대의 주요 의제가 되었고, 오늘날까지도 토마스를 비롯해 신학을 보다 학문적으로 탐구하려 했던 이들은 훗날 '스콜라 학자들'이라 불렸다(라틴어 *schola*, "학자"에서 유래). 이 스콜라주의 운동은, 거룩함 속에서 성장하기 위한 성경의 관상적 읽기라는 신학에 대한 수도원적 접근방식(첫 천 년의 지배적인 방식)에서 신학적 진리 주장에 대한 합리적인 담론으로의 전환을 의미했다. 분명 그리스도교 신앙은 수도원적 전통과 스콜라적 전통, 둘 모두를 필요로 한다!

토마스는 몬테카시노에서 불과 몇 마일 떨어진 중앙 이탈리아의 아퀴노(Aquino) 공국에서 아퀴노 백작 부부의 막내 아들로 태어났다. 다섯 살이 되었을 때, 그의 부모님은 그가 베네딕토회 수도자가 되기를 기대하며 몬테카시노에 입학시켰다(종교에 귀의하는 삶은 귀족 가문의 막내 아들에게 흔한 일이었다). 그러나, 대학 공부를 위해 토마스는 나폴리에 있는 도미니코 수도회 대학으로 보내졌고, 그곳에서 그는 학문적 연구뿐만 아니라 복음을 공개적으로 설교하는 도미니코회(1216년 성 도미니코가 창립함)의 새로운 사명에 매료되었다. 부모의 반대에도 불구하고 토마스는 도미니코 수도회에 입회했고, 수도회는 그를 파리 대학으로 유학 보냈다. 그곳에서 그는 당대 최고의 스콜라 신학자 알베르투스 마그누스(Albertus Magnus, 1200~1280)에게서 배웠으며, 스승을 통해 아리스토텔레스의 저작들을 처음 접하게 되었다.

암흑시대 동안 사라졌던 아리스토텔레스 연구는 스페인 코르도바의 위대한 이슬람 학문 중심지에서 먼저 부흥되었는데, 이곳은 이슬람 학자 아비센나(Avicenna, 980~1037), 그리고 나중에는 아베로에스(Averroes, 1126~1198)가 이끌었다. 아베로에스는 유다인 학자 마이모니데스(Maimonides, 1135~1204)와도 협력하였다.[11] 그들에게 영감을 받아 알베르투스 마그누스는 아리스토텔레스 사상을 그리스도교 신학 속에 새롭게 수용했고, 그 가르침을 제자 토마스 아퀴나스에게 전수했으며, 토마스는 마침내 스승을 뛰어넘는 사상가로 성장했다. 아리스토텔레스 철학은 토마스 신학의 기초가 되었다. 그는 결국 많은 반대를 무릅쓰고 파리 대학의 교수가 되어 종신직을 보장받았다. 비록 그가 여러 해 동안 다른 대학들에서도 가르쳤지만, 파리 대학은 그의 학문적 고향으로 남았다.

토마스는, 글씨는 알아보기 힘들었지만, 방대한 저술을 남겼다. 그의 가장 위대한 저작으로는 선교사들이 그리스도교 신앙을 합리적으로 변증할 수 있도록 쓴 『이교도 대전』(*Summa Contra Gentiles*), 그리고 "신학적 요약"이라는 뜻을 지닌 그의 역작 『신학대전』(*Summa Theologiae*)이 있다. 그는 1265년에 집필을 시작했으나, 1274년 세상을 떠나기까지 그 완성을 이루지 못하였다.

▌아퀴나스의 교육학▐ 토마스가 가톨릭 지성 전통을 실천한 모습 가운데, 어떤 시대의 가톨릭 교육에도 깊이 시사하는 세 가지를 뽑아 보려 한다. 첫째, 앎이 인간의 경험으로부터 비롯된다는 확신, 둘째, 교육의 역동성에 필수적인 탐색 질문의 사용(즉, 단순히 회상하기 위해서가 아닌), 그리고 셋째, 교육이 도덕성 형성을

---

11) 〔옮긴이 주〕 이슬람 학자 아비센나(Avicenna)의 아랍식 본명은 '이븐 시나'이고 아베로에스(Averroes)의 아랍식 본명은 '이븐 루시드'이다. 그리고 유다인 철학자 마이모니데스(Maimonides)의 히브리 본명은 '모세 이븐 마이몬'이다.

포함한다는 확신이 그것이다. 앞서 아우구스티누스의 『교사론』을 살펴보았듯이, 이번에는 같은 제목을 지닌 아퀴나스의 저작을 다루려 한다. 여기서 아우구스티누스는 토마스가 논박하며 사유를 전개하는 대상이 되곤 한다. 아퀴나스가 쓴 글의 거대한 모음집 안에서 아주 작은 발췌문이지만(그리고 거의 연구되지 않지만), 그의 『교사론』은 교육자들이 그로부터 배울 수 있는 많은 통찰을 담고 있다.

❙ 인간의 경험에서 비롯된 앎 ❙ 아퀴나스는 비판적 이성을 중시한 학자로 널리 알려졌지만, 지식은 결국 우리의 경험에서 비롯되는 감각 자료로부터 시작한다고 확신했다. 그는 아리스토텔레스의 사상을 따라 "감각을 거치지 않고서는 어떤 것도 마음속에 들어올 수 없다"라고 강조했다. 그러므로 모든 앎은 감각 지각과 함께 시작하고, 그다음에 정신은 그것을 성찰하여 지식으로 활용한다. 아퀴나스는 『교사론』의 "반론 4에 대한 답변"에서 이를 간명하게 이렇게 정리했다. "감각 능력이 받아들이는 감각적 형상들로부터 지성은 그 본질을 끌어내어 지식을 만들어 낸다"(Cully, 111).

그러므로 지식은 경험으로부터 자료를 모으고 수집하는 일종의 감각적 지성에서 시작하고, 다음으로 우리의 이성적 지성은 그것을 이해한다. 그리고 참된 인식으로 나아가기 위해 판단을 하고 결정을 내린다. 그 결정은 지적·정서적·행동적 차원에서 이루어질 수 있으며, 개별적인 생각에서 보편적 개념으로 확장되고, 나아가 도덕적 실천을 이끄는 윤리적 원리와 지혜로까지 이어질 수 있다.

아퀴나스가 이러한 인식 과정을 교육에 도입했을 때, 그는 모든 진리가 이미 하느님으로부터 우리 안에 존재하며 단지 끌어내기만 하면 된다는 아우구스티누스의 주장에 명시적으로 동의하지 않았다. 그러나 지식 자체가 이미 우리 안에 있는 것은 아니지만, 지식을 얻을 수 있는 능력은 인간에게 본래부터 주어진 것이라고 보았다. 토마스는 모든 앎이 우리 자신의 경험으로부터 시작하고, 그리고 그 경험은 하느님께서 우리에게 주신 정신의 내적 능력을 통해 명확한 지식으로 발전한다고 보았다.

아우구스티누스와 어느 정도 동의하면서도, 아퀴나스에게서 학생은 이 과정에서 능동적 행위자로서 진리를 드러내고 스스로 파악하는 존재이지, 위로부터 교사에게서 단순히 받기만 하는 존재가 아니었다. 그래서 아퀴나스는 "스스로 발견하여 아는 것이 다른 사람에게 배우는 것보다 더 완전하다"(Cully, 116~17)라고 말하며 이를 분명히 했다. 그러나 아퀴나스는 아우구스티누스가 『교사론』에서 주장한 것처럼 교사의 역할을 약화시키지 않았다. 그는 학생이 "스스로 발견을 통해 지식을 얻는 것이 더 완전하다"는 점을 인정하면서도, 교사의 도움이 반드시 필요하다고 보았다. 아퀴나스는 이렇게 말한다. "지식을 온전히 가진 스승은 가르침을 통해, 사람이 혼자서 깨달을 때보다 훨씬 더 빠르고 쉽게 지식에 이르도록 이끌 수 있다"(Cully, 118).

요약하자면, 아퀴나스에게 지식 — 그리고 뒤에서 다루게 될 덕 — 을 길러 주는 교육은 학생이 세상 속 삶의 경험을 스스로 성찰하도록 이끄는 것에서 출발한다. 동시에 학문의 여러 분야에 쉽게 접근할 수 있는 길을 열어 주어, 배운 내용을 학생 자신의 경험과 연결하고 통합하도록 해야 한다. 이렇게 경험 학습과 전통 교육이 서로를 보완하며 끊임없이 이어지는 순환이, 아퀴나스가 제시한 가톨릭 교육의 핵심 모델이다.

❙탐색 질문의 사용❙ 스콜라 교육학의 두드러진 특징은 언제나 흥미로운 질문(*quaestio*라는 라틴어 표현에서 유래)으로 시작한다는 점이었다. 이러한 질문은 매우 난해한 것 — 스콜라 학자들이 "핀 머리 위에 몇 명의 천사가 설 수 있는가"를 논쟁했다는 오래된 유머 — 에서부터, 학생들의 일상적 삶과 관심사, 즉 그들의 경험에 깊이 관련되는 지극히 개인적인 질문에 이르기까지 다양했다. 단순히 교사가 가르친 것을 학생들이 반복하도록 하는 암기식 질문을 훨씬 넘어, 아퀴나스에게 있어 가르침은 학생들이 자기 자신의 인식 주체가 되고, 스스로 철저히 사고하도록 이끄는 질문에서 시작해야 한다.

질문을 제시하고 학생들이 깊이 생각하도록 초대한 후에, 스콜라 교육학은 퀘스티오(*quaestio*)에 대해 여러 잘못된 답변들을 제시했다. 이때 성경이나 그리스도교 전통을 인용하며 매우 그럴듯하게 들리도록 하였다. 그다음 단계는 그러한 그럴듯하지만 잘못된 답변들을 반박하고, 이어서 더 올바른 답변들을 제시하는 것이었는데, 이는 모두 학생들이 스스로 비판적으로 계속 사고하도록 자극하기 위한 것이었다. 비록 예측 가능한 패턴이었지만, 이것은 교수-학습 역동성에서 학생들의 주체성을 깊이 끌어내는 역할을 했다.

예를 들어, 『교사론』에서 첫 번째 퀘스티오는 사람이 다른 사람을 가르칠 수 있는지(따라서 교사라 불릴 수 있는지), 아니면 오직 하느님만이 가르치시는지에 관한 것이었다. 그의 첫 번째 응답(잘못된 답변)은 오직 하느님만이 가르치신다고 주장하는 것이었고, 그 근거로 아우구스티누스의 글을 일곱 차례나 인용했다. 그런 다음 그는 이를 반박하며, 하느님께서 우리를 인식 과정에서 능동적 주체로 만드셨지만, 동시에 우리는 교사에게서 충분히 배울 수 있다고 주장한다. 이는 양자택일이 아니라 양자 병행의 응답으로, 학생의 주체성만을 지나치게 강조한 아우구스티누스의 주장을 명시적으로 반박하는 것이었다.

역사가들은 파리 대학의 스콜라 교수들이 제기한 질문 중 일부가 일으킨 논쟁이 너무 격렬해서 거리에서 학생들의 폭동을 불러일으켰다고 주장했다. 그 스콜라 학자들은 크고 작은 질문들을 만들고 학생들이 그것에 대해 깊이 생각하도록 유도하는 것이 교육과정에 그들이 적극적으로 참여하도록 하는 데 필수적이라는 것을 분명히 이해했다.

신앙의 문제에서 이처럼 치열한 질문을 던지는 것은, 신앙이 반드시 이해로 이끌어져야 하고 확신으로 받아들여져야 한다는 것을 분명히 보여 준다. 이는 자료를 검토하고, 이어서 이해와 판단, 결정을 향해 나아가도록 하는 비판적 사고가 필요함을 말해 준다. 아퀴나스는 개인적 확신이 없는 신앙은 자신의 것으로 실천될 가능성이 적다고 보았다. 게다가 역사를 통해 우리는 비판적 사고가 결여된 신앙이 얼마나 쉽게 위험으로 치닫는지를 확인할 수 있다. 따라서 모든 가톨릭 교육에서 학생들이 비판적으로 성찰할 수 있도록 돕고, 그런 성찰을 이끌어 내는 질문을 던지는 일은 핵심적 과제로 자리한다.

❙ 도덕성 형성을 위한 교육 ❙ 이 주제는 아퀴나스의 『교사론』에 그리 많이 나타나지는 않지만, 그는 "반론 1에 대한 답변"에서

우리가 "하느님의 모상으로 창조되었기 때문에 (…) 모든 것에 대해 판단할 수 있다"라고 언급하며, 도덕적 문제도 분명히 그 범주에 포함시켰다(Cully, 111). 하지만 아퀴나스는 다른 저술에서, 인간의 인식 과정은 단순히 올바른 사고에 그칠 것이 아니라 반드시 도덕적 가치로 이어져야 한다고 분명히 강조한다. 아퀴나스의 핵심적인 확신 가운데 하나는 하느님께서 모든 사람 안에 "자연법"을 심어 두셨다는 것이며, 이를 통해 우리는 옳고 그름, 도덕적인 것과 비도덕적인 것을 알 수 있다는 것이다. 더욱이, 옳은 것을 인식하고 이를 실천하는 것은 일상생활의 경험에 대한 우리의 성찰에 의해 격려된다. 아퀴나스의 전 인식 과정 — 즉 감각 경험에 주의를 기울이는 것으로 시작하여 이해, 판단, 그리고 결정을 향해 나아가는 과정 — 은 각 사람 안에 심어진 자연법에 의해 이끌리며, 단순한 진리를 아는 데 그치지 않고 삶 속의 도덕적 요청을 식별하고 받아들이도록 이끈다. 지식 외에, 아퀴나스의 앎의 방식은 도덕적 분별력과 의사결정으로 이어지고, 이는 결국 사람들의 성격과 가치관을 형성하게 된다.

오늘날 일반 교육에서는 무시되거나 심지어 반대되기도 하지만, 아퀴나스(그리고 다른 강력한 목소리들) **방식**에 따른 가톨릭 지성 전통의 풍부한 유산은 교육과 도덕성 형성의 통합을 강조하고 있다. 아퀴나스는 인식의 전 과정을 존중하는 교육 — 특히 이해를 넘어 판단과 결정으로 나아가도록 하는 교육 — 이 학습의 성과로서 통찰뿐 아니라 도덕성 형성을 장려한다고 조언한다. 사실, 인식의 전체 역동성은 삶을 위한 지혜로 통합되어야 한다.

여기서 또한 주목해야 할 것은, 아퀴나스에게 — 아리스토텔레스와 마찬가지로 — 도덕성 형성은 단순히 사고의 명확성만으로 이루어지지 않는다는 점이다(아퀴나스는 플라톤보다 아리스토텔레스의 영향을 더 많이 받았다). 진정으로 덕을 갖추고 올바른 삶의 좋은 습관을 익히려면, 사람은 실제로 덕을 행하는 삶을 살아야 한다. 우리는 진실하게 말하고 진리에 따라 삶으로써 진실한 사람이 되며, 친절과 사랑의 행위를 함으로써 친절하고 사랑이 많은 사람이 된다. 그 밖의 경우도 마찬가지이다. 어떤 의미에서, 이것은 우리는 우리 경험에 대한 성찰로부터 배운다는 아퀴나스의 근본적인 확신을 다시 반영하는 것이다. 우리의 잘 이성화된 도덕적 행동이 습관이 될수록, 우리는 더욱 덕 있는 사람이 된다. (아퀴나스는 의심할 여지 없이 교육과정에 필수적이며 사회적 가치 형성에 꼭 필요한 현대 가톨릭 학교의 봉사 활동 및 봉사 학습 프로그램을 열정적으로 지원했을 것이다.)

❙ 가톨릭 교육을 위한 아퀴나스 ❙ 아퀴나스가 가톨릭 지성 전통에 남긴 유산을 조금이라도 계승하려 한다면, 그리고 앞에서 살펴본 가톨릭 교육의 핵심을 반영한다면, 우리의 교육학은 (1) 학생들이 세상 안에서 **살아가는 자신의** 경험에 주의를 기울이고 성찰하도록 해야 하고, (2) 그러한 성찰을 격려하는 좋은 질문을 제시해야 하며, (3) 학생들의 도덕성 형성을 육성해야 한다.

첫째, 학생들의 삶을 참여시키고 그것에 대한 성찰을 유도하는 것은 가톨릭 교육학의 필수적인 부분이어야 한다(이러한 실천적인 앎의 방법의 위대한 현대 사상가인 파울로 프레이리는 아퀴나스로부터 많은 영향을 받았다). 사실 학생들은, 우리가 그들의 경험을 성찰하도록 이끌지 않는다면 자기 경험으로부터 거의 배우지 못할 수도 있다. 더 나아가, 우리가 가르치고자 하는 어떤 학문의 전통이든 반드시 학생들의 삶—그들의 경험과 관심사—과 연결하려고 노력해야 한다. 이렇게 할 때 학생들은 듀이가 "문명의 축적된 자본"이라고 부른 것으로부터, 우리가 전하고자 하는 것을 스스로 깨닫고 자기 것으로 만들 가능성이 높아진다. 사람들의 삶과 통합되지 않고 개인적 성찰을 통해 인식하지 않은 채로 전달된 정보는 곧 잊혀지고 어떤 사람이 되는지에 거의 또는 전혀 영향을 미치지 못한다.

둘째, 아퀴나스와 풍부한 스콜라 전통은 교육자들이 학생들에게 **위대한 질문을** 던지도록 격려한다. 이 질문들은 학생들로 하여금 교사의 가르침뿐 아니라 자신의 경험으로부터 배우는 주체로 참여하도록 이끈다. 우리는 학문의 전통에서 무엇을 가르칠지 준비하는 데 들이는 시간만큼이나, 학생들을 참여시키는 질문과 성찰적 활동을 만드는 데 시간을 써야 한다. 교사들은 학생들의 삶을 참여시키고 세상 안에서 그들의 매일의 경험에 대한 비판적(분별력 있는) 성찰을 유도하는 생성적인 주제를 제시해야 한다. 또한 학생들이 이해하도록 초대하는 동시에, 우리의 질문은 그들로 하여금 자기 성찰과 결단으로 나아가도록 자극해야 한다.

셋째, 아퀴나스는 가톨릭 교육이 그 의도된 학습 성과 속에 반드시 **인격 형성을 본질적인** 요소로 포함해야 한다고 주장했을 것이다. 왜냐하면 아퀴나스에게 참된 인식은 이론적인 것과 실천적인 것을 통합하는 것이기 때문에, 교육은 사람들이 진리를 받아들이고 선을 선택하는 것 모두를 할 수 있게 해야 한다. 뒤에서 더 다루겠지만, 계몽주의 시대는 이론적 이성과 실천적 이성을 나누어 교육과 인격 형성을 분리하려 했다. 도덕성 형성을 간과하는 교육은 인간 조건에 대한 일탈이며, 어떤 교육도 도덕적으로 중립적이지 않다는 사실을 간과한다. 모든 교육은 가치를 키우든지, 아니면 반(反)가치를 심어 주기 마련이다.

확실하고 명백하게, 가톨릭 교육은 가치 지향적이어야 한다. 곧, 나자렛 예수님의 삶에 담긴 보편적 가치를 제시하고, 학생들이 그것을 삶 속에서 실천하고 다시 성찰하도록 이끌어야 한다. 바로 거기서 참된 인격 형성이 이루어진다. 계몽주의의 그늘은 오늘날 서구의 공교육으로 하여금 학생들의 도덕성 형성을 외면하게 만들었다. 그 결과, 공적 영역에 거짓과 기만이 난무하는 현실은 어찌 보면 당연한 귀결이라 하겠다. 그러므로 지금이야말로 가톨릭 교육의 형성적 차원이 그 어느 때보다도 절실히 요청된다. 아퀴나스가 우리를 격려하듯, 이 중대한 과제를 어떻게 더 효과적으로 감당할 수 있을지 상상하며 나아가야 한다. 우리 세계의 미래가 그것에 달려 있다.

성찰과 대화를 위해

- 학생들의 경험과 학문적 배움 모두를 참여시키는 질문과 성찰 활동을 만들 때, 당신은 아퀴나스로부터 무엇을 배울 수 있겠는가?
- 가톨릭 교육의 형성적 측면은 무엇이라고 보는가? 가르치는 과목에 상관없이, 도덕성 형성을 학교 전체 교육과정 속에 어떻게 의도적으로 구조화할 수 있을지 상상해 보라.

노리치의 줄리안

아퀴나스 이후에, 신학에 대한 스콜라적 접근이 지배적이 되었고, 가톨릭교회는 심지어 토마스를 공식 신학자로 선언하기까지 했다. 그러나 대안적 목소리들도 있었는데, 예를 들어 프란치스코회에 속한 보나벤투라(Bonaventure, 1217~74)와 둔스 스코투스(Duns Scotus, 1265~1308)가 그러했다. 그들은 수도원적 신학 개념을 강조하며 이성적 이해보다는 영적인 지혜를 추구했다. 물론 스콜라 학자들이 대체로 우위를 차지하였고, 오늘날까지도 가톨릭 지성 전통에 상당한 영향을 미치고 있다. 그러나 이 시대에 신학과 영성의 결합을 지향하는 새로운 원천 또한 등장하기 시작했는데, 바로 여성 학자들의 목소리였다.

이 책을 읽는 여러분도 알 수 있듯이, 우리는 지금까지의 가톨릭 지성 전통 안에서 여성의 목소리를 듣지 못했다. 그 이유는 당시까지 교육이 여성에게는 대체로 닫혀 있었기 때문이다. 교육을 받은 소수의 여성은 가정교사를 고용할 자원을 가진 지배계급 출신이었으며, 그들은 신학을 하기 위해서가 아니라 가정 살림과 자녀 양육이라는 가정적 책임을 수행하기 위해 교육받았다. 우리가 제1장에서 살펴보았듯이, 예수님께서는 공생활과 제자들의 친밀한 공동체 안에서 여성을 동등하게 받아들이셨다. 오순절 사건의 이야기도 이를 뚜렷하게 보여 준다. “모두가 성령으로 가득 차”(사도 2,4) 있었다고 증언하는데, 그 자리에 모여 기다리던 공동체 안에는 여성 제자들과 “예수님의 어머니 마리아”(사도 1,14)도 함께 있었다. 그러나 이러한 성평등적 포용의 정신은 그리스도교 신앙을 받아들인 당시의 지배적인 남성 중심 문화 속에서 오래 버티지 못했다.

스콜라 시대에는 남성 중심적 흐름에 역행하는 새로운 현상이 나타났는데, 바로 여러 뛰어난 여성 학자들이 어떻게든 더 높은 교육, 심지어 신학 교육까지 받을 길을 찾아낸 것이다. 그들의 이름 목록은 점점 더 늘어나고 있는데, 빙엔의 힐데가르트(Hildegard of Bingen, 1098~1179), 마그데부르크의 메히틸다(Mechtild of Magdeburgh, 1212~82), 하케보른의 메히틸다(Mechtild of Hackeborn, 1241~99), 마저리 켐프(Magery Kempe, 1373~1438), 그리고 이제야 발견되고 있는 많은 학자를 포함한다. 그중 몇몇은 자기 시대 교회의 삶 속에서 목소리를 내는 데 성공했는데, 시에나의 카타리나(Catherine of Siena, 1347~80)와, 조금 뒤의 제노바의 카타리나(Catherine of Genoa, 1447~1510), 그리고 아빌라의 테레사(Teresa of Avila, 1515~82) 등이 그 예이다. 이 여성들은 오늘날 수정주의 역사학자들이 **숨겨진 여성의 역사**라고 부르는 것을 대표한다. 실제로 그러한 지도자들과 학자들은 언제나 존재했지만 그들의 목소리는 침묵 당하거나 감추어져 왔다. 오늘날에 이르러서야 비로소 그들이 발견되고 그 목소리가 들리고 있다.

또한 역사가들은 이러한 중세 여성 학자들이 자신들의 작업을 신학이 아니라 영성에 속한 것으로 전략적으로 제시했다고 본다. 그들의 방법은 단순한 비판적 이성보다는 기도에 바탕을 둔 성찰에 더 가까웠으며, 이러한 영적 접근은 교회의 공적 권위로부터 부정적 주목을 덜 끌 가능성이 있었다. 그 시대는 신학을 연구하는 모든 이들에게 위험한 시대였다. 이단으로 의심받은 이들은 화형으로 죽임을 당했다. 우리는 이제야 비로소 용감한 여성 개척자들의 신학 그리고 영성의 깊이와 풍요로움을 되찾기 시작했다. 아마도 그 가운데 가장 주목할 만하고, 가톨릭 교육에 대한 특별한 지혜를 지닌 이는 노리치의 줄리안(Julian of Norwich, 1342~1416 이후)이었다.

줄리안은 스스로를 은둔자(recluse), 또는 은수자(anchroite)라 불렀다. 이는 영국 노리치의 성 줄리안과 성 에드워드 성당에 부속된 작은 봉쇄 공간에서 홀로 머물며 기도와 묵상으로 삶을 이어간 이를 뜻한다. 심지어 우리가 아는 '줄리안'이라는 이름조차 그녀의 본명인지 확실치 않다. 생계를 위해, 그녀는 지역 사람들의 자선에 의존했다. 그러나 그녀의 저술은 아우구스티누스는 물론이고 어쩌면 아퀴나스의 저작까지 섭렵한 깊은 신학적 소양을 보여 준다. 분명히 그녀는 라틴어에 능숙하고 교육을 잘 받은 사람이었다. 그녀는 선생님이라고 불리는 걸 거절했고(아마 안전을 위해), 대신 "예수님은 모두의 선생님이시다"라고 주장했다. 그녀는 영적인 멘토로서의 명성을 쌓았다. 다른 저명한 여성들이 그녀를 찾아와 영적 조언을 받았다는 역사적 기록이 있다.

줄리안이 어린 시절을 보낼 무렵, 유럽은 1347년부터 1351년까지 인구의 3분의 1에서 절반을 앗아간 흑사병의 참상을 겪고 있었다. 그 고통은 끔찍했고 그 후에도 오랫동안 지속되었다. 이러한 시대적 배경을 생각하면, 하느님의 사랑에 대한 줄리안의 흔들림 없는 희망과 확신은 더욱 놀라운 빛을 발한다. 1373년 5월 13일, 서른 살 무렵 심각한 병을 앓던 줄리안은 예수님의 수난과 십자가 죽음을 중심으로 한 강렬한 체험 속에서 "열여섯 가지 계시"를 받았다고 고백했다.

줄리안은 자신의 신비체험을 곧바로 짧은 글로 정리해 "그리스도를 사랑하는 이들을 위한 위로의 말씀"(*Comforting Words for*

Christ's Lovers)이라 이름 붙였다. 이후 약 20년간의 추가적인 기도와 성찰 끝에, 그녀는 『신적 사랑의 계시』(*Revelations of Divine Love*)를 집필하였는데, 이는 1395년에 완성되었으며 보통 "쇼잉스"(*Showings*)라고 불린다. 이것은 영어로 출판된, 여성이 쓴 첫 번째 책이다. 짧은 글과 긴 글 모두 '**렉시오 디비나**'처럼 기도하는 성찰의 신학적 방법을 반영한다. 하지만 줄리안의 관심은 단지 성경에 머무르지 않았다. 그녀는 자신이 받은 "계시들"(showings) 속에서의 영적 체험과 일상과 자연 안에서 마주한 신비까지도 신앙의 자산으로 삼았다. 그 모든 것은 그리스도인의 거룩한 삶을 이끄는 데 목적이 있었다. 오늘날 다시 조명되는 줄리안의 저술은 그리스도교 신학과 영성은 물론, 가톨릭 교육에 있어서도 풍부하고도 지속적인 영감의 원천이 된다.

▌교육자로서의 줄리안▐ 또다시 매우 선별적일 수밖에 없는데, 나는 줄리안의 저술에서 오늘날 가톨릭 교육 실천과 특별히 관련되어 보이는 세 가지 영적 토대를 뽑아 제시하고자 한다. 첫째, 신앙 문제에서 드러나는 그녀의 **영적 용기**와 개인적 확신의 중요성, 둘째, 하느님의 사랑과 인간 본성의 선함을 바탕으로 **모든 사람을 향한 '희망'**을 끝까지 고집한 점, 셋째, 하느님은 "모든 이름을 넘어 계신 분"이라는 통찰을 통해, **하느님을 상상하고 표현하는 우리의 시야를 한층 더 확장하도록** 부르신 것 등이다.

• **영적인 용기:** 줄리안이 비범한 용기를 가졌다고 말하는 것은 절제된 표현이다. 무엇보다도 그녀는 자신의 신비체험이 진실하다는 것, 다시 말해 하느님께서 자신의 삶과 그에 대한 깊은 성찰 속에서 실제로 말씀하고 계신다는 사실을 신뢰해야 했다.

이는 가톨릭 지성 전통의 핵심을 이루는 확신이기도 하다. 이 신뢰는 하느님께서 그녀의 마음에 드러내 보이신 것을 끊임없이 점검하고 기도하며 분별한 데에서 생겨났다. 그러나 자기 삶과 기도를 통해 들은 것을 믿는 데에는 큰 용기가 필요했다. 그것은 때때로 교회의 공식 입장과 대조되어 보이기도 했기 때문이다. 그녀의 끊임없는 용기는 하느님에 대한 그녀의 놀라운 이해에 뿌리를 두고 있었다. 그녀 시대의 교회는 하느님을 멀리 계시고, 가혹하고, 심판하시는 분으로 제시했다. 그러나 줄리안은 이에 반해 "하느님은 온전히 선하시며 나를 다정히 사랑하신다"라고 믿게 되었고, 실제로 그것을 글로 남겼다(*Showings*, chap.77).

더욱이, 줄리안은 자신의 신념을 받아들이고 이를 공개할 용기가 있었다. 이와 반대로, 그 시대의 교회는 교회만이 하느님과 그리스도교 신앙을 대변할 수 있고, 그리스도인의 의무는 단순히 듣고 복종하는 것이라고 주장했다. 매우 조심스럽게 행동해야 했던 줄리안은 종종 교회의 가르침에 대한 자신의 충성을 항변하면서도, 당시 교회의 "공식 입장"과는 다른 생각들을 자주 드러냈다.

예를 들어, 그 시대의 교회는 대부분의 사람이 멸망할 것이며 오로지 선택된 소수—교회의 규범을 정확히 따름으로써 하느님의 사랑을 "얻어 낸" 자들—만이 구원을 받을 것이라고 일반적으로 설교했다. 그러나 줄리안은 정반대로 믿었다. "하느님께서는 우리를 창조하시기 전부터 이미 사랑하셨고, 그 사랑은 한 번도 줄어든 적이 없으며 앞으로도 결코 줄어들지 않을 것이다"(chap. 86)라고 고백한 것이다. 이처럼 무조건적인 하느님의 사랑을 믿었기에, 줄리안은 용기를 내어 이렇게 말할 수 있었다. 아마도 그녀의 가장 유명한 구절일 텐데, "모든 것이 잘될 것입니다. 결국에는 모든 것이 잘될 것입니다"(chap.12). 다시 말해, 모든 사람이 구원받을 것이라는 확신이었다.

• 모든 사람에 대한 희망: 그러한 신념에 근거하여 줄리안은 모든 사람에 대한 희망을 간직했다. 현세와 내세 모두에서 하느님께서 모든 이를 무조건적으로 사랑하시기 때문이다. 더 나아가, 그녀는 모든 사람이 본질적으로 선하며, 하느님의 은총에 의해 그 잠재적 선함을 살아 낼 힘을 얻는다고 확신했다. 하느님께서 모든 사람을 무조건적으로 사랑하시고, 예외 없이 모든 이를 향해 자비와 연민으로 충만하시다는 것은 "쇼잉스"(*Showings*) 전체에서 수없이 반복된다. 그러나 이런 가르침은 당시 교회가 내세우던 공식적 교리와는 크게 어긋나는 것이었다.

예를 들어, 당시 교회가 강조했던 "원죄"나 아담과 하와의 "타락" 때문에 우리가 지금도 벌받고 있다는 가르침은 줄리안의 글에서 거의 보이지 않는다. 대신 그녀는 하느님의 아드님이신 예수님을 우리의 인간 신분을 취하기 위해 마리아의 태중에 육화하시어(incarnation) "인류 안으로 내려오신" 분으로 묘사한다. 아담이 우리처럼 죄를 지었지만, 지금 하느님께서 우리를 바라보실 때는 단순히 죄 많은 아담이나 우리 자신의 모습만 보시는 것이 아니다. 하느님께서는 우리와 함께 인간의 처지를 나누신 예수님을 보시며, 그분 안에서 우리에게 자비를 베푸신다(chap.15 참조). 그러므로 하느님께서는 우리의 죄와 상관없이 우리를 용서하고 사랑하신다. 그러나 동시에 예수님께서 그러셨듯이 "다시는 죄를 짓지 말라"(요한 8,11)고 언제나 우리를 부르신다.

줄리안은 인간이 죄를 지을 수 있는 가능성에 대해 순진하게 보지는 않았지만, 인간에 대한 그녀의 결정적 이미지는 본질적으로 선한 존재, 곧 악보다 선이 더 크고 깊이 자리한 존재였다. 인간 안에 깃든 하느님의 생명 때문에 우리는 본래부터 선한 존재이다. 그래서 그녀는 이렇게 고백한다. "우리는 하느님께서 우리의 영혼 안에 사신다는 것에 크게 기뻐해야 한다. 그리고 우리의 영혼이 하느님 안에 산다는 것에 크게 기뻐해야 한다"(chap.54). 줄리안은 우리의 몸과 감각적인 차원까지 포함하여 인간 전체가 선하다고 보았다. "우리의 영혼과 몸도 마찬가지로 하느님의 선하심으로 둘러싸여 있다"(chap.6). 이러한 이유로, "우리는 하느님의 선한 뜻과 일에 동참하도록 부름을 받았다"(chap.43). 그리고 하느님 은총의 도우심으로 우리는 이에 응답할 수 있다.

줄리안은 이렇게 말한다. "인간의 본성은 그 자체로 선하고 아름답다. 하느님께서 보내신 은총은 이 본성을 회복시키고 죄를 없애기 위한 것이다"(chap.63). 그녀는 또 시적인 언어로 표현한다. "우리는 본성상 하느님에게서 나와(…) 은총으로 다시 하느님께 돌아가게 된다"(chap.64). 우리 삶 안에서 은총으로 일하시는 하느님의 사랑과 우리 자신의 본래적 선함 때문에, 모든 사람에게는 언제나 희망이 있다. "우리의 하느님은 너무나 선하시고, 온유하시며, 친절하시기에, 그분 안에서 영원히 찬미 받을 이들에게 결코 최종적인 패배를 허락하지 않으신다"(chap.53).

• **하느님을 형상화하기:** 줄리안은 하느님이 궁극적 신비이고, 하느님을 위한 모든 이름이 필연적으로 부족하다는 것을 예리하게 인식하고 있다. 가장 놀라운 것은 하느님이 성별을 초월한다는 것에 대한 그녀의 깨달음이다. 그녀는 하느님에 대해 남성과 여성의 이미지를 모두 사용한다. 이것은 우리 시대에 서서히 나

타나고 있는 자각이다. 하느님을 꾸준하게 남성으로만 부르는 것은 교회뿐만 아니라 사회에서도 여성보다 남성을 더 우대하는 것이 된다. 그런데 줄리안은, 약 700년 전에, 자신의 영성과 기도에서 이미 이와 같은 통찰을 지니고 있었고, 하느님을 표현하는 언어와 이미지에서도 세심한 주의를 기울였다.

성경과 그리스도교 전통 모두에서 하느님은 지배적으로(배타적이지는 않지만) 남성의 이미지로 묘사되었지만, 줄리안은 단순히 이러한 하느님의 완전한 남성적인 성별화를 거부했다. 그래서 그녀는 이렇게 고백한다. "하느님은 당신이 우리의 아버지라는 것에 기뻐하시고, 또한 당신이 우리의 어머니라는 것에 기뻐하신다"(chap.52). 그리고 또 이렇게 말한다. "하느님이 우리의 아버지이신 것이 사실인 만큼, 하느님이 우리의 어머니이신 것도 사실이다"(chap.59). 전통적으로 아버지, 아들, 그리고 성령으로 표현되는 우리를 위한 하느님 사랑의 삼위일체의 본질에 대해 성찰하면서, 줄리안은 "전능하신 하느님은 우리 사랑의 아버지이시고, 모든 지혜의 하느님은 (예수님 안에서) 우리 사랑의 어머니이시며, 그 모든 것이 한 분이신 하느님, 곧 성령의 사랑과 선하심 안에 계시다"(chap.58)라고 썼다.

이어서, 하느님을 포괄적이고 확장된 이미지로 표현해야 한다는 과제는 특히 줄리안이 복되신 삼위일체를 묘사하는 방식에서 드러난다. 전통적인 이미지를 벗어나서 그녀는 하느님의 "삼위이심"(threeness)을 포착하기 위해 다양한 삼위일체 공식을 사용한다. 그래서 그녀에게 하느님의 삼위일체적 본성은 권능, 지혜, 사랑; 본성, 자비, 은총; 창조, 재창조, 성화; 창조주, 보호자, 사랑하는 분 등으로 묘사된다. 그리고 줄리안의 이미지는 끝없이 이어진다.

아마도 가장 놀라운 것은, 부활하신 그리스도가 이제 성별을 초월했다고 확신하면서 줄리안이 종종 예수님을 여성적인 용어로 부른 것이다. 그녀는 자주 "우리 어머니 예수님"이라고 언급하면서, 성찬례의 아름다운 이미지를 묘사하며 "어머니는 자녀에게 그녀의 모유를 먹일 수 있지만, 우리의 존귀한 어머니 예수님이 자기 자신을 우리에게 먹이실 수 있다"(chap.60)라고 썼다. 하느님을 "안다"는 우리의 모든 주장에 대해, 줄리안은 하느님이 궁극적 신비이시며, 항상 "모든 이름 너머에" 계시다는 것을 상기시켜 준다.

▍가톨릭 교육을 위해▍ 노리치의 줄리안은 가톨릭 교육자들이 학생들을 다음의 활동에 초대하도록 격려한다. 학생들이 하느님과의 개인적 관계를 발전시키기 위해 자신의 영적 경험에 대해 성찰하기, 자신의 선함과 하느님의 자비를 확신하기, 그리고 하느님을 더 풍성하고 열린 이미지로 상상하기.

• **계시로서 개인의 영적 경험:** 위대한 가톨릭 신학자 칼 라너(Karl Rahner)의 말을 바꾸어 표현하자면, "미래의 신심 깊은 그리스도인은 **신비가**가 될 것이며, 그렇지 않으면 더 이상 아무것도 아니게 될 것이다." 여기서 라너가 말한 **신비가**란, 하느님께서 우리의 평범하고 일상적인 삶의 체험을 통해 다가오시는 방식을 열린 마음으로 받아들이는 이들을 뜻한다. 이것이 바로 우리가 일상의 신비 속에서 우리를 향한 하느님의 현존과 은총을 개인적으로 만날 수 있는 방법이다. 어떤 의미에서, 라너의 말을 다시 빌리자면, 우리 삶에 대한 하느님의 가장 개인적이고 친밀한

계시는 우리 자신의 이야기를 통해서이다.

노리치의 줄리안은 라너보다 무려 700년 앞서 같은 통찰을 지녔을 뿐 아니라, 자기 삶 속에서의 하느님 현존에 대한 자신의 영적인 체험을 신뢰할 용기가 있었다. 그런 용기로부터, 그녀는 자신의 시대와 교회의 흐름을 거슬러 오히려 깊은 개인적 확신과 헌신에 이르렀다. 가톨릭 종교 교육은 무엇보다 학생들이 신앙의 빛에 비추어 자기 삶의 경험에 대해 확신을 갖고 성찰하고 자신만의 영적인 삶의 지혜에 이르도록 격려해야 한다. 그런 다음 그것을 삶 속에서 용기와 하느님의 무조건적 사랑에 대한 신뢰 가운데 살아 내도록 이끌어야 한다.

• **자신의 선함과 하느님의 자비에 대해 확신하기:** 줄리안은 가톨릭 교육이 학생들에게 자신의 잠재된 선함을 강조하고 격려하면서, 그들이 계속해서 선한 사람으로 성장할 수 있다는 희망을 품도록 격려하기를 권할 것이다. 학생들이 그렇게 대우받고 존중받을 때, 그들은 실제로 그렇게 행동하고 그렇게 될 가능성이 더 높아진다. 학생들이 어떤 환경에서 자라왔든, 또는 어떤 개인적·사회적 어려움을 겪고 있든지 간에, 그들 자신의 노력뿐만이 아니라 하느님의 은총으로 인해, 그들의 선함에 대한 희망은 언제나 존재한다. 우리가 계속해서 자주 이야기해 왔듯이, 하느님의 은총은 우리 자신의 최선의 노력을 촉구하고 증대시키며, **우리는** 언제나 하느님께 응답할 수 있다.

더욱이, 사람은 누구나 때때로 잘못을 저지르고 믿음대로 살지 못할 수 있다. 그러나 그리스도교 전통에서 용서받지 못할 죄는 없다. 하느님 자비의 풍성함은 우리의 어떤 죄보다도 더 크기 때문이다. 줄리안은 끊임없이 사람들에게 하느님의 자비가 언제나 주어지고 있음을 일깨워 주었다. 마찬가지로, 우리에게 닥쳐 오는 도전과 고통 — 줄리안이 그러했듯이 — 도 우리가 하느님의 은총, 곧 우리 삶 안에서 일하시는 하느님의 효과적인 사랑을 믿는다면 다르게 맞이하게 될 것이다. 줄리안의 통찰은 가톨릭 교육자들에게 언제나 학생들에게 희망을 불어넣어 주도록, 특히 어려운 상황 속에서 더욱 그렇게 하도록 격려한다.

• **하느님을 상상하는 데 있어서의 확장:** 하느님을 어떻게 표현하고 상상할 것인가 하는 문제에서, 가톨릭 교육은 신앙의 관점에서 삶을 바라보고, 신앙을 위해서 가르치기 때문에 자연스럽게 "하느님에 대한 말"(God-talk)을 할 수밖에 없다. 공적이고 영향력 있는 인물로서 우리는 학생들에게 하느님에 관해 이야기할 때 특히 주의를 기울여야 한다. 우리는 우리가 말하는 하느님의 신비를 겸손히 인정하며, 하느님에 대한 우리의 언어와 상상력이 얼마나 제한적인지를 알아야 한다. 우리는 하느님의 사람으로 살 만큼은 충분히 알 수 있지만, 그 너머에서 하느님은 신비이시고, 무한하게 우리의 이해를 초월하신다.

예를 들어, 하느님을 남성이라고 한계 짓는 언어 패턴을 사용하기보다, 우리는 하느님을 더욱 포괄적인 용어 — 성경이 그러하듯이 — 로 말하도록 노력해야 한다. 성경에는 하느님에 대한 남성적 이미지와 여성적인 이미지가 있고, 중립적이거나 비인격적인 이미지도 있으며, 그 외에도 무수한 이미지가 있다. 시편 18편의 처음 두 구절만 해도 하느님을 묘사하는 열두 가지 다른 이미지가 있으며, 이는 곧 모든 이름을 넘어 계신 거룩하신 분을 어떻게 부를지 씨름하는 시편 저자의 모습을 보여 준다. 그러므로 우리는 줄리안이 권하듯 언어를 조금 더 확장할 수 있고, 교회와 사회에서 사실상 남성을 여성보다 더 우대하는 방식의 하느님 언어 사용을 피할 수 있다. 물론 이것은 쉽지 않은 과제인데, 왜냐하면 전통적 성경 이미지뿐만 아니라 우리의 많은 기도 양식이 하느님을 남성으로 표현하는 데 치우쳐 있기 때문이다.

특히, 그리스도인들은 예수님께서 친히 우리에게 가르쳐 주신 기도가 "하늘에 계신 우리 아버지"로 시작한다는 것을 당연하게 생각한다. 복음서에 기록된 헬라어 표현은 'Pater'("아버지": 마태 6,9)이지만, 실제로 예수님께서 사용하신 언어는 히브리어의 방언인 아람어였고, 그때 쓰인 단어는 친근하게 "아빠"를 뜻하는 'Abba'였다. 일부 신약성경 학자들은 예수님께서 일상적으로 'Abba'라는 호칭을 즐겨 사용하셨을 것이라고 추측한다. 복음서에는 최소한 한 번 직접 그렇게 기도하신 기록이 있다(마르 14,36 참조). 그들은 또한 'Abba'라는 단어의 어원이 아버지의 마음과 어머니의 자궁을 모두 의미한다고 지적한다. 예수님께서 그러한 포괄성을 의도하셨던 것일까? 그것과 상관없이, 적어도 개인 기도에서는 "하늘에 계신 사랑하는 우리 부모님"과 같은 표현을, 혹은 이와 유사한 표현을 사용해 보는 것도 가능하지 않을까? 우리가 어떻게 결정하든 간에, 줄리안은 하느님을 말하는 방식에서 상상력을 발휘하고 조금은 모험적이 되도록 우리를 격려할 것이다. 왜냐하면 하느님은 언제나 우리의 언어를 넘어서는 신비이시기 때문이다.

가톨릭 교육자로서 자신의 소명을 새롭게 하기

우리가 교육자의 **영혼**, 가르침의 방식, 그리고 **교육 공간**에 대해 성찰할 때, 토마스 아퀴나스에게서 많은 지혜를 얻을 수 있다. 제8장에서 우리는 그의 인식론적 통찰에 다시 귀를 기울이며, 뛰어난 토미즘 학자인 버나드 로너건(Bernard Lonergan)의 사유를 통해 이를 더욱 심화하여 살펴볼 것이다. 그러나 여기서는, 교회와 사회 전반에서 여성의 목소리가 시대를 통틀어 억압되어 온 점을 감안하여, 우리의 영혼과 가르침의 방식, 교육 공간을 위해 노리치의 줄리안이 전해 준 풍부한 영적 토대를 받아들이는 데 우선적인 초점을 맞추고자 한다. 그렇게 함으로써 그녀의 놀라운 목소리를 조금 더 크게 울려 퍼지게 하자.

▌교육자의 영혼을 위하여▐ 줄리안은 분명 가톨릭 교육자들에게 이렇게 당부할 것이다. 곧, 학생들에게 하느님의 사랑을 드러내 보여 주라고, 특히 사랑의 위로를 가장 필요로 하는 학생들에게 자비로우신 하느님께서 한결같이 그들을 사랑하고 계심을 느끼게 해 주라고 말이다. 내가 수년간 사용한 좋아하는 활동은 대학원 학생들에게 그들이 학교 다닐 때 경험한 가장 훌륭한 선생님을 떠올려 보라고 하는 것이다. 내가 그들에게 왜 그분을 선택했는지를 물어보면, 대답은 언제나 같았다. 그 선생님은 어떤 방식으로든 그들에게 사랑과 보살핌, 그리고 존중을 보여 준 분이셨다.

- 당신이 현재 학생들에게 사랑을 보여 주고 있는 방식들에 대해 생각해 보라. 그들에게 사랑이 넘치는 교육자이자 증인이 되기 위해 어떻게 사랑을 더 깊게 하고 새롭게 헌신할 수 있겠

는가?

- 당신은 어떻게 학생들이 자기 자신을 사랑하며 돌볼 수 있도록 격려하겠는가? 또 하느님께서 베푸시는 사랑과 자비를 굳게 신뢰하도록 이끌겠는가? 나아가 서로를 향하여 사랑과 자비로 대할 수 있도록 인도하겠는가?

▌가르침을 위하여▐ 아퀴나스와 줄리안 모두 성찰적 인식의 방식에 헌신했는데, 아퀴나스는 더 합리적이었고 줄리안은 더 관상적이고 기도하는 사람이었다. 합리적인 방식이 확실히 필요하듯이, 기도와 영적인 방식 또한 필요하다. 실제로 교회의 첫 천 년 동안, 특히 베네딕토회의 전통 안에서 영적 인식은 크게 꽃피웠지만, 서양에서는 점차 그 힘을 잃어 갔다. 불교의 명상과 선(禪)의 마음챙김 같은 동양의 전통이, 이제 그리스도인들을 우리가 잊어버린 관상적 인식의 전통으로 다시 이끌고 있다는 것이 아이러니하다. 노리치의 줄리안도 여기에 도움을 줄 수 있다.

- 당신은 어떻게 학생들이 더 관상적이 되도록, 그리고 자신의 "깊은 마음의 핵심"(예이츠) — 영혼 — 에 귀를 기울이게 초대할 수 있겠는가? 어떤 질문들이 이것을 격려할 수 있겠는가?
- 젊은이들을 관상의 자세로 들어가도록 도울 수 있는 구체적인 활동을 상상해 보라(줄리안의 가장 유명한 관상 중 하나는 그녀가 손에 쥐고 있던 헤이즐넛[12]에 집중하는 것이었다. 그녀가 그 열매의 속삭임을 들었을 때, 비록 미미한 그 작은 열매마저 하느님의 사랑을 전하는 증언이 되어 주었다).

---

12) 〔옮긴이 주〕 식물학적으로 개암나무(hazel tree)의 열매를 가리킨다.

▎교육 공간을 위하여▎ 우리는 학교나 교실과 같은 공동체적 공간의 정신을 형성하는 데 있어, 우리가 사용하는 말과 언어가 영향을 미친다는 것을 즉각적으로 생각하지 않는다. 그러나 언어는 공간의 분위기를 형성한다. 위대한 독일 철학자 마르틴 하이데거(Martin Heidegger)는 「인문주의에 관한 서한」에서 "언어는 존재의 집이다"라고 말했다. 그가 의미한 바는 우리가 언어 안에서 살아가며 머문다는 것이고, 언어는 인간 존재로서 우리의 정체성을 형성하는 힘을 지닌다는 것이다. 가톨릭 학교의 교사들은 비록 종교 교사로 임명되지는 않는다 하더라도 일상적으로 하느님을 말하는 언어에 자주 관여하게 된다. 우리는 하느님을 가리키는 언어를 남성적 상징에만 한정하지 않고 끊임없이 확장해 간 노리치의 줄리안에게서 깊은 영감을 얻을 수 있을 것이다.

- 혹시 지금 그렇게 하고 있지 않다면, 모든 사람을 포함하는 언어 양식을 사용하는 습관을 길러 보지 않겠는가? 예를 들어, 영어 표현에서 '인류'를 가리킬 때 'mankind' 대신 'humankind'를 쓰고, '사람들'을 뜻할 때 'men' 대신 'people'을 사용하며, '사람'을 뜻할 때도 'man' 대신 'person'을 사용하는 것이다.
- 줄리안은 하느님을 표현할 때 남성적 이미지에만 머무르지 않고 더 확장된 언어를 사용하도록 우리를 격려한다. 당신에게는 어떤 대안이 가장 합당하겠는가? "우리의 사랑하는 부모" 혹은 "우리의 어머니이시자 아버지이신 분", 또는 다른 어떤 표현을 고려해 볼 수 있겠는가?

제 5 장

로욜라의 이냐시오와 예수회

12세기부터 16세기까지 서구 세계에서 교회는 주요 교육 기관으로서 역할을 이어 갔다. 교회의 많은 수도원 및 대성당 학교(cathedral school)가 번성했고, 설립 인가를 받은 대학과 본당 학교(parish school)의 수도 점점 증대했다. 암묵적이든 명시적이든, 신앙에 기반을 두고 신앙을 위한 교육을 제공하는 것이 세상을 향한 교회의 본질적 사명 중의 하나라는 인식이 있었다. 교육은 학생의 개인적 선과 사회의 공동선에 기여하기 때문에 인류 역사 속에서 하느님의 해방적 구원 활동을 진전시킨다.

그러나 교육에 대한 교회의 지배력은 개신교 종교개혁과 함께 약화되기 시작했다. 마르틴 루터(Martin Luther, 1483~1546)가 종교개혁을 시작한 인물로 알려져 있다. 1517년 10월 31일, 그가 독일 비텐베르크 성당 문에 교회 개혁을 촉구하는 '95개조 반박문'을 붙인 것이 그 시작이었다. 그리스도교 공동체는 이미 1054

년에 동방 정교회와 서방 가톨릭교회로 나뉘는 첫 번째 큰 분열을 겪었다. 그러나 이러한 분열은 교리보다는 문화적인 측면이 강했다. 즉 동서양 그리스도교 신앙의 대부분은 믿음(beliefs)과 성사(sacraments)를 공유하며 계속되었다. 그러나 루터에 의해 시작된 종교개혁은 더 깊은 분열로 이어졌다. 신학자들은 일반적으로 분열의 교리적인 성격에 초점을 맞추지만, 여기서는 교육에 끼친 결과에 주목하고자 한다.

당시 교회가 추문과 부패로 가득 차 있었고 개혁이 절실히 필요했다는 것은 논란의 여지가 없다(개혁이 필요하다는 것은 놀랍지도 않은 일이었다). 실제로 1983년, 루터 탄생 500주년을 맞아 로마의 루터교회에서 연설한 교황 요한 바오로 2세는 루터가 개신교와 가톨릭을 아우르는 그리스도교 전체의 삶에 준 세 가지 위대한 선물에 대해 공개적으로 감사를 표했다: (1) 성경을 그리스도교 신앙의 핵심으로 되돌리고 모든 사람이 성경을 통해 하느님의 말씀에 쉽게 다가갈 수 있도록 한 점, (2) 세례를 통하여 모든 이가 "사제적 백성"(priestly people)이 된다는 급진적인 세례 신학을 회복한 점, (3) 신앙생활에 있어서, 신앙 자체의 은총에서 시작하여 그리스도인들이 하느님의 은혜를 끊임없이 필요로 한다는 것을 일깨워 준 것 등이다. 그러나 종교개혁 시대의 논쟁과 열악한 의사소통 수단으로 인해 그리스도교 교회는 지금의 가톨릭과 개신교로 갈라지는 두 번째 큰 분열을 겪었다.

루터는 교회가 학교를 통제하는 한, 자라나는 세대에게 전통적인 신앙은 계속해서 가르쳐질 것이고, 그의 종교개혁은 실패할 것이라는 사실을 즉시 깨달았다. 또한 "모든 신자의 보편 사제직"(the priesthood of all believers)이라는 세례 받은 이들의 책임을 완수하기 위해서는 성경을 읽고 이해해야 한다고 확신하면서 모든 사람을 위한 교육의 기회를 확대하고자 했다. 실제로 종교개혁은 서구 세계 역사에서 보편적 문해력을 향한 가장 큰 자극제가 되어 주었다. 그리고 그 목적은 모든 이가 성경을 읽을 수 있도록 하기 위함이었다.

루터는 「독일의 모든 도시 시의원에게 보내는 편지」(1524)에서 각 지방자치 정부에 "그리스도교 학교를 설립하고 유지할 것"을 강력히 당부했다. 그는 단순히 학교 설립을 넘어, 학교가 참된 그리스도교 정신을 지켜 나가기를 바랐다. 실제로 루터는 통치자들에게 국가가 후원하는 학교는 "하느님의 명령"이며 "성경의 이해와 훌륭한 통치의 수행을 위해" 필요하다고 말했다 (Cully, 141). 루터가 현명하게 의도한 학교의 목적은 신앙적 차원과 사회적 차원을 함께 품는 것이었다.

루터의 편지는 현재 서구에서 국가가 독점적으로 후원하는 학교 시스템인 공교육을 설립하는 데 중요한 촉매제가 되었다. 루터는 이러한 학교가 그리스도교 학교로 남아야 한다고 단호하게 주장했지만, 국가가 후원하는 교육은 가톨릭 지성 전통이 소중히 해온 **양자 모두**(both/and)의 조화를 상실하게 되었다. 이런 흐름은 곧이어 등장한 철학의 계몽주의 운동에 의해 더욱 강화되었는데, 이 운동은 모든 종교적 신앙, 특히 국가가 운영하는 학교 안에서의 신앙을 강하게 거부했다. 계몽주의는 신앙을 단순한 미신적 무지로 치부하면서 합리주의와 경험주의적 앎의 방식(각각 르네 데카르트와 프랜시스 베이컨의 유산)을 만들어 냈고, 이는 특히 교육 분야에서 근대를 지배하게 되었다.

그 결과, 공립 학교들은 신앙과 이성을 함께 추구하는 대신에 이성만을, 계시에 더하여 과학을 중시하는 대신에 과학만을, 영적인 차원과 학문적인 차원을 아우르는 대신에 학문만을, 인격 형성과 지식을 함께 길러야 할 자리에 지식만을, 초월적 관점과 현세적 관점을 함께 고려하는 대신에 현세적인 것만을 선호하게 되었다. 이와 같이 공립 학교들은 가톨릭 지성 전통을 특징짓는 상호 보완적 결합을 거부하였다.

그러나 가톨릭 학교들은 교육에 대한 두 가지 접근방식을 계속 유지했으며, 그중에서도 창립자 로욜라의 성 이냐시오(Saint Ignatius of Loyola)의 영향을 받은 예수회가 운영하는 학교들만큼 효과적으로 이를 구현한 곳은 없었다. 이냐시오는 종교개혁 직후 시대를 대표하는 가톨릭 교육의 선두 주자였다. 실제로 내 생각에 이냐시오와 그가 창립한 예수회 교육은 영적 토대 위에 깊이 뿌리내린, 시대를 넘어 오늘날에 이르기까지 가톨릭 교육의 정수를 보여 주는 표본이라 할 수 있다.

성찰과 대화를 위해

- 가톨릭 학교든 공립 학교든, 교육에서 **인격 형성**이 차지하는 의미와 역할을 당신은 어떻게 생각하는가? 왜 이러한 문제가 포스트모던 사회에서 점점 더 중요한 관심사가 되고 있는가? 교육자로서 당신의 가르침 안에서 학생들의 인격 형성을 어떻게 실현할 수 있겠는가?
- 루터는 "교회는 **항상 개혁되어야 한다**"는 성 아우구스티누스의 말을 옳게 인용하였다. 오늘날 가톨릭교회에서 개혁이 필요하다고 생각하는 문제나 관행에는 어떤 것이 있는가? 가톨릭 학교는 교회를 개혁하는 데 어떤 방식으로 기여할 수 있을까?

로욜라의 성 이냐시오

로욜라의 성 이냐시오(1491~1556)는 예수회(Society of Jesus or the Jesuits)[13]를 설립했다. 예수회는 수도원 안에 머무르지 않고 세상 속에서 활동하며, 학교를 설립하고 운영하며 교사를 양성·파견하는 일을 첫 번째 사명으로 삼은 가톨릭 수도회였다. 또한 예수회는 가톨릭 교육과 그 바탕이 되는 가톨릭 지성 전통의 정수를 집약해 냈다고 할 정도로 엄청난 영향력을 발휘했다. 이냐시오가 가톨릭 교육의 역사 전체와 오늘날 전 세계적으로 지닌 중요성을 생각할 때, 그에게 조금 더 시간을 들여 살펴보는 것은 가치 있는 일이다. 먼저, 종교개혁이 한창이던 당시의 역사적 맥락에서 이냐시오를 살펴보도록 하자.

이냐시오는 스페인 북부의 바스크 지방에 있는 소공국, 곧 로욜라의 왕가 출신이다. 그는 열세 명의 자녀 중 막내였다. 젊은 시절 그는 지배계급의 일원으로서 누릴 수 있는 모든 즐거움을 누렸고, 위기에 빠진 여인들을 구하는 용감한 기사가 되기를 꿈꿨다. 서른 살이 되던 1521년, 프랑스 침략군에 맞서 스페인 팜플로나를 방어하던 이냐시오는 포탄을 맞아 한쪽 다리에 부상을 입고 다른 한쪽 다리가 부러졌다. 그는 오랜 요양 생활 동안 지루함을 달래기 위해 책을 찾았지만, 구할 수 있는 책이라곤 예수님의 생애와 성인들의 전기가 전부였다. 이냐시오는 그러한 독서가 자신에게 큰 평화를 가져다준다는 것을 알아차렸다. 반면에

13) 〔옮긴이 주〕 예수회의 영문 공식 명칭은 'the Society of Jesus'이지만, 통상적으로는 'the Jesuits'로 널리 사용되고 있다.

권력과 연애에 대한 자신의 야망을 곱씹을 때는 오히려 불안과 허무를 느꼈다. 점차 그는 예수님을 따르는 자신의 소명을 깨닫기 시작했고, 무장을 한 기사가 되는 대신, 거룩한 기사도를 통해 하느님 나라를 위하여 헌신하는 기사가 되는 길을 선택했다.

이냐시오는 예수님이 살다 돌아가신 곳을 직접 체험하고 싶어서 성지 순례를 위해 로욜라를 떠났다. 그 여정 중에 그는 가던 길을 멈추고, 만레사(Manresa) 도시 외곽의 한 동굴에 머물며 10개월(1522년 3월 ~ 1523년 2월)을 지냈다. 그곳에서 자신의 영적 여정을 되돌아보고 영적 지도를 받기 위해 찾아온 사람들과 대화를 나누면서 이냐시오는 『영신 수련』(*Spiritual Exercise*)의 시작을 구상했다. 이 수련은 예수회의 영성뿐만 아니라 그들의 교육 사업에도 큰 영향을 미쳤다.

이냐시오는 하느님께서 모든 사람의 삶에서 유사하게 일하시며, 우리에게 응답하도록 초대하시기 때문에 자신의 회심 체험은 특별한 것이 아니라고 확신했다. 그래서 그는 사람들이 자신의 삶에서 하느님 사랑의 초대를 보고 응답할 수 있도록 "하느님의 일들에 관하여 대화하는 길"(그가 『영신 수련』을 직접 묘사한 표현)을 만들었다. 요약하자면, 이냐시오에게 있어 하느님께서 모든 사람의 삶 안에서 주시는 초대는, 하느님 나라를 위한 살아 있는 신앙을 받아들이라는 것이다.

예수회

이냐시오는 자기 삶의 소명을 실현하기 위해서는 자신 또한 좋은 교육을 받아야 한다고 확신하였다. 결국 그는 파리 대학교에 진학하여 석사 학위를 취득하고 사제 서품을 받았다. 점차 그는 자신의 『영신 수련』을 함께 나눌 친구들을 모으기 시작했다. 1534년 8월 15일, 이냐시오는 여섯 명의 동료와 함께 서약을 맺어 새로운 수도회를 세우기로 하고, 자신들을 예수회(Society of Jesus)라고 불렀다. 사실 어떤 이들은, 그들이 예수님의 이름을 너무 자주 입에 올렸기 때문에 **예수회 신부들**(Jesuits)이라는 별명을 주었는데, 이는 조롱의 뜻이었지만 그들은 기꺼이 그것을 받아들였다. 그들의 핵심적 사명은 부활하신 그리스도로부터 힘을 받고, 항상 하느님 나라를 위해 예수님의 발자취를 따르는 것이었다. 예수회는 1540년 교황의 인준을 받았고, 이냐시오는 초대 총원장으로 선출되었다.

예수회가 비록 처음에는 교육을 자신들의 가장 중요한 사도직으로 삼는 것을 주저하였지만, 1548년 시칠리아 메시나(Messina)에 예수회 회원이 아닌 일반 학생들을 위한 첫 번째 학교를 열었다. 1556년 7월 31일 이냐시오가 선종할 무렵에는 이미 예수회원이 천 명에 이르렀고, 유럽 전역과 심지어 인도와 브라질에까지 74개의 학교가 세워져 있었다. 이어 1773년, 교황 클레멘스 14세가 그들의 눈부신 성공을 시기하는 이들의 압력 속에 예수회를 해산하였으나, 1814년 다시 복원되었고, 그때까지 예수회 학교는 전 세계적으로 무려 800곳에 이르렀다.

▌이냐시오와 교육자로서 예수회▐ 이제 우리는 예수회 전통이 지닌 생명력 있는 기억들, 특히 그들의 영성이 가톨릭 교육에 남긴 의미를 살펴보려 한다. 이 영성은 흔히 **이냐시오 영성**(Ignatian spirituality)이라고 불리는데, 이는 예수회원만이 아니라 모든 교육자에게 열려 있는 보편적 카리스마임을 강조하기 위함이다. 예수회의 초기 역사에서, 그들의 영성을 교육적 사명 속에 녹여 내는 데 큰 역할을 한 세 가지 중요한 문헌이 있다. 예수회의 교육 실천은 곧 그들의 영성이 실제로 작동한 것이라고 말할 수 있다.

세 가지 문헌은 『예수회 헌장』(Constitutions of the Society of Jesus), 예수회 학교를 위한 『연학 규정』(*the Ratio Studiorum*, 직역하면 '학업의 계획'), 그리고 『영신 수련』(*the Spiritual Exercises*)이다. 우리는 먼저 『예수회 헌장』과 『연학 규정』으로부터 가톨릭 교육에 생명을 불어넣는 기억을 각각 하나씩 살펴본 다음, 『영신 수련』에 더 깊이 머무를 것이다. 왜냐하면 무엇보다도 예수회의 교육 목적과 방식에 가장 큰 영향을 끼친 것이 바로 성 이냐시오의 영성이기 때문이다.

• **『예수회 헌장』으로부터:** 이냐시오는 교황의 승인을 받은 직후인 1541년에 예수회 헌장을 작성하기 시작했고, 1554년 예수회에서 공식적으로 채택될 때까지 계속 수정했다. 그 이후 영어 번역본은 한 차례 개정되었는데, 주로 현대적 용법에 맞추어 언어를 다듬기 위한 것이었다. 『예수회 헌장』은 예수회의 전반적인 운영과 조직을 다루고 있으며, 교육에 대해서는 직접적인 언급이 거의 없다. 왜냐하면 교육은 시간이 흐르면서 점차 예수회의 핵심 사명으로 자리 잡았기 때문이다. 그러나 헌장 전체는 이냐시오가 예수회를 위해 선택한 모토이자 목적의식인 '하느님의 더 큰 영광을 위하여'(*ad mniorein Dei gloriam*)에서 영감을 받았다. 종종 AMDG로 약칭되는 이 모토는 예수회의 교육 사명에도 고스란히 스며들어 그 방향을 규정하였다.

그렇다면 교육은 어떻게 하느님께 더 큰 영광을 드릴 수 있을까? 그것은 교육이 사람들의 삶 안에서 전인적 구원의 수단이 되기 때문이다. 곧 인간이 충만히 번영할 때 하느님께서 영광을 받으신다. 요약하자면, 헌장에서 말하는 바와 같이, 모든 교육은 "하느님에 대한 지식과 사랑, 영혼의 구원을 위해 사람들을 돕는 것"(제5장)이며, 이것이 예수회를 '구성'하는 목적이고, 이에 따라 회원들은 자신을 교육하고, 나아가 다른 이들을 교육한다. 이냐시오와 초기 예수회원들은 교육이야말로 사람들이 하느님께 영광을 드리고 구원을 찾는 삶을 살도록 돕는 가장 중요한 수단임을 깨달았다. 그리하여 교육 안에는 본질적으로 초월적 가능성이 깃들어 있음을 인식하였다. 이에 『예수회 헌장』은 교육의 영적 토대를 드러내어, 교육이란 궁극적으로 **영혼을 구원**하는 데 있음을 일깨운다. 곧 지금 이 땅에서 인간답게 잘 살아가도록 이끄는 동시에, 마침내 영원한 생명에 이르도록 이끄는 것이다.

또한 모든 것이 하느님의 더 큰 영광을 위해 행해질 수 있고 행해져야 한다는 확신은 예수회원들로 하여금 학문의 다양한 분야를 기꺼이 받아들이도록 격려하였다. 그들은 창조의 모든 측면이 하느님의 표현이며, 따라서 그것을 연구하는 것은 하느님께 영광을 돌리는 것이고, 어떤 대상이나 학문 분야도 세속적이거나 무가치한 것으로 여기지 않았다. 비록 『예수회 헌장』은 신학을 예수회 학교 교육과정의 정점에 두었지만, 삶과 생명, 그리고 하느님의 모든 피조물에 대한 긍정적인 태도는 예수회가 다양한 학문 분야를 탐구하도록 이끌었다. 오늘날에도 예수회 학자들은 천체물리학(astrology)에서 동물학(zoology)에 이르기까지(A부터 Z까지), 그리고 그 사이 모든 분야에서 연구에 종사하고 있다. 그리고 『예수회 헌장』은 신학을 교육과정의 정점에 두면서, 모든 학문이 서로 만나는 '지평의 융합'(fusion of horizons)[14]을 촉진했다. 다시 말해, 모든 학문이 창조의 초월적 지평을 향하도록 이끌고, 그 안에서 모든 학문과 연구가 '**하느님의 더 큰 영광을 위하여**'(*ad maiorem Dei gforinm* - AMDG)를 지향하도록 한 것이다.

• **『연학 규정』으로부터:** 이냐시오와 그의 초기 동료들은 파리 대학교 학생 시절의 엄격한 경험에서 영감을 받아 예수회 학교가 학문적 우수성을 특징으로 하는 폭넓은 학문을 반영해야 한다고 주장했다. 가장 초기의 예수회 학교에서도 교육과정에는 학문의 폭과 깊이를 모두 반영했다. 그들은 문법·수사학·논리학이라는 전통적인 3학(*trivium*)과 산술·기하학·천문학·음악의 4학(*quadrivium*)을 존중했다. 이후 예수회 학교는 이러한 과목을 인문학(liberal arts: 역사, 문학, 철학, 신학 등), 자연과학(생물학, 화학, 물리학 등), 공연 예술(연극, 오페라, 음악 등)로 확대했다. 예수회 학교는 호메로스(Homer), 키케로(Cicero), 세네카(Seneca) 등 인문주의 전통의 고전 읽기를 강조했으며, 훌륭한 문학 작품을 매개로 한 대화를 특히 학생들의 도덕성 형성을 위한 중요한 자원으로 여겼다.

이러한 학문적 과목들은 가장 저학년의 학생들에게 읽고 쓰는 법을 가르치는 것부터 시작하여 신학 공부로 마무리되는 등 전체 학년에 걸쳐 진행되었으며, 전체 교육과정에는 신앙적 관점이 스며들어 있었다. 교육의 궁극적 목표는 학생들이 살아 있는

---

14) 〔옮긴이 주〕 가다머(Gadamer)의 철학적 해석학에서 텍스트나 문화를 이해하는 과정을 설명하기 위해 사용되는 핵심 개념이다.

신앙을 살고, 사회의 선한 시민으로 성장하며, 나아가 영혼의 구원에 이르도록 돕는 것이었다.

시간이 흐르면서 학교에서 일하는 예수회원들은 학교 교육과정이 연령 수준에 적합하고, 학년에 걸쳐 누적적이며, 성장하는 예수회 학교 네트워크 전체에서 일관성을 유지할 수 있는 전체적이고 체계적인 학업 계획이 필요하다는 것을 인식했다. 이를 위해 1586년부터 『연학 규정』이라 불리는 교육 지침의 작업이 시작되었고, 의견 수렴과 개선을 위해 초안이 회람되었으며, 마침내 1599년에 최종적으로 확정·발표되었다. 이것은 전 세계 예수회 학교의 교육과정 계획을 위한 주요 자료가 되었으며, 그 영향력은 현재까지도 지속되고 있다.

『연학 규정』은 모든 예수회 교육이 "영혼의 선익을 위해" 실시되어야 한다는 헌장의 정서를 반영한다(제40항; Farrell, 14쪽). 이를 위해 교육은 "(사람들을) 창조주이자 구세주에 대한 지식과 사랑으로 인도"(제1항; 같은 책, 1쪽)해야 한다. 이러한 신앙적 자세는 세상에서 "하느님 사랑의 봉사"를 할 수 있도록 학생들을 준비시킨다(제1항, 같은 책, 62쪽[15)]). 따라서 학년에 적합하고, 누적적이며, 포괄적인 교육과정을 보장하는 것을 넘어 『연학 규정』은, 모든 학문 분야가 예수 그리스도를 통해 드러난 하느님과 하느님 나라라는 초월적 지평을 공유하는 하나의 공통된 목적에 결속되어 기여할 수 있는, 신앙에 영감을 받은 비전을

15) 〔옮긴이 주〕『연학 규정』 제1부 관구장과 학장 및 학감을 위한 규정, 제2부 상급 학교 규정, 제3부 학습 학교 규정, 제4부 학생의 의무와 예수회 운영 등에 대한 세칙을 담고 있다. A.P. Farrell(1970)이 번역한 *The Jesuit Ratio Studiorum of 1599*에는 영역별로 항의 번호를 새롭게 시작하고 있다.

제시했다.

『연학 규정』에서 말하는 "영혼 구원"이라는 표현은 시대에 뒤떨어진 말처럼 들리지만, 지금의 언어로 풀어 본다면, 사람들의 삶과 세상을 개선하고, 보다 나은 삶을 살고 지혜롭게 살아가도록 이끌어 주는 영적 기반을 제공하는 것으로 이해할 수 있다. 그렇다면 이는 사람들이 시장, 소비주의, 중독, 자기 중심주의, 인터넷 등 영혼을 잃게 하는 모든 현대적 방식에 관해 성찰하도록 도울 수 있지 않을까? 비록 『연학 규정』의 언어가 옛것처럼 들리긴 하지만, 가톨릭 교육은 여전히 "영혼의 구원"을 돕는 일로, 곧 오늘의 학생들이 자기 자신과 타인을 위하여 현명하고도 선하게 살아가도록 그 마음과 영혼을 북돋아 주는 고귀한 소명으로 이해될 수 있을 것이다.

두 번째 측면은 『연학 규정』의 실행을 위해 권장되는 교육 방식이다. 본문에 명시적으로 요약되어 있다기보다는 암시적으로 표현되어 있지만, 초기의 예수회원들은 파리 대학에서 경험한 교육 방식, 즉 **파리지엔시스**(*modus parisiensis*, 파리 방식)를 옹호하고 전수했다. 이 방식은 예수회 학교의 교사들이 학생들을 가르침과 배움의 역동성에 능동적으로 참여시키는, 매우 참여적인 교수법을 사용하도록 장려했다.

예수회 학교의 학습 단원은 연령 수준에 따라 그리고 학문 분야마다 다양하게 적용되었지만, 대체적으로 강의(*lectio* / *lession*)로 시작하였고, 세 부분으로 구성되었다. 첫 단계인 프렐렉티오(*prelectio*)는 학습 주제에 대한 학생들의 관심을 적극적으로 유도하기 위한 **도입부**이고, 그다음 단계인 렉시오(*lectio*)에서는 가르치고 배울 내용의 핵심 또는 요점을 명확하게 제시하였으며, 마지막으로 엑스포지티오(*expositio*) 단계에서는 주제의 내용을 깊이 있게 풀이하며 그 의미를 탐구하였다.

이러한 의도적이고 참여적인 교수법을 선호하는 교육 시스템에서도 일반적으로 가르칠 내용이 명확하게 가르쳐지고 학생들이 그것을 이해하는 것처럼 보일 때를 도달점으로 간주한다. 그러나 파리/이냐시오 교수법에서 이 단계는 절반 정도에 불과했다. 학생들은 아직 수업 내용을 자신의 앎 안에 통합하고 그것에 대해 올바른 결정을 내리는 단계에 이르지 못한 것이다. 그래서 뒤이어 레페티티오(*repetitio*)의 시간이 주어졌다. 이는 학생들이 대개 작은 모둠을 이루어 서로에게 방금 배운 핵심을 되새기며 나누는 과정이었다. 그다음에는 디스푸타티오(*disputatio*), 곧 주제를 중심으로 펼쳐지는 생동한 문답과 논쟁이 이어졌다. 마침내 단원은 엑세르치타티오(*exercitatio*)로 결실을 맺었는데, 학생들은 새롭게 깨달은 진리를 어떻게 자신의 삶과 이미 지닌 앎 속에 접목하여 실천할지를 상상하며 마무리하였다.

이러한 참여적 교육 방식 — 학생들이 자기 학습의 주체로서 적극적으로 참여하고, 스스로 이해하고, "직접 눈으로 보게" 하며, 배운 것에 대해 판단하고 결정하도록 장려하는 교육 방식 — 은 훗날 존 듀이, 파울로 프레이리, 마리아 몬테소리와 같은 위대한 교육학자들에 의해 옹호받게 된다. 그런데 이미 초기 예수회 교육 안에 그러한 정신이 뚜렷이 자리하고 있었다는 사실은 우리를 크게 고무시킨다.

• **『영신 수련』으로부터:** 위에서 언급했듯이 이냐시오는 만레사 근처의 동굴에서 은둔 생활을 할 때 처음 영신 수련을 만들기 시작했다. 현대의 영신 수련은 잘 훈련된 안내자와 함께 나누는

대화 속에서 30일 동안 이어지는 강도 높은 영적 식별로 이루어진다. 첫째 주간은 자신의 삶과 세상에 존재하는 죄의 실체를 인식하고, 하느님의 사랑과 은총이 모든 악보다 더 강력하다는 것을 깨닫도록 격려한다. 둘째 주간은 예수님의 역사적 삶과 그분이 몸소 보여 주신 가치들에 초점을 맞춘다. 셋째 주간에는 수난과 죽음을 통해 다른 사람들을 위해 자신의 생명을 내어 주신 예수님을 묵상한다. 마지막 넷째 주간은 수련자에게 예수님의 부활이 주는 희망을 받아들이고 세상 안에서 하느님 나라를 위해 살겠다는 결심을 하도록 초대한다.

이냐시오는 1548년에 『영신 수련』의 초판을 출간하였고, 평생에 걸쳐 계속해서 개정 작업을 진행했다. 한때 그는 교회 당국의 의심을 받아 종교재판소에 잠시 투옥되기도 했는데, 이는 그가 사람들에게 제도적 교회를 통해서만 중개되는 관계가 아닌 하느님과의 직접적인 인격적 관계를 맺도록 초대했기 때문이다. 이냐시오는 사람들의 영성에서 신앙 공동체의 역할을 분명히 긍정하면서도, 하느님께서는 모든 사람의 삶 속에 현존하시며 개인적인 식별과 응답을 요구하신다고 주장했다.

이냐시오는 자신의 경험을 특별한 것이라고 여기지 않았다. 그는 누구나 자기 마음과 영혼의 움직임을 깊이 경청하면, 성령께서 주시는 내적 이끄심을 분별하여 하느님의 더 큰 영광을 위하여 살아가는 길 — 인생의 궁극적인 목적을 완성하는 길 — 을 찾을 수 있다고 확신했다. 그가 "**첫 번째 주해**"(First Annotation)에서 기록한 바와 같이, 이 **수련**은 "영혼을 무질서한 집착에서 벗어나도록 준비하고 바로잡는 방법들이며 (…) 구원을 향한 삶의 방향과 관련하여 하느님의 뜻을 찾고 발견하는 과정"(Tetlow, 3)

이다.

영신 수련의 온전한 체험은 잘 훈련된 지도자의 도움을 받아, 4주간에 걸친 강도 높은 기도와 깊은 "하느님의 일들에 대한 대화" 속에서 이루어진다. 그러나 그 영적 식별의 역동성은 일상의 삶 전반에 걸쳐 정기적인 실천으로 이어질 수 있다. 특히 하느님의 더 큰 영광을 위해 어떻게 선택하는 것이 최선인지를 결정해야 하는 삶의 순간에 매우 적절하다. 오늘날 이냐시오 영성에서 가장 많이 실천되는 것 가운데 하나는 매일의 성찰이다. 이것은 하루의 끝에 잠시 시간을 내어 하느님과 함께 그날의 일들을 돌아보고, 하느님의 영이 작용하시는 움직임에 내가 어떻게 응답했는지 혹은 응답하지 못했는지를 식별하며, 마지막에 하느님께 필요한 자비와 은총을 청하는 것이다.

영적 생활에 주된 초점을 둔, 식별의 실천과 영신 수련의 전체적인 역동성은 이냐시오 교육학 및 모든 가톨릭 교육에 풍부한 토대를 제공했다. 예를 들어, 영적 삶 안에서 이루어지는 세심한 식별은 학생들이 비판적으로 사고하고 스스로 결정을 내리는 교육과정을 장려할 것임을 쉽게 상상할 수 있다. 이어지는 영신 수련의 다섯 가지 핵심적 영적 요소들은 예수회 학교뿐만 아니라 모든 가톨릭 학교의 교육과정에도 특별한 중요성을 지닌다.

1. 개인의 주체성과 책임을 동반한 자유: 영신 수련의 전체적 역동성은 하느님께서 각 사람을 자신의 삶에 대한 책임 있는 주체로 부르시며, 어떻게 사는 것이 최선인지를 자유롭게 식별하도록 초대하신다는 확신을 드러낸다. 진정한 식별은 거짓된 욕망과 사회적 기대에 휩쓸리지 않고, 그 대신에 하느님으로부터 받은 자신의 고유한 소명을 진정한 자유로 받아들이는 것이다. 이는

사람이 삶에서 선택을 할 때 자신을 움직이는 "영"의 작용을 세심히 살피고, 그 영이 참된 영인지 거짓된 영인지 주의 깊게 가려낼 것을 요구한다. 거짓된 영은 사람을 잘못된 길로 이끌려는 의도를 지니고 있기 때문이다. 이냐시오가 강조한 이러한 권고는, "사랑하는 여러분, 아무 영이나 다 믿지 말고 그 영이 하느님께 속한 것인지 시험해 보십시오"(1요한 4,1)라는 성경 구절에서 영감을 받았다. 우리는 선한 영의 이끄심을 따를 때만 삶에서 우리가 무엇을 해야 할지 식별하고, 진정한 자유로 그것을 선택할 수 있다.

이러한 식별을 가늠하는 하나의 기준은 선한 영을 따를 때는 위로와 자신에게 진실하다는 느낌을 받는 반면, 악한 영을 따를 때는 내면의 황폐와 자기 자신으로부터의 소외를 경험한다는 것이다. 그러나 주의 깊게 유념해야 할 것은, 이러한 식별은 결코 자신의 이익만을 위한 것이 아니라, 언제나 하느님 나라, 곧 개인과 모든 이의 공동선을 실현하는 더 큰 지평 안에서 이루어진다는 사실이다. 실제로 우리는 『영신 수련』이 말하는 "두 개의 깃발" 사이에서 선택해야 하는 상황에 놓인다. 즉 자신과 타인을 충만하게 하는 예수님과 하느님 나라의 길과 그 반대인 세상의 길 사이에서 항상 선택해야 하는 상황에 직면하게 된다.

이러한 영성은 모든 학생이 자신의 삶과 상황 속에서 주체로 살아가며, 자신의 행복과 사회 공동선을 위해 고유한 기여를 선택하고 실행하도록, 그리고 그것을 책임 있는 자유로 행하도록 격려하는 가톨릭 교육을 지향한다. 가톨릭 교육은 단순히 의존적인 수혜자나 사회적 기대에 "맞추기만 하는" 사람, 또는 그 반대로 주변을 무시한 채 "자기 일만 하는" 사람을 길러 내는 것이 아니라, 학생들이 결코 자신만을 위해서가 아니라 모든 이의 공동선을 위해서 자유로운 역사적 주체로서 자신의 재능을 발견하고 키워 나가며, 자기 삶을 통해 위대한 일을 이루도록 격려해야 한다.

2. 모든 것 안에서 하느님 보기: 『영신 수련』에 명시적으로 언급되어 있지는 않지만, 이냐시오가 즐겨 쓰던 이 표현의 의도는 수련의 전체 흐름 속에 깊이 스며들어 있으며, 오늘날에도 수련이 제시하는 삶의 태도를 잘 요약하는 말로 자주 인용된다. 이러한 영적 "보기"는 세상 안에서 살아가는 우리의 주도적 관점이 되어야 한다. 사실, 영신 수련 전체의 영적 역동성은 참여자들에게 이러한 성사적 관점을 장려하고 있다. 가톨릭 신앙의 핵심이자 일곱 가지 성사 안에서 강조되는 성사성의 원리는, 하느님께서 평범하고 일상적인 삶 안에 현존하시고, 당신의 뜻을 드러내시며, 은총을 선사하시고, 사람들을 하느님의 나라를 향한 응답의 삶으로 부르신다는 사실을 일깨운다. 가톨릭 교육은 학생들이 이러한 성사적 의식과 삶의 태도를 가지도록 이끌어야 한다.

이냐시오에게 세상은 하느님 은총이 펼쳐지는 무대였다. 다시 말해, 세상은 우리의 삶 안에서 하느님의 주도적인 부르심을 체험하고, 이냐시오가 단순히 "우리의 영혼을 구원하는 것"이라 부른 우리의 궁극적 소명에 응답할 힘을 얻는 곳이다. 이러한 인식은 우리로 하여금 모든 것, 곧 "재물, 명예, 건강, 권력, 심지어 생명 자체"까지도 하느님과 참된 자기 자신에게 이끌어 줄 수 있는 가능성을 지닌 것으로, 혹은 반대로 하느님과 진정한 자아로부터 멀어지게 하여 하느님께서 우리를 부르신 모습으로부터 소외되게 하는 것으로 바라보도록 이끈다(Tetlow, 35). 다시 말해,

결국 중요한 것은 올바른 식별이다. "모든 것 안에서 하느님을 보는 것"은 논리적으로 이냐시오가 "감각의 적용"이라고 부른 것에서 시작해야 한다. 이는 우리 삶 속의 현실, 곧 우리를 둘러싼 물리적 세계와 피조물 안에서의 일상적 경험을 깊이 바라보는 것을 의미한다. 우리가 현실을 더 뚜렷하게 "보고" 인식할수록, "모든 것 안에서 하느님 보기"의 가능성은 더욱 커진다.

이냐시오는 학생들에게 이러한 성사적 안목을 길러 주는 가톨릭 교육을 강력히 권장했을 것이다. 교육적 언어로 말하자면, 이는 학생들의 실제 삶의 경험과 그에 대한 성찰을 깊이 통합하는 교육학을 요구한다. 단순히 삶을 "바라보는 것"을 넘어, 이냐시오 영성에 기초한 가톨릭 교육학은 일상의 한가운데서 **더 큰 의미**를, 평범함 속에서 **궁극적인 것**을, 눈앞의 현실 안에서 **초월적인 것**을, 피조 질서 안에서 **창조주**를 보는 안목을 길러 주는 것이다. 다시 말해, 모든 것 안에서 하느님을 보고, 어떻게 응답하는 것이 최선일지 식별하는 법을 배우도록 하는 것이다.

이냐시오는 이러한 성사적 의식을 키우는 열쇠가 "상상력을 가지고 보는 것"임을 통찰력 있게 지적했다(Tetlow, 35). 이는 위에서 언급했듯이 "감각의 적용"에서 시작되며, 자기 삶과 주변 세계로부터 얻은 감각적 자료들을 주의 깊게 살피는 것이다. 그 자료를 성찰할 때 분명 우리의 이성과 기억을 사용하게 되지만, 이냐시오는 특히 상상력을 강조하는 듯하다. 아마도 상상력은 인간 정신의 세 능력 중 가장 소홀히 다뤄지는 부분일 것이다. 『영신 수련』은 자주 상상력을 적극적으로 활용하는 묵상을 제안한다. 예를 들어 역사적 예수님과 함께 있는 것을 상상하고, 예수님이 계신 자리와 모습, 목소리 어조, 그분이 건네시는 말씀을 상상하는 것이다. 이러한 교육 방법은 이 책의 후기에서 더 자세히 설명할 것이다. 지금은 학생들이 이성과 기억뿐만 아니라 상상력을 활용하도록 이끄는 질문을 던지고 학습 활동을 마련하는 것이 가톨릭 교육의 특징이 되어야 한다는 점에만 주목하도록 하자.

3. 전인적인 참여: 식별이 이냐시오 영성의 핵심이라는 점은 이미 명확하다. 식별을 통해 우리는 하느님께서 우리에게 바라시는 바에 따라 살고, 우리 자신의 이익과 다른 사람의 이익을 위해서, 그리고 하느님의 영광을 위해 살아가게 된다. 여기서 강조하고자 하는 바는, 교육에 있어서 그러한 식별은 이성을 비롯하여 기억과 상상력, 더 나아가 감정과 마음까지 아우르는 전인적 참여를 요구한다는 점이다. 올바른 식별을 위한 이냐시오의 궁극적인 지침은 우리가 내리는 결정에서 우리의 마음이 위로와 평화를 느끼는지 여부이다. 반대로 잘못된 결정은 우리의 마음과 정서적 안정에 황폐함과 불안을 가져다줌으로써 경고를 준다.

전반적으로 서구 교육과 학문 세계는, 마치 경험적 자료에 대한 비판적 추론만이 유일하게 신뢰할 수 있는 인식 방법인 것처럼 여기는, 근대성의 비관여적이고 기술적인 합리성에 의해 식민지화되었다. 이러한 이성주의는 기억이나 상상력을 거의 또는 전혀 고려하지 않으며, 감정과 애정은 아예 배제해 버린다. 실제로 감정과 애정을 잘못된 길로 인도할 가능성이 있는 것으로 여겨 회피한다. 이와는 대조적으로, 『영신 수련』은 가톨릭 교육이 학생들의 전인적 참여를 조장하기를, 곧 학생들이 세상 안에서 인식하고 관계 맺는 데 필요한 모든 역량과 능력을 발휘하기를 장려한다. 그 의도는 학생들이 궁극적인 학습 결과로서 삶을 위한 영적 지혜로 나아가도록 초대하기 위함이다. 이러한 지혜의 형성은 학생들의 머리뿐만 아니라 마음과 손의 관여를 요청한다.

4. 계속해서 탁월한 존재로 성장하도록 전인적 돌봄: 『영신 수련』의 영성은 예수회 — 그리고 가톨릭 — 교육이 인간을 전인적으로 돌보고 그 재능을 발전시키는 것에 중점을 두도록 격려해 왔다. 이러한 돌봄은 각 학생이 자신의 고유한 은사에 따라, 그리고 자신의 삶에서 "가장 가치 있는 것"을 향해 "계속해서 탁월하도록" 격려하는 것을 포함한다(97항; Tetlow, 36). 이냐시오 영성의 언어로 말하자면, 여기에서 이중 가치는 라틴어 표현으로 '*cura personalis*' 즉 "고유함을 지닌 인간에 대한 돌봄"과 "더 큰 것을 향한 열정"(*magis*)이다.

"고유함을 지닌 인간에 대한 돌봄"(*cura personalis*)은 학생 개개인을 하느님의 모상으로 창조된 인격체로 바라보면서 깊이 돌보며, 그들 각자의 고유한 은사와 인생의 소명(곧 그 은사들을 어떻게 사용할 것인가)을 발전시키도록 돕는 교육을 의미한다. 이러한 **돌봄**(*care*)은 학생들의 학문적·지적 은사뿐만 아니라 영적·정서적·미적·신체적 은사도 함께 계발하는 것을 포함한다. 『연학 규정』 교육과정이 단순한 학문을 넘어 다양한 영역을 포괄했던 것처럼, 가톨릭 교육은 연극·미술·음악을 통해 학생들의 심미적 재능을 계발하고 스포츠와 게임을 통해 신체적·관계적 발달을 장려해야 한다. 따라서 "고유함을 지닌 인간에 대한 돌봄"은 인간의 모든 측면을 돌보는 전인 교육을 지향한다.

"더 큰 것을 향한 열정"은 가톨릭 교육이 학생들로 하여금 자신들이 지닌 잠재력에 상관없이 최선을 다하고, 평범함에 안주하지 않고 언제나 더 나은 탁월함을 지향하도록 이끌어 주어야 함을 의미한다. 학생들은 자신이 가진 은사와 재능에 따라, 그리고 각자의 능력에 따라 가능한 최고의 사람이 될 수 있어야 한다. 이와 같은 탁월성에 대한 강조는 학생 자신의 유익을 위한 것이며, 동시에 그들이 자신의 재능을 다른 사람들을 위한 봉사에 쓰도록 하기 위함이다. 모든 것은 결국 하느님께 더 큰 영광을 드리기 위해서이다.

5. 공동체, 연민, 사회 정의: 분명히 『영신 수련』은 각 사람이 하느님의 더 큰 영광을 위해 살아가도록, 자신만의 소명을 식별하고 받아들이도록 격려한다. 그러나 이와 같은 개인의 영적 여정은 서로를 지지해 주는 신앙 공동체 안에서, 그리고 그 공동체를 통해 길러질 때 최고의 여정이 될 수 있다. 가톨릭 학교가 본당은 아니지만 여전히 그리스도교 신앙의 영적 원리에 토대를 둔 공동체로서, 원하는 구성원 모두에게 기도와 전례, 그리고 영적 성장을 위한 명시적인 기회를 제공해야 한다. 동시에 그들이 속한 "본래의" 신앙 공동체에도 적극적으로 참여하도록 격려해야 한다. 그리고 이냐시오는 베네딕토의 영적 확신, 곧 가톨릭 학교는 모든 학생·교사·교직원을 있는 그대로 포용하는 진정한 가톨릭 공동체가 되어야 한다는 신념을 그대로 이어받고 있다.

또한, 학생들과 학교 공동체 전체는 도움이 필요한 이들을 향한 연민과 돌봄으로 특징지어져야 한다. 이러한 연민과 돌봄은 학교가 속한 지역에서만 머물러서는 안 되고, "보편적"이라는 가톨릭(catholic)의 본래적 의미에 따라 경계와 국경을 넘어 멀리까지 뻗어 나가야 한다. 모든 이를 향한, 특히 온갖 형태의 가난한 이들을 향한 이러한 포용적 연민이야말로 『영신 수련』이 권고하듯, 그리고 예수님께서 가르치신 바와 같이 하느님께 가장 큰 영광을 드리는 일이다.

최근 들어 예수회와 가톨릭 교육은 연민에 대한 헌신이 사회 정의의 행동으로 이어져야 한다는 점을 더욱 깊이 자각하게 되었다. 곧 억압과 고통을 야기하는 사회 구조와 문화적 관습을 바로잡는 데까지 나아가야 한다는 것이다. 공동체·연민·사회 정의라는 이 세 가지 신앙 기반의 헌신은 학생들이 "이웃을 위한, 이웃과 함께하는 사람들"(men and women for and with others)이 되도록 격려하는 예수회의 잘 알려진 표어 속에 잘 담겨 있다. 이 표현은 1973년, 당시 예수회 총장이었던 페드로 아루페(Pedro Arrupe) 신부가 처음 사용한 말이다.

이냐시오 영성은 참으로 매우 풍요로운 전통이며, 예수회 학교뿐만 아니라 모든 가톨릭 교육에 깊은 영향을 미치고 있다. 더 많은 이야기를 할 수 있겠지만, 이러한 성찰들이 가톨릭 교육 전체의 영적 토대와 실천을 풍요롭게 할 수 있는 이냐시오 영성의 몇 가지 특징적인 측면들을 부각시켰기를 바란다.

성찰과 대화를 위해

- 이냐시오 영성과 예수회의 교육학에서 당신은 어떤 부분을 가장 매력적으로 느끼는가? 그리고 그 이유는 무엇인가?
- 당신의 소명 안에서 지금 이 순간 어떤 통찰을 실제 삶에 적용할 수 있겠는가? 그것을 실행하기 위한 구체적 단계를 상상해 보라.

가톨릭 교육자로서 소명 새롭게 하기

앞서 언급한 바와 같이, 예수회 교육은 독특하기보다는 가톨릭 교육의 정수를 잘 보여 준다. 특히 예수회 교육은 가톨릭 신앙을 교육을 통해 실천하도록 이끄는 영적 원리를 분명히 보여 주고 있다. 이러한 이유로 교육자의 영혼, 교육 방식, 교육 공간에 주는 여러 시사점은 제3부 가톨릭 교육의 현대적 토대와 실천에서 다시 살펴보게 될 것이다. 예수회의 교육학이 로욜라의 이냐시오 영성에 기반을 두고 있다는 점을 감안하여, 여기서는 그것이 모든 교육자에게 시사하는 바에 초점을 맞추고자 한다.

❙교육자의 영혼을 위하여❙ 이냐시오에게서 반드시 배워야 할 지혜는 교육자가 자신의 소명과 일에 대한 영적 기반을 갖는 것이 얼마나 중요한가이다. 사실, 이것이 이 책 전체의 궁극적인 지향이다. 의심할 여지 없이 우리는 철학과 교육에 관한 사회과학적 연구로부터 많은 것을 배울 수 있다. 그러나 가톨릭 교육이 그 본질과 신앙적 토대에 충실하기 위해서는, 교사와 교육 행정가들이 자신의 영성을 가꾸고, 교육자로서 소명을 통해 이를 실천에 옮겨야 한다.

- 이냐시오 영성의 전통을 따라, 매일의 삶을 중심으로 정기적인 **성찰 기도**(examen)를 실천해 보는 것은 어떻겠는가? 이 성찰 기도는 하루를 마무리하면서 하느님을 대화의 동반자로 삼아, 그날 당신이 한 일과 그 일이 어떻게 진행되었는지를 간단히 되돌아보는 것이다. 그런 다음 성령께서 어디에서 움직이셨는지, 또 당신이 그에 얼마나 잘 응답했는지 혹은 그렇지 못했는

지를 성찰한다. 마지막으로, 마음에서 우러나오는 기도로 마무리하고, 내일을 위한 작은 결심을 세우면 된다.

▌가르침을 위하여▐ 현대에는 영성이 다소 신비적이고, 지극히 개인적이며, 단순히 자기 충족을 추구하는 것으로 이해하는 이미지가 강하다. 이와는 대조적으로 로욜라의 이냐시오로 대표되는 가톨릭 영성은 신앙을 삶 속에서 실천하여, 우리 자신과 세상을 위해 가장 온전한 사람이 되도록 노력하며, 그렇게 하여 하느님께 영광을 드리는 삶을 사는 것이다.

- 당신은 어떻게 이러한 인간화하는 영성을 당신의 교육 방식 안에 반영할 수 있겠는가? 학생들의 마음 — 영혼의 갈망 — 을 자극하는 질문과 활동을 고려해 보자.
- 영적 언어를 사용하든 사용하지 않든, 학생들이 그들의 삶에서 좋은 영과 나쁜 영, 긍정적·부정적 사회적인 영향에 주의를 기울이고, 그것을 분별하며, 그 차이를 알아 현명한 선택을 하도록 어떻게 격려할 수 있겠는가?

▌교육 공간을 위하여▐ 가톨릭 학교들은 일반적으로 학교 이름, 조각상이나 벽 장식(예: 교실의 십자가), 그리스도교 축일을 기념하는 전통, 기도 및 전례에 참여할 기회 등 외적으로 신앙에 기반을 둔 학교라는 표징들을 가지고 있다.

- 겉으로 드러나는 표징들을 넘어, 당신의 학교가 어떻게 더 효과적으로 가톨릭의 영적 토대를 반영하고 교육과정 전반에 걸쳐 신앙을 구현할 수 있을지 상상해 보라.
- 동료 교사들과 함께 학교의 가톨릭 정체성에 관해 대화하고,

그 정체성을 더욱 심화하거나 쇄신을 모색하는 데 있어 당신은 어떤 기여를 할 수 있겠는가?

제 6 장

안젤라 메리치와 메리 워드

제2부에서 우리는 오늘의 가톨릭 교육과 깊은 관련이 있는, 가톨릭 지성 전통의 몇몇 가장 생명력 있는 기억들과 실천가들을 살펴보고 있다. 물론 전체를 다 다룬 것이 아니라 빙산의 일각에 불과하지만, 그중에서도 거대한 봉우리를 마주할 수 있었다. 그리고 무엇보다도 가톨릭 교육에 있어 가장 풍요로운 유산은, 이 훌륭한 일에서 첫 여성 개척자들의 증언과 용기이다. 이들은 여성들이 교육을 받아야 할 뿐만 아니라 교육자가 되어야 한다고 주장한 위대하고 용기 있는 지도자들이었다. 그들은 뒤를 이어 걸어가게 될 위대한 여성 교육자들의 긴 계보를 대표한다. 영성의 깊은 뿌리에서 영감을 받은 그들은 큰 위험을 감수하면서도 교육적 리더십을 발휘하며 당시의 문화적 한계에 도전했다. 또한 그들은 여성에게 그러한 적극적 사도직을 금지하던 교회의 법에도 맞서며 꿋꿋이 자리를 지켰다.

많은 여성 교육자 중에서 우리가 여기서 깊이 있게 살펴볼 두 인물은 1535년 성 우르술라 수도회(일반적으로 우르술라회로 더 잘 알려짐)의 창립자인 성녀 안젤라 메리치(Angela Merici, 1475~1540)와 1615년에 복되신 동정 마리아회(Institute of the Blessed Virgin Mary: IBVMs 또는 로레토 수녀회로도 알려짐)를 설립한 가경자 메리 워드(Mary Ward, 1585~ 1645)이다. 오랜 세월에 걸쳐 수백 개의 다른 여성 수도회가 뒤따라 세워졌고, 우르술라 수녀회와 IBVMs는 교회와 사회 문화의 거센 흐름에 맞서, 여성의 존엄성과 평등을 향한 용기 있는 증언을 대표해 왔다.

먼저 하나의 주석적 설명을 덧붙이자면, 프로테스탄트 종교개혁에 이어 일어난 가톨릭 반종교개혁 시기에, 서원을 한 남녀 수도회들이 무수히 생겨났으며, 병자, 가난한 이들, 맹인, 고아, 장애인 등을 위한 다양한 공적 봉사 사명에 헌신하였다. 각 수도회는 저마다의 고유한 카리스마를 가지고 있는데, 이는 그들이 어떤 사도직에 헌신하는지, 또 그 일을 어떠한 복음 정신으로 수행하는지를 보여 준다. 한 수도회의 카리스마는 그 사도직 안에서 하나의 "정경 안의 정경"처럼 기능하여, 하느님 나라의 복음을 세상 속에서 살아 내기 위해 선택한 특정한 봉사와 강조점을 드러낸다. 물론 많은 수도회들은 가톨릭 교육을 위한 카리스마를 지니고 있다.

우르술라회는 여성 교육을 위해 세워진 최초의 비(非) 은둔 수도회였으며, 이후 곧 예수회와 함께 수많은 남녀 수도회가 그 길에 합류했고, 이들의 교육 사도직은 오늘날까지 이어지고 있다. 사실상, 그 시기 이후 최근에 이르기까지 가톨릭 교육은 거의 전적으로 서원한 사제들과 남녀 수도자들의 공동체에 의해 수행되었는데, 그 수는 헤아릴 수 없을 정도다. 잘 알려진 가톨릭 유머 가운데 하나는, 가톨릭 수도회들이 사용하는 약칭(CSJ, RSM, SDB, RSCJ, OP 등)이 너무 많아, 하느님조차도 그것들이 무엇을 의미하는지 다 기억할 수 없다는 것이다.

여성들, 특히 어머니들은 교회의 초창기부터 시대를 넘어 오늘에 이르기까지 그리스도교 신앙 안에서 자녀들을 교육하는 데 주된 역할을 수행했다. 더 제도화된 교육의 영역에서는, 킬데어의 성녀 브리지다(Saint Brigid of Kildare, 480~543)와 성녀 스콜라스티카(Saint Scholastica, 451~525)와 같은 지도자들의 시대부터 여성들이 서원을 통해 수도 생활을 선택할 수 있었다. 이러한 수도원 안의 수녀들은 성무일도에 참여하기 위해 글을 배웠을 것이다. 그리고 통치 계급의 젊은 여성들이 받는 교육은 거의 전적으로 훗날 좋은 가정을 꾸리고 관리하는 방법에만 집중되어 있었다.

두 번째 천년기에 들어서면서, 앞서 노리치의 줄리안을 이야기하며 살펴보았듯이, 일부 수도원의 수녀들은 마침내 신학 교육을 받을 수 있게 되었다. 줄리안과 같은 사람들은 특권층인 배경에서 왔을 가능성이 크다. 독서와 쓰기, 산술, 수사학, 그리고 라틴어까지 배우는 일은 하층민에게는 감히 꿈꾸기조차 어려운 일이었기 때문이다. 이러한 시대에 안젤라 메리치와 메리 워드는 진정한 선구자이자 더 나아가 혁명가였다. 그들은 자신들에게 닥칠지 모르는 큰 위험을 무릅쓰고 다음과 같이 주장했다. 첫째는, 소녀들은 수도자가 되지 않더라도 가사 교육을 넘어 자유 학문을 배워야 한다는 것이었고, 둘째는, 여성들이 그들의 교육자가 되어야 하고, 그것도 수도원 담장 밖에서 그래야 한다는 것이었다.

여성들이 공적 영역에서, 그리고 일반 대중에게 교육자가 되는 것은 오랫동안 교회의 공식 정책상 금지되어 있었다. 이러한 금지는 트리엔트 공의회(1545~63)에서 새롭게 그리고 공식적으로 선언되었다. 보편 공의회의 결정을 거스르는 것은 위험한 일이었는데, 당시에는 마녀재판이 한창 진행 중이었고, 종교재판소는 이단으로 여겨지는 것들을 항상 경계하고 있었기 때문이다. 그러나 안젤라 메리치와 메리 워드 둘 다 트리엔트 공의회의 금지를 무시하거나 그것을 우회하는 방법을 찾았다. 그들의 용기와 교육을 통한 여성 리더십의 새로운 시대를 열어젖힌 그들의 행보를 제대로 이해하려면, 우리는 그들이 직면했던 위험을 알아야 한다. 이것은 과장된 주장처럼 들릴지 모르지만, 그들은 말 그대로 화형당했을 수도 있었다.

마녀들의 망치

우리는 제1장에서 예수님께서 공생활에서 보여 준 포용성을 언급한 바 있다. 이것은 예수님의 핵심 제자 그룹에 여성들이 포함되어 있었다는 데에서 극명히 드러난다. 세 개의 공관 복음서 모두 예수님의 십자가 아래 서 있던 여인들에 대해 “갈릴래아에서부터 예수님을 따르던”(마태 27,55) 이들이었다고 전하고 있다. 요한 복음의 연대기에 따르면, 이는 곧 그들이 3년 동안 예수님과 동행하며, 그분의 가장 가까운 제자 공동체에 속해 있었음을 의미한다. 그리고 부활하신 그리스도께서는 “마리아 막달레나에게 처음으로 나타나셨고”(마르 16,9), 그녀를 다른 제자들에게 부활을 전하는 첫 번째 증인이 되게 하셨다(요한 20,17~18 참조). 이처럼 예수님의 행적은 평등과 포용의 표징이었으며, 교회의 핵심적 신앙 또한 여성과 남성 모두 하느님의 형상과 모습으로 창조되었음을 굳게 증언하고 있다.

초기 교회는 당시 문화적 맥락에 반영된 여성에 대한 편견을 이겨 내지 못했다. 특히 교육과 관련하여, 교회는 본질적으로 아리스토텔레스의 입장을 받아들였는데, 이는 토마스 아퀴나스가 반복한 바와 같이, 여성은 추론 능력이 부족하고 교육을 받을 수 없는 존재라는 것이었다. 기껏해야 자녀 양육과 가사의 책임을 감당하도록 준비될 수 있을 뿐이라는 입장이었다.

애석하게도, 그리고 오늘에 이르러서는 참으로 부끄러운 기억이지만, 중세를 거쳐 근대에 이르기까지 교회가 드러낸 남성 우월주의와 여성 혐오의 가장 참혹한 상징은 여성들에 대한 지속적인 마녀 의심이었다. 여성들을 마녀로 의심하는 태도는 단순한 예외적 사건이나 시대적 특수성이 아니었다. 역사학자들은 그것이 당대 교회 전반에 퍼져 있던 지속적인 시각이었다는 데 동의한다. 교회는 『말레우스 말레피카룸』(*Malleus Maleficarum*) — 문자 그대로 하면 "마녀들의 망치"(The Hammer of Witches) — 을 아무런 의문 없이 받아들였고 널리 사용했다. 이것은 여성을 마녀로 재판하는 데 사용한 완전히 편견에 사로잡힌 법적 문서였다. 법적 논리를 가장했지만, 사실상 여성은 일반적으로 마녀일 가능성이 크다는 전제를 깔고 유죄를 추정한 것이었다.

여성이 마녀 활동을 했다는 혐의를 받고 재판을 당하는 일은 대략 1450년부터 1750년까지 무려 300년간 지속되었다. 역사가들은 약 10만 명의 무고한 여성들이 사형을 당했다고 추정한다(이는 보수적인 추정치라는 평가도 있으며, 또한 당시 전체 인구가 오늘날보다 훨씬 적었다는 점을 감안해야 함). 이들은 『마녀들의 망치』에 제시된 조사 및 재판 방식에 따라 사형을 당했다. 1468년 출간된 이후로, 이 책은 마녀 혐의자를 재판하고 유죄를 선고하는 데 있어 가장 중요한 논거이자 절차로 기능하였다. 독일 북부의 도미니코회 수도자였던 하인리히 크라머(Heinrich Kramer)와 야코프 스프렝거(Jacob Sprenger)가 쓴 이 책은 1520년까지 무려 14판이 출간되었는데, 이는 당시 출판계를 생각하면 놀라운 일이었고 그만큼 널리 사용되었다는 것을 보여 준다. 일부 역사가들은 종교개혁과 그 이후 시기에 가톨릭과 개신교가 유일하게 함께 인정하고 사용한 문서라고 주장한다.

"너희는 주술쟁이 여자를 살려 두어서는 안 된다"(탈출 22, 17)는 구절을 결정적인 근거로 삼아, 『마녀들의 망치』는 성경을 끊임없이 제멋대로 해석하여 여성을 주술과 온갖 악에 빠지기 쉬운 존재로 묘사했다. 여성은 아담의 "구부러진 갈비뼈"에서 나온 존재로서, "남성과는 다른 본성을 지니며", 지적으로 훨씬 열등하기 때문에 잘못된 길로 빠질 가능성이 높다고 규정한 것이다. 창조 이래로 "여성의 사악함"은 끝이 없으며, 실제로 그들은 "지적으로 어린이와 같기 때문에" 여성은 "(남성보다) 신앙을 버리기가 쉽다"고 주장한다. 더 나쁜 것은, "그들은 나약하기 때문에, 마녀술을 통해 자신을 변호하는 쉬우면서도 은밀한 방법을 찾는다." 노골적인 남성적 투사에서, 본문은 "모든 마녀술은 육욕에서 비롯되며, 여성에게서 그 욕망은 결코 채워질 수 없다"고 단언한다. 결국 요약하자면, 여성은 "마녀가 되기 쉽고," 또한 "신앙을 말살하려 한다"는 것이었다(『마녀들의 망치』 I.6).

오늘날 우리는 이러한 왜곡된 묘사를 끔찍하고, 우스꽝스러우며, 슬픈 것으로 여기지만, 『마녀들의 망치』가 표현한 여성에 대한 부정성은 수많은 무고한 여성들의 유죄 판결과 처형(교수형, 참수형, 또는 화형)으로 이어졌다. 그렇기에 교회의 법이 금했던 상황에서도 여성들을 교육하고, 여성 교육자가 되기 위해 수도회를 설립한 이들의 놀라운 용기는 한층 더 깊이 우리의 존경을 자아내게 한다. 실제로, 안젤라 메리치가 당시 살고 있던 이탈리아의 브레시아 마을에서 8명의 젊은 여성들이 마녀로 처형당한 사건이 그녀가 우르술라회를 설립하게 된 직접적인 계기가 되었다. 메리치는 젊은 여성들을 그토록 무력하고 취약하게 만든 근본 원인이 다름 아닌 교육의 결핍에 있음을 깊이 깨달았던 것이다.

성찰과 대화를 위해

- 당신의 학교는 어쩌면 어느 수도회의 수녀, 사제, 혹은 수사들에 의해 설립되었을 것이다. 당신은 그 수도회와 그 수도회가 가진 카리스마에 대해 무엇을 알고 있는가?
- 그 수도회의 카리스마는 오늘날 어떻게 계속 영감을 줄 수 있으며, 서원한 수도자들의 수가 줄어드는 현재의 상황에서 누가 그것을 이어 갈 것인가?
- 마녀재판의 역사 속에서 그리스도교 교회가 맡았던 역할을 되돌아보며 우리는 무엇을 배울 수 있을까? 그리고 과감히 벗어 던져야 할 잘못된 유산에는 무엇이 있을까?

안젤라 메리치

안젤라 메리치(1475~1540)는 1475년 그 당시 베네치아 공화국에 속했던 데젠차노(Desenzano)라는 마을에서 태어났다. 그녀는 부유한 집안 출신이었고, 16세에 부모님이 모두 돌아가시자마자 집안의 재산을 관리하게 되었다. 1506년에 그녀는 영적인 체험 혹은 환시를 보게 되었고, 나중에 기록했듯이 "브레시아에 여성 공동체를 세우라"는 부르심을 느꼈다. 브레시아는 약 20마일 떨어진 마을이었다. 10년 후, 가족 지인의 초대를 받아 브레시아에 머물던 중 그녀는 마녀재판을 경험했고, 앞에서 언급했듯이 8명의 젊은 여성이 처형되는 것을 목격했다. 이 충격적인 사건이 그녀의 삶을 바꾸는 계기가 되었다. 그녀는 젊은 여성들을 교육하고 더 나은 삶을 준비하도록 돕는 수도 공동체를 반드시 세워야겠다고 굳은 결심을 품게 되었다.

❙교육자 안젤라 메리치❙ 1531년에 안젤라는 12명의 여성 친구를 모았는데, 그들 중 상당수는 그녀가 재속 프란치스코회 제3회원(Third Order of Saint Francis, 서원하지 않은 평신도 그리스도인 공동체)이었을 때 알게 된 사람들이었다. 그들은 계속 각자의 집에서 생활하면서 영적 유대를 맺고, 정기적으로 모여 기도하며 서로의 삶을 지탱하였다. 그리고 브레시아의 소녀들과 젊은 여성들에게 단순히 가사에 한정되지 않는, 온전한 전인 교육을 펼쳐 나가기 시작하였다. 1535년 11월 25일, 안젤라는 공식적으로 성 우르술라 수도회(우르술라회)를 설립했다. 그들은 병자와 가난한 사람들을 돌보는 일도 했지만, 그들의 주된 사명은 교육

자로서 활동하는 것이었는데, 이는 여성으로 구성된 최초의 비봉쇄 수도회(non-cloistered)[16]였다. 이 수도회는 트리엔트 공의회가 열리기 1년 전인 1544년에 교황 비오 3세의 공식 승인을 받았다.

당시로는 드문 일이 아니었듯, 안젤라는 공식적인 글을 거의 남기지 않았다. 그러나 그녀는 우르술라회의 창립 문서들을 작성했는데, 이는 그녀가 남긴 『지역 책임자들을 위한 권고』와 생애 말년에 집필한 『유언』에서 찾아볼 수 있다. 이 두 문서는 그녀의 핵심 가치와 교육 철학을 보여 준다. 그 가운데에서 오늘날 가톨릭 교육과 교사들에게 여전히 시사하는 바가 큰 두 가지를 이야기하자면, 교육을 통한 사회적 평등의 증진과 학생들을 향한 사랑이다.

▌교육을 통한 평등▐ 안젤라는 우르술라회를 창립한 목적을 젊은 여성들의 삶의 질을 향상시키는 데 두었다. 그녀는 여성들이 젊은 남성들이 받는 것과 동등한 교육을 받을 자격이 있다고 확신했다. 그녀의 저술은 우르술라회가 전인 교육과 인격 형성을 통해 학생들을 성장시키도록 격려했다. 이러한 목적을 위해 안젤라는 우르술라 회원들이 자신들의 공동체 안에서 모든 구성원을 포용하고 존중하는 방식을 실천해야 한다고 강조했다. 그래야 학생들에게 모범을 보여 줄 수 있기 때문이다. 안젤라는 우르술라회 수녀들이 자신들의 공동체적 영성과 원칙을 실제 교육 현장에서 일관되게 드러내며, 젊은 여성들을 교육하기를 바랐다.

16) 〔옮긴이 주〕 활동 수도회라고 하기도 함. 수도회는 봉쇄 수도회와 활동 수도회로 나눈다.

무엇보다, 우르술라회는 사회의 모든 계층으로부터 회원들을 받아들였으며, 모든 이들을 동등하게 대우했다(이후에 등장한 많은 남성과 여성 수도회는 구성원의 위계가 있었다). 또한 그들은 마치 민주주의와 같은 방식으로 공동체를 운영했는데, 이는 민주주의가 사회 질서로 자리 잡기 훨씬 이전 시대의 일이었음을 생각하면 놀라운 발상과 실천이었다. 영적인 관점에서, 안젤라는 성령께서 전체 공동체의 식별을 통해 일한다고 확신했고, 따라서 각 구성원의 목소리가 존중되고 반영되어야 한다고 생각했다. "성령께서 여러분에게 영감을 주는 것에 따라서 (…) 수녀회의 통치와 관련된 사항들을 함께 논의하고 주의 깊게 살피십시오"("Testament", Legacy 7). 따라서 수녀들은 학생들에게도 마찬가지로 적극적으로 참여하고 의견을 나누도록 이끌어야 했다!

성령의 인도하심에 대한 확신 속에, 안젤라는 미래를 향한 놀라운 열린 마음과 변화에 대한 유연성을 지니고 있었다. 그녀는 공동체에 이렇게 당부했다. "시대와 상황이 바뀌면서 새로운 규칙을 만들거나 무언가를 변경해야 할 필요가 있다면 신중하게 그렇게 하십시오. (…) 성령께서 여러분을 인도할 것입니다"("Last Legacy"). 그리고 마지막 권고에서 수녀들에게 "믿음과 희망을 살아있게 유지하십시오"("Last Counsel")라고 당부했는데, 이는 당시의 시대 상황을 고려하면 대단히 용기 있는 메시지였다.

▌가톨릭 교육을 위하여▐ 안젤라 메리치는 우리에게 가톨릭 교육의 가장 중요한 목적이 무엇인지 일깨워 준다. 그것은 학생들을 생명을 주는 방식으로 양성하고. 그들의 인간적 품위를 높이며,

나아가 사회의 공동선에 기여하게 하는 일이다. 가톨릭 교육의 궁극적인 정치적·영적 목표는 학생들을 단순히 생산자와 소비자가 되도록 혹은 사회 구조에 "적응"하도록 준비시키는 것이 아니라, 학생들의 인간화를 이루고 사회를 개혁하여 모든 이를 포용하고, 존중하며, 정의를 실현하는 데 있다. 안젤라는 이를 잘 알고 있었던 듯하며, 오늘을 사는 우리에게도 그 진리를 상기시켜 준다.

안젤라가 그 시대의 소녀들을 위한 교육을 원했다는 사실은 참으로 예언자적인 통찰이었다. 우리의 교육 역시 예언적이어야 하며, 사회문제를 민감하게 인식하며 모든 사람의 행복과 공동선을 증진할 수 있어야 한다. 오늘날 우리 시대에 안젤라 본래의 카리스마에 충실하려면, 가톨릭 교육은 모든 형태의 성차별, 남성 우월주의, 성별이나 성적 지향에 따른 차별을 반대해야 한다.

▌학생에 대한 사랑▐ 안젤라가 살던 시대와 그 이후 오랫동안 학교에서의 규율은 잔혹한 신체적 체벌로 특징지어졌다(슬프게도, 종종 합법화를 위해 성경을 인용했다). 안젤라가 세상을 떠난 지 약 100년 후, 위대한 교육 철학자 요한 아모스 코메니우스(John Amos Comenius, 1592~1670)는 학교를 "도살장"이라고 묘사했다. 신체적 체벌이 너무 심했기 때문이다. 그 시대의 현실을 생각하면, 안젤라가 우르술라회 학교에서 신체적 체벌을 엄격히 금지하고 수녀들에게 학생들을 향하여 사랑의 보살핌을 베풀라고 촉구한 것은 놀라운 일이다. "모든 딸을 동등하게 사랑하고, 한 딸을 다른 딸보다 더 선호하지 마십시오. 왜냐하면 그들은 모두 하느님의 자녀이기 때문입니다"("Eighth Counsel").

그리고 그녀는 이 교훈을 거듭 일깨웠다. "그들을 더 많이 사랑할수록, 그만큼 더 깊은 보살핌을 기울이게 될 것입니다"("First Counsel"). 그녀는 수녀들에게 "아이들을 친절하고 온화하게 대하고"("Second Counsel"), "진정한 사랑으로 그들을 감싸 줄 것"("Second Legacy")을 권고했다. 또한 훈육이 필요할 때에는 "사랑과 자비로 그들을 바로잡고"("Eighth Counsel"), 결코 신체적인 벌로 그들을 처벌하지 말라고 촉구했다.

❙ 가톨릭 교육을 위하여 ❙ 우리는 안젤라로부터, 우리가 좋아하는 몇몇 학생들만이 아니라 모든 학생을 사랑해야 한다는 영감을 받을 수 있다. 우리가 지금껏 만났던 훌륭한 스승들을 떠올릴 때, 우리 모두 한 명 이상 그런 스승을 만났을 터인데, 기억 속에 남아 있는 스승은 결국 우리를 진심으로 아껴주고 보살펴 주었던 분이다. "모두를 사랑한다"는 것은 결코 쉬운 일이 아니다. 특히 다루기 어려운 학생들을 사랑하는 것은 더욱 어렵다. 하지만 바로 그것이 교육자로서 우리가 감당해야 할 영적 소명이다. 가톨릭 학교에서는 결코 신체적 처벌이 있어서는 안 된다. 징계가 필요할 때에는, 친절함과 회복적 정의감으로 이루어져야 한다. 곧 잘못을 저지른 학생이 자기의 허물을 스스로 어떤 방식으로든 만회하고, 그 과정을 통하여 다시금 올바른 길로 설 수 있도록 이끌어 주어야 한다.

안젤라의 시대 이후, 우르술라회는 계속 성장하고 확장되었다. 먼저 이탈리아 전역으로, 그다음 유럽의 다른 나라들로, 그리고 결국에는 "세상 끝까지" 퍼져나가 창립자의 정신 안에서 교육을 제공했다. 1639년에는 파리에서 퀘벡으로 파견되어, 북아메리

카에서 소녀 교육에 헌신한 첫 번째 여성 수도회가 되었다. 또한 1719년에는 미국 앨라배마주 모빌(Mobile)에 도착해, 미국에서 사도직을 시작한 최초의 서원 여성 수도회가 되었다.

흥미롭게도, 트리엔트 공의회는 여성 수도자들이 가르치거나 수도원 밖에서 활동하는 일을 공식적으로 금했는데, 아마도 가장 직접적인 대상은 우르술라회였을 것이다. 그들은 가장 분명한 금지의 대상이었기 때문이다. 그러나 그들은 여전히 가르쳤고, 트리엔트 공의회의 명령을 우회할 창의적인 방법들을 찾아냈다. 그 당시 안젤라가 보여 준 저항의 본보기가 오늘날 교회의 몇몇 금지 조항들에 대한 영감이 될 수 있지 않을까?

성찰과 대화를 위해

- 안젤라 메리치에 대한 이 짧은 이야기 가운데, 당신에게 가장 깊은 인상을 남긴 것은 무엇인가?
- 당신의 교실 안에 "민주적 정신"을 불어넣기 위해 필요한 것은 무엇인가? 또 그것이 학생들에게 어떤 가르침을 주겠는가?

메리 워드

이천 년에 걸친 그리스도교 신앙의 역사에서, 메리 워드(Mary Ward, 1585~1645)보다 더 놀라운 여성(그녀가 이름을 이어받은 분, 곧 예수님을 처음 가르치신 어머니 마리아는 예외)은 거의 없다. 간단히 말해, 메리 워드는 여성과 남성의 완전한 평등을 주장했으며, 이는 엄청난 사회문화적 역경 속에서, 또 자신의 안전을 큰 위험에 빠뜨리면서까지 감행한 일이었다.

12세기에서 19세기 초까지 이어진 종교재판은 공식적인 교회의 가르침이나 관행에서 벗어난 것처럼 보이는 사람들을 이단 혐의로 재판하기 위해 고안되었다. 그리고 그들이 회개하지 않을 경우, 감옥에 가두거나 심지어 이단자로 처형하기도 했다. 위에서 언급한 마녀재판 역시 이러한 문화적 분위기 속에서 일어난 일이지만, 주된 목적은 마술적 행위를 억제하는 데 있었다. 종교재판은 더 교리적인 기능을 지녔는데, 곧 공식적인 가톨릭의 가르침과 관행에 반대하는 모든 것을 뿌리 뽑는 것이었다. 19세기에 이르러 종교재판의 기능을 수행하는 곳의 이름이 성성(Holy Office)으로 불리게 되었고, 오늘날에는 신앙교리성(Congregation for the Doctrine of the Faith)으로 불리고 있으며, 그 기능에 대한 접근 방식이 부정적이기보다는 긍정적이 되었다.

여성의 평등, 특히 소녀들이 소년들과 동등한 교육을 받아야 한다는 주장 때문에 메리는 평생 교회로부터 의심과 저항을 받아왔다. 그녀는 끊임없이 위협을 받았고 결국 종교재판에 의해 체포되기까지 했다. 마침내 1631년, 그녀의 공동체는 폐허가 되고 교회에 의해 공식적으로 해산당하면서, 그녀는 외견상 실패자로 생을 마친 듯 보였다. 그러나 그녀는 생애의 마지막 순간까지 희망을 간직하였고, 그 희망은 그녀가 세상을 떠난 뒤에도 꺼지지 않고 이어졌다.

소녀들을 교육하기 위해 수도원 담장을 넘어 활동하는 여성 수도회를 세우고자 했던 메리의 비전과 꿈은 그녀가 세상을 떠난 지 약 40년 후에 되살아났으며, 오늘날까지도 복되신 동정 마리아회(IBVMs 또는 Loreto Sisters 로레토 수녀회) 안에서 이어지며, 전 세계적으로 퍼져 나가고 있다〔참고로 1812년 미국 켄터키에서 설립된 로레토 수녀회(the Sisters of Loretto)와는 다른 수도회이다〕. 이 놀라운 여성과 오늘날 우리가 **여성의 권리**라고 부르는 것을 제대로 이해하기 위해서는, 그녀를 당시의 역사적 맥락에서 바라볼 필요가 있다.

• **엘리자베스(Elizabeth) 시대의 영국:** 1527년에 영국 국왕 헨리 8세(Henry VIII, 1491~1547)는 앤 불린(Anne Boleyn)과 결혼하기 위해 교황 클레멘스 7세(Pope Clement VII, 1478~1534)에게 자신과 아라곤의 캐서린(Catherine of Aragon)의 혼인을 무효로 선언해 달라고 요청했다. 이러한 특별 허가는 거듭 거부당했고, 결국 헨리는 스스로 영국 교회의 수장이라고 선언했다(1534). 무엇보다도 그는 자신에게 혼인 무효권을 부여하였을 뿐 아니라, 주교를 임명하고, 수도원을 해산하며(1535~40) 그 토지와 재산을 왕권으로 몰수하는 권리까지도 주장하였다. 그러나 헨리와 영국 교회는 전통적인 가톨릭 신앙의 특징과 관행을 많은 부분 그대로 유지했다.

헨리 왕의 아들 에드워드 6세(Edward VI, 1547~53) 시대에 영국은 로마 교황청에 대한 충성을 거부하고 개신교 개혁에 더욱 부합하는 국가 교회를 만드는 방향으로 나아갔다. 에드워드 왕은 개혁 운동을 반영한 『공동 기도서』*(Book of Common Prayer)*와 『42개의 신앙 조항』*(Forty-Two Articles of Faith)*을 발간하여 모든 이가 이것을 받아들이도록 하였다. 그러나 그 이후에 독실하고 과도한 열정을 지닌 가톨릭 신자였던 메리 1세 여왕(Queen Mary I, 1553~58)이 왕위를 물려받았고, 가톨릭의 복원을 이끌었다.

이러한 종교적 갈등의 반복은 적어도 한동안 개신교 여왕 엘리자베스 1세(1558~1603)의 왕위 계승과 장기 통치로 인해 중단되었다. 엘리자베스는 성공회(가톨릭 신앙의 영국적 버전이 된) 신앙을 지지하는 한편, 더 개혁적인 개신교(청교도, 칼뱅주의자)의 신앙도 허용했다. 그러나 1570년에 교황 비오 5세(Pope Pius V, 1504~1572)는 엘리자베스 여왕과 "그녀에게 복종하는 모든 사람"을 파문하고, 어리석게도 영국 가톨릭 신자들에게 여왕에 맞서 반란을 일으키라고 지시하였다. 이에 엘리자베스는 가톨릭 신앙을 실천하거나 교황에게 순종하는 것을 반역죄로 규정하였고, 유죄 판결을 받은 사람은 교수형, 내장 적출, 그리고 사지 절단의 형벌을 받게 하였다. 이 시기에 수없이 많은 가톨릭 순교자가 나왔다.

요약하자면, 메리 워드는 통치 체제 면에서 이미 개신교 국가가 된 영국에서 성장했으며, 1534년에서 1689년 사이 영국에서는 가톨릭 신자들에 대한 간헐적이면서도 때로는 극심한 박해가 있었다. 이러한 박해는 1653년에서 1658년까지 청교도인 호민관(Lord Protector) 올리버 크롬웰(Oliver Cromwell)의 통치 아래서 더욱 심해졌다. 그 시기에 많은 가톨릭 신자가 신앙 때문에 순교했다. 1660년 찰스 2세 왕(King Charles II)의 통치 아래 군주제는 복원되었고, 1689년에 영국 의회는 권리장전을 통과시켰다. 이것은 개신교 그리스도인들에게 절대적으로 유리했지만, 적어도 영국에서 가톨릭 신자들에 대한 적극적인 박해는 막을 내리게 되었다. (그러나 박해는 1829년 **가톨릭 해방령**이 제정될 때까지 아일랜드에서 영국의 통치하에 계속되었다).

메리 워드는 1585년 1월 23일, 가톨릭에 대한 박해가 가장 심했던 엘리자베스 여왕 시기에 영국 요크셔 지방 리폰 근처의

멀위드에서 태어났다. 그녀의 부모님은 마마듀크(Marmaduke)와 우르술라 워드(Ursula Ward)였다. 메리는 수녀가 되기로 결심하고 21세에 그 당시 네덜란드에 있던 생토메르로 가서, 그곳의 가난한 클라라의 자매 수도회(Poor Clare Convent)에 들어갔다(영국에서의 박해는 수도회들이 문을 닫거나, 지하에 숨거나, 해외로 옮겨가도록 강요했다). 그러나 3년 뒤, 메리는 클라라 수도회의 관상 생활보다는 대중 사도직을 갈망한다는 결심을 품게 되었다.

메리는 항상 자신의 길을 이끌어 온 가장 큰 계명, 곧 하느님과 이웃을 자기 자신처럼 사랑하라는 것을, 가장 도움이 필요한 이들을 직접 섬김으로써 실현하라는 부르심으로 느꼈다. 메리는 그 시대의 가장 시급한 사회적 필요가 다름 아닌 소녀들과 젊은 여성들의 교육임을 분명히 인식하였다. 이에 1609년, 메리는 젊은 여성들에게 전인적 교육을 제공하는 새로운 사도직을 위하여 여성 그룹을 모았으며, 그 공동체는 처음에 생토메르에 자리를 잡았다. 메리는 수도원 밖에서 활동하면서, 공동으로 매일 성무일도를 바칠 의무를 지지 않고, 지역 주교로부터 독립된 자치권을 갖고 교황에게 직접 보고하는 공동체를 세우고자 하였다. 그들의 사도직은 소녀들과 젊은 여성들을 교육하는 것이었고, 이것은 그녀의 평생을 이끈 열정이었다. 그녀는 예수회가 소년들을 교육하는 방식과 비슷하게, 전인적이며 인격 형성을 지향하는 교육 방식으로 소녀들을 가르치고자 했다.

처음에는 안전상의 이유로 **수녀**(sisters)라는 명칭을 피하고 **잉글리시 레이디스**(English Ladies)로 알려졌던 그녀의 공동체는 빠르게 성장하여, 많은 지역에 모임과 학교들이 생겨났으며, 대부분은 영국 밖에 자리 잡았다. 마침내 그들의 학교는 브뤼셀, 리에 주, 빈, 뮌헨, 프라하, 베네치아, 볼로냐, 나폴리, 리옹, 파리 등 유럽 전역의 여러 도시로 확산되었고, 그 목록은 끝이 없을 정도였다.

1615년, 메리는 그녀의 공동체를 위한 생활 규칙을 작성했고, 이때부터 그 수도회는 공식적으로 복되신 동정 마리아회(IBVM)라고 불리게 되었다. 1616년에 메리는 교황 바오로 5세에게 청원서를 작성하여 보내면서, 소녀들의 교육을 위한 그녀의 여성 수도회를 승인하여 "교황의 보호와 감독 아래"(즉, 지역 주교가 아니라 교황의 직속으로) 있게 해 달라고 요청했다. 그녀는 무엇보다도 수녀들이 "양심 성찰"과 "다른 영적 수련"을 통해 잘 양성될 것임을 보증하였다(Chambers, 378).

이것은 매우 대담한 청원이었는데, 왜냐하면 우리가 앞에서 언급한 것처럼, 여성 수도자들이 공적인 사도직을 갖거나 지역 주교로부터 독립하는 것을 금지한 트리엔트 공의회의 결정에 정면으로 배치되는 것이었기 때문이다. 공의회가 이러한 결정을 내린 이유 가운데 하나는 여성들이 **사제들과 함께** 사목 직무를 수행하는 것을 원치 않았기 때문이다. 그러나 메리는 그런 주저함이 전혀 없었다!

교황 바오로 5세(Pope Paul V)가 메리의 청원에 명확한 답변을 주지 않았기 때문에, 1621년에 그녀는 로마로 가서 교황 그레고리 15세(Pope Gregory XV) 앞에서 직접 자기 뜻을 호소하기로 결심했다. 메리는 동료 몇 명과 함께 그녀가 살던 생토메르에서 로마까지 걸어서 갔는데 그 여정은 약 2천 마일에 달했고, 2개월이 걸렸다.

교황 그레고리 15세는 메리의 청원에 어느 정도 호의적이었으나, 추기경들은 반대하였고, 메리의 청원은 거부되었다. 메리는 로마에 머무르며 자신의 사명이 지닌 가치를 증명하기 위해 학교를 세웠다. 그녀의 학교는 큰 성공을 거두었으나, 4년 뒤 추기경들이 학교를 폐쇄하고 그녀에게 교육 활동을 중단하라고 명령했다. 그들의 명령을 거슬러 메리는 이탈리아의 다른 도시와 유럽 도시에 공동체와 학교를 세우는 일을 이어 갔다. 이러한 명백한 불복종으로 인해 그녀는 한때 종교재판소에 의해 뮌헨의 가난한 클라라회 수도원에 감금되었다. 그러나 풀려난 이후에도 메리는, 교회가 여전히 그것을 금하고 그녀를 개인적으로 단죄하는 상황에서도 굴하지 않고 IBVM 학교들을 세워 나갔다.

메리는 자신의 공동체에 대한 공식 승인을 얻기 위해 여러 해에 걸쳐 적어도 세 번 로마를 방문했지만, 항상 거절당했다. 여러 면에서 그녀는 영원한 순례자였는데, 공동체가 자리를 잡아가던 수많은 유럽 도시를 방문하여 학교들을 세웠고, 언제나 도보로 여행했다. (그녀는 순례자의 옷차림을 하고 다녔는데, 당시 산적과 도적들 사이에서 순례자들은 대체로 존중을 받았던 것으로 보인다.)

1628년, 교황 우르바노 8세(Pope Urban VIII)는 마침내 IBVMs을 억압하는 명확한 칙령을 발표했다. 수녀들은 수도원에서 쫓겨났고, 그들의 재산은 지역 주교들에게 넘어갔다. 메리는 굴하지 않고 로마로 돌아가 교황 우르바노 8세에게 직접 다시 청원하였다. 그러나 승인은 다시 한번 거부되었고, 교황이 어느 정도 메리의 사명을 인정하는 듯했지만, 그녀는 공식적으로 이단자로 선언되었다. 그 까닭은 오직 소녀들을 교육하려는 헌신 때문이었다. 더 나아가 그녀의 공동체는 1631년 교황의 칙령에 의해 완전히 금지되었다. 이 칙령은 먼저 교황령과 교황의 직접적 세속 권력이 미치는 지역인 나폴리에서 시행되었고, 그 후에 곧 유럽 전역으로 퍼졌다.

놀랍게도, 메리는 결코 투쟁하는 것을 포기하지 않았다. 그녀는 1639년, 영국으로 돌아가서 즉시 런던에 수도원 학교를 세웠는데, 이는 분명 교회의 금지에 반하는 것이었다. 내전(크롬웰과 왕권의 대립)이 발발하자 그녀는 1642년에 고향 요크셔로 몸을 피해야 했고, 요크시 외곽의 한 마을에서 초기 공동체의 몇몇 동료들과 함께 살았다. 메리는 그곳에서 1645년 1월 30일에 숨을 거두었다.

메리가 세상을 떠난 지 약 40년 후에, 그녀의 초기 공동체에 속했던 몇몇 노년의 수녀들이 프랜시스 베딩펠드(Frances Bedingfeld, 그녀는 젊은 수녀 시절 메리의 임종 현장에 있었다)를 지도자로 삼아 다시 모였다. 그들은 요크 근처의 믹클게이트 바 마을에서 만나, 후에 바 콘벤트(Bar Convent)로 알려진 수도원을 설립하였다. 이곳은 현재 영국에서 가장 오랜된 가톨릭 수도원으로 남아 있다. 바 콘벤트는 메리의 정신을 수정된 형태로 이어받아, 교육적 카리스마를 중심으로 활동하는 새 IBVM 공동체의 모원지가 되었다. 1877년, 메리의 수도회는 그녀가 설립한 지 약 268년 만에 마침내 교회의 승인을 받았다. 이 수도회는 오늘날에도 메리의 정신과 카리스마를 이어 가고 있다.

▌교육자 메리 워드▐ 오늘날 가톨릭 교육자들은 메리 워드로부터 많은 영감을 얻을 수 있다. 그녀의 용기와 결단력만으로도 놀라운 영감을 주기에 충분하며, 특히 교회가 직면한 난제들 앞에서

더욱 그러하다. 소녀와 젊은 여성들의 교육에 대한 그녀의 확고한 신념을 삶 전체를 통해 증언한 바는 감탄을 자아낼 만큼 놀랍다. 여기서 우리는 그녀가 오늘날의 가톨릭 교육자들에게 제안하는 두 가지 영적 토대만을 다루고자 한다. 첫째는, 좋은 교육을 통해 길러져야 하는 **인간 본연의 선함**에 대한 메리의 확신(노리치의 줄리안과 깊이 맞닿아 있는 통찰)이고, 둘째는, 교회와 사회 안에서 여성의 완전한 **평등**을 이루기 위한 교육적 소명이다.

❙인간 본연의 선함❙ 메리는 예수회 교육에 대한 존경심을 바탕으로, 학교에서 전인 교육적 교육과정을 강조했다. 그녀는 라틴어가 아니라 학생들의 모국어로 산수, 읽기, 쓰기 등의 기초를 가르친 다음, 소녀들에게 고전 문학을 읽도록 하여 인문학까지도 배우게 했다. 그녀는 자유 교양의 전통에 근거하여, 고전이 도덕 형성에 있어 핵심적인 원천이라고 확신했다. 왜냐하면 고전은 삶의 중요한 문제와 물음을 담아내고, 그것에 어떻게 응답할지 성찰하게 해 주기 때문이다. 또한 그녀는 그림 그리기, 회화, 연극, 음악과 같은 시각 예술과 공연 예술에 열정을 쏟았다. 메리는 젊은 여성들이 대중 앞에서 자기 입장을 밝히고 설득력 있게 주장할 수 있어야 한다고 믿었기 때문에, 수사학과 활발한 토론을 적극적으로 장려했다.

메리는 1616년 교황 바오로 5세에게 올린 청원에서, 자신의 공동체가 “어린 소녀들을 어릴 때부터 신심과 그리스도교적 도덕, 그리고 자유 교양 과목에 대해 교육하여, 장차 각자의 소명에 따라 세속의 삶이든 수도자의 삶이든 알맞게 선택할 수 있도록” 하려는 의도를 밝혔다. 그녀는 또한 “이와 같은 소녀들에 대한 교육"이 교사와 학생 모두에게 "구원의 수단"이 된다고 확신했다(Chambers, 376~77).

도덕성 형성에 있어 메리는 이냐시오보다 훨씬 더 긍정적인 접근을 취하였다. **영신 수련**의 첫 주간은 우리는 모두 죄인이지만 그럼에도 자비로운 하느님의 손안에 있다는 점을 강조하는 것으로 시작한다. 이와 대조적으로, 메리의 출발점은 인간의 본질적 선함을 강조하는 것이었다. 왜냐하면 모든 인간은 하느님에 의해 창조되고 끊임없이 은총을 받고 있기 때문이다. 이것은 우리가 본성상 그리고 하느님의 은총에 의해 덕이 있는 삶을 살아갈 잠재력을 지니고 있음을 뜻한다. 메리의 관점에서는 우리의 감정과 애정조차도 선으로 우리를 이끌어, 하느님께서 바라시는 최선의 자아로 빚어 갈 수 있는 힘이었다. 그러나 당시의 영성은 인간의 감정과 애정을 오히려 사람들을 그릇된 길로 인도하여 죄로 기울게 하는 요인으로 묘사했다.

메리는 선해지고자 하는 우리의 열망이 "사랑에서 나오고, 학생들을 죄에서 지켜 내려는 데 그치지 않고, 모든 이가 선해지기를 바라는 갈망에서 나온다"고 믿었다. 긍정적인 도덕성 형성을 통해, 모든 사람은 선을 행할 "열린 마음과 용기 있는 마음"을 가질 수 있다(Cover, 161). 이는 『마녀들의 망치』에서 제시된 여성에 대한 이해—여성은 악에 기울고 욕망에 지배받는 존재라는 주장—와 극명하게 대조된다. 메리가 제안한 인간론, 특히 여성의 평등한 권리와 존엄에 대한 그녀의 이해는 당시 사회의 지배적인 분위기와 정반대였다. 안타깝게도, 이런 문제는 오늘날에도 교회와 사회 안에서 여전히 자주 반복되고 있다.

▎가톨릭 교육을 위하여▐ 다시 한번 강조하자면, 가톨릭 교육의 중요한 요소 중의 하나는 학생들의 도덕성 형성이다. 이러한 헌신은 교육과정 전반에 걸쳐 이루어져야 하며, 특히 훌륭한 문학을 읽는 과정에서 윤리적 성장을 도모할 수 있다. 더 나아가 가톨릭 지성 전통은 신앙과 이성 모두가 도덕성 형성을 위한 도덕적 담론에 함께 해야 한다고 주장한다. 가톨릭 교육자들은 사람들의 영혼 안에 있는 자연법을 신뢰하고 그것을 토대로 삼아야 한다. 동시에 그리스도교 신앙에 반영된 도덕적 규범 — 계명, 규범, 덕목 — 을 가르쳐야 한다. 신앙과 이성이 결합할 때, 이러한 규범들은 단순히 "위로부터" 내려온 명령으로서가 아니라 인간 안의 본래적 선함과 영적 갈망에 호소하는 설득력 있는 가르침이 될 수 있다. 가톨릭 교육은 사람들의 머리와 마음 모두를 향해 이중으로 호소할 수 있는 고귀한 잠재력을 지니고 있으며, 이를 외면한다면 참으로 큰 기회를 잃는 것이다.

우리가 메리 워드로부터 배울 수 있는 특별한 지혜는, 진정한 인격 형성은 긍정적인 인간 이해라는 영적 토대 위에 세워져야 한다는 점이다. 이것은 인간을 악보다는 선에 더 기울어 있는 존재로 바라보고, 올바르게 살려는 우리의 노력이 하느님의 은총에 의해 격려되고 지탱된다는 확신을 가지는 것을 의미한다. 교육학적으로 볼 때, 젊은이들에게 부정적인 자기 이해보다 긍정적인 자기 이해를 심어 주는 것이 훨씬 더 현명하고 생산적인 것처럼 보인다. 이러한 지혜는 도덕성 형성에 대한 사회과학의 공통된 통찰과도 맞닿아 있다. 만약 우리가 젊은이들에게 선한 사람이 되고 선을 행할 것이라는 기대를 건다면, 그들은 실제로 그것을 선택하고 그 방향으로 성장할 가능성이 높아진다는 것이다.

그들의 죄의 경향을 강조하거나 잔소리하는 대신에, 가톨릭 교육은 학생들의 잠재적 선함을 신뢰하고 적극적으로 그것을 북돋아야 한다.

❙ 여성의 완전한 평등 ❙ 메리가 여성이 남성이 하는 것과 같은 일, 즉 "교육과 그리스도교 자선 활동"(Chambers, 376)을 수행할 능력을 주장한 것은 그녀가 여성의 완전한 평등을 굳게 믿고 있었음을 드러낸다. 그녀는 여성이 교육을 통해 그리고 세상 안에서 선을 실천하는 새로운 길을 열기를 원했다. 요컨대, 그녀와 그녀의 공동체는 "수도 생활을 받아들이면서 동시에 수도원 안에서는 할 수 없는 우리 이웃을 향한 그리스도교적 자선 활동을 실천하는 데 헌신하기를" 원했다(Chambers, 379).

메리는 "혼합된 삶의 방식"을 따르기를 원했는데, 이것은 "우리의 주님이시며 스승이신 그리스도께서 제자들을 가르치신 것"과 같다고 확신했다(Chambers, 376). 그 당시 교회가 이러한 모든 청원을 거부하고 여성 수도자들이 수도원 안에 머물러야 한다고 요구한 이유는, 여성 수도자들이 사제들과 나란히 사목 활동을 수행하게 되고, 그로 인해 동등한 위상으로 인식될 것을 두려워했기 때문이라는 해석이 널리 받아들여지고 있다.

메리는 여성과 남성의 평등에 전적으로 헌신했다. 이것은 그녀의 시대와 문화 안에서 놀라운 의식이었다. 이 사실은 "그러나 여성일 뿐"이라는 유명한 논박 속에서 잘 드러난다. 전해지는 바에 따르면, 메리가 로마에서 교황에게 올린 첫 번째 청원이 논의되던 자리에서, 한 "예수회 신부"가 성차별적인 발언을 하며, "결국 따지고 보면, 그들은 여성일 뿐이다"라고 말하였다고 한다.

이 멸시 섞인 말을 전해 들은 메리는 이렇게 적었다. “나는 그가 ‘여성일 뿐’이라는 말로 무엇을 뜻했는지 알고 싶다. 우리가 많은 성인들의 본보기에서 보았듯이, 남성과 여성 사이에 여성이 위대한 일을 하지 못할 만큼의 차이는 없다. (…) 그런데도 왜 우리를 **여자일 뿐**이라고 부르는가? 마치 우리가 어떤 다른 피조물보다, 곧 남성보다 모든 면에서 열등한 것처럼 말이다! 담대히 말하건대, 이는 거짓이며, 그 훌륭한 신부님을 존중하면서도 오류라고 말하지 않을 수 없다”(Littlehales, 79).

메리는 자신과 모든 여성이 남성과 동등하다는 깊은 확신이 자신의 영성에서 비롯되었음을 분명히 밝혔다. 그녀는 다른 곳에서 이렇게 썼다. “영국에 온 한 신부가 있었는데, 나는 그가 천 개의 세상이 주어진다 해도 여성이 되지 않겠다고 말하는 것을 들었다. 왜냐하면 그는 여성이 하느님을 이해할 수 없다고 생각했기 때문이었다. 나는 아무 대답도 하지 않고 미소만 지었다. 나는 그에게 반대되는 나의 체험을 들어 대답할 수도 있었다. 나는 그의 결핍을 안타깝게 여길 수밖에 없었다. (…) 그의 결핍은 곧 체험의 부재였다”(Littlehales, 80). 메리는 자신의 영적 체험을 통해 하느님을 그리고 자신에 대한 하느님의 사랑을 알았다. 그녀는 그 “예수회 신부”를 단지 그러한 체험이 결여된 사람으로 보았다.

▎가톨릭 교육을 위하여▕ 우리는 이 책 전반에 걸쳐 정의를 위해 교육해야 하는 가톨릭 교육의 책임에 대해 자주 언급하고 있다. 이러한 정의의 한 측면으로, 그리고 메리 워드의 정신을 기리기 위해, 교회와 사회 안에서 여성과 남성의 완전한 평등을 위해 교

육해야 하는 사명을 강조하고자 한다. 특히 교회 안에서, 여성들이 사제들과 동등하게 일하는 것은 여전히 실현되어야 할 비전으로 남아 있다. 하지만 최근에는, 교황 프란치스코와 같은 교회 지도자들 사이에서도 여성에게 부제직을 허용하는 문제에 대한 논의가 활발히 이루어지고 있다.[17] 만약 성품성사의 한 직무에 서품된다면, 당연히 제기될 논리적인 질문은, 왜 다른 두 직무 — 사제직과 주교직 — 에는 안 되는가 하는 것이다.

또한 가톨릭 신학자들 사이에서는, 1994년 교황 요한 바오로 2세가 사도적 서한 「남성에게만 유보된 사제 서품에 관하여」(*Ordinatio Sacerdotalis*)에서 여성에게 사제직을 부여하지 않는다는 입장을 밝혔지만, 이는 보편 교회의 무류적 가르침이 되기 위한 기준을 충족하지 못한다는 데 일반적으로 동의하고 있다. 다시 말해, 공식적인 가톨릭계에서도 여성 서품은 여전히 열려 있는 질문으로 간주 될 수 있다. 따라서, 적절한 연령대와 상황에서, 가톨릭 교육은 이러한 대화를 장려해야 한다. 한편, 메리 워드가 분명히 인식하고 증언했던 바와 같이, 가톨릭 교육은 교회와 사회 전반에 걸쳐 여성의 완전한 평등과 존엄을 일깨우는 강력한 도구가 될 수 있고 또한 되어야 한다.

17) 〔옮긴이 주〕 프란치스코 교황은 2016년 국제여성수도회 장상연합의 요청으로 여성 부제직에 대해 신학적으로 연구하는 여성 부제직 문제 연구 위원회(Study Commission on the Women's Diaconate)를 구성하고 12명의 위원을 임명한 바 있다. 위원회는 구체적으로 신약성경과 초대 교회 내에서 여성의 역할을 지칭할 때 언급되는 디아코노스(*diakonos*)를 다루었다.

성찰과 대화를 위해

- 당신은 교회와 사회 속에서 모든 사람의 평등한 권리를 위해 헌신했던 메리 워드의 용기에서 어떤 영감을 받을 수 있겠는가?
- 수많은 역경에도 불구하고 메리가 희망을 잃지 않은 이유가 무엇이라고 당신은 생각하는가? 당신의 희망을 지탱하게 하는 것은 무엇인가?
- 당신은 어떻게 학생들에게 희망의 등대가 될 수 있겠는가?

위대한 수많은 증인

예수회와 우르술라회가 수도원 밖에서 교육 사도직을 받아들인 이래로, 수많은 사제·수사·수녀의 수도회가 가톨릭 교육의 사명을 이어 왔다. 전 세계의 유치원부터 연구 중심 대학에 이르기까지 이 방대한 가톨릭 학교 체계는 가톨릭 지성 전통에 의해 형성되어 왔으며, 이 전통은 이성과 신앙, 과학과 계시, 가르침과 인격 형성, 지식과 가치 등의 조화를 추구해 왔다.

제2차 바티칸 공의회 전까지 가톨릭 학교에는 서원한 수도자 교사와 행정가들이 지배적이었다. 예를 들어 1960년에 미국 가톨릭 학교에는 약 112,000명의 서원한 수도자들이 일하고 있었지만 오늘날에는 약 3,700명에 불과하고, 이는 교직원의 3%에 못 미치는 수준이며, 나머지는 모두 평신도들이다. 그러므로 평신도 교사와 행정가들은 이 고귀한 사명을 이어 가기 위하여 수도자 선배들 못지않은 준비와 헌신을 지녀야 한다. 아울러 우리는 그들의 헌신 위에 서 있다는 사실을 기억할 때 큰 영감을 얻을 수 있다!

가톨릭 교육의 역사와 가톨릭 지성 전통 안에서 영적 토대를 탐색해 온 제2부를 마무리하며, 우리는 오랜 세월에 걸쳐 매우 뛰어난 업적을 남긴 두 수도회 창립자를 간단히 살펴보고자 한다. 먼저, 수많은 남자 수도회를 대표할 인물로, 교육의 선구자 요한 세례자 드 라 살(Jean-Baptiste de La Salle, 1651~1719)을 만나보자. 이어, 우르술라회 이후 설립되어 교육을 주요 사도직으로 삼은 다른 모든 여성 수도회를 대표하여, 미국 자비의 수녀회(the American expression of the Sisters of Charity)의 창시자인 성녀 엘리사벳 앤 시튼(Saint Elizabeth Ann Seaton, 1774~1821)을 살펴보겠다.

그러나 주목해야 할 것은, 이 두 수도회는 오늘날까지도 가톨릭 교육 분야에서 활동하고 있는 수천 개의 수도회 가운데 일부에 불과하다는 점이다. 북반구에서 시작된 가톨릭 교육 사도직 수도 생활은 그곳에서는 점차 약화되었지만, 현재는 남반구에서 크게 꽃을 피우고 있다. 예를 들어, 아프리카에는 500개가 넘는 토착 여성 수도회가 있고 대부분이 가톨릭 교육 사도직에 참여하고 있다. 심지어 공산주의가 지배하는 베트남 상황에서도, 허용되는 한도 내에서 가톨릭 교육에 헌신하는 토착 남녀 수도회가 300개가 넘는다. 그리고 모든 상황과 문화에서, 서원한 수도자들은 평신도 가톨릭 교육자들과 함께 일하고 있으며, 수적으로는 이미 훨씬 적어진 상태다. 교구 사제로 출발했던 요한 세례자 드 라 살 그리고 과부의 길에서 출발했던 성녀 엘리사벳 앤 시튼을 이들 모두를 대표하는 인물로 기억하자.

❙요한 세례자 드 라 살❙ 요한 세례자 드 라 살은 오늘날 **그리스**

도 수도회(Christian Brothers)로 알려진 **그리스도 교육 수도회**(the institute of the Brothers of the Christian Schools)를 창립하였는데, 이는 사제가 없는 수사들로만 구성된 최초의 수도회였다. 그는 약 1680년경, 랭스에 첫 번째 학교를 세웠고, 그곳에서 출발한 라살리안(Lasallian) 학교들은 프랑스를 넘어 전 세계로 확산되었다. 그의 확고한 열정은 가난한 소년들에게 좋은 교육을 제공함으로써 그들을 착취, 범죄, 파멸로부터 구해내는 것이었다. 다른 많은 가톨릭 교육자와 마찬가지로, 그는 교육을 사회 개혁의 가장 효과적이고 지속 가능한 수단으로 보았다.

요한 세례자 드 라 살이 강조한 점은 수사들이 학생들을 사랑하고 그들과 생명력 넘치는 긍정적 관계를 맺어야 한다는 것이었다. 이를 위해 그는 수사들에게, 가르침과 학생들과의 만남 자체를 통해 자신의 성덕을 키워 가는 영성을 받아들이라고 권고했다. 다시 말해, 수사들은 가르침을 통해 소년들을 교육하는 동시에 자신들도 거룩함 안에서 성장해야 했다. 이러한 영성을 위해, 요한 세례자는 끊임없이 형제들에게 사랑으로 봉사하는 모범으로서 예수님을 언급했다. 이 정신은 드 라 살에게서 비롯된 표어 속에 잘 드러나 있는데, 라실리안 학교의 학생들 — 그리고 그 밖의 많은 이들 — 은 하루에도 여러 번 소리 내어 이것을 암송하고 있다. "예수님, 우리 마음 안에 영원히 살아 계소서."

❙ 엘리사벳 앤 시튼 ❙ 엘리사벳 앤 시튼은 미국 태생 인물 가운데 처음으로(1975) 공식 시성된 성인이다. 그녀는 1810년 메릴랜드주 에미츠버그에 미국 최초의 무료 가톨릭 여학교를 설립했다. 뉴욕의 상류 가정에서 성공회 신자로 성장한 엘리사벳은 19살에

결혼하여 5명의 아이를 낳았고, 29세의 젊은 나이에 남편을 잃은 후 가톨릭으로 개종했다. 그녀는 평생 가난한 사람들을 돌보는 일에 헌신했는데, 이는 뉴욕에서 자라던 젊은 시절부터 시작되어, 자주 직접적인 봉사 활동에 참여했다. 가톨릭으로 개종한 후 엘리사벳은 1633년에 성녀 루도비카 드 마리약(Saint Louise de Marillac)과 성 빈첸시오 드 폴(Saint Vincent de Paul)이 함께 창립한 프랑스 수도회인 사랑의 딸회(Sisters of Charity)[18]를 접하게 되었고, 그 영성을 이어받아 사랑의 시튼 수녀회를 창립하였다.

이 수도회의 카리스마는 단순한 개인적 봉사를 넘어, 빈곤의 원인에 대응할 수 있는 조직적 응답을 마련하는 것이었다. 그녀는 극심한 빈곤에 대한 가장 효과적이고 조직적인 대응책은 좋은 교육을 제공하는 것이라고 판단했는데, 이는 장기적이면서도 지속 가능한 사회 전략이었다. 사랑의 시튼 수녀회는 수많은 서원한 여성 수도자 공동체들과 함께 미국과 그 너머에서 가톨릭 교육의 좋은 활동을 계속 이어 나가고 있다.

가톨릭 교육자로서 자신의 소명을 새롭게 하기

이제 다시, 교육자의 **영혼**, **가르침 방식**, **교육 공간**에 대한 깊은 성찰로 이 장을 마무리하려 한다. 안젤라 메리치와 메리 워드가 보여 준 선구적 증언은 우리가 가톨릭 교육자로서 길잡이로 삼

18) 〔옮긴이 주〕 한국에서 공식 수도회 명칭은 '성 빈첸시오 아 바오로 사랑의 딸회'이다.

을 수 있는 귀중한 유산이며, 요한 세례자 드 라 살과 엘리사벳 앤 시튼의 사례도 마찬가지이다. 우리가 그들의 유산을 진심으로 받아들일수록, 학생들의 삶 속에서 우리의 소명이 지닌 풍요로운 잠재력을 더 깊이 체험하게 될 것이다.

❙교육자의 영혼을 위하여❙ 교회가 서원한 여성 수도자들을 봉쇄 수도 생활에 국한시키려고 했던 두려움 가운데 하나는 그들이 사제들과 함께 일하면서 사제처럼 보일까 두려워했기 때문이다. 그러나 성경적 의미에서, 모든 교육자는 그때나 지금이나 사제적 기능을 수행한다. 성경은 신앙 공동체에서 사제의 역할을, 사람들을 가르치는 일(예레 18,18)과 하느님께 찬미와 예배를 드리는 일(에제 44,15~16)로 묘사했다. 이러한 의미에서 교사라는 소명은 매우 사제적인 기능을 지닌다. 우리가 학생들을 더욱 충만하게 살아가게 가르칠수록, 그들은 더욱 하느님께 영광을 돌리게 된다(성 이레네우스).

- 당신의 가르침이 사제적 사명임을 자각할 때, 그것이 당신의 소명 의식에 어떤 의미를 지니는지 성찰해 보라.
- 안젤라 메리치와 메리 워드는 거센 반대를 무릅쓰고 교사가 되었다. 당신은 어떤 과정을 거쳐 이 소명을 받아들이게 되었는가? 지금 이 부르심 안에서 평화를 누리고 있는가? "예"이든 "아니오"이든 당신은 어떤 응답으로, 또 어떤 행위로 이 소명에 답하고 있는가?

❙가르침을 위하여❙ 안젤라 메리치와 메리 워드, 그리고 그들의 모범을 따른 요한 세례자 드 라 살과 엘리사벳 앤 시튼 모두, 가

톨릭 교육자들에게 모든 학생을 평등하게 존중하고, 존엄성을 지켜 주며, 모두를 환영하는 포용적 교육을 실천하라고 격려하고 있다. 그러나 아마도 우리 모두는 어떤 학생들은 다른 학생들보다 더 환영받고 포용되는 것처럼 보였던 교육적 상황을 경험했을 것이다.

- 어떻게 하면 모든 학생이 수업에서 적극적인 참여자로서 포함되었다고 느끼도록, 당신의 가르침 방식을 더 깊게 할 수 있겠는가?
- 소극적이거나 자신감이 부족한 학생들을 수업 안에 끌어들이고 힘을 북돋아 주기 위해 당신은 어떻게 "한걸음 더" 나아갈 수 있겠는가?

▌교육 공간을 위하여▐ 안젤라 메리치와 메리 워드는 우리가 학생들을 한 인격체로서 사랑하고 돌보도록 격려하며, 학생들이 자신 안의 본성적 선함을 인식하고 그 안에서 성장하도록 격려할 것을 권고한다.

- 어떻게 하면 학생들이 있는 그대로 사랑받고 존중받으며, 자신의 잠재력을 마음껏 발휘하도록 격려받는 교육 공간을 만들 수 있겠는가?
- 학생들이 경쟁하기보다는 서로를 인정하고 격려하는 문화를 형성하려면, 교육 환경을 어떻게 가꾸어야 할까?

제3부

포스트모던 시대 가톨릭 교육을 위한 영적 토대들

제 3 부 • 포스트모던 시대 가톨릭 교육을 위한 영적 토대들

제3부는 현대 신학의 성과들을 바탕으로, 오늘날의 가톨릭 교육이 직면한 근본적 과제들을 성찰할 것이다. 이러한 과제들에는 개인과 **개인들의 공동체, 그리고 세상 속 삶을 어떻게 이해할 것인가, 지식을 어떻게 인식하고 증진할 것인가, 어떻게 공적 신앙을 실천할 것인가, 다양성이 공존하는 가톨릭 학교에서의 종교 교육을 어떻게 구성할 것인가, 그리고 교육과정 전반에 걸쳐 어떠한 교육 방식을 적용할 것인가 등이 포함된다**. 이러한 질문들이 모든 것을 망라하진 않지만, 이에 대한 우리의 응답은 포스트모던 시대의 가톨릭 교육 실천에 토대가 될 것이다. 우리가 신앙에 대한 확신을 갖고 이를 학교 교육과정 전반에 스며들게 할 때, 그것은 학교의 사명 전체를 지탱하는 **영적 토대가 된다**.

이러한 영적인 토대를 놓기 위해, 우리는 예수님의 가르침과 부활하신 그리스도께서 모든 이에게 주시는 희망을 이야기했다

(제1부). 그리고 가톨릭 지성 전통의 위대한 사상가들이 남긴 지혜를 다루었다(제2부). 이제 우리는 이 마지막 부분(제3부)에서, 현대 가톨릭 신학을 바탕으로, 포스트모던 시대의 가톨릭 교육 실천을 위해 영감을 주고 이끌어 줄 철학을, 아니 더 나아가 신앙에 뿌리를 둔 영성을 함께 묶어 살펴보고자 한다.

제3부에서 우리는 여기에서 다룰 핵심 주제들을 연결하면서 인간을 **개인으로서의 존재**이자 **공동체 안의 존재**로 성찰하고, 교육자들에게, 교육의 방향과 방식을 결정하는 데 매우 중요한, 자기만의 인간학과 사회학을 체계적으로 정립하도록 초대한다(제7장). 그리고 이어 우리는 가톨릭 교육이 제시해야 할 삶에 대한 관점과 세상 속에서의 존재 방식, 그리고 이를 북돋아 줄 앎의 방식을 살펴본다. 좀 더 학문적 용어로는 세계론과 인식론이라 부를 수 있다(제8장). 그런 다음 우리는 가톨릭 교육이 시민사회 안에서 모든 이를 향한 자비와 정의에 헌신하는 시민을 길러 내야 한다는, **살아 있는** 신앙의 **공적** 성격을 명시적으로 성찰한다(제9장).

제10장에서 우리는, 모든 학생이 종교 교육으로부터 **배울** 수 있고, 특히 가톨릭 학생들이 신앙 안에서 자신의 정체성을 깊이 형성해 가도록, 가톨릭 학교의 종교 교육과정을 어떻게 구성할 것인지를 성찰한다. 오늘날의 포스트모던 상황, 그리고 학생과 교직원의 종교적 다양성의 증가는 가톨릭 학교의 종교 교육에 새로운 도전과 새로운 가능성을 열어 준다.

후기에서는 지금까지의 지혜와 통찰을 종합하여, **가톨릭 교육학**이 어떤 모습이어야 할지를 제안한다. 이는 앞선 10개의 장에서 논의된 가톨릭 교육의 핵심 가치를 바탕으로, 학문 전반에 적용할 수 있는 일반적인 교육 접근법을 제시하는 것이다.

이 책에서 우리가 성경과 전통을 토대로 현대의 물음들을 탐구하고 성찰한 내용은 결코 모든 것을 다 아우르지 못한다. 그러나 이미 내가 『생명을 위한 교육』[19](1998)에서 가톨릭 교육의 신학적 기초를 충분히 다루었다는 점을 상기할 필요가 있다. 그리고 그 책은 여전히 도움이 될 수 있다. 다만, 이 책의 진술은 그보다 더욱 정밀하고, 25년이 지난 오늘의 현실을 염두에 두고 의도적으로 다듬은 것이다. 또한, 이전 저서와 달리 이 책은 가톨릭 교육의 근본적인 물음들에 대한 대답을 예수님의 가르침과 부활하신 그리스도의 은총에 분명한 근거를 두고서 제시하고 있다. 이는 큰 풍요로움이라 할 수 있다. 더 나아가 우리는 교육자로서 당신의 **영혼을 위해**, 당신의 가르침을 위해, 그리고 학생들과 함께 만들어 가는 교육 공간을 위해 더 많은 영적 지혜를 계속해서 캐내고자 한다.

---

19) 〔옮긴이 주〕 이 책의 저자인 토마스 H. 그룸의 *Educating for Life: A Spiritual Vision for Every Teacher and Parent*는 『생명을 위한 교육』(조영관·김경이·우정원 옮김, 가톨릭대학교출판부, 2021)이라는 제목으로 번역·출판되었다.

제 7 장

공동체 안의 개인, 개인들의 공동체

이 장의 제목은 인간 존재의 이중적 특징을 함께 다루려는 의도를 담고 있다. 우리는 언제나 개인적 존재이면서 사회적 존재이며, 이 둘은 서로 깊이 얽혀 있다. 이것은 우리가 공동체 안의 개인으로 살아가고, 또한 개인들의 공동체로 살아갈 때 참된 삶을 살게 된다는 가톨릭의 고전적 가르침을 반영한다. 우리가 인간으로서 우리 자신을 이해하는 방식은 사회를 이해하는 방식에 영향을 미치고, 사회 또한 그 구성원들의 인격과 공동선을 증진하는 상호적인 기능을 지닌다.

이처럼 인간을 공동체적 존재로 이해하고, 이에 따라 사회를 바라보는 관점은 가톨릭 신앙의 깊은 구조에서 비롯된 것으로, 이 장에서 다루게 될 주제다. 하지만 먼저 주목할 것은, 이러한 입장은 종종 현대의 흐름과는 배치된다는 점이다. 찰스 테일러의 통찰처럼, 근대 사회는 "개인에게 전례 없는 우위를 부여하여",

개인과 그 “권리”를 사회의 최우선 지침으로 삼게 하였으며, 공동선에 대한 책임은 거의 무시하거나 부정했다. 반면에, 가톨릭 신앙은 여전히 인간을 개인이면서 동시에 사회적 존재로 이해한다. 가톨릭의 관점은 개인의 존엄성과 가치를 증진하는 것이 사회의 책임이며, 동시에 개인 역시 사회 공동선을 위해 책임을 져야 함을 강조한다. 다시 말해, 우리의 인간학과 사회학은 동전의 양면과 같다. 이는 학생들의 개인적 선과 사회의 공동선을 모두 증진하는 가톨릭 교육을 요청하며, 이 두 가지 헌신이 서로 긴밀히 협력해야 한다.

인문과학은 인간학과 사회학에서 풍부한 연구 분야를 가지고 있는데, 인간학은 인간 자체에 집중하고, 사회학은 인간이 놓여 있는 사회문화적 맥락을 탐구한다. 그러나 가톨릭 신학의 관점에서, 특히 교육의 실천을 위한 관점에서 볼 때, 개인과 사회는 서로 분리될 수 없는 깊은 연관성을 가진다. 때때로 우리가 그것들을 분리하는 것처럼 보일지라도, 이는 단지 분석을 위한 것이다. 실제로 우리는 항상 공동체 안에 있는 개인들이며, 개인들의 공동체로서 기능해야 한다. 가톨릭 교육은 학생들이 공동체적 존재로서 자신의 잠재력을 최대한 발휘하고, 사회의 공동선을 향상하는 방식으로 삶을 살아갈 수 있도록 준비시켜야 한다.

가톨릭 교육의 모든 근본적 주제 가운데, 인간을 어떻게 이해하고 하느님께서 우리를 어떠한 협력적이고 사회적 존재로 창조하셨는지를 이해하는 것보다 더 중요한 것은 없다. 사실 뒤이어 다루게 될 모든 주제 — 삶을 바라보는 관점, 앎의 방식, 세상 속 삶에 대한 희망, 정치 등 — 는 모두 우리가 관계적 존재로서 서로서로, 하느님과, 그리고 하느님의 모든 피조물과 어떤 관계를 맺고 살아가는지를 확장해 설명하는 것이다. 잠시만 생각해 봐도, 우리가 인간을 어떻게 바라보고 또 어떤 존재로 성장할 수 있다고 이해하느냐가 교육의 방향을 결정한다는 사실을 알 수 있다. 교육은 학생들이 인간으로서 지닌 잠재력을 온전히 발휘하며, 각자가 사회의 선과 발전에 고유한 기여를 할 수 있도록 준비시키는 과정이다. 그리고 이 과정을 결정짓는 가장 중요한 요인은 바로 우리가 제공하는 교육의 질이다.

미국의 상황을 살펴보면, 이 논의의 쟁점이 더욱 분명해진다. 많은 평론가가 앞서 테일러가 지적한 것처럼, 미국이 일반적으로 개인의 권리에 지나치게 우선권을 부여한다고 주장한다. 역사적으로, 이것은 존 로크(John Locke, 1632~1704)와 데이비드 흄(David Hume, 1711~1776)과 같은 개인주의 철학자들의 영향을 반영하는데, 이들의 사상은 "위대한 미국 실험"의 기초가 세워지던 시기에 큰 영향을 미쳤다. 개인의 권리에 대한 그들의 옹호는 모든 이를 위한 자유와 정의를 위한 긍정적 조치였지만, 그들의 입장은 백인 남성을 우대하는 선별적인 것이었고, 개인의 권리가 언제나 공동선보다 우선한다는 식으로 지나치게 과장되었다. 이것은 인간을 공동체 안에서만 우리 "자신"이 되고 모든 사람의 복지에 대한 책임을 함께 나누는 공동체적인 존재로 보지 않고, 우선은 개인이며 이후에 사회에 참여할지를 선택하는 것으로 이해한 것이다.

이와 같이 미국이 개인의 권리를 과도하게 강조한 결과, 민간인들은 초당 10발을 발사할 수 있는 AK-47 소총을 소유하면서 이것을 개인의 **권리**라고 주장할 수 있다. 주목할 점은, 미국 시민이 소유한 100정의 총기에 대해 영국인은 3정의 총기를 소유한다는 것이다. 또한 미국에서 자신이나 타인을 대상으로 한 100건의 총기 폭력이 발생할 때, 영국에서는 단지 3건만 발생한다. 우리는 개인의 권리라고 주장하는 것 때문에 엄청난 대가를 치르고 있는 셈이다. 더 나아가, 미국에서는 누구든 나치식 증오 발언을 퍼뜨리면서 그것을 표현의 자유에 대한 권리라고 주장할 수 있다. 영국이나 다른 서구 민주주의 국가라면 즉시 체포될 일이다.

예상할 수 있듯이, 개인에 대한 이러한 강조는 미국 공교육 전반에 스며들어 있다. 현재 많은 부분이 거의 전적으로 "표준"과 학업적 "책무성"에 초점을 두고 있으며, 모든 것이 개별 학생의 성장을 목표로 한다. 따라서 『공통 핵심 주 교육 표준』(*the Common Core State Standards*, 2009)의 목적은 "모든 학생이 성공한다"(2015)라는 표어 아래 추진되었고, 이는 교육성과 향상을 위한 "정상으로의 경주 프로그램"(2009)의 맥락에서 전개되었다. 다시 말해, 교육의 목적은 젊은이들이 경쟁적인 세계 경제의 노동시장에서 개인으로서 성공하는 데 필요한 지식과 기술을 갖추도록 준비시키는 것이다. 그들이 공동체적이고 시민적 책임을 갖는다는 것은 기껏해야 부차적인 고려 사항이다. 심지어 미국 고등학교의 시민 교육 과목은 겨우 한 학기 과정으로 축소되었고, 그마저도 STEM(과학, 기술, 공학, 수학) 과목들에 밀려 거의 사라졌다. (제8장에서 우리는 가톨릭 교육이 이러한 편협한 앎의 방식을 거부하면서, 어떻게 보다 총체적이고 균형 잡힌 인식론을 추구할 것인지를 자세히 다루게 될 것이다.)

물론 현실적으로, 교육이 학생들에게 직업을 구하고 생계를 유지하는 데 필요한 것을 제공하는 것은 필수적이다. 그러나 이것을 교육의 전체 목적으로 받아들이는 것은 인간을 지나치게 개인주의적으로 이해하는 시각일 뿐이며, 모든 이의 공동선에 기여하는 사회적 존재로서 인간이 온전히 성장하도록 돕는 본래 목적에는 크게 못 미친다.

언제나 그렇듯, 가톨릭 지성 전통은 "양자택일이 아닌 양자 모두"의 입장을 선호하고, 개인의 주체성과 권리를 존중하면서도, 동시에 모든 이가 공동선에 기여해야 할 사회적 책임을 가진다는 사실을 강조한다. 따라서 가톨릭 학교는 무한 경쟁의 자본주의가 낳은 개인주의도, 공산주의가 보여 준 전체주의도 아닌, 개인의 선과 공동선 모두를 지향하는 교육에 영감을 줄 수 있는 인간학과 사회학을 바탕으로 교육해야 한다. 그리고 우리는 그 모범을 예수님의 가르침과 그분의 프락시스(praxis)에서 발견할 수 있다.

성찰과 대화를 위해

- 당신은 인간이란 존재를 어떻게 이해하고 있으며, 인간 안에 자리한 중요한 특징과 능력은 무엇이라고 생각하는가? (예를 들어, 우리는 몸을 가진 존재이고, 생각하고 성찰할 수 있는 존재라는 점 같은 기본적인 사실을 놓치지 말기 바란다.)
- 인간의 공동체적 본성과 서로에게 져야 할 책임에 대해 당신은 어떻게 이해하는가? 이러한 이해가 당신의 가르침의 내용과 방식에 어떤 영향을 미치는가?

예수님의 인간학

예수님의 인간학과 사회학적 접근을 처음부터 요약하면 다음과 같다: (1) 예수님은 인간의 주체성과 큰 선을 이룰 **잠재력을 깊이 신뢰하시어**, 제자들에게 가장 높은 이상을 제시하셨다. (2) 네 복음서 모두 인간을 공동체적 존재로 묘사하고, 서로를 돌보고 공동선을 추구할 책임이 있으며, 제자로 살아가기 위해서는 신앙 공동체가 필요함을 증언한다. (3) 예수님은 인간의 죄에 빠지기 쉬운 성향과 인간 삶 속의 고통을 분명히 아셨지만, 그럼에도 죄인들을 향한 하느님의 자비와 하느님의 은총에서 오는 **모든 이를 위한 희망**을 강조하셨다.

❙ 인간이 지닌 선을 향한 잠재력 ❙ 예수님께서는 유다교 신앙에 깊이 뿌리를 두셨고, 이 신앙은 그분에게 본질적으로 긍정적인 인간관을 심어 주었다. 이것은 하느님께서 인간을 하느님의 모상대로 창조(창세 1,26)하시어 창조 세계를 책임 있게 돌보도록 하셨으며, 인간은 하느님의 생명의 숨으로부터 생명을 얻었다(창세 2,7)는 근본적 이야기 속에 잘 드러난다. 토라에 정통했던 예수님은 창세기 3장도 물론 잘 알고 계셨을 것이다. 서방 그리스도교에서는 이 본문을 "원죄"로 인한 아담과 하와의 "타락"으로 해석하였지만, 예수님의 유다교 전통은 인간에 대해 그처럼 암울한 해석을 내리지 않았다.

우리의 인격성에 관하여, 예수님께서는 인간의 주체성에 깊은 신뢰를 두셨고, 우리가 옳은 것을—혹은 잘못된 것을—선택하고 행할 능력이 있음을 분명히 확신하셨다. 물론 이러한 주체성은 예수님께서 제자들이 선한 사람으로 살고 선한 일을 하기로 선택할 수 있다고 보신 잠재력의 전제 조건이었다. 또한 예수님 시대의 일반적 문화는 인간의 주체성이나 선택을 강조하지 않았다는 점도 유념해야 한다. 당시 사람들의 삶은 사회적 지위, 신들 혹은 단순히 운명에 의해 결정된다고 여겨졌다.

이러한 맥락에서, 가난한 농민들이 예수님께서 하신 이 말씀을 들었을 때 얼마나 놀랐을지 상상해 보라. "너희는 세상의 소금이다. (…) 너희는 세상의 빛이다. (…) 너희의 빛이 사람들 앞을 비추어(…)"(마태 5,13~14). 예수님께서는 사람들 안에 깃든 능력과 주체성을 깊이 신뢰하셨기에, 하느님과 당신께 대한 믿음뿐만 아니라, 그들 자신에 대한 믿음도 확증해 주셨다. 병든 이들을 치유하신 뒤, 예수님께서는 자주 이렇게 말씀하셨다. "네 믿음이 너를 구원하였다"(루카 8,48). 또한 하느님의 자비를 일깨우실 때도 "네 믿음이 너를 구원하였다"라고 말씀하셨다(루카 7,50 참조). 이는 인간이 선을 행할 수 있는 자기 주체성에 대한 놀라운 확인이었다!

사람들이 선을 행할 수 있는 잠재력에 대한 이러한 확신은, 예수님께서 모든 사람에게 제시하신 높은 이상을 위한 전제 조건이었다. 그렇지 않았다면, 예수님께서 하느님 나라를 위해 — 지금 여기서, 하늘에서와 같이 땅에서도 — 자신의 삶을 완전히 내어 맡기라는 유토피아적 이상을 결코 제안하실 수 없었을 것이다. 만약 인간이 하느님의 은총 안에서 그렇게 살아갈 수 없다면, 예수님의 가르침은 오히려 냉소에 불과했을 것이다. 우리는 예수님께서 가장 큰 계명을 제시하신 것에 대해서도 같은 말을 할 수 있다. 즉, 전 존재를 다하여 하느님을 사랑하고, 이웃을 자기 자신처럼 사랑하며, 심지어 원수까지도 사랑하라는 말씀이다. 만약 사람들이 적어도 그 계명에 근접하는 것조차 할 수 없다면, 그렇게 도전적인 계명을 제시하는 것은 냉소적인 일이었을 것이다. 또한 가장 큰 계명에는 참된 자기 사랑이 포함되어 있다는 점에 주목하라. 이것 역시 개별적 인격에 대한 긍정이다.

아마도 예수님께서 우리 인간 본성과 선을 행할 능력을 가장 높이 평가하신 순간은, 하느님께서 사랑하시는 것처럼 우리도 그렇게 사랑하라고 초대하셨을 때이다. 이것이 바로 "새로운 계명"의 논리이다. 이 논리는 "아버지께서 나를 사랑하신 것처럼 나도 너희를 사랑하였다"(요한 15,9)라는 말씀에서 드러난다. 다시 말해, 예수님은 하느님께서 사랑하신 방식으로 사랑하신다. 그러나 이것은 예수님께서 이미 선포하셨던 말씀을 풀어 설명하신 것이다. 즉, "내가 너희에게 새 계명을 준다. 서로 사랑하여라. 내가 너희를 사랑한 것처럼 너희도 서로 사랑하여라"(요한 13,34).

이 논리에 따르면, 예수님께서는 하느님이 사랑하시는 그 방식으로 우리를 사랑하시고, 제자들은 그러한 사랑을 본받아 세상 안에서 하느님의 사랑을 드러내라는 새 계명을 받는다. 물론 우리는 언제나 크게 부족하지만, 하느님께서 사랑하시는 것처럼 사랑하고 세상 안에서 하느님 사랑의 도구가 되려는 이상이야말로 추구할 가치가 있는 것이다. 예수님의 인간학에서 특히 주목해야 할 것은, 우리가 그렇게 할 수 있는 능력이 있기 때문에 예수님께서 사람들에게 이 궁극적인 도전을 제시하셨다는 것이다.

물론, 예수님 안에서 드러난 인간 조건에 대한 — 너무도 명백해서 놓칠 수 있는 — 가장 큰 긍정은 예수님께서 바로 하느님의 아들, 곧 인간 역사 안에 현존하신 하느님이시라는 그리스도교의 주장이다. 요한 복음은 이 점을 특히 강조하고 있다. 예를 들어, 예수님께서는 "아버지와 나는 하나다"(요한 10,30). 그리고 "나를 본 사람은 곧 아버지를 뵌 것이다"라고 말씀하신다. 왜냐하면 "내가 아버지 안에 있고 아버지께서 내 안에 계시기"(요한 14,9~10) 때문이다. 예수님께서는 인성을 통해 인간 역사 안에 나타난 유일한 하느님의 현존이셨다. 이는 인간 존재 자체에 대한 놀라운 긍정이다.

바오로 사도는 예수님께서 하느님의 아들이시라는 놀라운 신앙 고백과 동시에 우리와 같은 사람이 되셨다는 신비를 깊이 묵상하며 이렇게 말한다.

> 그분께서는 하느님의 모습을 지니셨지만
> 하느님과 같음을 당연한 것으로 여기지 않으시고
> 오히려 당신 자신을 비우시어
> 종의 모습을 취하시고 사람들과 같이 되셨습니다.
> 이렇게 여느 사람처럼 나타나
> 당신 자신을 낮추시어 죽음에 이르기까지,
> 십자가 죽음에 이르기까지 순종하셨습니다. (필리 2,6~8)

예수님 안에서 이루어진 하느님의 육화(incarnation)[20]는 분명히 인간 조건에 대한 궁극적인 긍정과 가능성을 드러낸다. 만일 인간 본성이 본질적으로 악하다면, 하느님께서 어찌 친히 그 본성을 취할 수 있었겠는가? 다시, 요한 복음을 인용하자면, 예수

20) 〔옮긴이 주〕 육화란 하느님께서 사람이 되어 오셨다는 의미이다.

님께서는 하느님의 “말씀이 사람이 되시어 우리 가운데 사셨다. (…) 은총과 진리가 충만하신 아버지의 외아드님”이셨다(요한 1, 14). 예수님께서 육체를 취하여 인간 조건에 연대하심으로 인해, 우리 역시 선으로 충만하고 진리를 알고 살아 낼 수 있다는 가능성을 지니게 된다. 예수님께서는 하느님을 우리에게 보여 주실 뿐만 아니라 인간인 우리가 누구인지를 보여 주신다. 그리스도교 신앙 안에서, 그리고 예수님으로 말미암아, 모든 사람은 이제 “하느님의 자녀가 되는”(요한 1,12) 신적인 잠재력을 지니게 되었다. 이것보다 더 큰 소명은 있을 수 없다!

예수님께서는 공생활 내내 모든 가르침에서 모든 이들을 깊이 존중하시고, 하느님께서 주신 모든 이의 존엄성을 강조하시며, 그들의 잠재적 선함을 확인해 주셨다. 예수 그리스도께서는, 당신의 가르침과 육화하신 하느님으로서 당신의 인격을 통해, 우리 인간 조건에 대한 궁극적 긍정이 되신다. 여기에 더하여, 예수님의 죽음과 부활은 하느님의 풍성한 은총을 인간 역사 안에 흘려보내어, 모든 사람이 하느님의 형상과 모습으로 빚어진 존재로서 자신의 충만한 가능성을 살아 내도록 힘을 주었다.

▍공동선을 위한 공동체적 존재▍ 유다교 신앙 안에서 성장하셨던 예수님께서는, 하느님께서 유다 민족과 맺으신 계약을 누구보다 잘 알고 계셨다. 이 계약은 그들을 하느님의 백성으로서 공동체로 살아가도록 요구하는 것이었다. 그들은 하느님께서 “나는 너희와 함께 살아가면서 너희 하느님이 되고 너희는 나의 백성이 될 것이다”(레위 26,12)라고 말씀하시는 것을 들었다. 이 계약은 그들에게 하느님께 대한 책임뿐 아니라, 서로를 향한 책임까지

요구했다. 하느님 앞에서 공동체와 상호 책임의 중요성을 예수님의 유다 민족만큼 강하게 일깨운 전통은 없다.

마찬가지로, 예수님께서는 이스라엘 예언자들의 사회적 가르침에 정통하셨는데, 그중에서도 이사야는 그분이 가장 좋아하는 예언자였다. 앞서 언급했듯이, 고향 나자렛 회당에서 안식일에, 성경을 봉독하도록 초대받으셨을 때, 예수님께서는 이사야 61장 1절(이사야 58장 6절을 포함)을 찾아 읽으셨다. 거기에는 약속된 메시아가 잡혀간 이들에게 자유를, 가난한 이들에게 기쁜 소식을, 그리고 억압받은 이들을 해방시킨다는 약속이 담겨 있었다. 그러고 나서 예수님께서는 자신이 이 약속의 성취라고 선언하셨고, 이후 그분의 공생활 전체는 그 선언을 구체적으로 보여 주는 것이었다(루카 4,16~21).

다시 한번 분명히 말하자면, 예수님의 기적은 거의 모두가 사회적 봉사라고 불릴 수 있다. 즉 도움이 필요한 사람들의 공동선에 기여하고 사회에서 그들의 존엄성을 회복시키는 일이었다(질병, 가난 등은 사람들의 사회적 지위를 빼앗아 갔다). 우리는 예수님께서 공동선을 위해 사셨고, 공동선을 위해 죽으셨다고 말할 수 있다. 예수님은 배고픈 사람들을 (한 번에 수천 명) 먹이시고, 병든 사람들을 고치시며, 슬퍼하는 이들을 위로하시고, 악의 세력을 물리치시는 등 많은 기적을 행하셨는데, 그 모든 것은 공동체를 위한 봉사였다.

분명히 예수님께서는 우리가 공동선을 어떻게 돌보는지, 특히 가장 도움이 필요한 사람들을 어떻게 돌보는지에 따라 심판받게 될 것이라고 제자들에게 경고하셨다(마태 25,31~46). 정말로, 만약 우리가 우리 자신의 필요에만 관심을 갖고, 다른 사람들 — 특히 끔찍한 상황에 있는 사람들 — 의 필요를 "보면서도" 응답하기를 거부한다면, 우리는 "영원한 불"에 떨어질 것이다(마태 25,41). 서로를 향한 우리의 사회적 책임을 가볍게 여겨서는 안 된다! 모든 사람을 위한 생명의 충만함에 대한 하느님의 뜻(요한 10,10 참조)은 지금 여기에서, 각자의 마음 안에서, 그리고 공동체 안에서 시작되어야 한다.

예수님께서는 인간이 사회적 존재임을 깊이 통찰하시어, 하느님 나라의 도래를 촉진할 신앙 공동체를 세우는 일에 헌신하셨다. 이는 하느님의 백성으로 살아가는 공동체적 신앙의 본질을 드러내는 것이며, 또한 그러한 신앙은 인간으로서 우리의 관계성을 드러내고 심화시킨다.

이러한 정신은 예수님께서 공동체를 세우기 위해 보여 주신 의도적이고 포용적인 활동 속에 잘 드러난다. 예수님은 어부와 농부, 상인과 주부, 부자와 가난한 이들, 세금을 내는 자와 세리, 의인과 죄인 모두를 불러 모으셨고, 누구나 그의 공동체 안에서 환영을 받았다. 아마 가장 혁신적인 점은, 예수님께서 여성과 어린이들마저 동등한 존엄성을 지닌 존재로 인정하시고, 제자들의 공동체 안에 온전히 포함되도록 하셨다는 점이다. 또한 주목할 점은, 예수님께서는 모든 사람을 식탁에 초대하셨다는 것이다. 식탁은 사회적 포용의 가장 분명한 상징이었으며, 예수님은 공생활 시작부터 이를 보여 주셨다(마르 2,15~17 참조). 분명히 예수님은 모든 사람을 매우 환영하고, 존중하고, 포용하는 태도를 갖고 계셨으며, 자신이 가르치고 실천한 가치를 공유하도록 모든 사람을 자신의 공동체로 초대하셨다.

게다가, 공생활을 시작하셨을 때부터 예수님께서는 세상 안에서 하느님 나라를 위한 효과적인 공동체를 만들기 위해 함께 할 협력자들을 부르기 시작하셨다. 예수님에게 있어, 제자가 된다는 것은 그분의 가르침 사명을 공유하는 제자 공동체에 결속되는 것을 의미했다. 예수님은 먼저 공동체 리더십을 위해 "열두 제자"를 선택하신 후, 그들을 "둘씩 짝지어"(마르 6,7, 즉 파트너십으로) 파견하셨는데, 이는 서로 동반자 관계를 이루며 공동체를 넓혀 가도록 하기 위함이었다. 이어서 예수님께서는 "다른 제자 일흔 명"을 뽑아 그들 역시 짝지어 파견하시어 하느님 나라를 위한 공동체적 사명을 이어 가게 하셨다(루카 10,1). 공동체의 지도자들은 협력하여 일해야 할 뿐 아니라, 공동체 안에서 섬기는 지도자가 되어야 했다. 예수님께서는 여러 방식으로 여섯 차례나 공동체 지도자들에게 동료들 위에 "군림하려"(예를 들어, 마태 20,25 참조) 들지 말고, 오히려 평등한 시민의 공동체로서 서로 잘 협력하도록 도와야 한다고 가르치셨다.

아마도 인간 존재의 본성과 그리스도교 신앙의 공동체적 성격을 가장 잘 드러내는 복음의 장면은, 부활하신 예수님께서 부활하신 후 며칠 지나 갈릴래아 산 위에서 제자들에게 말씀하시는 부분일 것이다. 그 자리에서 예수님께서는 제자들을 파견하시며, 온 세상 사람들에게 가서 복음을 전하여 당신의 제자로 삼고, 그들을 공동체 안으로 받아들이라고 명령하셨다. 곧 성부와 성자와 성령의 이름으로 세례를 베풀어, 그들을 하느님 안의 친밀하고 공동체적인 삶으로 이끌도록 하셨다. 하느님의 존재 방식은 하나이면서 동시에 삼위이시다. 이는 개인적이며 공동체적으로 존재하시는 하느님의 모습을 닮아, 우리 인간도 개인적이면서 공동체적인 존재라는 사실을 드러낸다. 세례를 받았든 받지 않았든

간에, 모든 사람은 하느님의 모상으로 창조되었다. 이는 우리 각자가 하나의 고유한 존재이면서 동시에 공동체적 존재로서, 삼위일체 하느님을 닮았음을 의미한다.

복음의 증언에 비추어 볼 때, 이후 신약성경의 모든 기록이 그리스도교 신앙을 공동체적 신앙으로 묘사하는 것은 놀라운 일이 아니다. 이는 우리의 인간적 본성 자체가 관계적 존재이기 때문이며, 또한 그리스도교 신앙의 본성 자체가 그러하기 때문이다. 신약성경에서 교회를 가리키는 모든 비유는 공동체적 성격을 지니는데, 그중에서도 가장 생생한 것은 바오로가 교회를 세상 안에서 그리스도의 몸으로 비유한 것이다. 바오로는 이렇게 말하고 있다. "몸은 하나이지만 많은 지체를 가지고 있고 (…) 그리스도께서도 그러하십니다"(1코린 12,12). 바오로는 이어서 신체의 각 부분이 고유한 기능, 즉 고유한 성격을 가지지만, 모두가 협력하여 하나를 이루어야 함을 강조한다. 그리고 마침내 이렇게 선포한다. "여러분은 그리스도의 몸입니다"(12,27). 인간적 정체성을 그리스도교 신앙 안에서 살아간다는 것은 매우 개인적이면서도 공동체적인 일이다. 예수님의 인간학과 사회학은 분명히 동전의 양면과 같았다. 가톨릭 교육자들도 마찬가지여야 한다!

▌예수님은 희망을 품은 현실주의자셨다▐ 인간과 사회에 대한 이해에서, 예수님은 우리가 개인적으로나 사회적으로 죄를 지을 수 있는 존재임을 분명히 알고 계셨다. 또한 인생에는 누구에게나 피할 수 없는 고통이 따르며, 그것이 결코 "장미꽃 길"만은 아님을 몸소 아셨다. 우리가 선을 선택할 수 있듯이, 또한 개인적으로나 사회적으로나 죄를 선택할 수 있는 능력 또한 충분히 지니

고 있다. 이와 마찬가지로, 세상에서의 삶은 누구에게나 크고 작은 고통을 안겨 주며, 때로는 사회적 불의와 억압의 구조 때문에 어떤 이들은 다른 이들보다 더 무거운 십자가를 지기도 한다.

무엇보다도, 예수님께서는 개인적 죄와 사회적 죄, 이 두 현실을 분명히 인식하셨고, 그것을 마주하실 때마다 모두 단호히 단죄하셨다. 실제로, 사회적 죄에 맞선 예수님의 행동이 결국 그분을 곤경에 빠뜨린 요인이 되었을 가능성이 크다. 많은 성경학자가 예수님께서 성전에서 환전상들을 "쫓아내신" 사건을, 당시 문화적 맥락의 경제 구조에 도전하신 사례로 본다. 사실, 이미 여러 번 언급했듯이, 예수님께서 선포하신 하느님 나라(*basileia*)는 로마 제국(역시 *basileia*)에 대한 정치적 대안으로 자리매김했다. 네 복음서 모두, 로마가 예수님을 "유다인들의 임금"이라는 죄목으로 십자가에 못 박았다고 전하고 있다. 적어도 로마인들에게 있어, 예수님의 혐의는 정치적인 것이었다.

예수님께서 가장 단호히 꾸짖으신 죄는 두 가지였다. 하나는 종교적 위선, 다른 하나는 어린이들을 잘못된 길로 이끄는 죄였다. 위선에 관하여, 예수님께서는 종교 지도자들이 자신들은 행하지 않으면서 사람들에게 무거운 짐을 지우는 행태를 꾸짖으셨다. 예수님께서는 이렇게 말씀하셨다. "그들은 무겁고 힘겨운 짐을 묶어 다른 사람들 어깨에 올려놓고, 자기들은 그것을 나르는 일에 손가락 하나 까딱하려고 하지 않는다"(마태 23,4). 그리고 "작은 이들"을 그릇된 길로 이끄는 자들에 관해서는, 차라리 "바다에 던져지는 편이"(마르 9,42) 더 낫다고 하셨다.

더 나아가, 예수님께서는 언제나 사람들이 율법의 문자에 매이기보다 그 정신을 살기를 바라셨다. 예수님께서는 사회적 필요가 더 크다고 보실 때는, 안식일에 일하지 말라는 규정을 무시하심으로써 이를 몸소 실천하셨다. 분명히, 예수님께서는 유다교 신앙의 사회적 요구 안에서 중요도의 순서를 알고 계셨고, 배고픈 사람을 먹이거나 병든 사람을 치유하는 일이 안식일을 지키는 것보다 우선한다는 것을 알고 계셨다. 물론 안식일 준수 역시 그분의 "관습"(루카 4,16)이었지만 말이다.

예수님께서는 죄인들과 그들의 죄를 분명히 알고 계셨지만, 그분의 사명 가운데 많은 부분은 그들을 회개로 이끄시는 것이었다. 그들을 회개로 이끌기 위해, 예수님께서는 그들을 식탁에까지 초대하셨는데, 이는 당시 문화적 맥락에서 볼 때 대단히 파격적인 포용 행위였다. 예수님께서는 이렇게 말씀하시며 당신의 선택을 옹호하셨다. "건강한 이들에게는 의사가 필요하지 않으나 병든 이들에게는 필요하다. 나는 의인이 아니라 죄인을 부르러 왔다"(마르 2,17). 잘 알려진 중풍 병자 이야기가 있다. 군중이 너무 많아 예수님께 데려갈 길이 막히자, 사람들이 중풍 병자를 지붕에 올린 후 그 구멍을 뚫어 그분 앞에 내려보낸 사건인데, 이때 예수님께서는 중풍 병자를 바라보시며 이렇게 말씀하셨다. "사람아, 너는 죄를 용서받았다." 이에 대해 몇몇 지도자들이 하느님만이 죄를 용서하실 수 있다고 반발하자, 예수님께서는 그를 고쳐 주심으로써 당신이 하느님으로부터 그러한 권위를 받으셨음을 드러내셨다(루카 5,17~26 참조). 그리고 필요할 때 하느님의 용서를 베푸시는 데 기꺼이 나서셨다.

하느님께서 죄인들을 용서하실 뿐 아니라, 그들을 자비로운 마음으로 찾아 나서신다는 사실은, 예수님께서 아흔아홉 마리의 양을 남겨 두고 길 잃은 한 마리를 양을 찾아 나서는 착한 목자로 하느님을 묘사한 데서 잘 드러난다(마태 18,10~14 참조). 예수님께서는 이어서 이렇게 말씀하셨다. "이와 같이 하늘에서는, 회개할 필요가 없는 의인 아흔아홉보다 회개하는 죄인 한 사람 때문에 더 기뻐할 것이다"(루카 15,7). 그리고 예수님께서는 "나는 착한 목자다"(요한 10,11)라고 선언하시며, 특히 다리 저는 이들과 길 잃은 이들을 돌보는 하느님의 뜻을 받아들이셨다.

예수님께서 보여 주신 하느님의 자비와 용서는 인간이 본질적으로나 돌이킬 수 없을 정도로 죄인이라는 주장을 반박하는 것이다. 죄 많은 삶이라도 변화될 수 있다는 희망은 언제나 있다. 이것은 이번 장의 후반부에서 논의할, 곧 인간의 조건이 본질적으로 그리고 되돌릴 수 없을 만큼 죄인인가에 대한 토론에서 매우 중요한 출발점이 된다. 예수님께서는 인간을 그렇게 단정하지 않으셨으며, 모든 이가 회개하고 삶을 바꿀 수 있다는 희망을 드러내셨다. 어떤 의미에서 우리 모두는 죄를 지을 수 있지만, 동시에 회개와 변화를 향해 열려 있는 "착한 강도"(루카 23,29~43)와 같은 존재다.

아마도 죄인을 용서하시려는 예수님의 마음을 가장 생생하게 보여 주는 예는 간음하다 붙잡힌 여인과의 만남일 것이다. 한 무리의 율법 학자들과 바리사이들이 그 여인을 예수님께 데리고 와서, 그분의 토라에 대한 충실함을 시험하려고 하였다. 일반적인 해석에 따르면, 그 여인은 돌에 맞아 죽어야 했다(요한 8,1~6 참조). 그러나 예수님께서는 이렇게 말씀하셨다. "너희 가운데 죄 없는 자가 먼저 저 여자에게 돌을 던져라"(요한 8,7). 이에 고발자들은 자신들 역시 죄인임을 깨닫는 양심을 보였고, "나이 많은 자들부터 시작하여"(요한 8,9) 하나둘씩 떠나갔고, 그 여인은 예수님과 단둘이 남게 되었다.

예수님께서 그 여인에게 물으셨다. "여인아, 그자들이 어디 있느냐? 너를 단죄한 자가 아무도 없느냐?" 그녀는 대답했다. "선생님, 아무도 없습니다." 예수님께서 말씀하셨다. "나도 너를 단죄하지 않는다. 가거라. 그리고 이제부터 다시는 죄짓지 마라"(요한 8,10~11). 주목할 것은, 예수님은 그녀를 용서하셨지만, 동시에 죄의 현실을 인정하시고 더 이상 죄를 짓지 않도록 분명히 권고하셨다는 점이다. 요약하자면, 예수님의 공생활 가르침에서 핵심적인 요소는 죄인들을 회개로 이끄시고, 용서하시며, 다시는 죄짓지 않도록 초대하신 데 있다.

예수님은 인생 여정에 수반되는 고통에 대해서도 마찬가지로 현실적이었으며, 그 절정은 예수님 자신의 십자가 죽음에서 드러났다. 이미 언급했듯이, 예수님의 공생활과 가르침의 대부분은 온갖 형태의 인간 고통을 덜어 주기 위한 것이었다. 마태오 복음에서 예수님은 이렇게 초대하신다. "고생하며 무거운 짐을 진 너희는 모두 나에게 오너라. 내가 너희에게 안식을 주겠다"(마태 11,28). 또한 복음서는 자주, 고통받는 이들을 대하는 예수님을 "연민으로 가득하신 분"으로 묘사한다(예를 들어 마태 20,34; 루카 15,20 참조). 가난한 갈릴래아 마을 출신으로서, 가난한 사람들과 함께 살아오신 예수님은 인간의 고통과 불의를 몸소 아셨다. 그리고 그분은 바로 그것에 맞서기 위해 자신의 생명을 내어 주셨다.

예수님께서 인간의 고통에 보여 주신 가장 큰 연대는 로마 군인들에게 모욕당하시고 십자가에 못 박히신 사건이다. 정치적 누명을 쓰고 사형에 처해진 예수님은 끔찍한 십자가 죽음의 고통을 겪으셨다. 복음서에 세 차례 기록된 바와 같이, 죽은 이를 다시 살리실 정도의 신적 권능을 지닌 그분이시기에, 사실 스스로 죽음을 피하실 수도 있었을 것이다. 그러나 예수님은 인류의 모든 고통에 동참하셔서 십자가에 못 박히셨다. 어쨌든 그분의 십자가형은 고통받는 모든 이들과의 신적 연대 행위였다.

이 모든 것에 더해, 그리스도교 신앙은 십자가에 못 박히신 "예수님을 하느님께서 다시 살리셨고"(사도 2,32), "그분의 능력으로 우리도 다시 살리실"(1코린 6,14 참조) 것이라고 확신한다. 다시 말해, 예수님의 죽음과 부활, 그분의 파스카 신비는 인간의 고통이 최종적으로 승리하는 것을 부정하며, 우리의 무거운 짐 — 심지어 죽음 — 앞에서도 모든 이들에게 희망의 상징이 될 수 있다. 예수님께서 온 인류를 위해 죽으시고 부활하셨기 때문에, 그리고 이 파스카 신비가 인류 역사 안에 불러일으킨 하느님 은총의 풍성함 때문에, 어떤 십자가도 견딜 수 없는 짐이 될 수 없고, 최종적인 승리를 거둘 수 없다.

성찰과 대화를 위해

- 예수님께서 우리 인간 조건을 본질적으로 선하고 공동체적이면서도 죄와 고통에 빠질 수 있는 존재로 이해하신 것에서 무엇이 당신에게 가장 큰 영감을 주는가?
- 이러한 영적 토대가 당신의 교육학에 어떠한 영향을 미치겠는가?

선하고 공동체적인 인간

▌초기 시대부터 종교개혁에 이르기까지▐ 인간 조건에 대한 가톨릭의 이해는 지난 이천 년 동안 계속해서 다듬어져 왔다. 그러나 그것은 일관되게, 인간이 본질적으로 긍정적인 가능성과 인격적 존엄을 지닌 존재라는 예수님의 묘사와 일치해 왔다. 또한 우리 자신을 본질적으로 관계적 존재로 이해하면서, 사회 전체의 모든 구성원의 안녕에 책임이 있다는 이해와도 일치해 왔다. 그리고 우리는 죄와 고통을 겪기 쉬우나, 하느님의 은총으로 그 어느 것에도 얽매이지 않는다.

그러므로 수 세기에 걸쳐, 인간은 본질적으로 선하거나 적어도 악보다는 선에 더 기울어 있다는 일반적인 인식이 존재해 왔다. 그리스도교 신앙의 위대한 신학자들 가운데, 토마스 아퀴나스는 아우구스티누스보다 인간에 대해 더 확고하게 긍정적이었다고 말할 수 있다. 반면 아우구스티누스는 "원죄"의 영향에 지나치게 집중하였다. 원죄라는 개념은 아우구스티누스 이전에도 있었지만, 그를 통해 그리스도교 의식의 중심 무대(아래에서 더 자세히 다룰 예정)에 등장하게 되었다. 그러나 인간에 대한 전반적인 이해는 대체로 긍정적이었고, "죄로 기울어지는 경향"(트리엔트 공의회)이 있음을 잘 알고 있었지만, 가톨릭 신앙과 가톨릭 지성 전통은 언제나 인간을 삼위일체 하느님의 모상을 닮은 존재로 보았고, 죄가 아니라 은총의 질서 안에서 삶을 살아가는 존재로 여겼다. 이러한 긍정적인 인간학은 그리스도교 역사 첫 1500년 동안 흔들리지 않는 핵심 신념이었다.

우리의 개인적이면서도 공동체적인 본성에 관해 말하자면,

모든 고대 문화와 마찬가지로, 초기 그리스도인들이 자신들을 이해한 지배적 의식은 공동체적인 존재였다. 즉, 그들은 부족, 마을, 본당 공동체 안에서 살아가며 모든 사람의 공동선에 기여할 책임을 지닌 존재로 자각했다. 실제로, 1600년경, 근대가 시작될 무렵까지도, 사람들의 자기 이해는 개인적 인격에 대한 의식이 거의 없는 공동체적인 존재로서의 이해였다.

몇몇 학자들은 인간을 개별적인 존재로서 서술하기도 했다. 예를 들어, 위대한 로마 철학자이자 그리스도교 학자인 보에티우스(Boethius, 480~524)는 인간의 정체성을 설명하면서 "인간은 이성적 본성을 지닌 개별적 실체"라고 썼다. 얼핏 딱딱하게 들릴 수 있는 보에티우스의 이 정의는 시간이 지나면서 고전적 정의가 되었고, 약 700년 뒤 토마스 아퀴나스가 이를 계승하여 인간 인격의 개별 권리 개념을 발전시키는 데 중요한 기틀로 삼았다. 다만 아퀴나스는 로크 같은 근대 사상가들과 달리 사회적 책임을 희생시키는 방향으로 가지는 않았다.

아퀴나스는 인간의 이성적 본성이 우리의 영적 핵심을 드러낸다고 보았고, 인간을 "육체와 영혼"이 하나로 결합된 존재라고 이해했다. 그러므로 영혼은 인간이 인격체로서 존엄성을 지니는 근거이고, 동시에 하느님이 부여하신 인권의 토대가 된다. 가톨릭 지성 전통의 이러한 풍부한 측면은 인권 전통으로 발전했으며, 이는 교황 요한 23세의 회칙 「지상의 평화」(*Pacem in Terris*, 1963)에서 강조되었다. 예컨대 인간으로서 존중받을 권리, 진리를 추구하고 알 권리, 자유롭게 예배할 권리, 교육받을 권리, 정당한 노동과 임금을 받을 권리, 적절한 의료를 누릴 권리, 공적 활동에 참여할 권리 등이다.

한편, 가톨릭 지성 전통은 인간의 개별성과 공동체성이 서로 긴밀히 맞물려 있다는 확신을 일관되게 드러내 왔다. 그러므로 우리는 먼저 개인으로 존재하다가 나중에 공동체에 들어가는 것이 아니다(로크 등 근대 사상가들이 주장한 것처럼). 오히려 우리는 혼자서는 결코 인격적 존재가 될 수 없으며, 인격성과 공동체성은 함께, 동시에 이루어진다.

또한, 첫 1500년 동안 그리스도인들은 "인격"(person)이라는 말이 주로 하느님께 귀속되었음을 깊이 인식하고 있었으며, 하느님을 본질적으로 관계적 존재로 이해하였다. 교회는 약 5세기에 걸친 논의 끝에, 그리고 칼케돈 공의회(Council of Chalcedon, 451)에서 이를 확정하여, 한 분 하느님을 성부와 성자와 성령, 곧 삼위의 인격적 공동체로 고백하게 되었다.

삼위일체에 대한 그리스도교의 핵심 교리에 따르면, 성부와 성자와 성령, 곧 각 위격은 서로 "구별되면서도 동등"하고, 무한한 사랑으로 하나 되어 한 분이신 하느님 안에서 친교를 이루신다. 이 논리에 비추어 보면, 삼위일체 하느님의 모상으로 창조된 인간도 각자 "구별되면서도 동등한" 존재로서, 서로 간의 사랑의 친교 안에서 자신을 실현해야 한다. 삼위일체이신 하느님의 본성을 따라 사는 삶은 우리 모두를 공동체 안의 개인으로, 그리고 개인들의 공동체로 살아가도록 초대한다.

▎종교개혁 논쟁과 그 여파▐ 우리 인간 조건에 대한 이러한 일반적인 이해, 곧 하느님의 은총으로 인해 죄보다는 선으로 기울어진다는 점과 인간의 공동체적 본성에 대한 인식은 개신교 종교개혁 이전까지는 도전받지 않았다. 그러나 종교개혁 이후 이 주

제는 치열한 논쟁거리가 되었고, 그 결과는 교회와 사회 모두에 긍정적인 면과 부정적인 면을 남겼다. 종교개혁의 갈등과 논쟁은 단지 교회 내부의 분쟁만이 아니었음을 주목해야 한다. 당시에는 교회와 국가가 분리되어 있지 않았기 때문이다. 오히려 종교적 논쟁은 공적 영역 전체에 깊은 영향을 미쳐, 이후 서구 세계의 사회적·영적 삶을 형성하였으며, 인간의 잠재적 선함과 공동체성에 대해 엇갈린 결과를 가져왔다.

예를 들어, 종교개혁은 개인의 자율성과 개인의 권리를 발전시키는 데 큰 기여를 했다. 그러나 동시에 인간을 공동체적 존재로 보는 시각과 서로에 대한 책임, 곧 서로의 구원까지도 함께 짊어져야 한다는 인식을 약화시켰다. 그 결과 구원은 공동체적 여정이 아니라 점차 개인적인 추구로 변해 갔다. 종교 개혁자들은 인간의 죄성을 강조하는 경향이 있었지만, 하느님 은총의 무상성을 통한 구원을 확신시킴으로써 사람들이 지옥에 떨어질지 모른다는 두려움에서 벗어나도록 도와주었다. 그러나 동시에, 그들의 입장은 인간이 하느님의 은총에 힘입어 선을 행할 수 있다는 본래적 선함과 책임 의식을 약화시켰다. 그러므로 가톨릭의 관점(여기서 우리의 초점)에서 보자면, 종교 개혁자들은 인간의 죄성과 개별성을 지나치게 강조하는 경향이 있었던 반면, 가톨릭은 인간의 본질적 선함과 영적·사회적 차원에서 공동체가 필요하고, 그 공동체를 향한 책임을 지닌다는 확신을 굳게 간직하였다.

이러한 논쟁을 역사적 맥락에서 본다면, 종교 개혁자들이 가톨릭에 이의를 제기한 데에는 나름의 타당한 이유가 있었다. 그것은 주로 당시 가톨릭이 보인 과장된 가르침에 대한 반발이었다. 예를 들어, 그 당시 가톨릭은 구원받는 데 따르는 어려움과 선행의 의무를 지나치게 강조하여, 마치 사람들이 하느님 은총의 도우심에 대한 어떤 인식도 없이 오직 자신의 노력으로 구원을 얻어야 하는 것처럼 가르쳤다. 이에 대해 종교 개혁자들의 공로가 분명히 있다. 그들은 우리가 하느님의 은총—우리의 삶 안에서 역사하시는 하느님 사랑의 은혜로운 선물—으로 구원을 받는다는 것과 구원은 우리 자신의 선행으로 얻어지는 것이 아니라 믿음을 통해 모든 이에게 열려 있다는 점을 강조하고자 했다.

그러나 그들은, 적어도 가톨릭의 관점에서 볼 때, 지나치게 극단적인 입장을 취하는 경향이 있었다. 마치 우리가 바오로 사도가 말한 "자신의 구원을 위한"(필리 2,12) 일에 아무것도 기여할 수 없는 것처럼 말이다. 종교 개혁자들은 하느님 은총의 무상성을 강조하려는 열망으로, 인간이 선을 행할 능력이 없다는 점과 죄와 악에 대한 우리의 타고난 성향을 지나치게 강조하였다. 특히 루터보다 칼뱅에게서 그 경향이 두드러졌다.

마찬가지로, 당시 가톨릭교회는 사람들의 영원한 운명을 책임지고 있다고 생각할 정도로 스스로에게 너무 많은 권력을 부여했다. 교회는 "은총의 통로"인 교회와 성사의 중재를 통해서만 인간이 구원받을 수 있음을 강조했다. 이러한 맥락 속에서 교회는 오랫동안 주장해 온 대로 "교회 밖에는 구원이 없다"는 점을 거듭 강조했다. 종교 개혁자들은 구원을 매개하는 데 있어 교회의 과장된 역할을 바로 잡기 원했고, 사람들이 교회와 그 제도에 의존하지 않고 하느님과의 직접적 관계를 발전시키도록 격려했다.

그러나 이것은 개인주의에 대한 지나친 강조와 사회적·영성적 영역 모두에서 우리의 공동체성을 소홀히 하는 결과로 이어지는 경향이 있었다. 물론 우리는 하느님과 우리 자신만의 개인적 관계를 맺을 수 있다. 그러나 예수님의 사명 속에 드러난 공동체성에 대한 강조에 따라, 우리는 다른 그리스도인들과 함께 친교와 공동체 안에서 하느님께 나아가야 한다. 사실, 그리스도교 제자직의 핵심은 하느님, 자기 자신, 타인, 그리고 피조물과 올바르고 사랑의 관계 안에서 살아가는 것, 곧 개인적이면서도 공동체적인 여정이라 할 수 있다!

▌가톨릭의 양자 모두 정신▐ 이 이야기를 맺으며 정리하자면, 종교개혁의 논쟁을 거쳐 가톨릭 안에서 뚜렷하게 자리 잡은 것은, 가톨릭 지성 전통의 전형이라 할 수 있는 양자 모두(both/ and)라는 고전적인 입장이었다. 이 입장은 개인과 신앙 공동체 모두를 강조하도록 이끈다. 또한 하느님을 믿는 신앙과 구원을 향한 선행 실천이 함께 필요하다는 점을 강조한다. 나아가 하느님 은총과 인간의 주체적 행위가 협력해야 하며, 하느님께서 개인과 공동체의 선을 위해 애쓰는 우리의 선한 노력에 힘을 보태신다는 것을 강조한다.

종교개혁 시대의 논쟁과 그 파급력이 교회와 사회에 미친 전체적인 맥락을 여기에서 모두 다루기는 어렵다. 그러나 그 논쟁의 핵심 쟁점은 결국 성경의 첫 책, 창세기 1, 2, 3장의 해석 문제였다고 말한다 해도 결코 과장은 아닐 것이다. 우리는 이미 여러 차례 창세기 1장 26~27절을 언급했는데, 이 구절은 하느님께서 남자와 여자를 모두 당신의 모상대로 창조하시고, 그들을 보시며 "참 좋았다" 하셨음을 전한다. 또한 널리 알려진 창세기 2장 7절은 인간이 하느님의 생명의 숨결로 영혼을 부여받았음을, 그리고 2장 15절은 인간이 하느님의 피조물을 책임 있게 돌보아야 함을 보여 준다. 이는 곧 하느님과 인간이 맺은 계약적 동반자 관계를 드러내는 것이며, 이러한 주제는 성경 전체에 걸쳐 반복해서 전해진다.

또한 관계성의 차원을 더욱 드러내는 대목은, 하느님께서 남자와 여자를 서로의 동반자로 창조하셨다는 부분이다(창세 2,20). 〔히브리어 에제르(ezer)의 가장 좋은 번역은 전통적인 "조력자"가 아니라 "동반자"이다.〕 하느님께서는 그들이 결합하여 가정과 공동체를 이루도록 하셨다(창세 2,24). 이 모든 것은 인간이 깊은 관계적 인격성을 지니며, 높은 신적 잠재력을 지니고 있음을 보여 준다.

하지만 곧 이어지는 창세기 3장은 서방 그리스도인들이 특히 아담과 하와의 "타락"으로 해석해 온 이야기가 등장한다. (서방 교회 전통은 이 사건을 원죄와 연결해 강조했지만, 유다교 전통과 동방 정교 전통은 모든 것을 어지럽힌 원죄 개념을 그렇게까지 강조하지 않았다.) 익히 알려진 바와 같이, 우리의 첫 부모는 뱀의 유혹을 받아 에덴동산에서 금단의 열매를 따 먹었고, 그 결과 인류는 질병과 죄, 죽음이라는 참혹한 결과를 물려받게 되었다. 오늘날 대부분의 신학자가 이 신화적 이야기를 인간 조건의 직접적 원인으로 보지는 않지만, 그것은 여전히 죄에 기울어지는 우리의 성향과 선을 행하기 위해 하느님의 은총이 필요함을 드러낸다.

종교 개혁자들은 천여 년 전의 아우구스티누스가 내린 해석에 힘입어, 인간의 "타락"을 인간 조건의 총체적인 부패로 이해했다. 특히 칼뱅은, 루터보다도 더욱 강경하게, 아담과 하와의 죄 때문에 인간은 본질적으로 죄의 덩어리(*messa peccati*)가 되었으며,

인간 자신의 노력으로는 구원이나 참된 행복에 아무런 기여도 할 수 없다고 주장했다. 인간은 완전히 죄에 물들어 있으므로, 우리는 전적으로 하느님의 구원하시는 은총에 의존해야 하며, 그 은총은 오직 예수 그리스도에 대한 믿음을 통해서만 누릴 수 있다고 보았다.

종교 개혁자들은 자신들의 주장을 뒷받침할 성경 근거를 얼마든지 제시할 수 있었다. 예를 들어, 바오로는 에페소인들에게 보낸 편지에서 이렇게 담대하게 선언한다. "여러분은 믿음을 통하여 은총으로 구원을 받았습니다. 이는 여러분에게서 나온 것이 아니라 하느님의 선물입니다"(에페 2,8). 루터가 특히 즐겨 인용한, 오직 믿음으로부터만 구원받는다는 구절은 이렇게 시작한다. "그러므로 믿음으로 의롭게 된 우리는 우리 주 예수 그리스도를 통하여 하느님과 더불어 평화를 누립니다. 믿음 덕분에, 우리는 그리스도를 통하여 우리가 서 있는 이 은총 속으로 들어올 수 있게 되었습니다"(로마 5,1~2). 모든 것이 하느님의 일처럼 보인다!

종교 개혁자들의 이해에 따르면, 예수님의 죽음과 부활은 하느님의 은총을 더욱 충만히 드러내신 사건이며, 이 은총은 믿음을 통하여 우리에게 열려 있다. 여기서 말하는 믿음이란 단순히 선행으로 입증되는 믿음이 아니라, 예수 그리스도를 통하여 우리를 구원하시는 하느님을 향한 진실한 **신뢰였다. 또한 이러한** 믿음은 그리스도교 공동체를 통해 실현되기보다는 개인의 선택과 책임에 더 무게가 실려 있었다. 아울러 아담과 하와의 "타락"과 그들의 "원죄"는 생명을 주는 공동체의 가능성마저 약화시켰다. 그 결과 남자 아담이 여자 하와를 다스리게 되었고(창세 3,16에 반영됨), 그들은 더 이상 동등한 동반자로 살아가지 못하게 되었다.

가톨릭은 인간이 죄에 기울기 쉬운 성향을 지니고 있음을 분명히 인정한다. 그러나 동시에, 창조 때 하느님께서 부여하신 본래의 은총은 결코 사라지지 않았음을 고백한다. 우리는 여전히 하느님의 모상을 지니고 있고, 하느님을 닮아 갈 잠재력을 가지고 있으며, 우리 안에 불어 넣어진 하느님 생명의 숨결로 살아간다. 『가톨릭 교회 교리서』가 요약하듯이, "인간의 본성은 원죄의 상처를 지니고 있다." 하지만 우리는 악보다 "선에 대한 갈망"을 갖고 있고, "창조주의 모습을 여전히 간직하고 있다"(1707항, 2566항).

토마스 아퀴나스의 고전적 가르침에 따르면, 은총은 우리의 인간 본성을 통해 작용하고 더욱 고양시킨다. 이것은 우리 삶 안에서 역사하시는 하느님의 효과적인 사랑이 선행을 할 수 있는 우리의 능력을 증대시킨다는 뜻이다. 그러므로 예수 그리스도 안에서 주어지는 하느님의 구원 은총에 힘입어 우리는 선을 행함으로써 구원에 참여할 수 있고, 또한 참여해야 한다. 이러한 **살아 있는** 신앙은 그리스도교 신앙 공동체의 지지와 상징, 그리고 성사들의 도움을 필요로 한다.

종교 개혁자들이 자신들의 주장을 뒷받침하기 위해 즐겨 인용한 성경 구절들이 있었듯이, 가톨릭 또한 그러하였다. 바오로 사도의 서간들에도 "가톨릭적 색채"가 드러나는 대목들이 많지만, 가톨릭이 특별히 애호한 본문은 야고보 서간이었다. 야고보는 담대하게 "믿음에 실천이 없으면 그러한 믿음은 죽은 것입니다"(야고 2,17)라고 선언하고, "사람은 믿음만으로 의롭게 되는 것이 아니라 실천으로 의롭게 됩니다"(야고 2,24)라고 단언했다.

그리고 자신의 요지를 분명히 하기 위해 이렇게 덧붙였다. "영이 없는 몸이 죽은 것이듯 실천이 없는 믿음도 죽은 것입니다"(야고 2,26).

인간 됨의 차원에서든 신앙의 차원에서든, 우리의 공동체성과 연대성을 가장 잘 드러내 주는 가톨릭의 대표적 성경 구절 가운데 하나는 바오로 사도의 코린토 1서 말씀이다. "한 지체가 고통을 겪으면 모든 지체가 함께 고통을 겪습니다. 한 지체가 영광을 받으면 모든 지체가 함께 기뻐합니다"(1코린 12:26). 이는 우리가 모두 그리스도 한 몸의 지체들이기 때문이다. 그리고 신앙 안에서 그리스도인의 공동체성과 개별성을 함께 강조하기 위해, 바오로 사도는 다음과 같이 분명히 선언하고 있다. "여러분은 그리스도의 몸이고 한 사람 한 사람이 그 지체입니다"(1코린 12, 27). 우리는 하느님과 개인적 관계를 맺도록 부름을 받았고, 하느님의 은총은 교회 밖에서도 역사할 수 있다. 그러나 동시에 우리는 함께 교회가 되어, 세상 안에서 그리스도의 몸처럼 굳게 결속하여 서로의 구원을 돕도록 부름을 받고 있다.

요약하자면, 인간 조건에 대한 가톨릭의 고전적 이해는 우리가 본질적으로는 선하지만 동시에 하느님의 은총이 필요하며, 개별적 권리를 가진 인격적 존재이면서 동시에 서로에게 책임을 지는 공동체적 존재라는 것이다. 더불어 고전적인 개신교의 입장 역시 도움이 될 수 있는데, 이는 인간이 죄와 악에 빠질 가능성을 지니고 있으며, 하느님의 도움이 절대적으로 필요하다는 점을 강조하기 때문이다. 또한 신앙은 무엇보다도 하느님과의 인격적 관계에 뿌리내린, 지극히 개인적이면서도 자율적인 선택임을 일깨운다. 개인적 영성에 대한 이러한 강조는 가톨릭 안에 존재하는 제도적 교회의 역할을 절대화하려는 성향을 완화해 줄 수 있다. 그리고 제도 교회가 스스로 고백하는 신앙을 충실히 살아 내지 못할 때, 신자들이 겪는 실망감을 덜어 주는 데에도 도움이 될 수 있다.

성찰과 대화를 위해

- 모든 사람 안에는 본래부터 잠재적 선함이 깃들어 있다고 생각해 보자. 그러한 긍정적 신념이 가톨릭 학교의 교육과정에 어떠한 영향을 줄 수 있겠는가? 그리고 당신의 교육학에는 어떠한 영향을 미치겠는가?
- 학생들의 관계성을 키워 주고, 시민으로서의 책임감을 길러 주며, 하느님, 자기 자신, 다른 사람들, 그리고 창조 세계와 올바르고 사랑이 넘치는 관계 속에서 살아가도록 돕는 가톨릭 교육은 어떤 모습이어야 한다고 생각하는가?

▎가톨릭 교육을 위하여▎ 가톨릭 지성 전통을 이끌어 온 위대한 사상가들을 살펴보면서, 우리는 이미 인간을 선하게 바라보는 가톨릭의 긍정적 인간 이해와 인간 존재의 본질적 공동체성을 강조하는 관점이 교육에 던지는 여러 의미를 살펴보았다. 요약하자면, 우리는 하느님의 섭리와 은총 안에서 인간이 지닌 엄청난 잠재력을 교육에서 실현해야 하며, 특히 공동체 안에서 협력할 때 그 가능성은 더욱 커진다. 우리는 분명 죄와 악을 저지를 수 있는 존재이지만, 양심이나 도덕적 주체성의 선택 없이 죄를 짓도록 프로그램된 것처럼 필연적으로 죄인인 것은 아니다. 오히려 선을 향한 잠재력을 신뢰하며 현실적 낙관주의 속에 살아가는

것이, 우리 자신과 학생들을 포함해 인간에 대해 최악을 가정하는 것보다 훨씬 더 고무적이다.

우리는 "혼자 해내겠다"라거나 "나만 잘 챙기면 된다"는 태도로 살아갈 수 있다. 실제로 어떤 사상가들은 "차단된 자아"로 살아가는 것이 포스트모던 시대의 지배적 태도라고 말한다. 곧 자기 자신만을 의지하고, 자신만을 돌보는 삶이다. 그러나 자기 중심성과 자기 충족의 고치 안에서 살아가는 것은 우리의 이웃, 즉 모든 인류와의 협력 속에서 살아가는 것만큼 인간다움을 주지 못한다. 가톨릭 교육은 학생들이 지닌 선을 향한 개인적 잠재력과 공동체 안에서 협력할 수 있는 잠재력을 길러 주는 데 핵심적인 역할을 한다. 이 두 가지는 언제나 동전의 양면과 같지만, 우선 긍정적인 인간관에 기초할 때 가톨릭 교육이 지니는 실제적 가능성을 상상해 보고, 이어서 이 장에서 다룬 공동체적 사회학을 증진할 때 펼쳐질 수 있는 교육의 가능성을 살펴보고자 한다.

• **긍정적 인간관에 기초한 가톨릭 교육:** 가톨릭 교육은 모든 학생에게 그들이 인간으로서 큰 긍정적 잠재력을 가지고 있음을 비전으로 제시하고, 일깨워 주어야 한다. 하느님 은총의 지속적인 도움 속에서, 그들은 확실히 선한 사람으로서 선한 삶을 살 수 있다. 이는 가톨릭 교육이 학생들을 온전한 인격체로 돌보고, 그들의 성장을 최대한 격려하며, 학문·인간관계·예술·체육 등 각자의 재능에 따라 탁월하도록 이끌어야 한다.

지나치게 지시적이거나 학생들을 억지로 "동화시키려" 하기보다는, 가톨릭 교육은 그들의 젊은 이상과 신선한 시각, 질문과 탐구, 불안과 꿈, 호기심과 창의성, 그리고 불평과 비판 정신을 존중하고 격려해야 한다. 학생들에게 자신의 존엄성과 주체성을 일깨워 주며, 우리는 그들이 자기의 목소리를 내고, 개인적·사회적 현실을 스스로 바라보고 성찰할 수 있도록 도와야 한다. 또한 그들이 올바른 판단과 결정을 내리도록 이끌면서, 그들의 주체성과 자유로운 선택을 끊임없이 길러 주어야 한다. 우리는 학생들을 인격적 주체로 존중하며 질문을 던져야 하고, 또한 그들이 자기 스스로 질문을 발견하고 만들어 갈 수 있도록 이끌어야 한다. 가톨릭 교육의 영적 토대는 본질적으로 길러 내는 데 있지, 길들이는 데 있지 않다. 복음서에 나오는 어린 소년이 예수님께 빵 다섯 덩어리와 물고기 두 마리를 내어드려 수천 명의 배고픈 사람을 배불리 먹게 했던 것처럼(요한 6,9), 우리는 학생들이 저마다 하느님께서 주신 고유한 재능을 지니고 있으며, 하느님께서 그 재능을 키워 주셔서 수많은 이들의 삶을 풍요롭게 하실 수 있음을 믿고 상상하도록 격려해야 한다.

특히, 그 영적 토대에 비추어 볼 때, 가톨릭 교육은 학생들의 도덕성 형성을 이끌어 주고, 고귀하고 힘을 북돋는 비전으로 그들의 마음과 영혼에 호소할 수 있는 큰 잠재력을 지니고 있다. 도덕적 형성이 개인의 삶과 공적 삶 모두에서 매우 중요하기 때문에, 우리는 다음 장에서 총체적 인식론의 맥락 속에서 이 문제를 다시금 다루게 될 것이다. 인간학적 관점에서 보아도, 영적인 기반을 가진 윤리가 단순히 철학적 추론에 근거한 윤리보다 사람들에게 훨씬 더 설득력이 있다는 인식이 점차 확산되고 있다.

예를 들어, 임마누엘 칸트(Immanuel Kant)의 정언 명령 —보편적 법칙이 될 수 있는 방식으로만 행동하라는 명령 — 은 사람들이 옳고 그름을 구별할 수 있게 해 주지만, 옳은 것을 선택하도록 동기를 부여하지는 않는다. 왜 사람은 옳음을 선택해야 하는가? 반면 은총의 초월적 지평에 뿌리를 둔 영적 윤리는 훨씬 더 실천될 가능성이 크다. 가톨릭 교육은 하느님에 대한 신앙에 기초하고 있기에 풍부한 영적 토대를 지닌다. 하느님의 사랑은 우리가 선을 선택하고 실천하도록 이끌고, 예수님께서 몸소 보여주신 가치들은 그것을 뒷받침하기 때문이다.

도덕성 형성을 위해서도, 가톨릭 교육은 학생들에게 그리스도교 신앙이 삶을 올바르고 지혜롭게 살아가기 위한 현명한 지침과 계명을 제시하고 있음을 보여 주어야 한다. 이것이 바로 하느님께서 우리의 선을 위하여 바라시는 것이다. 이러한 지침과 명령은 신앙의 선조인 유다인들로부터 물려받은 십계명에서 시작한다. 십계명이란 이름은 참으로 합당하다. 이것은 변덕스러운 신이 우리를 시험하거나 불편하게 만들기 위해 요구하는 임의적 명령들이 아니다. 오히려 각각의 계명은 첫째 계명에서부터 우리를 진정한 자유로 이끈다. 오직 한 분이신 참 하느님만이 우리를 자유롭게 하시고, 모든 거짓 신들은 우리를 곧 노예로 만들어 버린다.

이에 더하여, 예수님의 가장 큰 계명과 영원한 생명을 위해 반드시 실천해야 할 영적·육적 자비의 행위들, 피해야 할 일곱 가지 "치명적" 죄들, 그리고 그 밖의 것들이 더해진다. 이러한 것들은 우리 인간의 행복과 삶의 충만함을 위한 현명한 지침들이지만, 그리스도인들은 또한 "내세의 삶"(니케아 신경)을 믿는다. 그곳에서 우리는 이 세상에서 어떻게 살아왔는가에 대한 책임을 지게 될 것이다. 만약 그렇지 않다면, 인간의 자유와 그에 따르는 책임을 존중하는 것이 될 수 없다.

도덕성 형성과 관련하여, 가톨릭 학교의 훈육은 중요한 실제적 의미를 지닌다. 학생들이 자신들의 행동에 대해 책임지도록 하는 것은 필수적이지만, 그 잘못이 곧 그들의 존재 자체를 규정하는 듯이 다루어서는 안 된다. 사람들이 "나쁜" 일을 할 때조차도, 그들이 본질적으로 나쁜 사람이 되는 것은 아니다. 이것은 가톨릭 인간학의 중요한 신념이다. 그렇다면 어떤 학생이 다른 이들에게 못된 짓을 하거나, 도둑질, 거짓말, 부정행위 등 잘못을 저질렀다면, 어떻게 적절하게 대응할 수 있을까? 물론 그들은 책임을 져야 하고, 그들의 잘못은 시정되어야 한다. 그러나 가톨릭의 인간 이해는 학생을 그 잘못된 행위 자체로 규정하지 않는다. 오히려 교육자는 이렇게 말할 수 있다. "너는 도둑(또는 거짓말쟁이, 사기꾼, 못된 사람)이 아니야. 그런데 왜 도둑질(또는 거짓말, 사기, 못된 짓)을 한 거니?" 반대로 학생에게 "너는 도둑(또는 거짓말쟁이, 사기꾼, 못된 사람)이야"라고 말하는 것은, 마치 그들이 본질적으로 그렇다는 듯이 자기 이미지를 형성하도록 조장하는 것이다. 사회과학은 교사(또는 학부모)가 학생들에게 투사하는 것이 그들이 어떤 사람이 될지에 강력한 영향을 미친다고 말한다. 다시 말해, 그들의 자기 이해는 그들의 공동체가 그들을 어떻게 인식하는지에 따라 크게 영향을 받는다. 그러므로 사람들이 비록 그것에 미치지 못하더라도, 그들의 잠재적 선함을 인식하고 확인해 주는 것이 훨씬 더 지혜로운 길이다. 그리고 가톨릭 교육자들은 그렇게 할 수 있는 영적 토대를 가지고 있다.

• **공동체적 사회학을 바탕으로 한 가톨릭 교육:** 가톨릭 학교가 일반적으로 유사한 사회문화적 맥락에 있는 다른 학교들에 비해 더 깊은 공동체적 실천을 하고 있다는 중요한 연구가 있다(Bryk/

Lee / Holland의 제5장 참조). 이것은 가톨릭 신앙의 공동체적 강조와 영적 토대를 감안할 때 놀라운 일이 아니다. 가톨릭 학교의 환경은 공동체적이어야 하며, 그들의 결속은 공유하는 영적 비전에서 비롯되어야 한다. 학교 전체의 삶은 가톨릭 신앙의 공동체적 사회학을 구현해야 한다.

구체적으로 말해, 가톨릭 학교는 학생·교사·직원을 포함한 모든 이의 존엄성과 권리를 깊이 존중하는 환경을 만들어야 한다. 그리고 그 안에서 누구나 환영받고, 공동체 안에 속해 있다고 느낄 수 있는 분위기를 조성해야 한다. 앞서 가톨릭 지성 전통에서 언급했듯이, 이는 "가톨릭적"이라는 존재 방식의 본질적인 측면이다. 더 나아가, 가톨릭 학교는 모든 형태의 가난한 사람들에 대해 특별한 호의를 보여야 한다. 이는 경제적으로 궁핍한 이들만이 아니라, 인종과 민족, 성별이나 성적 지향 때문에 차별받는 이들, 학업에 어려움을 겪는 이들, 장애가 있는 이들까지 포함한다. 이것이야말로 가톨릭 학교가 실천해야 할 신앙이다. 예수님의 발자취를 따라, 예수님께서 가장 도움이 필요한 이들을 우선적으로 돌보셨던 것처럼, 가톨릭 학교는 영적 토대를 바탕으로 가난한 이들에 대한 우선적 선택을 해야 한다.

가톨릭 학교의 전체 환경은 그리스도교 신앙의 가치를 **구현해야** 하며, 학생들도 마찬가지로 그렇게 하도록 이끌어야 한다. 이것은 공동체의 모든 영역에서 신앙을 실제로 살아 내는 것을 의미한다. 오늘날 기술적 사고가 지배하는 사회에서는, 그리스도교 신앙마저도 단순히 관념의 체계로 환원되어, 어떤 학자들이 말하듯 "비육화"(excarnated)의 상태에 빠질 위험이 있다. 그러나 신앙은 언제나 구체적 삶 속에서 "육화"(incarnated)되어야 한다.

가톨릭 학교는 학교 전체의 운영과 활동 안에서 신앙을 "살아 내야" 하며, 이를 위해 기도와 전례, 영적 상담, 피정과 같은 영적 실천은 물론, 지역 사회에서의 참여적 학습과 봉사 활동을 함께 마련해야 한다.

요약하자면, 가톨릭 교육은 학생들이 하느님, 그들 자신, 이웃, 그리고 모든 피조물과 올바르고 사랑이 넘치는 관계 속에서 살도록 격려하는 영적 토대를 가지고 있다. 그것은 인간에 대한 현실적 낙관주의, 하느님의 풍성한 은총에 대한 신뢰, 그리고 우리 자신을 공동체적 존재로 이해하는 신학적 토대 위에서 그 설득의 근거를 마련한다. 가톨릭 학교는 언제나 젊은이들에게, 가장 생명을 주는 삶의 길은 공동체 안에서, 또한 인격적 존재로서 서로 관계를 이루며 살아가는 것임을 보여 주어야 한다.

가톨릭 교육자로서 자신의 소명을 새롭게 하기

이제 인간에 대한 긍정적이고 공동체적인 이해가 우리 교육자의 영혼 속에서, 우리가 펼치는 가르침 속에서, 그리고 우리가 조성하는 교육 공간 안에서 어떤 격려를 줄 수 있는지를 보다 구체적으로 성찰해 보자.

▎교육자의 영혼을 위하여▕ 가톨릭 지성 전통과 현대 가톨릭 신학의 깊이에서 길어 올린 인간에 대한 긍정적이고 공동체적인 이해는, 분명히 우리에게 학생들의 잠재적 선함을 신뢰하고 격려하라고 요구한다. 그러나 동시에 교육자로서 우리 **자신의** 가치와

선함에 확신을 갖는 것이 때로는 도전이 될 수 있음을 유념해야 한다. 교사가 자기 확신을 잃는다면 학생들에게 부정적 영향을 미칠 가능성이 높다. 그리고 교사들이 정당한 격려와 인정을 받는 기회는 늘 충분하지 않은 것이 현실이다.

- 하느님의 은총에 대한 믿음이 어떻게 당신이 자신의 잠재적 선함을 받아들이고, 자기 잘못과 실패에 얽매이지 않게 할 수 있을까?
- 하느님의 자비와 용서에 대한 확신이 어떻게 당신의 영혼에 희망을 불어넣고, 신앙 여정을 지속하는 데 도움이 될 수 있을까?

❙ 가르침을 위하여 ❙ 우리는 이미 적극적으로 학생들을 교수/학습의 역동성에 참여시키는 교육학을 장려하는 가톨릭 지성 전통을 강조했고, 이것은 앞으로의 장에서도 다시 다루어질 것이다. 여기서는 인간에 대한 긍정적이고 공동체적 이해가 어떻게 **협력** 학습을 촉진하고, 학생들이 함께 활동하고 서로 가르치고 배우도록 격려하는지 생각해 보자. 실제로 협력적 접근법이 학습 결과에 가장 효과적일 수 있다는 중요한 연구 결과들이 있다.

- 당신은 가르칠 때 협력적 접근법 — 학생들이 교사에게 직접적으로 의존하기보다 함께 일하도록 격려하는 — 을 활용한 적이 있는가? 그 경험에서 당신은 어떤 통찰을 얻었는가?
- 협력 학습의 장점은 무엇이라 생각하는가? 어떻게 그것을 더 의도적으로 격려하고 실천할 수 있을까?

❙ 교육 공간을 위하여 ❙ 분명히, 가톨릭 교육 **공간** — 학교 공동체 전체와 각 교실, 실험실, 도서관 — 은 모든 참여자에 대한 깊은

존중과 긍정을 특징으로 해야 하며, 또한 공동체를 이루기 위해 협력하는 문화를 장려해야 한다. 교육 공간은 모든 구성원의 잠재적 선함과 재능을 기르고, 모든 구성원이 학교 공동체의 공동선에 기여할 수 있도록 해야 한다.

- 1(전혀 아님)부터 10(매우 그러함)까지의 척도에서 당신이 속한 학교에서 모든 구성원을 긍정해 주는 수준은 어느 정도라고 평가하겠는가? 이것이 당신의 교실 공간에서는 어떻게 드러나고 있는가?
- 당신의 학교가 이미 잘하고 있는 부분 가운데, 모든 이를 환영하고 포용하는 공동체를 이루는 데 기여하는 바는 무엇인가? 또 어떻게 하면 더 잘할 수 있겠는가?

제 8 장

삶 그리고 앎의 방식에 대한 가톨릭의 관점

세상 안에서의 삶을 인식하고 받아들이는 가톨릭의 고전적 방식은 그것을 성사적(sacramental)으로 바라보는 것이다. 성사적 의식은 우리로 하여금 일상적 삶 속에서 신비(mystical)를 자각하도록 초대하는데, 이는 마치 모든 것이 우리에게 풍성히 자비를 베푸시는 신비(Mystery)인 하느님을 기억하게 하고 매개하는 표지가 될 수 있음을 깨닫게 한다. (초기 교회는 '*mysterium*'과 '*sacramentum*'을 구별 없이 사용하였다). 일상에 뿌리를 둔 이 성사적/신비적 시각은 평범함 안에서 궁극적인 것을, 세상 안에서 초월을, 유한 속에서 무한을, 창조 안에서 창조주를 경험하고 인식하도록 초대한다. 즉, 매일의 삶을 선물로, 모든 것 안에서 하느님의 현존하심을 바라보게 한다. 요컨대, 성사성(sacramentality)이란 하느님의 현존과 은총 — 효과적 사랑 — 이 우리 일상과 세상 안에서 활동하는 것을 우리가 만나는 방식이다. 가톨릭 신앙은 이 성사성이 가장 효과적으로 드러나는 자리를 일곱 가지 성사 안에서 본다. 그러나 그 핵심 상징들(빵과 포도주, 물과 기름, 혼인 안의 사랑 등)은 모두 우리의 일상과 깊이 연결되어 있다.

가톨릭 교육의 중요한 역할 가운데 하나는 학생들이 그들의 일상에서 성사적 의식을 지니도록 돕는 것이다. 나는 글 전반에서 학생들이 **비판적** 의식을 기르도록 격려해야 한다는 점을 강조해 왔다. 이는 사회 속에서 잘못된 점을 민감하게 식별하고, 그것을 바로잡을 방법을 상상하도록 하는 것이다. **성사적** 의식은 이러한 비판적 의식과 함께 나란히 길러져야 한다. 성사적 의식은 세상 안에서 옳은 것, 곧 세상 안에서 활동하시는 하느님 은총의 표징을 인식하는 데 우선적 강조를 두며, 또한 그 일에 우리가 동참하도록 초대한다. **비판적 의식과 성사적** 의식은 동전의 양면과 같다. 비판적 의식과 마찬가지로, 성사적 전망은 맞서기도 하고 위로하기도 하며, 질문하기도 하고 확언하기도 하며, 선물로 주어지면서도 동시에 언제나 우리의 충실한 응답을 요구한다.

성사적 의식을 이루는 핵심은 상상력(imagination)이다. 아마도 그래서 시인들이 그것의 가장 뛰어난 표현자가 되곤 하는 것일 것이다. 삶의 성사성을 고전적이면서도 자주 인용되는 말로 요약해 주는 대표적 예는 시인 제라드 맨리 홉킨스(Gerard Manley Hopkins, 1844~89)의 「하느님의 장엄」(God's Grandeur)이다.

> 세상은 하느님의 장엄으로 가득 차 있다.
> 그 빛은 흔들린 금박에서 번쩍이는 섬광처럼 불꽃을
> 터뜨리며 쏟아져 나온다.

비슷한 맥락으로 아일랜드 시인 패트릭 캐바나(Patrick Kavanagh, 1904~67)는 「대기근」(The Great Hunger)에서 다음과 같이 썼다.

> 하느님은 일상의 작은 조각들 속에 계신다 —
> 어느 순간에는 입맞춤으로, 또 다른 순간에는 웃음으로,
> 때로는 눈물로 나타나시고, 가난의 목에는 마치 진주 목걸
> 이를 두른 듯 은총을 드러내신다.

그리고 엘리자베스 배럿 브라우닝(Elizabeth Barrett Browning, 1806~61)은 그녀의 서사시 「오로라 리」(Aurora Leigh)에서 이렇게 노래한다.

> 땅은 하늘로 가득 차 있고
> 평범한 덤불 하나하나도 하느님으로 타오른다.
> 그러나 그것을 보는 눈을 가진 사람만이 신발을 벗고
> 나머지는 둘러앉아 블랙베리나 따고 있을 뿐이다.

성사적 상상력을 지닌 우리는 마땅히 언제나 "신발을 벗은 자"처럼 살아가야 한다. 왜냐하면 우리는 언제나 불타는 덤불 앞에 서 있으며, 평범한 일상의 한가운데서 성사성을, 곧 하느님의 현존을 맞이하고 있기 때문이다.

이러한 성사성의 감각을 배경으로, 이 장에서는 가톨릭 지성 전통이 가톨릭 교육에 제시하는 두 가지 근본적 문제를 탐구하고자 한다. 이 두 주제는 모두 성사성의 원리를 드러내며, 학문적으로는 세계론(cosmology)과 인식론(epistemology)이라 부를 수

있을 것이다. 원래 세계론 연구는 우주(cosmos) 안에서 질서, 목적, 그리고 설계를 발견하는 것(혼돈의 반대 개념)을 가리켰다. 그러나 오늘날 세계론은 사람들이 일상 속에서 삶을 어떻게 바라보고, 또 그 전체를 어떻게 이해하는가를 뜻한다. "지식"을 뜻하는 그리스어 에피스테메(*episteme*)에서 온 인식론은 세상 속 우리 삶으로부터 그리고 삶을 위해 우리가 무엇을 알 수 있으며, 또한 어떤 방식을 통해 알게 되는가를 가리킨다. 가톨릭 신앙은 이 두 영역에 대해 깊은 확신을 품고 있으며, 이를 가톨릭 교육을 위한 영적인 기초로 삼을 수 있다.

세계론과 인식론은 서로 깊이 연결되어 있다. 우리가 어떻게 삶을 바라보느냐는 우리가 무엇을 알고 어떻게 아는가에 영향을 미치고, 반대로 우리의 인식 방식은 삶과 세상을 이해하는 관점 전반을 형성한다. 이전 장에서 논의된 긍정적 인간학과 사회학을 바탕으로, 가톨릭 지성 전통의 세계론은 신앙에 근거해서 삶을 긍정하는 관점을 제시하고, 이것은 사람들이 삶의 의미와 목적을 깊이 느끼도록 돕는 교육을 장려할 수 있다. 마찬가지로, 가톨릭 지성 전통은 단순히 이성만이 아니라 인간 전체를 참여시키는 앎의 방식을 통해, 자기 자신, 타인, 그리고 피조물 전체를 살리고 인간다움으로 이끄는 인식론을 제시한다. 가톨릭의 세계론은 삶의 의미를 찾기 위해 현세적인 것을 넘어 초월적인 지평으로 나아가도록 초대한다. 가톨릭의 인식론은 단순한 지식에 머물지 않고 그것을 넘어 삶을 위한 지혜로 이끈다.

삶에 대한 이러한 성사적 전망과 이에 따른 앎의 방식은 우리의 포스트모던 맥락과 문화의 흐름과는 크게 어긋난다. 지금의 지배적인 세계론은 "세상은 있는 그대로일 뿐" 또는 "보이는 것이 곧 전부다"라는 식으로 요약할 수 있다. 좀 더 학문적으로 표현하자면, 철학자 테일러의 말처럼, 현대 사회의 지배적 세계론은 초월적 지평을 철저히 배제한 채 오직 현세적 차원에서만 삶을 이해하는 방식이다. 우리의 세속적 시대는 마치 삶의 의미가 전적으로 우리 자신에 의해 만들어지는 것처럼 "배타적(하느님을 배제한) 인본주의"를 받아들이도록 부추긴다. 이것은 이성과 과학만으로는 도달할 수 없는 모든 신비를 무시하면서 그러한 세속적 관점이 신앙적 관점보다 더 이성적이고 과학적이라는 어리석은 가정을 반영한다.

가톨릭 세계론은 과학적 주장만큼이나 합리적인 근거를 지니고 있으며, 교육을 위한 영적 토대를 제공한다. 이는 사람들이 세상에 대한 현실적 태도를 잘 갖추도록, 곧 생계를 꾸려갈 수 있도록 돕는다. 동시에, 가톨릭 세계론은 초월적 지평을 열어 주어, 인간이 궁극적 의미와 목적 그리고 윤리를 지닌 삶으로 나아가도록 힘을 북돋운다. 그러한 은총의 지평 — 예수 그리스도 안에 계시된 하느님 — 은 사람들에게 자기만의 행복을 넘어 다른 이들의 안녕까지도 돌보도록 초대한다. 사람들이 자신과 타인을 위해 궁극적으로 가치 있는 삶을 살고, 자신의 힘을 넘어서는 하느님의 은총에서 힘을 얻는다는 것, 이는 참으로 놀라운 선물이다.

한편, 삶에 대한 초월적 신앙의 태도는 훨씬 더 생명을 살리는 것이지만, 오늘날에는 훨씬 더 큰 도전을 받고 있다. 전근대 시대에는 그것이 거의 당연한 선택이었지만, 지금의 포스트모던 세계에서는 그렇지 않다. 불과 얼마 전까지만 해도 사람들은 우주를 훨씬 더 쉽게 그려 낼 수 있었다. 하느님께서 하늘에서 땅 위의 우리를 "굽어살피시고"(시편 14,2 참조), 창공에는 해와 달과 별이 빛나며, 하느님께서 엿새 동안 세상을 창조하시고 일곱째 날에는 쉬셨다고 사람들이 기꺼이 믿던 때가 있었다. 창조는 정적이고, 고정되어 있으며, 시작과 현재, 그리고 결정적인 마지막 때가 약속되어 있었다. 심지어 어떤 성경학자들은 하느님께서 세상을 창조하신 정확한 연도를 계산할 수 있다고 주장하기도 했고, 또 다른 이들은 세상 종말의 시점을 계산하며, 늦기 전에 회개하라고 촉구하기도 했다.

그러나 오늘날 우리는 자신이 살아가는 자리가 무한한 우주 안에 있다는 사실을 받아들여야 한다. 수백만 개의 은하가 있고, 그 각각 안에는 또 수백만 개의 별과 행성이 있으며, 어떤 것은 수십억 광년 떨어져 있다. 과학자들에 따르면, 이 모든 것은 약 140억 년 전 "빅뱅"에서 비롯되었다. 끝이 없는 이 공간과 시간을 우리는 다 상상할 수도 없고, 대부분의 사람은 압도당하지 않기 위해 더는 상상의 시도조차 하지 않는다. 이런 상황에서 "우리의 하느님"이 이 모든 것의 하느님, 곧 이 거대한 우주의 영/에너지(Spirit/Energy)이시면서 동시에 이 작은 모래알 같은 행성에서 "우리"와 협력하시는 인격적 하느님을 믿는 것은 얼마나 큰 도전인가? 광대한 우주를 상상하는 일은 인격적 하느님에 대한 신앙에 새로운 도전을 주지만, 우리는 여전히 고통, 악, 죽음과 같은 믿음을 방해하는 장애물들을 안고 있다. 이제 우리는 어떻게 저 "하늘 위"의 영원한 거처를 그려 볼 수 있을까?

신앙을 가진 사람들은 "하느님을 배제한 인본주의자들"에게 이렇게 물을 수 있다. 애초에 왜 빅뱅이 일어났는가? 왜 아무 일도 없는 침묵이 아니라 우주가 시작되었는가? 이토록 경이로운 우주의 질서와 조화는 어떻게 설명할 수 있는가? 좀 더 우리의 삶과 밀접한 예를 들자면, 인간이 사랑할 수 있는 능력이나 자기 생각을 성찰할 수 있는 능력은 어떻게 가능한가? 또 우리 마음을 사로잡는 아름다움이나, 탁월한 도덕성과 정직성을 가진 이들의 존재는 무엇으로 설명할 수 있는가? 하느님의 존재를 가리키는 "증거들"은 끝없이 이어진다.

우주와 그 깊이를 알 수 없는 신비를 마주하는 일은 우리가 삶을 초월적 시각으로 바라보도록 이끌 수 있다. 이는 단순한 현세적 틀 안에서는 결코 얻을 수 없는 의미와 목적을 향한 우리의 갈망(왜 우리는 그것을 지니고 있는가?)에 힘입은 것이다. 결국 우리에게는 피할 수 없는 선택이 놓여 있다. 내 삶에 의미가 있거나, 아니면 삶이 부조리하다는 것. 개인적으로, 나는 뼛속 깊이 내 삶이 부조리하지 않음을 안다. 그러므로 삶에는 반드시 의미와 목적이 있으며, 그것을 붙들어 주는 궁극적 지평, 곧 하느님께서 계심을 나는 확신한다.

더욱이, 테일러가 설득력 있게 주장하듯이, 단지 현세적인 관점만으로 세상을 바라보면 일상은 "깊은 불안감"과 "끔찍한 무의미함"으로 가라앉을 수 있다. 실용적으로 보더라도, 삶에 의미와 목적이 없다고 생각하며 사는 것보다 삶이 가치 있다고 믿으며 사는 것이 훨씬 더 생명을 북돋운다. 인간을 더욱 인간답게 하는 것은, 현세적 시선과 초월적 시선을 함께 품고 세상을 살아가는 것이다. 블레즈 파스칼(Blaise Pascal, 1623~62)이 주장했듯이, 신앙은 우리가 삶을 위해 할 수 있는 가장 현명한 도박이다. 다만 그것은 언제나 믿음의 도약이지, 단순히 실용적이거나 이성적으로 확실한 계산은 아니다. 또한 그가 남긴 유명한 말이 있다. "인간의 마음 안에는 다른 어떤 것도 채울 수 없는 하느님 형상의 빈 공간이 존재한다."

마찬가지로, 이 장의 또 다른 주제인 인식론의 관점에서 보자면, 서양 문화에는 합리적 지식을 넘어 삶의 지혜로 나아가려는 통합적 앎의 방식이 풍부하게 자리 잡고 있었다. 그러나 오늘날에는 자주 잊히곤 하는 유산이다. 플라톤과 아리스토텔레스는 우리가 아는 것이 우리의 존재 전체 — 우리가 누구인가 — 를 형성하여 덕스러운 삶으로 이끌어야 한다고 확신했다. 히브리어 성경에서 "알다"라는 동사는 '야다'(*yada*)이고, 신약성경에서는 '기노스코'(*ginosko*)인데, 이 히브리어와 그리스어 모두 "사랑을 나누다"라는 의미를 지닌다. 이는 인간의 앎이 전인적이고, 관계적이며, 성찰적이고, 영혼으로 느끼며, 육체적 과정까지 포함한 것임을 분명히 보여 준다.

점차, 서양에서 앎과 지식의 실천은 합리적 확실성이라는 유일한 목표를 추구하면서, 일반적으로 경험적 데이터에 대해(프랜시스 베이컨의 유산) 이성적으로 추론하는 것으로(데카르트의 유산) 축소되었다. 그리고 우리 포스트모던 시대의 인식론은 생산과 소비를 겨냥하고, 온갖 종류의 기술 발전으로 부추겨지며, 인간의 가치나 인간으로서의 성장에는 무관심한, 기술적 합리주의로 축소된 듯 보인다. 이에 반해, 가톨릭 지성 전통은 무엇보다도 신앙과의 협력 관계를 유지하면서, 유일한 앎의 방식으로 이성만을 내세우지 않았다. 그 결과, 여전히 애정과 영혼뿐 아니라 전인적 마음(이성, 기억, 그리고 상상)을 참여시키고, 단순한 지식을 넘어 삶을 위한 가치, 덕, 지혜에 이르게 하는 신앙과 앎의 총체적 방식을 제시할 수 있다.

분명히 어떤 교육 시스템이든 두 가지 근본적인 문제는 삶에 대한 관점과 그것이 장려하는 "의미 만들기" 그리고 그것이 다루는 지식의 종류와 앎의 방식이다. 나는 대부분의 학교가 이러한 선택을 자동적으로 또는 습관적으로 한다는 인상을 받았다. 심지어 교재 출판사에 결정을 맡겨 버린다(출판사가 가진 영향력이 실로 크다!). 그러다 보니 정작 자기 학교의 세계론과 인식론을 의도적으로 선택해야 한다는 생각조차 하지 않는다. 가톨릭 학교는 이 두 가지 문제에 대해 가톨릭 지성 전통에서 풍부한 자원을 얻을 수 있고, 그것을 학교 전체와 교육과정 전반에 걸쳐 영적 토대로 활용할 수 있다.

다시금, 이러한 긍정적인 삶의 관점과 총체적인 앎의 방식을 제안하기 위해, 우리는 그리스도인들에게 근원적 영감을 주시는 분, 나자렛의 예수님께로 눈을 돌려야 한다.

성찰과 대화를 위해

- 잠시 시간을 내어 세상 속 당신의 지배적인 삶의 태도(세계론)를 인식하고 성찰해 보기 바란다. 1점(부정적)에서 10점(긍정적이고 희망적)까지의 척도에서, 당신은 몇 점을 주겠는가? 그리고 당신의 세계관이 형성된 "이야기"의 배경을 생각해 보라. 예를 들어, 당신의 신앙은 당신이 삶을 바라보는 관점에 얼마나 큰 의미와 무게를 지니고 있는가?
- 당신의 학교에 일반적으로 자리 잡은 수업 방식을 살펴볼 때, 그 지배적인 앎의 방식을 어떻게 규정할 수 있겠는가? 당신은 자신의 가르침을 통해 사람들이 무엇을 가장 알기를 바라는가? 그리고 그것을 그들이, 단순한 지식 차원이 아니라, 존재의 어떤 수준에서 알기를 원하는가?

예수님의 삶에 대한 관점과 앎의 방식

우리와 마찬가지로, 예수님의 삶에 대한 관점과 앎의 방식은 깊이 연결되어 있다. 그러나, 각각을 더 명확히 하기 위해, 여기서는 두 가지를 구분해서 살펴보고자 한다.

▌예수님의 세계론▐ 예수님의 삶을 향한 가장 근본적인 자세는 하느님에 대한 깊은 **신앙**이었다. 그분의 공생활 전체는 하느님을 초월적 지평으로 깊이 인식하고 그분께 헌신하는 것으로 특징지어진다. 예수님에게 있어 하느님은 멀리 떨어진 신이 아니라, 사랑 많은 부모님처럼, 기도 안에서 친히 대화하고 도움을 청하실 수 있는 인격적인 하느님이셨다. 예수님은 마치 하느님이 **그에게** 온전히 현존하시고 **그를 통해** 세상에 현존하시는 것처럼, 자신의 존재 가장 깊은 곳에서 하느님을 **아셨다**. 성경은 예수님과 하느님의 일치를 증언하며, 요한 복음에서 이렇게 밝히고 있다. “아버지와 나는 하나다”(요한 10,30). 그리고 “나를 본 사람은 곧 아버지를 뵌 것이다”(요한 14,9). 예수님의 삶 전체는 하느님의 현존에 대한 끊임없는 자각으로 가득 차 있었다.

이어서 살펴보면, 예수님의 공생활은 하느님께서 모든 인류를 향해 깊은 돌봄과 무조건적인 사랑으로 다가오시며, 우리를 하느님과 그리고 우리 상호 간에 계약적 동반자 관계로 부르신다는 확신을 드러낸다. 예수님은 유다교 신앙, 곧 탈출기에서, 하느님께서 억압받는 사람들을 자유롭게 하시기 위해 인간 역사에 기꺼이 개입하신다는 것을 배우셨다. 예수님은 모든 사람, 특히 억압받는 사람, 노예가 된 사람, 소외된 사람, 가난과 불의로 희생된 사람들을 돌보시는 하느님을 몸소 보여 주셨다. 예수님은 우리가 그러한 사람들을 도울 때, 그들을 위하여 하느님이 바라시는 일을 행함으로써 우리가 하느님을 만날 수 있다고 가르치셨다. 그리고 우리가 도움이 필요한 사람들에게 — 하느님께서 그러하신 것처럼 — 더 많이 다가갈수록, 우리 삶의 의미는 더 깊어지고, 우리 삶의 목적인 하느님을 닮아 가는 길을 점점 더 깨닫게 된다.

하느님을 은총 충만한 초월적 지평으로 보는 예수님의 인식과 그것이 인류에게 지니는 뜻은 그분 가르침의 핵심 주제인 하느님 나라에서 가장 잘 드러난다. 제1장에서 살펴본 바와 같이, 예수님은 공생활의 시작부터 모든 이를 위한 충만한 생명의 하느님 나라가 **지금** 여기서 시작되었음을 선포하시며, 사람들에게 그들의 삶을 하느님 나라를 향해 방향을 돌리고, 하느님 나라의 가치, 곧 복음에 따라 살도록 초대하셨다. "때가 차서 하느님 나라가 가까이 왔다. 회개하고 복음을 믿어라"(마르 1,15). 예수님에게 있어, 우리 삶의 목적을 찾고 의미를 부여하는 최고의 길은 하느님 나라를 위해 사는 것이다.

예수님은 공생활 내내 하느님 나라가 모든 사람에게 열려 있음을 분명히 하셨다. 예수님께서 친히 모범을 보이신 바와 같이, 우리가 모든 이를 위한 생명의 충만함이라는 하느님의 뜻을 증진할 때, 그 나라는 "하늘에서와 같이 땅에서도"(마태 6,10) 실현된다. "주님의 기도"에서 예수님은 사람들이 오늘 필요한 빵을 얻는 것과 무거운 빚에서 벗어나는 것을 강조하셨는데, 이는 그 시대와 상황에서 두 가지 긴급한 사회적 과제였다. 또한, "예수님께서는 온 갈릴래아를 두루 다니시며 회당에서 가르치시고 하늘 나라의 복음을 선포하시며, 백성 가운데에서 병자와 허약한 이들을 모두 고쳐 주셨다"(마태 4,23). 주목할 것은, 그분의 가르침과 치유의 실천 모두가 하느님 나라의 본질을 이루고 있다는 점이다. 요약하자면, 예수님은 하느님의 힘으로 기적을 행하시어 굶주린 이들을 먹이시고, 병든 이들을 고치시며, 소외된 이들을 일으켜 세우고 회복시키셨는데, 그들 모두가 하느님 나라를 이루는 데 없어서는 안 될 이들이었다. 그러므로 하느님 나라를 위해 사는 것이 예수님께서 삶의 의미를 발견하고 드러내는 방식이었으며, 제자들 또한 그분처럼 살아가며 의미를 찾도록 부르심을 받았다.

예수님은 삶의 의미를 찾으라는 하느님의 부르심을, 강요가 아닌 자유로운 선택으로 이해하셨다. 그러므로 제자가 되고자 하는 이들에게 "와서, 나를 따르라" 하시며 하느님 나라를 위해 일하도록 부르신 것은 명령이라기보다는 초대에 가까웠다. 실제로 그들 중 몇몇이 제자 되기를 거절했을 때, 예수님은 그들의 선택의 자유를 존중하셨다(예를 들어, 요한 6,66~69; 마르 10, 17~22 참조). 분명히 예수님께서는 자신의 삶과 다른 모든 이의 삶이 목적과 의미를 가지는 것은 하느님께서 실제로 존재하시며 우리를 하느님의 백성으로 살도록 **초대하시기** 때문이라고 확신했다. 우리는 자비롭고 사랑이 많으신 하느님께 **살아 있는** 신앙으로 응답할 때, 우리는 비로소 온전히 살아가게 된다. 이 신앙이 우리의 희망을 지탱하고, 우리의 사랑을 불러일으키며, 세상 안에서 우리의 전 존재 방식을 형성하도록 허용할 때 충만한 삶을 살게 된다.

이전 장에서 언급했듯이, 예수님이 지니신 이상적 삶의 관점은 인간 죄악의 현실을 외면하는 순진함이 아니었다. 그러나 예수님의 복음 전체는 처음부터 모든 이를 향한 회개의 부르심이었다(마르 1,14 참조). 왜냐하면 모든 사람은 회개가 필요하기 때문이다. 그리스어 메타노이아(*metanoia*)는 "자기 삶의 방향을 바꾸는 것"을 뜻하는데, 예수님에게 있어 이는 하느님 나라를 향한 전환을 의미했다. 이것이 바로 하느님 나라의 실현을 위해 계속 살아가라는 예수님의 항구한 부르심이었다. 예수님은 하느님의 은총으로 사람들이 자신의 삶을 쇄신할 수 있다고 확신했고, 모든 사람이 변화와 쇄신을 필요로 한다는 점을 분명히 했다. 실제로, 자신의 죄를 고백하며 하느님의 자비를 구한 겸손한 세리가 자신의 선행을 자랑하고 회개할 필요를 전혀 느끼지 못한 독선적인 바리사이보다 더 의롭게 된다(루카 18,9~14 참조). 마찬가지로, "우리가 우리에게 잘못한 이를 용서"(마태 6,12)하는 만큼 우리는 용서를 청할 수 있다.

만약 예수님의 생애가 끔찍한 수난과 십자가형으로 끝났다면, 하느님의 나라를 위해 사는 것이 가장 의미 있고 가치 있다는 그의 삶의 관점은 부정되었을 것이다. 그러나 그리스도인들은 죽은 이들 가운데에서 "이 예수님을 하느님께서 다시 살리셨다"(사도 2,32)라고 믿을 충분한 이유를 가지고 있다. 이는 곧 신앙과 선행의 삶을 사신 예수님의 생애에 대한 하느님의 궁극적 확증이다. 그러므로 그리스도교 신앙에 있어서 예수님은 단순히 본받아야 할 모범만은 아니시다. 물론 그분은 분명히 삶의 모범이시지만, 그리스도인들은 또한 예수님이 하느님을 우리에게 드러내시고, 우리 삶을 위한 하느님 은총을 가장 근원적으로 중재하시는, 인류를 위한 하느님의 궁극적 성사라고 고백한다.

제2장에서 자세히 이야기했듯이, 그리스도인들은 예수님의 삶과 죽음, 그리고 부활을 통해 바오로 사도가 "넘쳐흐르는 은총"이라고 반복해서 표현한 것이 인류 역사 안에 흘러 들어왔다고 믿는다. 이 은총은 단지 그리스도인만이 아니라, "많은 이들", 곧 모든 이에게 "무상의 선물"로 주어져 "의로움"을 가져다준다 (로마 5,15~17).[21] 그 결과 우리는 "하느님의 그 풍성한 은총" (에페 1,7)에 힘입어, 예수님께서 그러하셨듯이, 점차 하느님 나라의 지평 안에서 살아갈 수 있다. 예수님의 발자취를 따르고 그분의 **살아 있는** 신앙을 우리 자신의 것으로 받아들이는 것만큼 삶에서 의미와 목적을 찾는 더 나은 방법은 없다. 그렇게 할 때 우리는 생명을 살리는 목적, 깊은 책임감, 그리고 위대한 역사적 의미를 지닌 삶을 살아갈 수 있게 된다.

그러므로 우리는 삶에 의미와 목적을 부여하는 길을, 하느님 나라를 향한 살아 있는 신앙 안에서 사셨던 예수님 안에서 찾는다. 그리고 예수님처럼, 하느님에게서 나와 다시 하느님께 돌아가는 여정을 사는 것이 우리 삶의 목적이며, 그 과정에서 하느님 은총이 우리를 도와주신다. 예수 그리스도께서 몸소 모범을 보여주시고 가능하게 하신 이 길보다 더 큰 의미와 가치를 가진 삶의 방식은 없다.

▍예수님의 인식론▍ 예수님의 **가르침**은 앎과 지식에 대한 통합적 관점을 잘 보여 준다. 그분의 가르침 방식과 그것이 이끌어

---

21) 〔옮긴이 주〕 저자는 로마 5,15~17을 활용하여 본문을 구성하고 있다. 로마 5,17의 원문은 다음과 같다. "은총과 의로움의 선물을 충만히 받은 이들은 예수 그리스도 한 분을 통하여 생명을 누리며 지배할 것입니다."

낸 결과는 사람들의 "마음과 생각과 힘"(마르 12,33), 곧 그들의 전 존재를 참여시켰다. 몇몇 성경학자들은 요한 복음 전체를 요약하는 구절이 바로 "영원한 생명이란 홀로 참하느님이신 아버지를 알고 아버지께서 보내신 예수 그리스도를 아는 것입니다"(요한 17,3)라고 말한다. 그러므로 예수님 안에서 하느님을 아는 것이 궁극적으로 **알아야** 할 지식이며, 이는 곧 영원한 생명을 가져다준다. 이것은 단순히 몇 가지 가르침에 "관하여 아는 것" 또는 어떤 내용에 대해 "객관적으로" 이해하는 것 이상의 의미를 담고 있다. 예수님은 인격적으로 참여시키고, 성찰적이며, 감정적이고, 관계적인 앎의 방식을 몸소 보여 주시고 가르치셨는데, 이는 서구의 인식론을 지배해 온 좁은 인지 방식을 훨씬 넘어서는 것이었다. 성경이 일관되게 강조하듯, 앎과 사랑은 분리될 수 없는 공생의 관계에 있다.

우리는 제10장에서 예수님의 고유한 교육 방식을 더 깊이 다룰 것이다. 여기서는 그것이 그분의 인식론과 앎의 방식을 어떻게 드러내는지 간단히 살펴볼 것이다. 예수님은 거의 언제나, 가르침을 시작하실 때 사람들이 자기 삶을 돌아보고 성찰하도록 이끄셨다. 그 주제들은 고기잡이나 농사, 빵을 굽는 일, 일꾼을 고용하는 일, 아이를 키우는 일, 돈을 빌리는 일 등 삶의 구체적이고 일상적인 것들이었다. 때로는 그것은 공중을 나는 새와 들의 나리꽃, 자라나는 작은 씨앗, 혹은 내일의 날씨를 예측하기 위해 하늘의 구름을 바라보는 것처럼 지극히 단순한 것이기도 하였다. 예수님의 교육 방식은 늘 먼저 사람들의 관심을 삶의 일상으로 되돌려 놓는 것이었다. 존 듀이가 말하는 '경험', 프레이리가 강조한 '삶의 프락시스', 몬테소리가 말한 '감각 활동'과 같은, 곧 자기 삶에서 비롯되는 것이었다.

나아가, 예수님께서는 사람들이 자신의 삶을 깊이 성찰하도록 이끄셨는데, 종종 비판적으로 성찰하도록, 다시 말해 사회문화적으로 형성된 전제들을 점검하고 질문하게 하셨다. 그래서 사마리아인은 참된 이웃이 되고, 방탕한 아들은 집으로 돌아와 환영받으며, 라자로는 하느님이 계신 집으로 가고, 부자는 지옥에 떨어지는 이야기가 등장한다. 이것은 모두 당시 문화적 상식에 반하는 것이었다. 이러한 예는 사람들이 자신의 경험과 역사적 맥락의 가정들을 비판적으로 스스로 성찰하도록 초대하는 예수님의 방식이었다.

그리고 사람들로 하여금 세상 속 자기 삶을 바라보고 성찰하게 한 후, 예수님은 복음을 "권위를 가지고"(마르 1,22), 자신감 있게 가르치셨다. 그의 복음은 유다교 전통과 토라의 요구에 충실했지만, 동시에 그 전통을 새롭게 해석하여 새로운 비전을 제시하셨다. "옛사람들에게 이르신 말씀을 너희는 들었다. 그러나 나는 너희에게 말한다(…)"(마태 5,17~48)라는 가르침이 바로 그 대표적인 예이다. 그리고 예수님은 사람들의 삶의 경험을 바탕으로 삼으시고, 그들의 신앙 전통 속에 담긴 큰 이야기와 하느님 나라의 비전을 함께 불러내어, 이 두 원천을 하나로 통합하도록 이끄셨다. 그리고 **살아 있는** 신앙의 제자가 되도록 초대하셨다.

그러므로 예수님의 교육 방식은 사람들이 세상 속에서 살아온 삶과 그 삶에 대한 성찰을 깊이 끌어들이는 앎의 방식을 반영한다. 그리고 우리가 우리 자신의 여정에 대해 성찰할 때 단순히 이성적으로만 할 수는 없다. 우리 자신의 이야기를 인식하고 나누는 것은 항상 우리의 머리뿐만 아니라 우리의 마음과 영혼도 함께 움직이는 일이기 때문이다. 예수님의 통합적인 앎의 방식은 전통이 전해 주는 지혜를 배우는 것과 동시에, 미래와 하느님 나라의 지평을 향해 나아가는 것 모두를 중요하게 여겼다. 예수님은 모든 가르침에서 배우는 이들의 주체성을 존중하시며, 그들이 자기 삶에서 배울 수 있는 것과 전통과 신앙의 지평에서 얻을 수 있는 것을 끌어내셨다. 그 모든 것은 그들이 자신의 삶을 가장 잘 살 수 있는 길을 스스로 보고, 결정하도록 하기 위함이었다. 그러므로 예수님의 인식론은 참여자들을 지식 너머로, 생명을 위한 영적 지혜로 나아가게 하는 것이었다.

실제로 많은 현대 신약성경 학자들은 예수님의 가르침의 내용과 방식을 확인하는 방법으로, 예수님을 유다교 신앙의 지혜 전통 안에 위치시킨다. 루카와 마태오 복음 모두에서, 예수님은 자신에 대하여 "솔로몬보다 더 큰 이가 여기에 있다"(루카 11,31)라고 말씀하셨다. 솔로몬은 히브리 전통에서 지혜의 전형이기 때문에, 바오로 사도는 명확히 예수님을 "하느님의 지혜"(1코린 1, 24)라고 칭했다. 우리는 예수님을 모범으로 삼아 우리 학생들에게 단순한 지식을 넘어 생명을 위한 지혜에 이르는 앎의 길을 열어 주어야 한다.

성찰과 대화를 위해

- 만약 당신이 자신의 세계관, 곧 삶의 목적과 의미에 대한 견해를 간단히 진술한다면, 무엇을 말하겠는가? 예수님의 삶에 대한 관점은 어떻게 당신의 관점을 더욱 깊게 해 줄 수 있겠는가?
- 당신의 수업 방식을 형성하는 주된 앎의 방식은 무엇인가? 예수님

의 인식론으로부터, 특히 학생들의 실제 삶과 연결하는 방식에서, 당신은 무엇을 배울 수 있는가?

가톨릭 지성 전통 안에서의 삶과 앎

비록 가톨릭 지성 전통의 인식론은 그 세계론에서 흘러나오지만, 우선은 이를 분리하여 살펴보고, 이어 이 둘이 어떻게 함께 어우러져 가톨릭 교육을 형성하는지 검토하고자 한다.

❙가톨릭 세계론❙ 우선, 세상 안의 삶에 대한 가톨릭의 관점은 이전 장에서 설명한 인간에 대한 긍정적 이해와 유사하다. 인간이 본래적으로 선하고 모든 이의 공동선을 위해 기여할 수 있는 것처럼, 가톨릭의 관점은 하느님이 창조하신 세계와 그 안에서 인간이 만들어 내는 문화 역시 본질적으로 선하다고 본다. 하느님이 만드신 것 또는 인간이 만든 것에서 본질적으로 악한 것은 없다. 물론 우리는 하느님이 지으신 세상과 우리의 창조성을 잘못 사용하거나 파괴할 수 있지만, 이것은 미리 결정되거나 불가피한 것이 아니라 우리의 자유로운 선택에 따른 것이다. 반대로, 우리가 살아가는 세상이 지닌 긍정적 가능성과 그 안에서 선을 행하도록 은총이 부여한 우리의 주체적 힘을 고려할 때, 우리는 삶을 자신에게 의미 있고 가치 있게 만들 뿐 아니라, 모든 사람의 삶을 풍요롭게 하는 방향으로 우리의 삶을 헌신할 수 있다. 이것이 바로 가톨릭의 삶에 대한 관점, 곧 그 세계론의 핵심이다.

세상 안에서 우리의 존재는 본래적인 선함과 의미를 지니고 있지만, 많은 것은 우리가 취하는 관점과 주체성에 달려 있다. 어떤 의미에서, 세상 안에서의 삶은 우리가 세상을 어떻게 만들어 가느냐에 달려 있다. 생명의 충만함이 있는 의미 있는 삶은 모든 것에 목적을 부여하시는 삶의 초월적 지평, 하느님 안에서 살아가는 것이다. 왜냐하면 우리의 삶은 궁극적 의미이신 하느님 안에 뿌리를 두고 있기 때문이다. 그렇게 할 때, 우리는 더 멀리 나아갈 수 있다.

하느님은 단순히 최고의 이념으로 머무는 분도 아니고(플라톤의 주장처럼), 무관심하게 세상을 두고 보는 신도 아니며(계몽주의적 자연신론이 주장하듯), 우리에게 영감만 줄 뿐 모든 것을 인간의 힘에만 맡기시는 분이 아니시다. 오히려, 앞 장에서 살핀 바와 같이, 가톨릭의 본성과 은총의 신학 안에서 하느님은 우리와 함께하시는 능동적 동반자이시며, 세상 안에서 우리를 통하여 친히 일하시는 분이시다. 우리는 하느님과 계약 관계에 있으며, 그분은 우리가 자신을 위해서뿐 아니라 모든 이의 공동선을 위해 올바르게 살아가도록 끊임없는 은총을 통해 우리가 최선의 노력을 다하도록 이끌어 주신다. 이러한 평범한 일상 속에서 끊임없이 주어지는 하느님의 은총은, 세상 삶이 곧 은총의 매개가 된다는 고전적 가톨릭의 성사적 관점으로 우리를 이끈다.

앞서 언급했듯이, 성사성은 삶이 하느님의 은총이 드러나는 무대라는 가톨릭의 핵심 신념을 보여 준다. 그 은총은 우리의 인간적 노력을 북돋아 주며, 평범과 일상 속에서 우리에게 매개된다. 바로 여기에서, 그리고 이러한 방식을 통하여, 하느님께서는 지금도 우리를 통해, 또한 인류의 역사 안에서 일하시며, 우리를 하느님 나라의 충만으로 이끄신다. 사도 바오로의 말처럼, 우리는 "하느님의 밭인" 세상에서 함께 일하는 "하느님의 협력자들"이다(1코린 3,9 참조).

또한 이미 살핀 바와 같이, 가톨릭 그리스도인들은 하느님의 특별한 은총을 중재하는 데 효과적이라고 믿는 일곱 가지 성사를 거행한다. 그러나 이 일곱 성사는 각각이 창조 세계 전체와 그 안의 삶이 지닌 은총의 성격을 절정으로 드러내는 성대한 거행이기도 하다.

하느님의 은총이 평범한 일상 속에서 역사한다는 것은, 우리가 선하게 그리고 충실하게 수행한 모든 일이 하느님께 영광이 된다는 뜻이다. 각자의 소명을 성실히 살아 내는 삶은 하느님께 경배드리는 사제적 삶이다. 마찬가지로 우리가 연구하는 모든 학문적 주제와 삶의 영역은 하느님의 창조라는 궁극적 신비에 다가가는 것이고, 그 안에 담긴 의미와 질서, 목적을 드러내지만 결코 그 신비를 다 밝힐 수는 없다.

이러한 세계관을 가지고 있을 때 우리의 일상은 궁극적 의미와 목적을 지니게 되고, 하느님 나라의 지평 안에서 살아갈 때 우리의 일상은 참으로 가치 있고 충만한 삶이 된다. 앞서 말했듯이, 우리의 삶은 하느님께로부터 나와, 하느님의 생명에 참여하며 살아가다가, 마침내 다시 하느님께 돌아가는 여정으로 이해할 수 있다. 그 길 위에서 우리는 하느님의 은총으로 지탱되는데, 이 은총은 그리스도인들만이 아니라 모든 사람에게, 삶의 일상을 통해 중재된다. 하느님의 성령은 바람과 같고, 따라서 은총은 "불고 싶은 데로 분다"(요한 3,8). 켈트 지혜의 옛 격언이 전하듯, "모든 조수에는 밀물과 썰물이 있으나, 하느님 은총의 조수에는 썰물이 없다." 모든 바다 물결은 오르고 내리지만, 하느님의 은총은 언제나 우리를 향해 밀물로 차 있으며, 우리가 세상에서 참으로 의미 있고 목적 있는 삶을 살도록 힘을 북돋아 준다.

삶에 대한 이러한 긍정적 이해와 성사적 관점은 인간의 고통과 죄악이라는 현실 앞에서 분명히 도전을 받는다. 고통에 관하여 가톨릭 지성 전통이 일관되게 강조해 온 바는, 하느님은 결코 인간의 잘못에 대한 징벌이나 형벌로 고통을 일으키지 않으신다는 것이다. 우리의 죄는 심각한 결과를 초래할 수 있지만, 그것은 원인과 결과라는 정상적인 흐름 안에서 일어나는 일이다. 인간의 고통에 대한 예수님의 보살핌은 고통이 하느님의 의도에 따른 것이 아님을 분명히 보여 준다. 오히려, 고통은 자연 세계의 불안정성과 인간에게 주어진 자유의 결과이다.

분명 우리는 인간의 고통 앞에서 하느님께 항의하며 부르짖을 수 있으며, 성경의 시편 150장 중 3분의 1 이상이 이러한 인간 조건의 신비를 놓고 하느님께 드리는 탄식이다. 그리고 신앙은 우리를 고통으로부터 지켜 주지는 못하지만, 고통 중에 우리에게 희망을 준다. 그것은 예수님께서 언제 우리와 함께 걸으시고, 멍에의 한쪽을 메어 우리의 짐을 덜어 주시며(마태 11,28~30 참조), 마침내 새로운 삶의 희망으로 우리를 일으켜 세워 주신다는 것을 아는 데서 오는 희망이다.

세상에 존재하는 악과 그 현실은 또 하나의 심오한 신비이며, 이는 앞서 살핀 긍정적 세계관에 끊임없이 도전을 가한다. 때로는 삶과 세상이, 인간의 악한 선택들로 인해 죄와 파괴로 가득 찬 듯 보일 때가 있다. 바로 여기서 우리는 하느님께서 인류에게 부여하신 자유의 신비와 마주한다. 우리는 언제나 선과 악 사이에서 선택할 수 있으며, 결코 죄를 짓도록 강요받는 것은 아니다. 사실, 하느님은 우리가 선을 선택하도록 늘 은총을 주시지만, 우리의 자유와 주체성을 억누르지는 않으신다. 우리는 옳은 것을 선택해야 하지만, 동시에 두렵게도 잘못된 길을 선택할 수도 있다. 하느님께서는 우리의 선택을 정지시키는 대신 우리의 자유를 존중하신다. 그렇지만, 그리스도교 성경과 전통은 우리가 인생에서 내린 선택에 대해 마침내 책임을 지게 될 것이라고 강하게 일러주고 있다. 우리는 언제나 선을, 곧 하느님을 선택할 근본적 가능성을 지니고 살아간다. 선택은 우리에게 달려 있다!

이것이야말로 가톨릭 교육이 우리 학생들에게 설득력 있게, 그리고 일관되게 보여 주어야 할 **낙관적**이면서도 **현실적**인 삶의 전망이다. 가톨릭의 세계론은 교육과정 전체를 아우르는 영적 토대가 될 수 있으며, 학교의 모든 환경은 긍정적 삶의 태도를 반영하고, 모든 교과가 이를 뒷받침해야 한다. 수학·과학·사회·문학 등 어떤 과목이든 학생들이 자신의 삶에 큰 의미와 목적이 있음을 확신하고, 그 삶을 초월적 지평 안에서 바라볼 수 있도록 돕는 길이 되어야 한다.

❙ 가톨릭 인식론 ❙ 제2부 전반에서 살펴본 바와 같이, 가톨릭 지성 전통의 가장 풍요로운 유산 가운데 하나는 인식론이다. 본질적으로, 이 앎의 방식은 학생을 세상 속에서 책임 있게 살아가는 온전한 인간을 길러 내는 것을 교육의 목표로 삼는다는 점에서 전인적이다. 이것이 의도하는 학습 성과는 학생 개인의 선익과 모두의 공동선을 위한 **인간화**이다. 이러한 지성 전통은 스승이신 예수님에게서 영감을 받았으며, 또한 모든 교육의 궁극적 목적을 시민의 인간화라 여겼던 고대 그리스와 로마 문화와 초기 그리

스도교의 만남에서도 영감을 받아 형성되었다.

이러한 교육을 기반으로 하기 위해, 가톨릭 지성 전통은 흔히 **양자 모두**(both/and)라고 불리는 협력적 결합을 받아들였다. 앞서 살핀 바와 같이, 신앙과 이성, 과학과 계시, 사상과 덕행, 지식과 지혜, 정보와 인격 형성, 가르침과 경험 등 다양한 차원의 결합이 그것이다. 이와 같은 협력적 결합은 공교육의 등장과 오직 이성만을, 과학만을, 사상만을, 지식만을 강조했던 계몽주의 운동의 출현으로 서양 교육에서 대부분 해체되었다. 결국 이것은 교육에서 사람들을 시장 경제에 "들어맞게"(fit in) 그리고 성공하도록 준비시키는 기술적 합리성이 승리하도록 이끌었다. 윤리와 가치가 결여된 그러한 인식론은 우리를 핵무기와 환경 파괴의 위기로 몰아넣었다.

현대의 위대한 학자인 장뤽 마리옹(Jean-Luc Marion)은 우리 시대의 위기 문제로 **인식론**을 제기했다. 오늘날 우리가 직면한 무수한 문제들을 고려하면 이는 다소 과장되어 보일 수도 있다. 그러나 교육 전반에서 더 인간화하는 앎의 방식이 작동하지 않으면, 우리는 모든 사람이 충만한 삶을 살 수 있는 지평을 갖기 위해 무엇을 해야 하고 또 어떻게 해야 하는지를 결코 제대로 알지 못할 것이다. 나는 가톨릭 교육이 가르쳐야 할 인간화하는 지식의 성격을 제안함으로써 작은 기여를 하고자 한다.

우리는 가톨릭 인식론의 총체적이고 인간화하는 특성을 세 가지 측면에서 살펴보고자 한다. 이는 가톨릭 교육이 추구해야 할 방향을 가리킨다: (1) 우리가 경험과 전통 모두로부터 배운다는 점을 요약한 앎의 원천, (2) 우리의 정신, 마음, 그리고 손(의지)을 모두 참여시키는 앎의 **방식**, (3) 우리를 가치와 삶의 지혜에 이르게 하는 방식으로서, 주의를 기울이고, 이해하며, 판단하고, 결정하는 누적적인 과정을 통해 진정한 앎에 이르도록 하는 인식의 역동성.

• **앎의 원천:** 우리가 학습하고 인식하는 과정을 멈추어 곰곰이 생각해 보면, 우리는 언제나 **끊임없이** 배우고 알게 됨을 깨닫는다. 곧이어 설명할 인식의 역동성을 미리 엿보자면, 눈 깜짝할 사이에 우리는 경험의 데이터에 **주의**를 기울이고(예를 들어, 창문 밖을 본다), 그것을 **이해**하며(길 건너편의 누군가를 본다), 그것에 대해 **판단**하고(그가 나의 이웃임을 알아본다), 그리고 **결정**을 내린다(그는 오늘 집에서 일하고 있구나). 이렇게 하여 전혀 새로운 인식의 순환이 시작된다. 핵심은 이러한 역동성이 누군가 가르치거나 알려줘서가 아니라, 우리 자신의 주체성과 인간의 인식 능력(주의, 이해, 판단, 결정)에 의해 비롯된다는 점이다. 그것은 우리 정신 안에 본래부터 내재한 능력이며, 창조주 하느님께서 주신 선물이다!

우리는 시간이 흐를수록, 삶 속에서 부딪히는 경험들과 그것을 배우고 해석하는 인식 능력을 통해 자발적으로 축적된 지식의 방대한 저장소를 갖게 된다. 인간은 본래 삶 속에 존재하며 의식을 지닌 존재로서, 자연스러운 "앎의 사람"(knowers)이다. 철학자 자크 마리탱(Jacques Maritain)은 우리 안에 "앎을 향한 내적 활력"이 깃들어 있음을 말하였고, 마리아 몬테소리는 우리의 앎을 향한 의지가 "영혼 안에 깃든 개인적이면서도 보편적인 생명의 힘"에 의해 일깨워진다고 하였다. 다시 말해, 우리의 앎의 능력은 하느님에게서 왔고, 우리 안에 불타는 신적 생명의 불꽃을 통하여 작동하는 것이다.

인간이 본래 지닌 앎의 성향과 능력을 학교 교육 안으로 가져올 때, 우리는 지식의 가장 중요한 원천이 학생들 각자가 살아가는 삶 속에 있음을 분명히 확인하게 된다. 그러나 안타깝게도 여전히, 교육을 아는 사람이 모르는 사람에게 일방적으로 지식을 전달하는 과정으로 여기는 뿌리 깊은 고정관념이 남아 있다. 그러나 훌륭한 교육 사상가들은 이것이 심각하게 잘못되고 오해를 불러일으키는 것임을 인식하였다. 모든 정규 교육에서 사람들이 삶으로부터 배우는 경험은 반드시 교육과정에 통합되어야 한다. 듀이는 이러한 앎의 원천을 사람들 자신의 **경험**(experience)이라 불렀고, 프레이리는 그것을 **역사적 프락시스**(historical praxis, 우리가 무엇을 하고 있는지, 혹은 우리 주변에서 무슨 일이 일어나고 있는지를 성찰하는 것)라고 명명했으며, 몬테소리는 그것을 우리의 **감각 활동**(sensory activities)이라고 지칭했다.

이 세 명의 현대 사상가들뿐 아니라 역사 속 훌륭한 교육 철학자들은 공통적으로 이렇게 말할 것이다. 인간은 경험을 단순히 겪는 것에 그치지 않고, 그것을 성찰하고 사유하며, 깊이 탐구하고, 눈앞의 자명한 차원을 넘어설 때 비로소 거기서 배우게 된다고 말이다. 듀이는 이를 두고 우리가 경험을 반드시 "재구성"해야 한다고 하였다. 곧 그 이유와 근거, 그 출처와 가능한 결과들을 물어야 한다는 것이다. 프레이리는 우리가 우리의 실천에 대해 비판적으로 성찰해야 하며, 우리의 해석과 앎이 사회적 맥락에 의해 어떻게 형성되는지를 인식해야 한다고 말했다. 우리는 이러한 자명한 진리를 이렇게 요약할 수 있다. 앎의 가장 중요한 원천은 세상 속에서 살아가는 우리의 삶과 그것을 향한 성찰에 있으며, 그 성찰이 깊을수록 참된 앎에 가까워진다.

우리가 경험으로부터 배우는 것처럼, 이것은 인류의 시초부터 작동해 온 방식이었다. 세월을 거쳐 사람들이 배워 온 바가 차곡차곡 쌓여 응집되며 학문의 체계로 정립되었고, 이는 누구나 상속받을 수 있는 귀중한 유산이 되었다. 그러므로 공학을 공부하기 위해, 굳이 우리의 경험만으로 "바퀴를 다시 발명할" 필요가 없다. 우리는 이미 축적된 가장 정밀한 기술들, 이를테면 놀라운 GPS와 같은 성취를 이어받아 학습할 수 있다.

오랜 세월 인류가 쌓아온 이 유산—우리가 전통이라 부르는 것—은 다양한 학문 분야로 집대성되었다. 우리는 철학과 역사와 같은 교양 학문을 가지고 있는데, 이는 인간으로서 우리의 유산과 책임을 이해하도록 돕는다. 또한 자연과학(생물학·물리학 등), 사회과학(심리학·인류학 등), 순수/공연 예술(회화·무용 등), 그리고 종종 소홀히 여겨지는 직업적 기술(목공·농업 등)도 있다. 분명히 이러한 전통들은 우리에게 있어 주요한 앎의 원천이며, 교육은 사람들이 그 전통들이 담고 있는 지식과 역량, 지혜에 쉽게 접근할 수 있도록 해야 한다. 그리고 그 전통들을 자기 것으로 만들 수 있는 방식으로 제공해야 한다.

요약하자면, 그리고 예수님의 인식론을 반영하여 말하자면, 우리의 주요한 앎의 길은 경험과 전통이라 할 수 있다. 이는 가톨릭 지성 전통의 고전적 원리, 곧 "양자택일이 아닌 양자 모두"의 지혜를 드러낸다. 교육자에게 주어진 지속적인 과제는 이 둘 모두를 존중하고, 사람들이 이것을 전체적 지식에 통합할 수 있도록 하는 교육 방식을 마련하는 것이다. 그렇게 할 때, 학생들이 삶으로부터 얻은 배움은 전통의 학문을 더 깊이 이해하도록 이끌고, 전통에서 얻은 배움은 다시 삶의 경험을 더 풍성하게 할 것이다. 이는 교사들에게 상상력과 창의성을 요구한다. 무엇을 가르치든 간에, 교사들은 끊임없이 자문해야 한다. 나는 어떻게 하면 학생들의 삶과 연결되고 그들의 참여를 이끌어 낼 수 있을까? 또한 세상 속에서 이미 알고 있는 것을 활용하게 하고 동시에 학문의 전통에 쉽게 접근할 수 있도록 하여, 결국 이 두 원천을 자신들의 앎 속에 통합하도록 격려할 수 있을까?

• **앎의 방식**: 여기서 방식(Ways)은 인간이 지식과 지혜에 이르기 위해 활용하는 여러 능력을 가리킨다. 따라서 교육은 학생들이 가진 모든 인지 능력을 존중하고 활용할 수 있도록 이끌어야 한다. 우선 장 피아제(Jean Piaget) 같은 발달 심리학자들의 조언에 따르면, 우리의 인지 능력은 아동기의 구체적 사고로부터 성인기의 형식적·조작적 성찰 단계까지 발달한다. 그러나 씨앗 안에 이미 나무가 잠재해 있듯이, 어린아이들도 비록 매우 구체적인 주제에 한정되겠지만 스스로 생각하도록 이끌 수 있다. 이렇게 볼 때, 인간의 온전한 앎의 방식은 우리의 **정신**, **마음**, **손**(의지)을 모두 참여시킨다.

분명히, 우리는 앎을 정신으로부터 시작하고, 곧이어 이성, 기억, 상상력이라는 세 가지 능력을 함께 활용하게 된다. 그러나 계몽주의 시대에는 이성이 단독으로 승리하면서 기억과 상상력은 자주 잊히거나 심지어 의도적으로 배제되었다. 예를 들어, 데카르트는 상상력이 이성을 환상으로 이끌어서 진리에서 벗어나게 할 수 있다고 경고했다. 이에 대한 가톨릭 지성 전통의 반론으로, 아우구스티누스는 이성, 기억 그리고 상상력이 복되신 삼위일체의 신비와 같이 하나의 조화 안에서 작동해야 한다고 강조했다.

우리의 이성적 능력은 감각으로부터 받아들인 자료를 성찰하여 사유하는 데 반드시 동원되어야 한다. 아퀴나스가 언급했듯이, 이를 통해 우리는 개념을 형성하고 검증하기 시작한다. 이러한 검증은 비판적이거나 식별적인 성찰을 요구하는데, 이를 통해 우리는 단순히 사고하는 것에 그치지 않고, 사고 그 자체를 다시 사고하게 된다. 이러한 두 번째 차원의 성찰에서 우리는 우리 지식의 원천과 우리가 무엇을 어떻게 알게 되는지를 규정하는 사회문화적 영향까지 분별할 수 있게 된다.

마찬가지로, 우리의 기억 능력도 과거의 경험과 전통과의 만남에서 우리가 알고 있는 것을 상기시키기 위해 활용되어야 한다. 기억은 우리가 "이미 아는" 것에 접근할 수 있지만, 의도적으로 "다시 기억"(re-membered)하지 않으면 쉽게 잊힐 수 있다. 기억은 또한 우리가 지닌 지식의 원천과 그 위에 각인된 삶의 흔적, 곧 우리 자신의 이야기를 인식하도록 이끈다. 이러한 기억은 우리가 살아온 다양한 맥락 속의 경험들이 지금의 앎을 어떻게 형성했는지를 일깨워 준다. 페미니스트 인식론자 산드라 하딩(Sandra Harding)이 요약하듯이, "출처 없는 시각은 존재하지 않는다." 다시 말해, 우리의 사고는 항상 우리가 온 곳, 그리고 우리가 그 일부분인 사회적 맥락에 의해 형성된다. 우리의 배경을 의식적으로 기억하는 것은 우리의 앎을 더 신뢰할 만하게 만든다.

그다음으로, 상상력은 아마도 우리의 능력 가운데 가장 소홀히 다루어지고 합리주의자들로부터 가장 신뢰받지 못하지만 반드시 작동되어야 한다. **상상력**은 우리가 알고 있는 것의 결과, 가능성, 책임을 바라보게 하고, 우리 삶의 새로운 지평을 열어 주기 때문이다. 특히, 비전을 그려 내는 것은 상상력의 고유한 작업이다. 만일 상상력이 없다면 우리는 희망을 잃고 결국 존재의 의미를 상실할 수 있다(잠언 29,16 참조). 학생들이 어떤 사람이 되고 싶은지, 또 어떤 삶을 살고 싶은지를 상상하도록 격려하는 것은 교육을 인간화하는 데 커다란 도움이 된다.

나는 **마음**(heart)을 우리의 감정과 정서적 능력을 상징하는 것으로 사용한다. 또는 영혼이라고 말할 수도 있겠다. 반면, 인지주의자들은 앎의 과정에서 정서와 욕망의 역할에 대한 편견을 갖고 있다. 시인 윌리엄 버틀러 예이츠(William Butler Yeats)는 「노년을 위한 시」(Poem for Old Age)에서 지혜롭게 이렇게 썼다.

> 하느님, 머리로만 생각하는 그 생각들로부터
> 저를 지켜 주소서.
> 참으로 오래가는 노래를 부르는 이는
> 골수 깊은 곳에서 생각하는 사람입니다.

예이츠가 말하는 "골수"(marrow bone)[22]는 영혼의 또 다른 이름이고, 우리의 영적 중심에서 솟아 나오는 깊은 감정과 욕망이며, 모든 앎을 자극하는 근원이다. 분명 우리는 이성으로 마음의 갈망을 살피는 것이 마땅하지만, 동시에 그 마음의 욕망은 예이츠가 "머리로만 생각하는 이성"이라 부른 과도한 합리성에 맞서는 또 하나의 원천이 된다.

흥미롭게도, 우리가 제4장에서 살펴보았듯이, 가톨릭 지성

---

22) 〔옮긴이 주〕 골수에 해당하는 영어는 'bone marrow'이지만 원문에 'marrow bone'으로 되어 있다. 시적 표현으로 보고 골수로 번역한다.

전통의 첫 천 년 동안에는 마음(heart)이 인식의 주요 주체였다. 반면, 대학의 등장과 신학이 학문의 여왕으로 자리 잡은 두 번째 천 년부터는 머리(head)가 더 선호되었다. 그러나 분명한 점은, 우리가 자신과 타인을 위해 인간답게 살기 위한 앎을 추구하려면 수도원 전통과 스콜라 전통, 곧 영혼과 이성이 함께 작동해야 한다는 것이다.

손(hands)이라는 은유를 사용할 때, 나는 앎의 과정에서 의지가 가지는 본질적 역할을 강조하고자 한다. 손은 또한 우리의 몸이 지닌 앎의 능력, 곧 육체를 통해 얻어지는 지혜의 중요성을 상기시켜 줄 수 있다. **전기**(biography)라는 용어가 "우리의 몸 위에/안에 쓰여 있는" 것을 뜻하는 그리스어 비오스 그라피아(*bios graphia*)에서 왔다는 사실은 분명 의미심장하다. 때때로 마음이 잊어버린 것을 몸이 기억한다. 우리는 특히 자기 자신을 알아가려 할 때, 몸이 들려주는 지혜의 목소리에 귀를 기울여야 한다. 한 친구의 표현을 빌리자면, 그것은 "배로 하는 대화"(tummy talk)와 같다.

좀 더 학문적인 관점에서 말하자면, 교육은 인간의 의지를 적극적으로 일깨워 덕과 올바른 삶으로 향하도록 이끌어야 한다. 가톨릭 교육의 전체 교육과정은 가치의 문제를 드러내고, 올바르게 사는 방법에 대한 제안을 담고 있어야 한다. 그렇지 않으면, 우리는 교육의 형성적 측면, 특히 신앙**으로부터** 그리고 신앙**을 위한** 교육의 차원을 소홀히 하게 된다. 앞서 언급했듯이, 인문학 교육은 그 가운데에서도 특히 효과적이다. 역사와 고전 문학은 인생의 중대한 문제들에 초점을 맞추고, 어떻게 살아야 하는지를 지혜롭게 제안해 주기 때문이다. 그러나 모든 학문에는 인간을 성장시키는 형성적 힘이 있다. 정직, 진실성, 도덕적 일관성, 자기 자신과 타인에 대한 배려와 같은 가치를 가르칠 수 있기 때문이다. 나는 한 대학의 수학 교수를 알고 있는데, 그는 학생들에게 제시하는 수학 문제 안에 사회 정의에 대한 이슈를 담곤 했다. 그 결과 학생들은 수학을 배우는 동시에 사회적 의식을 키우게 되었다.

학생들에게 올바른 규범과 가치를 가르쳐 인격을 형성하는 것은 중요하지만, 도덕성 형성 교육은 단순히 이론을 배우고 그 다음 실천하는 순서로만 진행되는 것은 아니다. 사실 선한 일을 행하는 것 자체가 가치 형성의 출발점이 될 수 있다. 많은 가톨릭 학교의 교육과정 속에 포함되어 있는 봉사 프로그램 — 요즘은 참여형 학습으로 불리는 활동들 — 은 행동을 통해 앎에 이르고, 나아가 덕과 윤리적 삶의 형성으로 이어지는 좋은 사례라 할 수 있다. "행동"은 그것을 되돌아보는 성찰을 통해 더욱 깊은 형성의 힘을 얻게 된다. 그러나 앎은 선한 행동의 실천으로부터 시작될 수 있다. 실제로 아리스토텔레스는 가치 형성을 위해 이론에서 실천으로가 아니라, 실천에서 이론으로, 그리고 다시 새로운 실천으로 이어지는 과정을 더 중요하게 여겼다.

• **인식의 역동성:** 가톨릭의 저명한 철학자이자 신학자인 버나드 로너건(Bernard Lonergan, 1904~84)의 가장 위대한 공헌 중 하나는 "인간 존재의 인식적이고 도덕적인 구조가 지닌 역동성"을 기술했다는 점이다. 그는 인간의 앎과 도덕적 판단이 어떻게 상호작용하는지를 정교하게 설명했다. 사실 우리는 이미 여러 차례 이러한 역동성에 대해 언급한 바 있다. 로너건은 자신의 사유를 발전시키는 과정에서 가톨릭 지성 전통, 특히 토마스 아퀴나스의 인

식론으로부터 깊은 영감을 얻었다. 그는 데이터에 **주의를 기울이기**(attending to data), **이해하기**(understanding), **판단하기**(judging), 그리고 **결정하기**(deciding)**라는** 네 가지 단계의 역동적 활동을 중심으로 자신의 통찰을 정교하게 구성했다. 이 네 가지 인식 활동을 충실히 수행할 때, 그것은 신뢰할 만한 지식으로 이끌 뿐만 아니라 도덕성 형성을 촉진하고, 더 나아가 삶의 지혜에 이르게 할 수도 있다.

따라서 인식-도덕적 과정은 데이터에 **주의를 기울이는 것에서** 시작한다. 이 데이터는 세상 속 삶에서 얻은 자신의 감각적 경험 자료일 수도 있고, 혹은 학문과 전통의 영역 안에서 접하게 되는 자료일 수도 있다. 이러한 주의를 기울임은 자연스럽게 다음 단계인 이해로 나아가려는 충동을 낳으며, 그 과정에서 우리는 주의를 기울인 특정 데이터에 대해 스스로 이해하려는 노력을 하게 된다. 대부분의 교육이 이해의 단계에서 멈추고 만다. 학생이 개념을 어느 정도 파악하면 그걸로 충분하다고 여기는 것이다. 그러나 참된 인식을 위해서는 이해를 넘어, 로너건이 말하는 판단으로 나아가야 한다. 그가 말하는 판단이란, 어떤 것이 참인지 거짓인지, 옳은지 그른지, 아름다운지 추한지를 스스로 분별하는 것이다. 제10장에서 다시 다루겠지만, 이 판단의 단계는 단순히 옳고 그름을 따지는 차원을 넘어서 있다. 내가 말하고자 하는 확장된 판단은 학습자들이 지식을 자신의 것으로 만들고, 이미 알고 있는 것 속에 적용하고 통합하며, 그 지식이 지닌 의미와 결과를 스스로 깨닫게 되는 과정을 의미한다. 이어 로너건은 인식의 네 번째 단계를 결정이라 부른다. 이는 자신이 아는 것에 대해 결정을 내리는 것이다. 이러한 결정은 인지적, 정서적,

또는 행동적일 수 있다. 곧 무엇을 믿을지, 신뢰할지, 행할지를 선택하는 것이다. 이렇게 판단(혹은 내면화)과 결정이라는 마지막 두 단계의 역동적 인식 활동을 통해 학습자는 단순한 지식을 넘어 삶의 지혜에 이르게 된다.

로너건은 우리가 우리의 앎이 어떻게 펼쳐지는지 잠시 멈추어 숙고한다면, 우리의 의식 안에서 이 네 가지 역동성을 분별할 수 있다고 말한다. 그는 또한 이러한 인식 활동들이 "의식적인 의도성"을 가지고 수행될 때 가장 신뢰할 만하게 구현된다고 조언한다. 다시 말해, 우리는 인식의 네 가지 기능 전체를 검토함으로써 각 단계에 내가 얼마나 충실히 수행하고 있는지를 의식적으로 성찰하고 평가해야 한다. 예를 들어, 이 과정은 우리가 단지 데이터에 주의를 기울일 뿐만 아니라, 그 데이터에 얼마나 잘 주목하고 있는가를 살피고, 이해하고, 판단하고, 결정하는 자기 성찰의 과정을 거칠 때 가장 믿을 만한 앎에 도달하게 된다. 이와 같은 방식으로 우리는 네 가지 기능 전체에 걸쳐 자신의 수행을 평가하고 점검해야 한다.

교육학적 관점에서 볼 때, 학생들이 이러한 인식의 역동성을 수행하고, 그 타당성을 검증할 수 있도록 하는 핵심은 교사들이 학생들에게 이 인식의 전 과정을 밟아 가도록 돕는 질문들과 성찰 활동을 제시하는 것이다. 전형적인 가르침이 흔히 이해 단계에 멈추는 것과 달리, 교사는 학생들이 주의·이해·판단·결정의 전 과정을 거치도록 도와야 한다. 로너건은 이러한 인식의 역동이 지속적으로 수행될 때, 그것이 인간으로서의 진정성을 고양시키고, 그가 "회심"이라고 부르는 변화를 일으킨다고 주장한다. 그가 말한 회심은 지적·도덕적·영적 차원을 포함한다. 요약하자면, 인식의 역동적인 전 과정을 의도적으로 촉진하는 교육은 인간이 진정한 인간으로 살아가도록 하는 강력한 원천이 된다. 가톨릭 교육은 당연히 이러한 교육을 추구해야 한다.

이제 우리는 가톨릭적 삶의 관점과 지식의 원천, 앎의 방식, 인식의 역동성이 가톨릭 교육에 대해 무엇을 의미하는지를 더 구체적으로 살펴볼 준비가 되었다.

성찰과 대화를 위해

- 은총 가득한 초월적 지평 안에서 살아감으로써 삶의 의미와 목적을 발견하는 것, 곧 사랑이신 하느님께로 돌아가는 여정으로의 삶을 생각해 보라. 이러한 영적 토대가 가톨릭 교육의 근간이 될 때, 그것이 얼마나 학생들에게 긍정적인 삶의 관점을 심어 줄 수 있을지를 상상해 보라.
- 가톨릭 지성 전통이 제시하는 인식론을 어떻게 구현할 수 있을까? (1) 사람들의 세상 속 실제 삶을 끌어들이고 참여시키는 동시에, 전통에 접근하게 하는 것, (2) 앎의 방식을 머리, 마음, 손(의지)으로까지 확장하는 것, (3) 인식의 전체 역동성을 촉진하는 것. 이러한 접근을 가능하게 하는 질문들과 질문 중심 활동에는 어떤 것들이 있을지 상상해 보라.

가톨릭 교육을 위해

세상 속 삶을 지극히 의미 있고 가치 있는 곳으로 바라보는 신앙적 관점과 가톨릭 지성 전통이 제시하는 통합적 인식론은 가톨릭 교육에 큰 영향을 미친다. 이러한 세계론과 인식론을 설명하면서 이미 많은 것들을 제안했지만, 여기서는 그것들을 더 구체적으로 살펴보고자 한다.

우선, 가톨릭 지성 전통의 세계론은 학생들에게 삶의 의미와 가치를 깊이 긍정하게 하고, 그들을 통해 다른 이들의 삶 또한 풍요롭게 하는 교육을 요청한다. 이러한 관점은 가톨릭 교육자들이 학생들에게 성사적 의식을 길러 주도록 권장한다. 성사적 의식은 일상의 평범한 일들 속에서도 더 큰 의미를, 눈앞의 현실 속에서도 궁극의 가치를, 피조물 안에서도 창조주를, 그리고 매일의 삶 속에서도 하느님을 알아보는 시선을 말한다. 이러한 성사적 의식은 사람들이 자기 삶의 한가운데서 현존하시는 하느님과 그분의 은총을 알아차리고, 하느님 은총의 협력자로서 응답할 수 있게 해 준다. 마찬가지로, 그것은 삶 전체에 초월적 지평의 감각을 부여하여, 살아가는 매 순간이 더욱 깊은 의미와 목적을 지니도록 이끌어 준다.

모든 학문 분야는 — 무엇을 가르치든지 간에 — 학생들 안에 이러한 성사적 관점을 북돋울 수 있다. 여기에 내 개인적인 경험 하나를 말하자면, 나의 고등학교 과학 선생님은 나에게 성사적 의식을 가장 잘 길러 주신 분이었다. 그분은 하느님이라는 표현을 거의 사용하지 않으셨지만, 과학을 공부하는 전 과정이 하느님 창조의 경이로움을 드러내는 일이라는 태도로 임하셨다. (아이러니하게도, 그분은 동시에 나의 "종교" 과목 선생님이기도 했는데, 그 과목에서는 그다지 좋은 선생님은 아니셨다!)

인식론과 관련하여, 우리는 이미 가톨릭 지성적 전통 전반에 걸쳐(아퀴나스, 노리치의 줄리안, 이냐시오, 메리 워드 등) 여러 차례 언급했듯이, 가톨릭 교육의 앎의 방식은 학생들을 수동적 수용자가 아니라 능동적 참여자로 이끄는 교육학을 요구한다. 이는 전반적인 교육 패러다임이 일방적 주입보다는 **대화에 기반해야 함을 시사한다**. **교사는** 학생들이 전통이 간직한 학문의 유산과 지혜에도 손쉽게 접근할 수 있도록 도와야 할 뿐만 아니라 자신의 삶을 하나의 지식의 원천으로 바라보고 그것을 서로 성찰하며 나누도록 격려해야 한다. 그 목적은 언제나 학생들이 자신만의 지식과 지혜에 이르도록 이끌어, 그들이 "스스로 보고" 또 "자기 것으로 만드는" 과정을 통해 세상 속에서 인간으로서의 존엄과 삶에 대한 주체성을 강화하는 데 있다.

이러한 교육관은 현재 서구 교육을 지배하고 있는, 배타적인 합리주의적 인식 방식과 뚜렷이 대조된다. 이러한 교육은 과학, 기술, 공학, 그리고 수학(STEM)에 대한 과도한 집중으로 대표된다. 이러한 교육은 대체로 학생들이 어떤 과목이든지 간에 단지 "정답"을 배우게 하거나, 심지어 그 정답이 무엇인지를 직접 알려 주는 것을 목적으로 한다. 가르침이 곧 말해 주는 것이라는 교육 방식은 여전히 만연하다. 가톨릭 교육은 학생들을 열린 지평으로 초대하는 앎의 방식을 반영해야 하고, 그들이 스스로 배우고 깨달으며, 자기 삶 속에서 내면화하도록 이끌어야 한다. 이러한 앎은 단순한 지식의 축적이 아니라, 그들의 존재 자체를 형성하며, 자신과 타인에게 생명을 불어넣는 배움이 된다.

제7장에서 우리는 가톨릭 교육이 학생들의 도덕적 정체성을 형성하는 일이 얼마나 중요한지를 살펴보았다. 이제 우리는 여기서 가톨릭 교육이 지향해야 할 인식론적 토대, 특히 로너건이 말한 주의하기, 이해하기, 판단하기, 결정하기의 인식 과정을 바탕으로 도덕성 형성의 의미를 다시 성찰하고자 한다. 가톨릭 교육

이 도덕성 형성을 강조해야 한다는 논의가 다소 반복적으로 들릴지 모르지만, 이는 현재 모든 교육이 직면한 가장 큰 과제이다.

이 책 전반에 걸쳐 반복적으로 지적한 것처럼, 오늘날 서구의 공교육이 잃어버린 가장 큰 것은 도덕과 가치 형성에 대한 헌신이다. 요즘에는 학생들에게 도덕적 성찰을 요구하는 일이 마치 그들의 사생활을 침해하는 것처럼 여겨지는 이상하고도 왜곡된 인식이 널리 퍼져 있다. 왜 사람들의 생각과 지식은 형성하려 하면서, 가치관을 형성하는 일은 안 된다는 것인가? 사람들을 사회에 **적응**하도록 준비시키는 일은 괜찮다고 하면서, 왜 그 사회를 더 나은 방향으로 변화시키는 일에는 주저하는가? 가톨릭 교육이 자신의 영적 토대에 충실하려면, 무엇보다 학생들의 도덕성 형성에 온전히 헌신해야 한다. 지식과 지혜, 생각과 가치를 함께 길러 주는 교육, 곧 가톨릭 전통의 양자 모두(both/and) 정신을 실현하는 교육을 구상할 때, 로너건이 제시한 인식의 틀은 매우 유용한 길잡이가 될 수 있다.

로너건이 말하는 "인지적·도덕적 존재의 역동적 구조"는, 가톨릭 지성 전통이 지적 활동과 도덕적 행위를 서로 분리된 영역이 아니라 서로 깊이 얽힌 하나의 통합적 과정으로 이해했음을 잘 보여 준다. 도덕성 형성을 위해서는 언제나 먼저 윤리적 쟁점이 담긴 사실과 현실에 주의를 기울이고, 그 의미와 사회적 맥락을 이해하며, 그 위에서 올바른 도덕적 판단과 현명한 결정을 내리고, 그 결정을 실제 행동으로 실천해야 한다. 가톨릭 교육이 의도적으로 이러한 도덕성 형성의 역동성을 촉진하려면, **질문하기**, **제안하기**, **초대하기**라는 세 가지 교육 방식을 실천해야 한다. 다시 강조하자면, 이 세 가지는 무엇보다 대화적 성격을 지녀야 하고, 학생들이 자신의 의견을 나누고, 질문을 제기하며, 비록 논쟁적인 윤리 문제에 대해 의견이 다를지라도 서로의 말을 존중하고 경청하도록 이끌어야 한다.

▌질문하기▐ 모든 교사는, 자신의 전공이나 맡은 과목 혹은 가르치는 환경에 상관없이, 학생들에게 세상 삶과 자신들의 삶에 대해 식별하도록 이끄는 윤리적이고 가치가 담긴 질문을 제기할 수 있는 위치에 있다. 그것은 단순히 이렇게 묻는 것만으로도 가능하다. "너희는 그것(어떤 윤리적 문제)에 대해 어떻게 생각하니?" "너희 경험으로 볼 때, 그것(무엇이든)에 대한 가장 공정한 해결 방법은 무엇일까?" "(현재의 어떤 문제와 관련하여) 이 사안에는 어떤 가치가 걸려 있다고 생각하니?" 핵심은 학생들이 자신의 윤리적 입장과 태도 ― 자신의 삶을 성찰하면서 이미 알고 있고 가치 있게 여기는 것(또는 그렇지 않은 것) ― 를 인식하고 이름 붙이도록 유도하는 질문을 제시하는 것이다. 그리고 교사는 그러한 질문을 던질 때, 학생들이 자신의 질문을 스스로 만들어내도록 격려해야 한다.

그다음 단계로, 교사는 학년 수준에 따라서 학생들이 "자신의 사고에 대해 생각하도록" 하는 더 깊은 성찰로 이끄는 질문을 던질 수 있다. 그 질문은 다음과 같이 단순할 수 있다. "너의 그 말의 이면에 어떤 생각이나 이유가 있니?" "이 문제에 대해 네가 그렇게 생각하는 데 누가, 혹은 무엇이 영향을 주었니?" 학생들이 자신이 속한 문화적 환경이 어떻게 자신의 가치와 태도를 형성하고 있는지를 인식하도록 하는 것(로너건의 판단 단계)은, 그들이 자신의 사회적 의식을 발전시키는 데 핵심적이다. 이러한 의식은 불의를 인식하게 할 뿐만 아니라 사회 변화를 위해 행동하도록 그들을 이끈다.

▎제안하기▎ 가톨릭 학교에서, 도덕성 형성은 무언가를 제안하면 그것이 강요가 될지도 모른다는 두려움 때문에 가르침을 회피하게 만드는 일종의 거짓 자유주의에 따라, 윤리적 지침과 도덕적 가치를 스스로 찾아가게만 해야 한다는 식의 무한한 탐색에 머물 필요는 없다. 이것은 적어도 미국의 공교육에서 학생 인격 형성의 가능성을 거의 마비시키는 원인이 되고 있다. 마치 어떤 도덕규범이나 가치 체계를 제안하는 것이 학생들에게 억압이나 강요가 되는 것처럼 여겨진다. 학교들은 너무 소극적이어서 도덕적 지침을 전혀 제시하지 않는다. (예를 들어, 우리가 도둑질이 잘못된 일이라고 결코 가르친 적이 없다면, 도둑질한 사람을 감옥에 보내는 것은 정말로 부당한 일처럼 보인다.) 이것은 분명 가톨릭 학교가 취해서는 안 될 입장이다.

신앙으로부터 비롯된 교육이기에, 가톨릭 윤리는 모든 위대한 종교 전통이 품고 있는 깊고 보편적인 가치들, 즉 고통받는 이들에 대한 연민과 돌봄, 진실함, 정직, 자비, 그리고 모든 이를 위한 정의의 증진 등에서 영감을 받을 수 있다. 그리고 동시에, 가톨릭 학교의 도덕성 형성은 신앙 자체의 윤리적 명령, 즉 예수님의 삶을 본보기로 삼아 신앙의 전통이 간직한 가치와 덕, 계명과 참행복(진복팔단), 그리고 삶을 위한 윤리적 지혜 등에 의지해야 한다.

우리는 학생들을 도덕적 헌신으로 이끌 수 있다. 그것은 위로부터의 명령이나 처벌에 대한 두려움을 심어 주는 방식이 아니라, 학생들이 스스로 깨닫도록 돕는 방식이다. 즉 윤리적이고 덕스러운 삶이야말로 자신의 행복과 모든 이의 공동선을 위해 가장 생명력 있는 삶의 길임을 보게 하는 것이다. 윤리적으로 사는 삶은 그 자체가 이미 보상이다. 만약 우리가, 강요가 될까 두려워, 이러한 제안을 멈춘다면, 그것은 가톨릭 교육자로서의 정체성에 대한 심각한 실패가 될 것이며, 잠재적으로 학생들과 사회 모두에 몹시 나쁜 결과를 초래할 것이다.

▎초대하기▎ 도덕성 형성을 위한 교육의 마지막 단계는 학생들이 어떤 도덕과 가치가 가장 올바른 삶의 기준이 되는지를 인식하도록 초대하는 것이다. 이것은 단순한 인지가 아니라 자각에 가깝다. 그리고 이 자각 위에서 일상 속에서 어떻게 응답하며 살아갈지를 결정하도록 이끌어야 한다(이는 로너건이 말한 판단과 결정의 역동성을 교육의 자리에서 다시 구현하는 것이다). 교육은 윤리적 규범을 그저 배우는 데서 멈춰서는 안 된다. 적어도 그 규범으로부터 배우고, 나아가 그 규범을 받아들여 자신의 도덕적 존재를 형성하도록 학생들을 초대해야 한다. 학생들의 결정은 무엇을 믿을 것인지 그리고 무엇을 희망해야 할지를 포함할 수 있다. 그러나 도덕성 형성이 실천으로 이어지기 위해서는, 학생들이 자신의 성찰과 식별을 바탕으로 무엇을 **해야 할지**, 그리고 어떻게 사는 것이 자신과 공동선을 위하는 윤리적 삶인지를 스스로 결정하도록 초대하는 것이 필수적이다.

이러한 교육적 역동을 대화와 공동체 안에서 — 때로는 교실 안에서, 때로는 학교 전체 차원에서 — 실행할 때 얻게 되는 또 하나의 이점은, 학생들이 공동체 안에서 드러나는 지혜에 의해 격려를 받고, 서로 질문을 던지고 응답하면서 서로에게 영감을 주는 존재가 될 수 있다는 점이다. 또한 이러한 **질문하기**, **제안하기**, **초대하기**의 역동은 한 학생과의 5분간의 일대일 대화 속에서도, 혹은 한 학급 전체와 긴 시간에 걸친 수업 과정 속에서도 이루어질 수 있다는 점에 주목하라.

가톨릭 교육자로서 자신의 소명을 새롭게 하기

세계론과 인식론은 다루기 쉬운 주제는 아니지만, 효과적인 교육을 위한 기초가 된다. 어떤 면에서 이것은 물고기에게 자신이 헤엄치는 물을 인식하도록 초대하는 일과 비슷하다. 잘 알려진 말처럼, 물고기는 가장 나중에야 자신이 물속에 있다는 것을 깨닫는다. 아마도 가톨릭 세계론과 인식론이 교육자의 영혼, 교육자의 가르침, 그리고 교육 공간에 무엇을 제안하는지를 함께 성찰해 본다면, 이 추상적인 논의가 좀 더 구체적인 모습으로 다가올 것이다.

❙교육자의 영혼을 위하여❙ 우리가 학생들에게 성사적 의식을 길러 주고, 그들에게 "모든 것 안에서 하느님을 보도록" 격려하는 교육을 하고자 한다면, 그 기대는 우리 자신에게도 그대로 해당된다. 그러므로 우리는 우리의 삶 안에서 일하시는 하느님의 현존과 은총을 감지할 수 있는 내면의 안테나를 키워 가는 일이 필수적이다.

• 당신의 삶에서 가장 성사적이었던 순간들, 곧 하느님의 현존과

은총이 당신 안에서, 당신 곁에서 일하고 있음을 깊이 느꼈던 때를 떠올려 보라. 그러한 기억을 되새기며 머무를 때 당신은 그 순간들로부터 무엇을 배울 수 있는가?

- 당신의 학생들 안에 성사적 의식을 길러 주기 위해 어떤 시도를 해볼 수 있을지 상상해 보라. 예를 들자면, 당신은 어떤 질문을 던질 수 있을까? 어떻게 하면 학생들이 삶을 더 깊이 **바라보고**, 참되게 **보고**, 진심으로 **귀를 기울이도록** 이끌 수 있을까?

❙가르침을 위하여❙ 교사들에게 가장 큰 도전 가운데 하나는 학생들이 자신의 삶으로부터 배울 수 있는 것과 학문과 지식의 전통으로부터 배울 수 있는 것을 어떻게 통합하도록 도울 것인가 하는 문제일 것이다. 예를 들어, 존 듀이는 경험을 통한 학습과 그가 "문명의 축적된 자본"이라고 부른, 지식과 문화의 전통 또한 소중히 여겼다. 그는 이 둘을 각각 **진보적** 교육과 **전통적** 교육이라 불렀지만, 이 두 길을 함께 존중하며 학생들이 그것들을 자신의 앎으로 통합하도록 이끄는 방법을 찾는 데 고심했다.

- 당신의 가르침 안에서, 어떻게 학생들의 세상 삶을 앎과 지혜의 원천으로 활용하고 있는가? 그리고 그것을 더 효과적으로 실천하기 위해 어떤 방법을 모색할 수 있겠는가?
- 학생들이 학문의 세계와 지혜의 전통에 접근할 때, 단순히 "저축식" 교육(지식의 전달)이 아니라, 그 배움을 어떻게 자신의 앎과 삶의 지혜로 내면화하도록 격려할 수 있겠는가?

❙교육 공간을 위하여❙ 모든 학교 환경은, 그 학교가 학생들에게 제안하는 하나의 세계관을 품고 있다. 그곳은 학생들에게 삶을

바라보는 눈을 제시하며, 가르침과 배움에 대한 특정한 인식론적 태도를 드러낸다.

- 당신의 학교가 학생들에게 일반적으로 제시하는 삶의 관점은 무엇인가? 특히 성공을 어떻게 정의하고, 어떤 방식으로 그에 이르는 길을 제안하는가?
- 당신의 학교는 어떻게 앎의 방식을 새롭게 하여, 모든 이에게 더 통합적이고 인간적인 배움의 공간이 되도록 할 수 있겠는가?

제 9 장

공적 신앙 안에서 시민 양성하기

이 책은 전반에 걸쳐, 가톨릭 교육은 신앙**으로부터** 그리고 신앙을 **위해** 교육해야 한다고 제안하고 있다. 이러한 교육은 가톨릭 학교의 영적 토대를 제공한다. 또한 책 전체를 관통하는 지속적인 주제는, 우리가 단순히 믿음을 가르치는 데 그치는 것이 아니라 **살아 있는** 신앙을 위해 교육해야 한다는 것이다. 살아 있는 신앙이란 하느님과 그리고 타인과 올바른 관계를 형성하고, 신앙을 행동으로 실천하는 것이다. 여기에서 우리는 이러한 신앙이 공적 차원에서 실천되어야 하며, 살아 있는 신앙을 기반으로 한 교육은 시민사회의 공적 영역을 강화하는 방향으로 의도적이고 체계적으로 이루어져야 한다는 점을 강조하고자 한다. 가톨릭 교육은 학생들을 모든 이에게 연민과 정의를 실천하는 선한 **시민**이 되도록 양성함으로써 공동선의 증진에 기여해야 한다.

이러한 시민적 책임(civic responsibility)은 가톨릭 교육 안에서 특별히 강조되어야 한다. 그 이유는 단지 모든 교육이 그러하듯이 사회의 필요를 충족시키기 위함만이 아니라, 가톨릭 교육의 영적 토대를 이루는 공공성이 깊이 스며 있는 신앙을 존중하기 위함이기도 하다. 가톨릭 신앙은 우리에게, 학생들을 단순히 사회문화적 맥락에 "순응하는" 시민이 아니라, 인간의 존엄성과 모든 이를 위한 삶의 질을 증진하기 위해 필요할 때 그 사회를 개혁하려는 시민으로 교육할 것을 요구한다.

우리 시대의 위대한 해방주의 교육자 파울로 프레이리는 모든 교육이 사회를 위한 시민의 삶을 형성한다는 점에서 본질적으로 정치적인 행위임을 이미 플라톤과 아리스토텔레스가 확신하고 있었다는 사실을 다시 일깨워 주었다. 가톨릭 신앙에 기초한 교육은 분명히 공공의 복지를 증진하는 시민을 길러 내야 할 무거운 사회적 책임을 갖고 있다. 이러한 목적을 위해, 가톨릭 교육은 본질적으로 공적 성격을 지닌 신앙의 영적 토대 위에서, 하느님 나라의 가치를 시민사회 전반 속에 실현하도록 학생들을 가르쳐야 한다.

사회 비평가들은 시민사회를 서로 겹치지만 구별되는 세 가지 구성 요소, 즉 **정부**, **경제**, 그리고 **공적 영역**(public realm, 곧 세상 전체)으로 이루어진 것으로 본다. 살아 있는 신앙에 대한 강조와 이 장에서 다루고 있는 정의와 연민의 활동이 그러한 신앙의 본질적 요소라는 점을 고려할 때, 가톨릭 교육은 시민사회, 특히 그 공적 영역에 대한 신앙에 기초한 기여를 할 가능성과 책임을 기꺼이 받아들여야 한다. 그 사명은 무엇보다 학생들을 선한 시민으로 길러 내는 교육 활동 속에서 가장 분명히 드러난다.

여기에서 우리는 자주 간과되거나, 심지어 부정되기까지 하는 두 가지 주제를 강조하려 한다. 즉, 그리스도교 신앙의 **공적** 성격과 교육의 **사회정치적** 성격이다. 이런 맥락에서 내 주장을 반대할 수 있는 두 가지 입장을 예상할 수 있다. (1) 종교적 신앙은 현명하게 공적 영역에서 배제되어야 할 개인적인 문제여야 한다. (2) 교육은 또한 정치적이어서는 안 되며, "객관적"이거나 비관여적인 지식을 가르치고 사회적 실천이나 옹호 활동을 피해야 한다. 본격적으로 논의를 진행하기에 앞서, 우리는 이 두 가지 흔하지만 잘못된 관점을 바로잡을 필요가 있다.

그리스도교 신앙을 사적인 차원에 국한하려는 생각에 맞서는 가장 큰 증거는, 예수님께서 친히 가르치시고 삶으로 드러내신 신앙이 본래부터 공적 성격을 지닌 신앙이었다는 사실이다. 만약 우리가 예수님의 가장 큰 계명을 **하느님과 자기 자신**에 대한 사랑으로만 축소시킬 수 있다면, 우리는 그리스도교 신앙을 개인적인 문제로 머물게 할 수도 있을 것이다. 그러나 예수님께서는 신명기 6장 5절과 레위기 19장 33절을 결합하여, **이웃**을 자신과 같이 사랑함으로써 하느님을 사랑하라고 가르치셨고, 거기에 원수까지 포함시키셨다(마태 5,24 참조). 우리는 이러한 근원적인 사랑을 철저히 사적인 영역으로만 제한할 수 없다. 사실, 예수님께서 몸소 보여 주시고 가르치신 하느님 나라의 모든 가치 또한 본질적으로 공적이며 사회적 실천을 요구하는 것들이었다. 많은 성경학자가 역사적 관점에서 볼 때 예수님께서 바로 그러한 공적 신앙의 증언으로 인해 정치적 죄목 아래 십자가에 달리셨다고 말한다. 그렇다면 예수님께서 모범으로 보여 주신 이러한 신앙이 어떻게 사람들의 개인적 영역 속에 갇히게 되었으며, 더 나아가 점점 더 사적인 일로 축소되어 버렸을까?

그 이유 가운데 하나는, 근대 세속화의 전 과정이 공적 공간에서 종교의 영향과 영적 가치를 철저히 배제하려는 의지에 의해 형성되었기 때문이다. 오늘날 서구의 사고방식은 종교적 신앙과 시민사회를 두 개의 서로 다른 삶의 차원으로 나눈다. 하나는 사적이고 개인적인 영역이고, 다른 하나는 공적이며 사회적인 영역이다. 이러한 구분은 프랑스의 철학자 장 자크 루소(Jean-Jacques Rousseau, 1712~78)에게서 비롯되었으며, 그는 "개인"과 "시민"을 분리하여, 개인은 교회에 속하고 시민은 국가에 속한다고 보았다. 이 사상은 결국 교회와 국가의 엄격한 분리 원칙, 이를테면 미국 수정 헌법 제1조와 같은 제도를 낳게 되었다.

적어도 서구 문화권에서, 교회가 오랫동안 정치 문제에 과도하게 간섭해 온 여러 시대를 지나, 교회와 국가의 분리는 현명하고 환영받을 만한 헌법적 장치가 되었다. 그러나 동시에 그것은 신앙과 공적 삶의 잘못된 분리를 조장하였는데, 그리스도인들에게 그러한 분리는 본래 불가능한 일이다. 실제로, 종교의 사회적·정치적 중요성을 부정하는 사람은 역사책의 한 페이지도, 오늘의 아침 뉴스도 제대로 읽지 않는 사람이라 할 수 있다. 더 나아가, 루소의 주장은 **개인**과 **시민**이 둘로 분리된 존재가 아니라 동일한 한 인간이라는 사실을 망각한 것이었다. 그의 주장을 끝까지 일관되게 실현하려면, 일종의 인격적 분열 상태가 필요할 것이다. 이 두 차원을 함께 붙들며, 가톨릭 교육은 신앙을 가르치되 동시에 사람들이 선한 시민으로 성장하도록 이끄는 방식으로 교육해야 한다.

교육이 본래 선한 시민을 길러 내는 역할을 해야 한다는 점과 관련하여, 계몽주의 시대의 지식의 "객관성"에 대한 주장은 특히 사회·윤리적 문제에 있어서 중립적인 가르침을 장려했다. 이러한 경향의 일부는 임마누엘 칸트의 이론적 이성과 실천적 이성을 구분한 것에서 비롯되었다. 전자는 과학적 지식에 관한 것이고, 후자는 종교와 정치와 같은 문제를 다루는 것으로 보았다. 그러나 이러한 구분은 근대 과학이 공동선에 대한 윤리적 책임 의식 없이 발전하도록 만들었다. 그 결과로 우리가 지금 환경 파괴의 벼랑 끝에 서게 된 것이 결코 놀라운 일이 아니다!

여기에 더하여, 앞선 장에서 살펴보았듯이 근대 사회가 추구한 기술적 합리성 중심의 사고로 인해 **앎**의 의미는 더욱 협소해졌다. 이러한 비인격적이고 비참여적인 인식론은 학교가 사회적 가치나 시민적 책임의 형성에는 무관심한 채, 단지 이성적 지식과 객관적 정보만을 가르치고 또 그래야 한다는 생각을 부추겼다. 이러한 상황의 한 징후로, 미국 공립 학교에서 전통적인 시민 교육과정이 거의 완전히 폐지된 현실을 들 수 있다.

사회적 책임을 외면하고 스스로를 비정치적이라고 주장하는 교육은, 오랜 세월 일관되게 유지되어 온 교육의 본래 역할, 즉 모든 이의 공동선을 위해 봉사하는 시민을 양성하는 역할을 배반하는 것이다. 예를 들어, 아리스토텔레스는 인간이 본성적으로 공동체를 이루고 결국 도시국가를 형성하려는 자연스러운 본능을 지니고 있음을 인식했다. 그러나 국가가 제대로 기능하기 위해서는, 그 구성인인 시민들(*polites*)이 시민적 덕목으로 형성되어야 하며, 각 시민은 공동선에 기여하고 사회 전체는 모든 구성원의 개인적 선을 실현하는 방향으로 나아가야 한다고 보았다. 아리스토텔레스에게 이러한 시민의 형성은 시민적 덕목의 실제적인 실천에 대한 성찰에 근거했으며, 그는 그것을 교육의 궁극적인 목적으로 보았다. 반면 플라톤은 실천보다는 이념에서 출발하기를 선호했지만, 마찬가지로 교육의 궁극적 목적은 사회의 공동선을 위해 시민적 덕목을 지닌 사람을 형성하는 것이라고 주장했다. 이러한 확신으로 인해, 플라톤과 아리스토텔레스는 언제나 교육에 대해 논할 때 정치에 관한 저술에서 이를 다루었다.

한번 생각해 보라. 한 사회의 삶과 그 안에 사는 사람들의 삶을 그토록 넓고 깊게 형성하는 것이 그 사회가 시 민들에게 제공하는 교육 외에 또 무엇이 있겠는가? 한 가지 예를 들자면, 오늘날 특히 STEM 교육과정(과학·기술·공학·수학)을 중심으로 한 강력한 교육은 그 졸업생들에게 막대한 사회적 이점을 제공하며, 최소한 경제적인 측면이나 사회적 지위 상승에 있어서 그들의 "성공"을 거의 보장한다. 그러나 그러한 성공을 현 정치 질서를 무비판적으로 수용한 채 누리는 경우가 많다. 그런데 여기서 주목해야 할 점은, 미국 사회에서 교육 수준과 투옥될 가능성 사이에 상관관계가 존재하며, 그 배경에는 빈곤과 인종차별이 깊게 얽혀 있다는 사실이다. 교육을 별로 받지 못한 사람들 — 가난한 지역 학교에 다니며, 지방세에 의존하는 교육 체계 속에 있었던 이들 — 은 좋은 교육을 받은 사람들보다 감옥에 갈 확률이 무려 세 배나 높다. 교육은 언제나 사회적 결과를 낳으며, 그것이 긍정적이든 부정적이든 정치적 중립이나 무관함이란 존재하지 않는다.

토머스 제퍼슨(Thomas Jefferson)은 이를 잘 이해하고 있었으며, 성공적인 민주주의를 위해서는 민주적 가치에 대해 잘 교육받은 시민들이 필요하다고 주장했다. 존 듀이는 교육이 사회를 재구성하고 개혁하는 가장 효과적인 수단이라고 주장했다. 앞에서 언급했듯이, 파울로 프레이리, 벨 훅스(bell hooks), 넬 나딩스(Nel Noddings)와 같은 사상가들은 교육이 본질적으로 정치적 활동임을 다시 일깨워 주었다. 교육은 사람들을 사회의 기능적 구성원으로 만들어 기존 질서를 유지하며 그 안에서 성공하도록 길러낼 수도 있고, 혹은 그 반대로 평등과 정의를 향해 사회를 재구성하고 개혁하는 주체로 형성할 수도 있다. 플라톤과 아리스토텔레스 시대와 마찬가지로, 그리고 언제나 그러하듯이, 사회가 시민들에게 제공하는 교육보다 그 사회의 복지와 번영에 더 큰 영향을 미치는 것은 없다. 가톨릭 교육은 중대한 사회적·정치적 역할을 지니고 있다. 그것은 학생들이 자신의 신앙을 공적 영역으로 가져와 그 신앙을 모든 이의 공동선을 위해 실천하는 시민으로 성장하도록 이끄는 일이다.

물론, 이러한 제안은 교회와 국가의 분리에 의해 얻어지는 긍정적인 성과를 위협하지 않는다. 우리가 결코 바라는 바가 아닌 것은, 과거에 그랬던 것처럼, 교회가 다시 정당 정치에 개입하거나, 특정 정당을 지지하거나, 심지어 자신의 정치 세력을 만들려 하는 것이다. 분명히, 그리스도인 개인은 자신의 신앙에 기초한 가치를 가지고 그것을 정부, **경제**, 그리고 **공적 영역이라는 사회의 세 차원 안에서 실천해야 한다. 오늘날 경제와 정부 모두 그리스도교적 사회적 의식과 가치를 절실히 필요하다.**

한편, 공적 기관으로서의 교회는 시민 정부에 참여하거나 정당 정치에 개입해서는 안 되며, 또한 경제 영역, 즉 월스트리트의 거래자로서 자신의 정체성을 규정해서는 안 된다. 그러나 교회는 공적 기관으로서의 자격에 따라, 아니, 오히려 신앙의 공공적 성격에 의해 요구받는 바대로, 공적 영역에 참여할 권리와 의

무를 지닌다. 교회는 이를 통해 시민들의 삶과 사회의 질서를 형성하고 모든 사람의 선익을 위한 사회적 봉사를 제공해야 한다.

실제로 보편 교회로서의 가톨릭교회는 이미 시민사회의 공적 영역에 매우 중요한 방식으로 참여하고 있다. 전 세계에 걸친 가톨릭 사회복지 기관과 병원들의 네트워크는 아마도 자비와 의료 서비스를 제공하는 가장 거대한 단일 조직일 것이다. 마찬가지로, 가톨릭 학교의 전 세계 네트워크 역시 그 규모 면에서 세계 최대의 교육 공동체라 할 수 있으며, 수많은 사회의 공동선에 깊은 긍정적 영향을 미칠 가능성을 지니고 있다. 이러한 학교들을 **사립**(private)이라 부르는 우리의 통상적 표현은 오히려 그 실상을 왜곡한다. 사실 이 학교들은 본질적으로 공적 기관으로서, 공적 영역에서 활동할 시민들을 길러 냄으로써 시민사회에 귀중한 자산이 된다. 가톨릭 학교는 예수님의 가르침과 실천에서 비롯된 본래적인 공적 성격의 신앙 때문에, 선한 시민을 양성해야 할 사명을 지닌다.

성찰과 대화를 위해

- 당신 자신의 신앙이 공적 영역에서 시민으로서의 삶에 어떤 방식으로 영향을 미치는지 인식해 보라. 당신은 그 신앙을 어떻게 사회 속에서 드러내며, 구체적인 실천으로 이어 가고 있는가?
- 교육, 특히 신앙에 기초한 교육이 지닌 정치적 힘에 대해 성찰해 보라. 그러한 교육은 시민사회 안에서 어떠한 책무들(예를 들어, 도움이 필요한 모든 이에게 자비를 베푸는 것, 인종차별에 반대하고 인종적 정의를 증진하는 것, 모든 이의 인권을 수호하는 것, 환경을 돌보는 것, 사람들을 빈곤에서 벗어나게 하는 것 등)을 져야

하는가? 그리고 그 책무들 가운데, 공적 신앙이 우선적으로 지향해야 할 가치들은 무엇이며, 그 순위를 어떻게 배열하겠는가?

연민과 정의에 대한 예수님의 공적 신앙

성경학자들은 연민(compassion)이 예수님의 공적 사명 자체를 가장 잘 드러내는 표지였다는 데 동의한다. 그리고 오늘의 시선으로 보자면, 연민 안에는 정의에 대한 깊은 헌신이 포함되어 있음을 알 수 있다. 예수님에게 연민과 정의는 동전의 양면과도 같았다. 먼저, 우리는 예수님의 연민과 정의에 대한 실천과 가르침을, 그분의 총체적 신앙 이해, 곧 사회적이며 공적인 성격을 지닌 살아 있는 신앙의 맥락 안에서 바라보아야 한다. 예수님의 신앙은 결코 사적인 일이 아니었다.

❙예수님의 공적 신앙❙ 요약하자면, 제1장은 예수님께서 하느님 나라를 위해 몸소 보여 주시고 가르치신 살아 있는 신앙을 다루었다. 이 신앙의 메시지는 이 장에서도 여전히 울려 퍼지며, 특히 그 공적 차원, 곧 그리스인으로서 책임 있는 시민으로 살아가게 하는 토대로 강조된다. 제2장은 **살아 있는** 그리스도교 신앙을 사람의 머리와 마음과 손을 모두 참여시키는 통합적인 삶의 방식으로 설명하였다. 이 신앙은 사람들의 믿음과 확신, 관계와 영성, 가치와 헌신을 형성한다. 그리고 우리는 예수님의 길을 따르는 그리스도교 신앙이란 살아 **있고**, **실천되며**, 생명을 주는 신앙, 곧 모든 이를 위한 신앙임을 제안하였다.

여기서 우리는 예수님의 **살아 있는** 신앙이 그분의 사회·정치적 맥락 속의 공적 영역에서 구체적으로 드러났다는 사실에 주목하고자 한다. 예수님은 살아 **있는** 신앙의 모든 측면이 세상 속에서 드러나야 한다는 모범을 보여 주셨고, 그 어떤 신앙의 부분도 사적인 영역에만 머물러서는 안 된다는 것을 분명히 하셨다. 심지어 예수님께서 가르쳐 주신 기도조차도, 하느님 나라가 하늘에서와 같이 땅에서도 이루어지도록 우리의 헌신을 촉구하고 있다. 마찬가지로, 제자들 그리고 그들이 이루어갈 교육 또한 예수님처럼 신앙을 "공적으로 드러내는 것"을 요구받는다.

• **공적 차원에서 살아 있는 신앙:** 신앙이 살아 있다는 것은 그것이 신선하고 생명력 넘치며, 끊임없이 새로워지고 깊어지며, 신실함의 새로운 지평으로 나아간다는 뜻이다. **살아 있는** 신앙은 우리가 하느님 안에서 참된 안식을 얻을 때까지 평생토록 자라나고 성숙해져 간다. 예수님께서는 사마리아 여인과의 우물가 대화에서(요한 4장) 당신의 복음이 그녀에게 "생수"와 같고, "물이 솟는 샘이 되어 영원한 생명을 누리게" 할 것이라고 약속하셨다(요한 4,10.14). 그러므로 우리는 그리스도교 신앙이 메말라 정체되지 않도록, 언제나 복음의 신선한 샘으로 돌아가야 한다.

예수님의 복음이라는 '생수'는, **살아 있는** 신앙이 언제나 도움이 필요한 이들을 향한 깨어 있는 마음을 지녀야 함을 일깨워 준다. 우리가 깨어 있지 않으면, 그들을 보고 응답해야 할 순간을 놓칠 수 있다. 예수님께서 말씀하신 최후의 심판 장면을 다시 떠올려 보자(마태 25,31~46). 양들도 염소들도 모두 가난하고 도움이 필요한 이들 안에서 하느님을 보지 못했다. 그래서 그들 모두가 놀라서 이렇게 묻는다. "주님, 저희가 언제 당신을 뵈었습니까?" 결국, 양과 염소의 유일한 차이점은, 양들은 다양한 사회적 도움이 필요한 사람들을 보고 그들에게 응답했지만, 염소들은 그들을 보지도 못했다는 데 있다. **살아 있는** 신앙이란 제자들이 보아야 할 것을 더욱 예리하게 볼 줄 아는 의식을 키워가며, 자신이 처한 사회정치적 맥락 속에서 그것에 응답하는 신앙이다.

이와 비슷하게, 예수님께서는 자주 "눈이 볼 수 있고 "귀가 들을 수 있는" 사람들을 축복하셨다(예를 들어, 마태 13,16). 분명히 예수님께서 말씀하신 것은 육체적인 시각이나 청각 이상의 의미였다. 가난한 이들이나 도움이 필요한 이들은 종종 문화적 구조 속에 가려져 우리 눈에 보이지 않거나, 혹은 우리가 그들의 필요와 외침을 보고 듣지 않으려 하기 때문이기도 하다.

또한 우리는 공적 신앙이 새로운 시대적 과제들을 인식하게 만든다는 사실을 잊지 말아야 한다. 과거에는 보지 못했던 새로운 형태의 사회적 불의가 시대의 변화 속에서 드러나기 때문이다. 예를 들어, 인간이 환경을 파괴할 수 있는 능력을 지니게 된 오늘날, 우리는 창조 세계의 선한 관리자가 되어야 할 사명과 기후 변화를 바로잡아야 할 책임을 더욱 자각하게 되었다. 마찬가지로, 그리스도인들은 점차 우리가 잘못된 과학적·의학적·사회적 근거에 성소수자(LGBTQ)[23]들을 차별해 왔음을 점차 깨닫게 되었고, 그리스도교 신앙은 이러한 사회적 불의를 멈추고 중단할 것을 요구한다. **살아 있는** 신앙은 끊임없이 성장하고 공적으로 드러나는 신앙이어야 하며, 언제나 그 사회적 책임에 대한 우리

---

23) 〔옮긴이 주〕 LGBTQ는 성 정체성 및 성적 지향과 관련된 용어로서, Lesbian(여성 동성애자), Gay(남성 동성애자), Bisexual(양성애자), Transgender(트랜스젠더), Queer or Questioning(전통적 성적 구분에 속하지 않는 사람)의 약자이다.

의 인식을 더 깊고 넓게 확장하도록 이끈다.

• **공적 차원에서 실천되는 신앙:** 예수님께서는 공생활의 시작부터 제자들을 부르시며 당신의 길을 따르고, 그 발자취를 따라 걷도록 초대하셨다. 그 초대의 의미를 담아 예수님께서는 당신 자신을 "길이요 진리요 생명"(요한 14,6)이라고 선포하셨고, 그분의 첫 제자들은 "새로운 길을 따르는 이들"(사도 9,2)이라는 별칭으로 불렸다. 예수님은 반복해서 실천하는 신앙이야말로 참된 제자 됨의 기준임을 강조하셨다. 이를 뒷받침하는 성경 구절은 수도 없이 많지만, 그중 하나를 들자면 다음과 같다. "나에게 '주님, 주님!' 한다고 모두 하늘 나라에 들어가는 것이 아니다. 하늘에 계신 내 아버지의 뜻을 실행하는 이라야 들어간다"(마태 7,21). 결국, **고백하는** 것이 아니라 **행하는** 것이 살아 있는 신앙을 이루는 본질이다.

예수님께 있어서 신앙은 반드시 행동으로 실천되어야 하는 것이었다. 그리고 예수님께서는 그 신앙을 모든 사람이 보고 알 수 있도록 대부분 공적 영역에서 행하셨다. 복음서 곳곳에서 예수님께서는 늘 군중에 둘러싸여 계셨고, 병을 고치고, 굶주린 이들을 먹이고, 상처 입은 사람들을 회복시키는 기적들을 행하셨다. 세례자 요한이 예수님께 사람들을 보내어 "오실 분이 선생님이십니까? 아니면 저희가 다른 분을 기다려야 합니까?", 즉 "당신이 메시아입니까?"라고 물었을 때, 예수님께서는 자신이 지금 공적인 자리에서 하고 있는 일들을 보라고 대답하셨다. 예수님께서는 사람들을 세례자 요한에게 돌려보내시며 이렇게 말씀하셨다. "너희가 보고 듣는 것을 전하여라. 눈먼 이들이 보고 다리 저는 이들이 제대로 걸으며, 나병 환자들이 깨끗해지고 귀먹은 이들이

들으며, 죽은 이들이 되살아나고 가난한 이들이 복음을 듣는다." 예수님은 자신의 삶과 행위, 곧 공적으로 드러난 신앙을 통해 당신이 메시아임을 알리고자 하신 것이다. 바로, 그 공적인 신앙 때문에 예수님은 십자가에 못 박히셨다.

• **공적 차원에서 생명을 주는 신앙:** 예수님께서 자신과 타인을 위해서만이 아니라 공적 영역을 위해서도 구원에 이르게 하는 생명을 주는 신앙을 사시고 가르치셨음은 명백하다. 이러한 공적 신앙은 하느님 나라에 대한 그분의 가르침과 실천 안에서 가장 분명하게 드러났는데, 그것 자체가 사회적이고 정치적인 상징이었다. 네 이웃을 네 몸같이 사랑하고, 심지어 원수까지도 사랑하라는 그 부르심은 결코 개인적 차원에 한정될 수 없는 명령이다. 그것은 개인적 삶, 공동체적 삶, 그리고 사회·정치적 삶의 모든 영역에서 실천되어야 한다.

특히 주목할 것은, 예수님의 많은 기적들, 특히 치유하는 기적은 단순한 개인적 사건을 넘어 사회적이고 문화적인 의미를 지니고 있었다는 점이다. 치유의 기적은 단순히 개인의 병을 고치는 일이 아니라, 그 사람의 존엄성을 회복시키고 사회적 지위를 되찾게 하는 공적 의미를 지니고 있었다. 마찬가지로, 예수님의 식탁 친교는 단순히 음식을 제공하는 친절한 행위가 아니었다. 그것은 그의 시대에 만연했던 배제의 문화에 정면으로 도전하는 행위였다. 식탁에 여성과 아이들, 세리와 죄인들을 함께 맞이하신 일은 공적 신앙의 강력한 표현이었다.

예수님의 신앙은 분명히 공적인 **삶의 방식**이었다. 이러한 신앙이 공적 영역에서 연민과 사회 정의에 헌신한다는 의미를 지닌다는 것은 이미 앞에서 충분히 확인하였다. 이제 여기서는 간략히 정리하고자 한다. 우리는 먼저 예수님의 연민에 대한 헌신을, 그리고 이어서 정의에 대한 헌신을 살펴볼 것이다. 물론 이 두 가지는 동전의 양면처럼 언제나 하나로 연결되어 있다.

• **연민의 행위 안에 드러난 예수님의 공적 신앙:** 복음서에 따르면, 예수님은 신앙심 깊은 유다인으로서 신앙의 모든 면을 충실히 살아 내셨다. 예수님은 하느님께 정기적으로 기도하셨고(복음서는 이것을 30번 넘게 언급한다), 신앙 공동체에 참여하여 안식일을 지키셨으며(루카 4,16), 모든 일에 정직하고 진실하셨다. 또한 거짓 맹세를 하지 않으셨으며, 거룩한 날들을 지키셨고, 자신을 해친 사람들까지도 용서하셨다. 이러한 모든 것이 그분의 살아 있는 신앙이자 공적으로 드러난 신앙의 모습이었다. 그러나 그 정점은 도움이 필요한 모든 이들을 향한 예수님의 연민의 행위였다.

'compassion'(연민)이라는 단어의 어원은 라틴어 '*com passio*'에서 유래했는데 이는 다른 이들과 "함께 고통을 겪는"(suffering with) 느낌을 담고 있다. 공관 복음서에 자주 사용되는 그리스어 표현은 예수님께서 도움이 필요한 사람들을 보셨을 때 느끼셨던 마음을 묘사하는데, 문자 그대로 "창자 깊은 곳에서 느끼는 공감의 감정"을 뜻한다. 예수님은 탕자의 비유(루카 15,20 참조)에서 그와 같은 연민의 마음이 바로 하느님의 마음임을 보여 주셨다.

예수님께서 보여 주신 가장 두드러진 연민의 행위들을 잠시 회상해 보자. 이들 대부분은 공적 영역에서 행해진 것들이다. 이 모든 행위를 종합해 보면, 후대의 신학자들이 예수님의 '가난한 이들을 위한 선택'이라 이름 붙인 바 있는, 공적 신앙의 결정적 표지임을 알 수 있다. 이러한 선택은 결코 사적인 차원에서만 이루어질 수 없다. 그것은 모든 사회적 상황에서, 예수님께서 언제나 가장 도움이 필요한 이들, 곧 "가난한 이들" 편에 서 계셨음을 의미한다.

우리는 굶주린 이들을 먹이신 예수님의 행위에서 그분의 깊은 연민을 인식할 수 있다. 복음에서 여섯 번이나 반복해서 전하는 기적은 오직 두 가지뿐인데, 하나는 부활, 그리고 다른 하나는 예수님께서 빵과 물고기를 나누어 굶주린 사람들을 먹이신 기적이다(네 복음서 모두에 등장하며, 마태오와 마르코 복음에는 두 번씩 기록되어 있다). 이렇게 반복적으로 증언된다는 것은, 굶주린 이를 먹이신 행위가 예수님의 공생활에서 중심적인 요소였음을 보여 준다. 한 번에 오천 명이나 되는 사람들을 먹이신("여자와 아이들 외에", 마태 14,21) 일은 분명히 공적 신앙의 행위였다. 그러나 예수님께서는 단순히 그들의 육체적 굶주림을 덜어주는 일에 그치지 않으셨다. 예수님께서는 "가난한 이들에게 복음을" 전하심으로써(마태 11,5 참조), 그들의 영적인 허기도 채워 주셨다. 예수님의 연민은 그들의 육체적 배고픔과 영혼의 허기를 채우는 사랑이었다.

예수님의 연민은 다양한 육체적·영적·정서적 질병을 치유하신 일에서도 분명히 드러난다. 복음서에 따르면, 예수님은 공생활 내내 수많은 치유의 기적을 행하셨다. 복음서에는 "예수님께서는 갖가지 질병을 앓는 많은 사람을 고쳐 주시고 많은 마귀를 쫓아내셨다"(마르 1,34)와 같은 요약 구절이 자주 등장한다. 오늘날의 성경학자들은 예수님께서 마귀를 쫓아내신 행위를 정서적 질환이나 중독으로 고통받는 사람들을 치유하신 행위로 이해하기도 하지만, 예수님께서는 분명히 그러한 기적들을 통해 모든 형태의 악으로부터 사람들을 해방시키고, 모든 중독적인 유혹을 이길 수 있도록 힘을 주시려는 의도를 가지셨다.

더 나아가, 예수님께서는 많은 치유의 순간에 나병 환자들을 포함해서 병자들에게 손을 내밀어 직접 접촉하셨으며(마태 8,2~3 참조), 또는 하혈하는 여인처럼 병자들이 그분께 손을 대기도 하였다(루카 8,43~48 참조). 이러한 접촉 행위는 당시 문화적 맥락에서 예수님을 부정하게 만드는 행위로 여겨졌을 것이다. 그러나 예수님께서는 그러한 수치심의 문화를 명백히 거부하셨고, 당신의 손길로 사람들을 사회적으로 해방시키고, 동시에 치유하셨다. 다시금 드러나는 것은, 참으로 위대한 공적인 연민의 모습이다!

예수님의 연민은 영적인 치유에서도 분명하게 드러난다. 예수님께서는 "사람아, 너는 죄를 용서받았다"(루카 5,20)라고 군중 앞에서 공개적으로 말씀하시며 사람들의 내면을 치유하시고 하느님의 자비를 드러내셨다. 예수님은 회개한 죄인에게 베푸시는 하느님의 자비를, 잃어버린 양 한 마리를 찾기 위해 아흔아홉 마리를 남겨 두고 나서는 착한 목자의 비유로 설명하셨다. 잃었던 양을 찾은 목자(곧 하느님)는 "잃었던 내 양을 찾았다"(루카 15,4~7)라고 기뻐하며 연회를 연다. 예수님께서는 "세리와 죄인들과 함께 먹고 마시면서"(루카 5,30)까지 하느님의 무한한 자비를 몸소 드러내셨고, 그 행위는 참으로 용기 있는 연민의 실천이자 공적 신앙의 증언이었다.

우리는 또한 예수님의 연민을, 슬픔에 잠긴 이들을 향한 그분의 동정심 안에서도 본다. 예수님께서는 연민에 이끌리시어 세 번이나 사람들을 죽음에서 다시 삶으로 되돌리셨다. 그중 하나는 외아들을 잃어 생계의 수단마저 잃어버린 나인의 가난한 과부에게 하신 일이다(루카 7,11~16 참조). 또 하나는 회당장 야이로의 외동딸을 다시 살리신 일이다(루카 8,40~56 참조). 예수님께서도 친구 라자로의 죽음으로 사랑하는 이를 잃은 고통을 직접 경험하셨다(요한 11,1~44 참조). 성경은 이렇게 전한다. "예수님께서는 눈물을 흘리셨다"(요한 11,35. 이는 성경 전체에서 가장 짧은 구절 중 하나이다). 그러고 나서, 모여든 "군중"(요한 11,42) 앞에서(즉 매우 공적으로), 예수님은 라자로를 죽은 이들 가운데에서 일으키시고, 그의 누이들 마르타와 마리아에게 돌려보내셨다(요한 11,34~44 참조).

사람들에게 연민을 베푸는 일은 예수님의 사명에서 가장 우선순위였다. 그래서 예수님께서는 가장 높은 사회적·종교적 규범이었던 안식일 준수보다도 그것을 더 중요하게 여기셨다. 복음서에는 예수님께서 안식일에 공적으로 연민의 활동을 하신 장면이 최소 일곱 번이 나오며, 이는 율법을 문자적으로 지키던 이들의 비난을 감수하면서까지 하신 행동이었다. 물론 예수님은 안식일을 폐지하려 하신 것이 아니었다. 예수님께서는 당신의 행동을 통해 하느님 나라에는 가치의 서열이 있으며, 어떤 선행들은 다른 것보다 더 중요하다는 사실을 보여 주셨다. 예를 들어, 병든 이를 고치거나 굶주린 이를 먹이는 일은 안식일을 엄격하게 지키는 것보다 더 중요하다. 다시 말하지만, 이러한 행동은 공적인 신앙의 성격을 지니며, 종종 종교 지도자들의 강한 반발을 불러일으켰다. 더 말할 수도 있겠지만, 요점은 예수님의 삶 전체가 연민으로 가득 차 있었고, 그것이 그분의 공적 삶 속에서 일관되게 실천되었다는 것이다. 나아가 그분의 **살아 있는** 신앙은 정의에 대한 일관된 헌신 안에서 사회·정치적 성격을 분명히 드러냈다.

• **예수님의 공적 신앙과 정의의 실천:** 예수님은 유다교 전통에 깊이 뿌리내리고 계셨으며, 특히 시편과 예언서에 익숙하셨다. 예를 들어, 그분은 적어도 여덟 번 이상 이사야서를 기억해서 인용하셨다. 이처럼 예수님은 "공정의 하느님"(이사 30,18), "억눌린 이들 모두에게 공정을 베푸시는"(시편 103,6) 하느님에 대한 굳건한 믿음 속에서 성장하셨다. 예수님은 하느님께서 정의로운 일을 기뻐하시고(예레 9,24 참조), "공정을 사랑"(시편 99,4)하시며, 불의를 미워하신다(이사 61,8 참조)는 것을 잘 알고 계셨다. 예수님께서는 예언자들의 가르침 속에 일관되게 흐르는 주제, 곧 하느님께서 원하시는 참된 예배는 정의의 일을 실천하는 삶이라는 메시지(예를 들어, 이사 58,6~12 참조)를 누구보다 깊이 깨닫고 계셨다.

이미 살펴본 대로, 예수님께서 안식일에 고향 나자렛 회당에서 성경을 봉독하실 때, 그분은 히브리 성경에서 정의를 가장 강하게 선포하는 본문인 이사야서 61장 1~2a절을 선택하시고, 거기에 이사야서 58장 6절을 덧붙이셨다. 예수님은 기름부음받은 이, 곧 메시아가 가난한 이들에게 복음을 전하고, 포로들에게 자유를 주며, 눈먼 이를 보게 하고, 억압받은 이들을 자유롭게 내보내며(이사 58,6), 하느님의 완전한 정의가 실현되는 희년을 선포할 것이라는 약속을 선포하셨다. 그러고 나서 예수님은 담대하게 "오늘 이 성경 말씀이 너희가 듣는 가운데에서 이루어졌다"(루카 4,21)라고 선언하셨다. 예수님께서는 그 후 당신의 공생활 전반을 통해 정의가 유다 신앙의 중심임을 드러내셨고, 이는 하느님 나라의 선포라는 그분 사명의 핵심으로 집약되었다.

예수님의 생애와 가르침을 관통하는 '하느님 나라'라는 이 상징은 단순히 영적 의미에 그치지 않고, 깊은 사회·정치적 의미를 품고 있었다. 하느님 나라가 오며 하느님의 뜻이 "하늘에서와 같이 땅에서도 이루어지기를"(마태 6,10) 바라는 그 기도 안에는 인간의 정치적 삶까지도 변화시키는 힘이 담겨 있었다. 예수님께서 하느님 나라를 바라보신 관점은 그 시대 사람들의 의식 속에서 이 상징이 어떻게 떠오르고 있었는가에 의해 형성되었다. 예수님께서 선포하신 하느님 나라는 **샬롬**(shalom), 곧 하느님이 모든 인류와 피조물에게 바라시는 평화, 정의, 그리고 충만한 행복을 드러내는 것이었다. 다시 주목할 것은, 그리스어 바실레이아(*basileia*)는 왕국(kingdom)뿐 아니라 "제국"(empire)으로도 번역될 수 있다. 예수님께서는 자신이 로마 제국을 비롯해서 세속적이든 종교적이든 모든 억압적이고 불의한 제도들에 대해 대안을 선포하고 계심을 잘 아셨을 것이다. 그리고 분명히 예수님은 그러한 **살아 있는** 공적 신앙을 증언하는 일에 따르는 정치적 위험 또한 인식하고 계셨다.

세 공관 복음서 모두에 기록된 유명한 사건이 있다. 유다 지도자들이 예수님께 로마 황제에게 세금을 내야 하는지를 물으며 시험한 사건이다(마태 22,15~22 참조). 예수님은 그들에게 그 동전에 새겨진 형상이 누구의 것인지를 물으셨고, 그들은 "황제의 것"이라고 대답했다. 그러자 예수님께서는 이렇게 말씀하셨다. "황제의 것은 황제에게 돌려주고, 하느님의 것은 하느님께 돌려드려라." 이 말씀은 종종 교회와 국가의 분리뿐만 아니라 신앙과 정치의 분리 — 하느님의 것은 하느님에게 카이사르의 것은 카이사르에게 — 를 정당화하는 근거로 잘못 해석되어 왔다.

그러나 현대의 성경학자들은, 예수님께서 동전에 새겨진 황제의 인간 **형상**과 하느님의 모상으로 창조된 사람들의 인격성을 대조하신 것이라고 해석한다. 예수님은 신앙인에게 진정한 충성의 대상은 동전에 새겨진 황제가 아니라 그들의 존재가 닮고 있는 하느님이라는 사실을 일깨우신 것이다. 신앙 안에서 우리의 첫 번째 충성은 하느님께 대한 것이지, 카이사르에게 대한 것이 아니다. 그러한 신앙은 결코 사적인 영역에 가두어 둘 수 없다!

모든 정의는 사회적 결과를 가져야 하지만, 학자들은 정의에는 적어도 네 가지 서로 다른 형태가 있다고 본다. 즉 교환적 정의(commutative justice), 분배적 정의(distributive justice), 사회적 정의(social justice), 그리고 회복적 정의(restorative justice)이다. 예수님께서는 이 네 가지 형태의 정의를 모두, 그리고 공개적으로 실천하셨다. 가톨릭 교육은 학생들이 이와 같은 정의의 실천을 따르도록 격려해야 하며, 각각의 정의가 그들의 **살아 있는** 신앙과 시민으로서의 책임에 필수적 요소임을 가르쳐야 한다.

교환적 정의는 모든 인간관계에서 정직과 진실을 말할 것을 요구한다. 이러한 기본적 정의가 없이는 다른 어떤 형태의 정의도 존재할 수 없다. 요한은 예수님을 "은총과 진리가 충만하신"(요한 1,14) 분으로 묘사하며, 진리를 따라 사는 것이 "너희를 자유롭게 할 것"(요한 8,32)이라 하신 예수님의 말씀을 전한다. 그리고 예수님은 자신을 "길이요, 진리요 생명"(요한 14,6)이라고 밝히신다. 예수님께서는 제자들에게 자신의 말에 책임을 지는 사람, 곧 아닌 것은 "아니오"로, 맞는 것은 "예"로 답하는 신뢰받는 사람이 되라고 가르치셨다(마태 5,37 참조). 오늘날 사회의 공적 영역, 심지어 정부 최고 기관조차 거짓과 허위가 마치 "표준처럼 작동하는" 현실에서, 교환적 정의의 교육은, 즉 정직과 진실을 가르치는 일은 그 어느 시대보다도 시급한 과제가 되었다.

분배적 정의는 사회가 문화유산, 교육, 의료, 정치적 권한 등 공동의 자원을 공정하게 나누어, 모든 사람이 인간으로서 필요한 것을 충분히 누릴 수 있도록 보장해야 함을 요구한다. 그런 의미에서 예수님께서 수천 명의 굶주린 사람들을 먹이신 기적은 분배적 정의의 실천, 곧 사람들의 음식에 대한 기본적인 필요를 충족시킨 행위로 볼 수 있다. 사실상 예수님의 모든 치유의 기적도 같은 맥락에서 이해할 수 있다. 즉, 가장 필요로 하는 사람들에게 의료 서비스를 분배한 것이라고 말할 수 있다. 예수님께서 죄인들을 용서하신 일은 곧 하느님의 자비를 나누어 주는 방식이었으며, 모든 이가 하느님의 사랑 안에 있음을 보증하신 행위였다. 그리고 그분의 가르침 사명 또한 하느님 나라의 지혜를 사람들의 삶 속에 나누어 주시고, 모든 사람을 제자로 초대하신 분배적 정의의 표현이었다. 이 모든 것은 예수님의 분배적 정의에 대한 헌신을 드러낸다.

사회적 정의는 엄밀히 말하자면, 사회가 모든 시민의 존엄성을 존중하고 보호하며, 모든 사람이 시민사회에 온전히 참여할 수 있도록 보장하는 책임을 의미한다. 예수님은 공생활의 초기부터 "세리와 죄인들과 함께 음식을"(마르 2,15) 먹는다는 비난을 자주 받으셨다. 그러나 그것은 사회적으로 배제된 이들을 공동체 안으로 받아들이신 행위였다. 또한 예수님께서 여성들을 제자 공동체의 핵심 구성원으로 받아들이신 일(루카 8,1~3 참조)은 그 당시(그리고 오늘의 시대에도 여전히 존재하는) 남성 중심적 사회 구조와 여성에 대한 불의를 거스르는 놀라운 포용의 행동이었다. 마찬가지로, 당시에 어린이들은 사회적 지위를 전혀 갖지 못했으며, 단지 부모의 소유물로 여겨졌다. 예수님께서는 이에 맞서 말씀하셨다. "어린이들이 나에게 오는 것을 막지 말고 그냥 놓아두어라. 사실 하느님 나라는 이 어린이들과 같은 사람들의 것이다"(마르 10,14). 예수님께서는 어린이들까지도 공동체 안에서 완전히 포함되고 존중받기를 바라셨다.

그리고 이미 언급했듯이, 예수님께서 병자들을 고치신 일은 그들을 사회 안으로 다시 복귀시키고 그들의 명예와 존엄성을 회복시켜 주신 행위였다. 예수님께서 나병 환자 열 사람을 치유하신 후, 그들에게 "가서 사제들에게 너희 몸을 보여라"(루카 17,11~19)라고 말씀하신 것도 같은 이유였다. 당시 사제들은 병의 치유를 확인하고, 그 사람을 공동체로 다시 받아들이는 사회적 역할을 맡고 있었다. 그러므로 나병 환자의 치유는 신체적 회복일 뿐만 아니라 사회적 회복이기도 했다. 예수님의 공생활 전체는 이처럼 사회적 정의를 실천하려는 헌신으로 일관되어 있었다.

회복적 정의는 징벌적 정의와는 대조적으로 가해자가 자신의 잘못을 인정하고, 가능하다면 잘못된 행위에 대해 보상함으로써 형벌을 완화할 수 있도록 하는 성경에서 영감을 받은 정의의 방식이다. 예수님께서 회복적 정의를 실천하신 대표적인 예는 세리 자캐오 이야기이다(루카 19,1~10 참조). 이 이야기가 흥미로운 이유는, 자캐오가 명시적으로 회개하기도 전에 예수님께서 먼저 그에게 다가가 용서하셨다는 점이다. 예수님의 관대하신 자비에 감동하여 자캐오는 자기 재산의 반을 가난한 사람들에게 나누어 주고, 사람들로부터 횡령한 것을 네 배로 갚았다. 자캐오가 회복적 정의를 실천하게 된 것은 예수님을 통해 새롭게 얻은 믿음 덕분이었다. 예수님께서는 그날 밤 자캐오의 집에 머무심으로써 그가 공동체 안에 다시 받아들여졌음을 확인해 주셨다. 요약하자면, 예수님은 모든 형태의 정의를 실천하셨다. 그러므로 가톨릭 교육은 학생들을 개인적 영역과 공적 영역 모두에서 정의의 모든 수준과 형태를 살아 낼 수 있는 확고한 신념과 내적 준비를 지닌 시민으로 양성해야 한다.

끔찍한 정치적 결과. **분명히**, 예수님은 정치적·종교적 권력에 저항하는 공적 신앙을 실천하셨다. 시간이 흐르면서 그분은 점차 당시의 지도자들에게 표적이 되었고, 결국 팔레스티나의 로마 통치에 위협이 되는 정치적 반역자로 재판을 받고 처형되셨다. 대사제들은 사람들이 계속해서 예수님 주위에 모이는 것을 보고 이렇게 걱정했다. "로마인들이 와서 우리의 이 거룩한 곳과 우리 민족을 짓밟고 말 것이오"(요한 11,48). 그들의 "거룩한 곳"과 관련하여, 예수님을 단죄하게 된 결정적 계기 중 하나는, 네 복음서 모두에서 언급된, 성전을 정화하신 사건이었음이 분명하다. 이 행위를 통해 예수님은 당신의 신앙을 분명하게 "공적으로 드러내셨고", 더 나아가 당시 종교와 경제가 결탁한 체제의 부당함에도 도전하셨다. 사람들은 자신의 이익이 위협받을 때 가장 쉽게 분노한다. 그 결과, "수석 사제들과 율법 학자들은 (…) 그분을 없앨 방법을 찾았다"(마르 11,15~19).

예수님께서 십자가형을 받기 전 일요일에 예루살렘에 입성하셨을 때(이 사건 역시 네 복음서 모두에 기록되어 있음), 사람들은 밖에 나와서 예수님을 위대한 다윗 왕의 계보를 잇는 그들의 새로운 왕(루카 19,38)이자 "이스라엘의 임금님"(요한 12,13)으로 환호했다. 그러나 그로부터 나흘 뒤인 목요일 저녁, 예수님께서는 체포되어 당시 유다의 로마 총독이었던 본시오 빌라도 앞에 끌려가 재판을 받으셨다.

네 복음서가 공통적으로 전하는 것을 보면, 빌라도가 가장 주목한 것은 예수님이 스스로 왕이 되려 하는지, 곧 로마의 지배 질서에 위협이 되는 인물인가였다. 그는 예수님께 이렇게 물었다. "당신이 유다인들의 임금이오?"(마르 15,2). 로마 병사들은 예수님의 머리에 가시관을 씌우고 "유다인들의 임금님, 만세!"(마르 15,18~20) 하며 조롱했다. 그리고 마침내 로마인들은 예수님을 십자가에 못 박으며 "유다인들의 임금"이라는 죄목을 써 붙였다. 그들은 이 정치적 죄목을 히브리어, 라틴어, 그리스어로 기록하였는데(요한 19,20), 이는 로마 통치에 반대하는 정치적 반역자들에게 어떤 일이 닥칠 수 있는지를 세상에 알리기 위한 것이었다.

결국 우리는 이렇게 말할 수 있다. 예수님은 당신이 살아 내신 그 공적 신앙을 위해, 곧 하느님 나라를 실현하기 위해 목숨을 바치셨다. 예수님의 전 생애는 모든 사람이 볼 수 있는 개인적이면서도 공적인 **살아 있는** 신앙을 통해 이 사회·정치적 상징을 증언하는 삶이었다. 예수님을 가톨릭 교육의 중심에 둔다는 것은, 우리 또한 이러한 공적이고 살아 있는 신앙을 기르는 교육을 해야 하며, 학생들을 모든 이를 향한 연민과 정의를 실천할 수 있는 시민이 되도록 가르치고 양성해야 함을 의미한다.

성찰과 대화를 위해

- 당신은 연민과 정의를 그 중심에 두신 예수님의 공적 신앙에 대해 어떻게 응답하겠는가? 오늘날 우리의 사회정치적 현실 속에서, 당신은 그분에게서 무엇을 배울 수 있겠는가?
- 공적 신앙을 실천하는 선한 시민을 교육하기 위해, 오늘날 가톨릭 교육자들이 직면한 과제는 무엇인가?

가톨릭 전통 안에서 연민과 정의의 공적 신앙

예수님의 **살아 있는** 신앙을 본받은 초기 그리스도인들은 자신들의 신앙을 공적 영역에서 실천하며 하느님 나라를 드러내야 한다는 확신에 차 있었다. 그들은 가장 시급히 도움이 필요한 이들을 우선 돌보고, 이어서 사회 개혁을 위한 행동에도 나섰다. 신앙을 위해 목숨을 바친 "순교자들의 피"가 많은 이를 신앙의 길로 이끌었다면, 새로운 신앙인들을 얻는 데 효과적이었던 것은 그리스도인들이 공동체의 울타리를 넘어, 모든 고통받는 이들을 품고 돌보았던 자비의 행위였다.

초대 그리스도교 공동체의 공적 신앙에서 놀라운 점 가운데 하나는 "재산과 재물을 팔아 모든 사람에게 저마다 필요한 대로 나누어 주곤 하였다"(사도 2,45)는 사실이다. 그들은 "아무도 자기 소유를 자기 것이라 하지 않고 모든 것을 공동으로 소유하였다"(사도 4,32~37). 이 덕분에 그들은 공동체 내의 그리스도인뿐만 아니라 "도움이 필요한 모든 이들을" 도울 수 있는 자원을 마련할 수 있었다. 오늘날 이런 초대 그리스도교 공동체의 사회적 헌신은 좌파적 사회주의처럼 들릴 수도 있을 것이다!

초기 그리스도인들은 또한 성령께서 그리스도교 공동체 안에서 일하시어, 예수님께서 시작하신 하느님의 해방적 구원 사업을 계속해서 완성해 가신다는 확신을 하고 있었다. 제3장에서 자세히 다루었듯이, 이러한 확신과 신앙을 공적 영역에서 실천해야 한다는 사명감이 결합하여, 초대 교회가 교육을 사회 사도직의 본질적인 부분으로 받아들이게 되었다. 그리스도인들은 교육의 **정치적** 역할 — 시민을 교육함으로써 폴리스(polis, 도시 공동체)에 기여하는 일 — 이 **살아 있는** 신앙의 사명에 필수적이며, 하느님의 해방적 구원 사업을 확장하기 위한 주요한 사회적 전략임을 깨닫게 되었다. 그리하여 가톨릭 교육은 오늘에 이르기까지 이천 년에 걸쳐 인류 사회를 위한 정치적·사회적 봉사를 이어오고 있다.

이러한 사회적 책임을 지닌 교육에 대한 교회의 헌신은, 교회가 시대를 넘어 실천해 온 수많은 연민과 정의의 사회적 활동들과 함께, 가톨릭 전통 안에서 육체적 자비의 행위와 영적 자비의 행위로 상징되어 왔다. 이 전통은 본래 마태오 복음 25장 34~40절(최후의 심판 장면)과 이사야서 58장 6~10절(하느님을 향한 참된 예배)에서 영감을 받은 것으로, 전통적인 형태로 그 목록을 제시하면 다음과 같다. 주목할 점은, 영적 자비의 행위 중 첫 번째로 언급된 것이 "무지한 이를 가르치는 일"이라는 것이다. 다만, 이 표현은 오늘날 우리가 그대로 사용하기에는 다소 낯설고 거친 어투일 수 있다. 이 오래된 전통은 인간의 육체와 영혼, 두 차원에서 실천해야 할 일곱 가지 자비의 행위로 정리되어 전해져 왔다. 프란치스코 교황은 여기에 **창조 세계를 향한** 자비를 권장하기 위해, 여덟 번째 항목을 각각의 목록에 추가했다. 이 새로운 추가는 신앙이 세상 안에서 지니는 공적 차원을 다시 일깨워 준다.

전통적인 일곱 가지 육체적 자비의 행위

- 굶주린 이에게 먹을 것을 주기
- 목마른 이에게 마실 것을 주기
- 집이 없는 이에게 거처를 제공하기
- 헐벗은 이를 입히기
- 병든 이를 돌보기
- 감옥에 갇힌 이를 방문하기(또는 해방하기)
- 죽은 이를 묻어 주기

프란치스코 교황이 덧붙인 여덟 번째 행위

- 창조 세계를 돌보기

전통적인 일곱 가지 영적 자비의 행위

- 무지한 이를 가르치기
- 의심하는 사람을 일깨워 조언하기
- 죄인을 훈계하고 바로잡기
- 부당한 일을 참을성 있게 견디기
- 잘못한 이를 용서하기
- 슬픔과 고통 속에 있는 이를 위로하기
- 산 이와 죽은 이를 위해 기도하기

프란치스코 교황이 덧붙인 여덟 번째 행위

- 하느님의 창조 세계를 관상하기

이러한 자비의 행위들은 언제나 **살아 있는** 그리스도교 신앙의 공적 성격의 중심에 있을 것이다. 가톨릭 교육은 개인적 영역과 공적 영역 모두에서 이러한 자비의 행위를 실천하는 데 헌신하는 시민을 양성해야 할 책임이 있다.

지난 130여 년 동안, 그리스도인들은 자신의 신앙이 단순히 직접적인 자비의 봉사 행위를 수행하는 것을 넘어서(이를 여전히 충실히 실천하면서도), 사회와 문화 전반에 걸쳐 정의를 위해 더욱더 의도적이고 체계적으로 일할 것을 요구한다는 사실을 깊이 인식하게 되었다. 이러한 복음적 사회 가치의 확장된 지평 안에서, 가톨릭 교육은 매우 중요한 역할을 해야 한다. 그것은 인간 고통의 사회문화적 원인을 다루고, 모든 이를 향한 정의를 위해 정치적 변화를 도모하는 일이다.

레오 13세 교황이 1891년에 반포한 사회문제에 관한 회칙 「새로운 사태」(*Rerum Novarum*)를 기점으로, 그리스도인들의 정치적 책임 의식은 점차 확장되고 심화되었다. 이제는 어떤 형태로든 불의로 고통받는 이들에게 연민을 보이는 것만으로는 충분하지 않다. 우리는 그러한 불의를 초래하는 사회 구조와 문화적 관습에 저항하고, 그것을 변화시키려는 노력까지 기울여야 한다.

예상할 수 있듯이, 교회의 사회 교리(social doctrine, 가톨릭 교리 체계 안에서 가장 높은 진리의 위계에 속하는 개념)는 시대와 상황에 따라 진화하고 발전되어 왔다. 이는 레오 13세 교황이 (오늘날에도 여전히 중요한 문제인) 노동자들이 정당한 임금을 받아야 한다고 강조한 데서 시작하여, 프란치스코 교황이 환경을 보호할 것을(또한 가난한 이들을 돌볼 것을) 요청한 데까지 그

폭은 넓어졌다. 이제 확고히 자리 잡은 이러한 전통을 요약한 대표적 문헌이 1971년 세계 주교 시노드의 선언문 「세상 안의 정의」(*Justice in the world*)로, 그 선언문 안에서 주교들은 "정의는 복음의 본질적 구성 요소"임을 천명하였다. 다시 말해, 그리스도교의 가르침과 실천 속에 정의의 행위가 포함되지 않는다면, 그것은 예수 그리스도의 복음을 참되게 드러내는 것이 아니다.

그리스도인들의 정의에 대한 사회적 의식을 더 분명히 확장하게 된 데에는 여러 요인이 작용했다. 특히 현대 성서학 연구는 히브리 예언자들이 끊임없이 외친 정의의 요청을 새롭게 조명함으로써, 성경이 일관되게 강조하는 정의의 메시지를 더욱 깊이 인식하도록 도왔다. 오랫동안, 구약에서의 정의는 단순히 죄인들을 그들의 악행 때문에 벌하시는 하느님의 형벌적 정의(punitive justice)로 이해되어 왔다. 그러나 성경학자들은 이러한 이해가 지나치게 협소한 해석임을 인식하게 되었다. 그 대신, 성경적 정의의 핵심은 모든 사람의 권리와 존엄성을 인정하는 것이며, 동시에 화해, 치유, 평화를 위해 일하는 것이다. 이러한 정의는 샬롬, 곧 영어로는 그에 상응하는 단어가 없을 정도로 풍부한 의미를 지닌 성경적 평화를 실현하는 것이다. 샬롬은 모든 사람의 존엄성을 존중하고, 그들이 공동체 안에서 온전히 포용되도록 하며, 단순히 전쟁이 없는 것이 아니라 상호 존중과 조화를 통해 하느님 나라의 진정한 평화를 일구어 가는 것을 뜻한다.

역사적 예수에 대한 연구가 활발해지면서, 앞서 언급한 바와 같이, 예수님께서 모든 형태의 사회적 억압과 문화적 배제에 단호히 저항하셨음이 더욱 분명히 드러났다. 아울러, 사회과학의 발전은 문화와 사회의 본질에 대한 성찰을 깊게 하여, 우리가 속한 정치 질서와 제도들 또한 “하늘에서 내려온” 것이 아니라 인간 역사 속에서 형성된 산물임을 깨닫게 되었다. 만약 인간이 사회문화적 현실을 만들었다면, 우리는 또한 그것을 모든 이를 위한 연민과 정의의 방향으로 변화시킬 수 있다. 그리스도인들은 이러한 역사적 주체로서의 태도를 자신들의 **살아 있는** 신앙이 지닌 정치적이고 공적 성격의 필수 요소로 받아들여야 한다. 우리가 제공하는 교육과 그 교육을 통해 양성되는 시민들은 이러한 공적 영역에서의 봉사에 핵심적 역할을 하게 된다.

이러한 흐름 속에서 신학자들은 의식적으로 사회적이고 정치적인 문제들을 신학의 주제로 다루기 시작했다. 그 결과, 다양한 해방신학이 인종차별, 성차별, 동성애 혐오, 억제되지 않는 자본주의, 환경 파괴 등과 같은 문화적·사회적 억압에 맞선 투쟁 속에서 등장했다. 이러한 현대의 투쟁들은 성경과 그리스도교 전통을 새롭게 읽도록 우리를 이끌며, 그 안에 늘 존재했지만 종종 간과되거나 충분히 발전하지 못했던 정의를 위한 “잠재적 유전자들”을 재발견하게 했다. 그리스도교의 성경과 전통은 신학자 요한 밥티스트 메츠(Johann Baptist Metz, 1928~2019)가 “위험한 기억들”이라 부른 요소들로 가득하다. 이 기억들은 그리스도교 신앙의 한 측면으로서, 사회·정치적 현상에 대해 질문하고, 모든 이를 향한 연민과 정의의 공적 신앙에 대한 헌신을 새롭게 하는 역할을 한다.

연민과 정의에 대한 이러한 부름은 그리스도인들이 교회와 사회 안에서 일어나는 모든 불의와 억압에 대해 민감하게 반응할 수 있는 안테나를 기르도록 요구한다. 가톨릭 학교는 교회를 포함한 문화적 관습과 공적 구조 속에서 불의의 근원을 식별할 수 있는 **비판적 사회의식**을 학생들에게 교육해야 한다. 그리고 의식만으로는 충분하지 않다. 그리스도인의 사회적 의식은 정의를 실천으로 옮기도록 우리를 이끌어야 한다. 이는 분명히, 연민과 정의의 공적 신앙을 증진하는 데 있어 가톨릭 교육이 수행해야 할 역할에 강력한 영적 토대를 제공하며, 그러한 신앙을 살아내는 시민들을 양성함으로써 공적 영역에 봉사하게 된다.

성찰과 대화를 위해

- 교육자로서 자신의 일을 되돌아볼 때, 당신은 어떤 부분에서 연민과 정의의 가치를 증진하고 있다고 생각하는가?
- 살아 있는 공적 신앙을 위한 교육은 학생들이 그들의 사회에서 선한 시민으로 성장하도록 준비시키기 위해 가톨릭 학교의 교육과정을 어떻게 형성할 수 있겠는가? 또한 이러한 시민 양성을 위해 당신의 가르침에는 어떠한 성찰과 변화가 필요하다고 생각하는가?

가톨릭 교육을 위해

나는 가톨릭 교육이 학생들로 하여금 연민과 정의를 삶의 핵심 가치로 삼고, 공적 영역에서 선한 시민으로 성장하도록 도울 수 있는 네 가지 길을 제안하고자 한다: (1) **마음**을 교육하기, (2) 연민과 정의를 실제로 실천하게 하기, (3) 비판적 **사회의식과 성사적 의식을 함양하기**, (4) **이러한** 공적이며 **살아 있는** 신앙을 지속시킬 **영성**을 기르기.

| 마음을 교육하기 | 서구 문화에서 마음(heart)이라는 단어는 일반적으로 감정의 기능, 곧 우리의 공감 능력을 상징한다. 연민과 정의의 실천은 당연히 이런 마음의 작용을 요구한다. 'compassion'(연민)이라는 말의 어원인 '*compassio*'는 "함께 고통받다"(to suffer with)라는 뜻으로, 이 단어에는 타인과 고통을 나누는 동정심과 연대의 감정이 담겨 있다. 그러나 성경이 가리키는 마음은 단순한 감정의 영역을 넘어선다. 성경은 마음의 의미를 더 넓게 확장하며, 감정에만 머무르는 위험에 대한 지혜로운 경고를 덧붙인다.

성경에서 마음이라는 단어만큼 더 자주 사용되는 핵심 용어도 드물다. 성경 전체에서 약 천 번가량 등장한다. 히브리어로는 가장 흔히 레브(*lev*) 혹은 그 변형이, 그리스어로는 카르디아(*kardia*)가 사용된다. 두 용어 모두 감정을 포함하지만, 성경적으로 마음은 인간 존재 전체를 구성하는 모든 것의 총합을 뜻한다. 곧 마음은 우리에게 생명을 주는 육체의 기관(잠언 4,23)이고, 우리 감정의 자리(시편 4,7)이며, 도덕적 분별력의 원천(1사무 24,5)이고, 우리 지성의 능력이다(이사 6,10). 그러므로 성경에서 마음은 우리가 영혼이라고 부르는 것, 즉 인간 존재의 핵심이자 인격의 근원적 능력과 동의어이다.

성경은 반복해서, 그리고 우리의 삶에서도 확인할 수 있듯이, 마음은 우리가 어떻게 응답하느냐에 따라 올바른 길로 이끌 수도 있고 잘못된 길로 이끌 수도 있다고 말한다. 마음의 소망은 그 자체로 선하고, 그것은 하느님께서 우리 안에 심어 주신 것이다. 그러나 하느님께서는 동시에 우리를 자유로운 존재로 창조하셨기에, 우리는 마음의 소망을 따름에 있어 그것을 우리 자신과 타인에게 생명을 주는 방식으로 추구할 수도 있고, 파멸을 가져오는 방식으로 추구할 수도 있다. 영적인 차원에서 볼 때, 마음은 한 분이시며 참되시고 사랑과 생명을 주시는 하느님을 우리 삶의 첫 자리에 두게 함으로써 우리를 자유로 이끌 수도 있고, 반대로 우리가 명예나 재물, 권력이나 쾌락 등과 같은 우상을 좇게 하여 우리를 속박할 수도 있다. 그리고 앞서 말했듯이, 모든 거짓 신들은 결국 인간을 노예로 만든다.

예수님께서도 우리의 마음에 대해 지혜롭게 경고하셨다. 한편으로는 "바르고 착한 마음"으로 하느님의 말씀을 듣는 사람들은 "인내로써 열매를 맺는다"(루카 8,15)라고 하셨다. 그리고 다른 한편으로는 "안에서, 곧 사람의 마음에서 나쁜 생각들이 나온다"라고 말씀하시면서 우리 인간의 가장 심각한 죄들을 열거하셨다(마르 7,21). 산상설교에서 예수님은 "마음이 깨끗한 사람들은 하느님을 볼 것"(마태 5,8)이라고 말씀하셨지만, 동시에 우리 마음이 음욕과 간음으로 기울 수 있음을 경고하셨다(마태 5,28). 신약성경의 요약적 표현이라 할 수 있는 야고보서에서는, 마음이 "지혜에서 오는 온유함"의 근원이 되어 정의와 평화의 행위를 낳을 수도 있고, 반대로 마음이 "현세적이며 악마적인 것"이 될 수도 있음을 경고하였다(야고 3,13~18).

결국 중요한 것은, 우리가 마음의 궁극적 보물로, 즉 우리가 가장 소중히 여기고 갈망하는 것의 핵심으로 무엇을 선택하느냐이다. 예수님께서는 다시 이렇게 말씀하신다. "너의 보물이 있는 곳에 너의 마음도 있다"(마태 6,21). 그러므로 우리가 무엇을 마음의 보물로 삼느냐에 따라 세상에서의 우리 삶 전체도 그 방향으로 형성된다. 그렇기에 가톨릭 교육은 학생들의 마음을 가르치고 이끌어 주어야 하는 중요한 사명을 지닌다.

가톨릭 교육은 학생들에게 더 지혜롭고 더 인간다운 삶의 방식을 끊임없이 보여 주어야 하며, 그들의 이성과 판단뿐만 아니라 감정과 욕구에도 호소해야 한다. 우리는 학생들에게 연민과 정의의 모범을 제시하고, 그들의 영혼에 호소하여 그러한 삶의 방식이 가장 합리적이고 또한 가장 현명한 길임을 깨닫게 할 수 있다. 또한 우리는 학생들이 사회와 문화의 여러 문제 앞에서 스스로 성찰하고 선택할 수 있도록 깊은 질문을 던지고 올바른 판단의 기준을 제시하며, 마침내 그들 스스로 "보게" 하도록 이끌 수 있다. 우리는 이러한 공적 가치를 따르는 삶의 길로 학생들을 초대하기 위해, 마음에서 우러난 호소와 이성에 근거한 설득을 함께 수행할 수 있다. 요약하자면, 우리는 학생들이 연민과 정의에 헌신하는 **살아 있는** 신앙을 받아들이기 위해, 그들 마음의 보물이 될 것이 무엇인지를 현명하게 선택하도록 격려할 수 있으며, 또 그렇게 해야 한다.

▌연민과 정의의 실천▐ 근대의 인식론이 이성 중심적 사고를 강조하면서, 앎은 언제나 이론에서 실천으로 이어진다는 가정을 낳았다. 그러나 이러한 관점은 성경과 철학이 전해 주는 오래된 지혜, 곧 종종 실천으로부터 이론으로 나아가고, 실천이 지닌 고유한 지혜가 이론을 강화하고 명확하게 할 수 있다는 통찰을 간과한다. 아리스토텔레스는 실천(praxis)에 우위를 두었으며, 특히 덕의 형성에서 그것을 강조했다. 그는 "용기는 용기가 실천되는 곳에서 발견된다"라고 주장했다. 마찬가지로, 예수님께서는 당신이 가르치신 것을 실천하는 사람들이야말로 "진리를 깨닫게" 될 것이며, 그 진리가 "너희를 자유롭게 할 것"이라고 강조하셨다(요한

8,31~32). 그 순서를 주목해야 한다. 가톨릭 학교는 그리스도교 신앙이 요구하는 연민과 정의를 실제로 살아 내는 공간이 되어야 하며, 학생들이 그러한 가치를 직접 체험하고 실천할 수 있는 교육의 장을 마련해야 한다.

무엇보다 먼저, 가톨릭 학교는 모든 학생·교사·교직원에 대한 친절과 존중의 장소가 되어야 한다. 이를 넘어, 가톨릭 학교는 가난한 이들에 대한 예수님의 우선적 선택을 반영하여 학교 공동체 내에서 특별한 도움이 필요한 이들에게 다가가야 한다. 실제로, 가난한 학생들이나 장애가 있는 학생들은 그 필요가 큰 만큼 더 많은 관심과 격려, 그리고 학습 지원을 받아야 한다.

그러므로 가톨릭 학교는 인종, 문화적 배경, 성별, 성적 지향, 경제적 지위 등 어떤 이유로든 작은 차별이라도 있어서는 안 된다. 가톨릭 학교 안에서 일어나는 사회적·문화적 차별은 학교의 정체성을 배반하는 것이고, 공적이고 **살아 있는** 신앙을 통해 하느님 나라를 위한 교육을 한다는 그 목적을 무너뜨리는 일이 된다. 만약 우리 학교를 졸업한 학생들이 성차별주의자, 인종차별주의자, 또는 동성애 혐오자의 태도를 보인다면 우리는 그들에게 진정한 가톨릭 교육을 제공하지 못한 것이 될 것이다. 그러나 반대로, 그러한 사회적 불의에 저항하고 정의를 실천하는 시민을 길러낼 수 있다면 그것은 사회를 향한 가톨릭 학교의 커다란 복음적 기여가 될 것이다.

따라서 모든 가톨릭 학교는 연민과 사회 정의의 실천을 통해 지역 사회와 더 넓은 세상 속으로 나아가는 봉사 활동을 장려하고, 그러한 기회를 제공해야 한다. 감사하게도, 오늘날 이러한 활동은 대부분의 가톨릭 학교에서 교육과정의 필수적인 부분으로 자리 잡고 있다. 그리고 지금은 이러한 봉사 활동이 "우리가 그들을 돕는다"라는 사고방식 대신에, 학생들이 지역 공동체와 협력하여 배우고, 서로에게 유익함을 주는 "참여적 학습"으로 이해되고 있다. 이러한 경험의 학습 잠재력은 학생들이 자신의 경험을 성찰하고, 사회적 불의의 원인을 탐구하며, 더 나은 변화를 위해 무엇을 할 수 있을지 상상하도록 이끌 때 더욱 커진다. 이러한 점에서 우리는 세 번째 전략으로 나아가게 된다.

▌비판적 사회의식과 성사적 의식을 길러 주기▐ 계몽주의 합리성이 가진 여러 한계에도 불구하고, 그것은 학생들 안에 비판적 사회의식을 길러 주는 자산을 갖고 있다. 앞에서 언급한 바와 같이, 그리고 가톨릭 지성 전통에 뿌리를 둔 수많은 사유의 씨앗들에서 볼 때, 가톨릭 교육은 학생들이 사회 현실을 **비판적으로 인식하고**, 사회적 불의의 현실과 원인을 스스로 "볼" 수 있도록 사회 조건을 분석하는 능력을 키워 주는 교육을 지향해야 한다. 여기서 비판적이라는 용어는 부정적인 비판을 의미하지 않는다. 물론 때로는, 정당한 비판이나 분석적 평가가 필요할 수도 있다. 그러나 이 단어는 근본적으로 식별의 자세를 뜻한다(비판과 식별 두 단어 모두 그리스어 '*krinein*'에서 비롯되었다). 이는 우리가 이냐시오 영신 수련에서 배운 바와 같이, 식별적 사고를 통해 삶과 사회의 현상을 더 깊이 바라보려는 신앙적 태도를 상기시킨다. 비판적 성찰이란 현재의 사회적 관행을 떠받치고 있는 사회문화적 구조와 역사적 배경에 질문을 제기하고, 그 속에서 연민과 정의를 돕는 요소와 방해하는 요소를 구별해 내는 일을 뜻한다.

이러한 비판적 성찰을 위해서는, 학생들이 각자의 발달 수준에 맞게 현재의 사회적 관행과 문화적 관습에 대해 역사적 관점에서 성찰하도록 이끄는 것이 필수적이다. 이것은 그 관행들이 어떻게 생겨났는지, 누구에게 이익이 되었는지, 그리고 지금 이 시대에 그것들이 연민과 정의를 증진시키는지 아니면 방해하는지를 평가하는 일을 포함한다. 이런 사회문화적 분석은 어려울 수 있지만, 뛰어난 몇몇 사상가들은 이를 세 가지 간단한 질문으로 요약하였다: 누가 결정을 내리고 있는가? 누가 이익을 얻고 있는가? 누가 고통받고 있는가?(Holland / Henriot, *Social Analysis* 참조). 학생들에게 이러한 사회적 의식을 길러 주는 일은 우리가 교육하고자 하는 시민의 정체성과 본질을 구성하는 핵심 요소이다.

더 나아가, 학생들의 성장 단계에 맞추어 가톨릭 교육은 학생들로 하여금 자신이 속한 사회문화적 맥락이 어떻게 그들의 신념과 가치관을 형성하고 있는지를 깨닫도록 이끌어야 한다. 파울로 프레이리는 이것을 **의식화**의 과정이라 부르며, 그 과정을 다음과 같이 정리했다: (1) 억압과 불의를 인식하고 이름 붙이기, (2) 그러한 억압과 불의의 역사적·사회문화적 원인을 밝히기, (3) 자신의 관점과 가치가 어떠한 사회적 맥락에서 비롯된 것인지를 성찰하기, (4) 모든 이를 향한 연민과 정의를 실현하기 위한 변화의 실천에 헌신하기.

어린 학생들일지라도 친절하고, 존중하며, 포용적인 태도를 지니도록 격려할 수 있으며, 왜 그렇게 해야 하는지에 대해 스스로 성찰하도록 이끌 수 있다. 이것은 훗날 더 성숙한 나이에 비판적 사회의식과 공적 신앙의 헌신이 자라날 씨앗이 될 것이다. 또한 모든 연령대의 교육에서 교사들은 다양한 방식으로 이러한 비판적 성찰을 격려할 수 있지만, 그 핵심적인 방법은 학생들에게 던지는 질문을 통해서이다. 분명히, 교사의 질문은 단순히 수업 내용을 암기했는가를 확인하는 수준에 머물러서는 안 된다. 그보다는 학생들이 깊이 사고하고 비판적으로 분석하며, 나아가 새롭게 상상하고 창조적으로 응답할 수 있도록 이끌어야 한다. 이러한 사고 과정들은 앞 장에서 살펴본 것처럼, 가톨릭 인식론의 필수적 요소이다.

이러한 사회적 의식을 키우는 일은 가톨릭 교육의 본질적 사명이며, 특히 정의의 실천을 촉진하기 위한 필수 요소이다. 아울러 이에 동반하는 **성사적** 의식 또한 함께 길러야 한다. 희망을 잃지 않고 살아가기 위해서는 학생들이 자신의 삶과 사회 속에서 하느님의 은총이 작용하는 다양한 순간을 알아차리고, 그 부르심에 기꺼이 응답하며, 언제나 본성과 은총이 협력하는 삶을 살아가야 한다. 이러한 성사적 의식은 공적 영역에서의 삶 또한 더욱 깊고 충만하게 한다.

▍공적이고 살아 있는 신앙을 지속하기 위한 영성 기르기▍ 앞서 살펴본 첫 번째 전략이 연민과 정의를 위한 공적이고 **살아 있는** 신앙으로 영혼을 이끄는 것이었다면, 여기서는 그러한 헌신을 지속적으로 살아가기 위해 영혼을 어떻게 돌볼 것인지를 성찰하고자 한다. 일부 사람들에게는 **공적 신앙의 영성**이라는 말이 다소 모순적으로 들릴 수도 있다. 오늘날 "뉴에이지"가 그리는 영성의 이미지는 철저히 개인적이고 내면적인 차원에 머무는 경우가 많으며, 사회적 의식이나 공적 헌신과는 거리가 멀다. 서점이나 온라인에서 **영성** 분야를 찾아보면, 현대 포스트모던 시대의 지배적인 영성 개념은 '닫힌 자아'를 가꾸는 데 초점이 맞춰져 있음을

알 수 있다(테일러). 이것은 어떤 신앙 공동체나 사회적 맥락, 혹은 타인에 대한 관심으로부터 분리된 채, 자신을 위해 자신이 스스로를 돌보는 것을 의미한다.

오늘날 영성은 다양하게 이해되고 있으며, 우리는 이 책 전반에 걸쳐 영성에 대해 신앙을 행동으로 옮기는 것으로 간단히 요약해 왔다. 여기서 한 가지를 덧붙이자면, 영성이란 개인의 진실성과 타인과의 관계적 상호성을 통해 드러나는 삶의 온전함 또는 진정성, 곧 거룩함을 추구하는 영적 여정이라 할 수 있다. 이것은 거룩함을 향한 영적 추구에 대한 성경적 이해와 매우 일치한다. 예수님께서 사람들이 "생명을 얻고 또 얻어 넘치게 하려고 왔다"(요한 10,10)라고 말씀하셨을 때, 그분은 온전함으로서의 거룩함에 대한 우리의 갈망에 응답하신 것이었다. 이와 같이 삶의 거룩함을 위한 영적 추구와 연민과 정의를 실천하는 삶은 서로 밀접하게 연관되어 있다. 그 둘 모두는 그리스도교 신앙으로 살아가는 시민들에게 필수적인 삶의 덕목이다.

레위기 17장부터 26장에 걸쳐 강조되고 있는 위대한 성결법(聖潔法, Holiness Code)을 살펴보자. 그 요약은 레위기 19장 2절의 말씀으로 시작된다. "나, 주 너희 하느님이 거룩하니 너희도 거룩한 사람이 되어야 한다." 예수님께서는 마태오 복음에서 이 말씀을 인용하시며, 원수를 사랑하라는 가르침의 끝에서 "아버지께서 완전하신 것처럼 너희도 완전한 사람이 되어야 한다"(마태 5,48)라고 바꾸어 표현하셨다. 반면 루카 복음에서는 이것을 "너희 아버지께서 자비하신 것처럼 너희도 자비로운 사람이 되어라"(루카 6,36)라고 요약하셨다. 다시 레위기의 규정들을 살펴보면, 거룩함에 관한 약 50개의 명령 중 적어도 절반은 연민과 정의의 실천과 관련되어 있음을 알 수 있다. 그 안에는 "이방인을 너 자신처럼 사랑해야 한다"(레위 19,34)라는 말씀도 포함되어 있다. 이와 마찬가지로, 그리스도교의 거룩함은 연민과 정의의 실천을 요구하고, 이를 유지하고 성장시키기 위해서는 사회적 감수성을 지닌 영성이 필요하다.

영성을 인간 존재 전체를 아우르는 삶의 거룩함을 추구하는 것으로 설명한 우리는 이제 그러한 영성을 기르고 지속시키기 위한 구체적인 영적 실천들이 필요하다. 즉 신앙의 이야기와 상징들, 기도와 신앙의 실천, 다양한 전례와 신앙 공동체 참여 등이다. 가톨릭 학교는 본당 공동체를 대신할 수는 없지만, 공동기도와 전례, 피정과 영적 상담의 기회를 제공해야 하며, 학교의 신앙 정체성을 드러내는 그리스도교 상징물들을 통해 학생들에게 영적 성장을 위한 환경을 제공해야 한다. 가톨릭 학교는 다른 신앙 전통이나 무신론적 배경을 가진 사람들에게 신앙을 강요하거나 개종을 시도하지 않도록 주의해야 하지만, 동시에 자신의 가톨릭적 정체성과 영적 토대에 충실해야 한다. 이 복잡한 문제에 대해서는 가톨릭 학교에서의 종교 교육을 다루는 마지막 장에서 자세히 다루게 될 것이다.

가톨릭 교육자로서 자신의 소명을 새롭게 하기

이제 우리는 연민과 정의를 향한 공적이고 **살아 있는** 신앙이 가톨릭 학교 교육자의 **영혼**, 가르침, 그리고 교육 **공간**에 어떤 의미를 지니는지를 간략히 성찰하며 이 장을 마무리하고자 한다.

▌교육자의 영혼을 위하여▐ 교육자의 소명 안에서 교사의 일을 해 나간 젊었을 때는, 연민과 정의를 향한 공적 신앙에 대한 헌신이 비교적 쉽게 이루어지는 듯 보인다. 그러나 젊음의 열정과 이상이 점차 식어 감에 따라, 그 길을 계속 걸어가는 일은 때로 힘겨운 싸움이 될 수 있다. 우리는 세월이 흐르더라도 신앙의 사회적 헌신을 지속하고 더욱 깊게 하는 데 도움을 주는 개인적인 영적 실천들을 가질 필요가 있다. 이를 위해 도움이 되는 한 가지 방법은 자신이 삶에서 부당한 대우를 받았거나 연민의 결핍으로 고통받았던 기억을 떠올리는 것이다. 신학자 요한 메츠(Johann Metz)는 이를 "위험한 기억"이라 불렀는데, 이런 기억은, 특히 열정이 식어갈 때, 공적 신앙에 대한 헌신을 지속하도록 돕는다.

- 당신의 삶에서 부당한 대우나 고통, 차별을 경험했던 기억 가운데 연민과 정의를 향한 **살아 있는** 신앙의 "열정"을 다시 일깨워 주는 기억이 있는가?
- 당신이 연민과 정의의 실천에 대한 헌신을 지속하고, 학생들에게도 같은 헌신을 길러 주는 데 도움이 되는 영적 실천들이 있는가?

▌가르침을 위하여▐ 세상과 사회에 존재하는 모든 불의로 인해 학생들이 너무 압도되어 아무것도 할 수 없을 만큼 마비되는 일이 없도록 하는 것이 중요하다. 현대 사회에서 세상에 존재하는 모든 정의의 과제들에 대해 헌신하는 것은 불가능함을 분명히 알려 주어야 한다. 그 모든 것을 다 떠안기에는 너무 많기 때문이다. 더 현명한 방법은 학생들로 하여금 자신에게 특별히 호소

력이 있거나 지역적 맥락에 공감되는 하나의 주제를 선택하게 하여, 그 일에 참여하고 그 대의에 헌신하도록 격려하는 것이다.

- 당신의 지역 사회나 주변 환경에서, 학생들의 관심을 끌 만한 긴급한 사회적 쟁점에는 어떤 것들이 있는가?
- 그 가운데 한 가지 주제를 선택해 학생들이 직접 참여하고 실천할 수 있도록 돕기 위해, 당신은 어떤 방식으로 안내하고 지원할 수 있겠는가?

▎교육 공간을 위하여▎ 학교가 선한 시민을 양성하는 데 효과적이기 위해서는, 학교 전체의 분위기와 문화가 그러한 성장을 이끄는 공적 신앙의 정신을 담고 있어야 한다. 듀이는, 학교가 민주적 사회를 위한 시민을 준비시키려 한다면, 학교 자체가 민주적 원리에 따라 운영되어야 한다고 강조했다. 민주주의는 학교 전체의 환경 속에 스며들어야 한다. 분명히 우리는 연민과 정의에 대해서도 똑같이 이야기할 수 있다.

- 민주적 가치와 선한 시민 양성이 당신의 학교 문화 전반에 자연스럽게 스며들게 하려면 어떻게 해야 할까? 실질적이고 효과적인 몇 가지 전략을 상상해 보라.
- 당신의 교육 공간 안에서 학생들에게 의도적으로 길러 주고 싶은 핵심 시민적 가치에는 어떤 것들이 있는가? 당신이 가장 중요하다고 여기는 세 가지를 선택해 우선순위를 정해 보라.

제 10 장

포스트모던 시대 가톨릭 학교 종교 교육

이 책 곳곳에서 우리는 현대의 가장 저명한 사회 철학자 중 한 사람인 찰스 테일러(Charles Taylor)의 저술을 여러 차례 인용해 왔다. 그는 캐나다 몬트리올에 있는 맥길 대학교의 명예교수이며 템플턴상(Templeton Prize)[24] 수상자이다. 그의 연구 대부분은 모든 사람이 하느님을 믿고 그 신앙이 깊이 문화화되어 있었던 이전 시대(그는 대략 1550년경을 기준으로 제시한다)로부터, 오늘날 서구 문화로의 변화를 이해하는 데 초점을 맞춘다. 오늘의 시대를 그는, 그리고 많은 다른 학자들도, 신앙을 오히려 억제하는 "세속의 시대"(secular age)라고 부른다. 테일러는 사람들이 타인과 초월자에게 열려 있는 존재(porous being)로 살아가기보다, 자기

---

24) 〔옮긴이 주〕 1973년부터 생명의 영혼성과 정신성을 확증해 주는 데 탁월하게 기여한 공을 기리는 인류애와 종교적 성취가 뛰어난 인물에게 시상하는 상이며 종교계의 노벨상이라고 부른다.

자신 안에 갇혀 스스로를 신으로 삼는 "차단된"(buffered) 자아로 살아가는 것이 현대 사회의 지배적 패러다임이라고 주장한다.

지금의 세속화 시대를 만들어 낸 여러 사회적·정치적·철학적 사상 중에서 테일러는 합리주의, 무신론, 인본주의, 현세주의, 낭만주의, 과학주의, 과도한 물질주의, 공산주의, 그리고 심지어 이신론(deism)까지도 그 원인으로 지목한다. 이신론은 하느님의 존재를 이성적으로는 인정하지만, 세상으로부터 완전히 떨어져 있으며 인간사에 무관심한 신에 대한 믿음을 뜻한다. 이러한 사고방식 속에서 현대인은 이제 더 이상 삶 속에서 어떠한 신적인 도움이나 인도하심을 기대하는 대신에 "스스로 삶을 헤쳐 나가야" 한다고 생각하고, 이것이 오히려 더 성숙하고 이성적인 태도로 받아들여진다.

그러나 이러한 사상적 운동들 가운데 그 어느 것도, 질서와 조화를 지닌 우주의 신비 그리고 우리 자신이 지닌 존재의 신비, 곧 우리의 행위 능력, 윤리적·미적 감각, 그리고 의미와 진리, 가치에 대한 궁극적 질문을 던지는 인간의 본성을 설명하지 못한다. 또한 그 어떤 사상도 인간 마음의 가장 깊은 갈망을 충족시키지 못하며, 더 높은 목적과 지평을 제시하지 않는다. 이러한 사상들은 은총의 감각이나 공동체적 유대감을 일깨우지 못한 채 모든 것을 우리 자신에게 의지하게 하고, 또한 우리 자신을 위한 것으로 한정시킨다. 이러한 배타적인 현세 중심적 틀은 인간의 번영을 촉진하기보다, 테일러가 표현하듯 "일상의 끔찍한 단조로움"을 낳는다.

그러나 테일러는 — 그리고 그와 뜻을 같이하는 여러 현대 사상가는 — 종종 포스트모더니티(postmodernity)[25]라고 불리는 지금의 시대에 신앙의 부흥을 알리는 중요한 문화적·철학적 증거들이 나타나고 있다고 주장한다. 즉, 우리가 삶에 대해 더 현세적이면서도 초월적인 접근으로 나아가고 있다는 징후들이 있다는 것이다. 이것은 수평적 관점과 수직적 관점을 모두 포용하고, 문화에 의해 강요되는 것이 아닌 스스로 선택한 — 종종 사회적 흐름을 거스르면서도 충분한 비판적 이유를 갖춘 — 더 개인화된 신앙을 의미한다. 사람들은 이러한 개인적으로 설득되고 스스로 받아들인 신앙, 즉 우리를 향한 신적 사랑의 초월적 지평 안에서 살면서 서로에게도 그러한 사랑을 격려하는 신앙이 하느님을 배제한 인본주의나 완전히 세속적인 세계관에 비해 훨씬 더 생명력을 부여한다는 것을 발견해 가고 있다.

세속주의의 옹호자들은 자신들을 합리적이고 과학적이라고 주장하면서, 신앙을 단지 막연한 소망으로 치부하지만, 테일러와 그와 같은 관점을 가진 포스트모던 학자들은 초월적 관점이 오히려 배타적인 현세적 대안들보다 충분히 합리적이고 신뢰할 만하다고 주장한다. 신앙에 대한 이와 같은 긍정적인 변화가 가톨릭 학교의 종교 교육에 새로운 길을 열어 줄 수 있을까? 즉 학생들에게 개종을 강요하는 방식이 아니라 언제나 더 충만하고, 의미 있으며, 세상 속에서 책임감 있는 삶을 살도록 하는 매력적인 방식으로 모든 학생이 신앙을 배우고 자라도록 교육하는 새로운 시대를 열 수 있을까?

---

25) 〔옮긴이 주〕 사회문화적 현상으로서의 '포스트모더니티'(postmodernity)는 '포스트모더니즘'과는 구분되는 용어로 사용된다.

새로운 도전과 기회

전 세계의 가톨릭 학교들은 학생과 교직원의 종교적 배경이 다양해지는 추세를 겪고 있다. 예를 들어, 홍콩의 가톨릭 학교들 대부분은 학생의 약 90%, 교직원의 75%가 비(非) 가톨릭 신자다. 이러한 추세는 다른 지역에서도 점차 확산되고 있다. 2020년 기준으로, 한국의 가톨릭 학교에서는 학생의 83%, 교직원의 33%가 가톨릭 신자가 아닌 것으로 나타났다. 또한 파키스탄의 가톨릭 학교들(500개 이상) 중 많은 학교는 학교 역사에서 꽤 오랜 기간을(일부 학교는 200년 이상) 이슬람 신자가 학생과 교직원의 90%나 되는 상태로 운영되어 오고 있다. 현재 미국의 가톨릭 고등학교에서도 학생의 20%가 다른 종교적 배경을 가지고 있거나 신앙이 없는 경우이며, 이 수치는 빠르게 증가하고 있다. 또한 가톨릭 신앙 배경을 가진 학생들 가운데에서도 "실천적" 종교생활을 해 나가기보다 종교를 문화적으로만 받아들이는 학생들의 숫자가 상당하다.

당연한 이야기로, 다양한 종교적 배경을 가진 학생들 혹은 종교적 배경이 없는 학생들이 가톨릭 교육에 참여하고 그로부터 혜택을 받는 것은 전혀 문제가 되지 않는다. 그 이유는 이 책 전반에 걸쳐 설명해 왔다. 비록 가톨릭 신앙에서 비롯된 것이기는 하지만, 가톨릭 교육이 가진 영적 토대는 다른 종교 전통을 가진 사람들이나 종교가 없는 사람들에게도 이해되고 공유될 수 있다. 우리가 서문에서 인용한 프란치스코 교황의 말씀처럼, 가톨릭 학교들에서 점점 더 증가하고 있는 다양성은 환영받아야 하고, 사회 공동선에 대한 기여를 확대할 기회로 받아들여져야 한다.

분명히 예수님이 제시한 가치들은 보편적이고 인간을 인간답게 하는 것이었다. 이러한 가치들은 어떤 사람이나 상황에서도 생명을 불어넣는 교육의 토대가 될 수 있다. 현대적 시각에서 해석할 때, 동일한 말이 시대를 거치며 발전해 온 가톨릭 지성 전통의 인간학, 사회학, 세계론 등에도 적용될 수 있다. 이러한 영적 토대와 가치들에 기반을 둔 가톨릭 교육은 학생들을 위한 인간화 교육의 강력한 원천이 될 수 있으며, 사회 전체의 선과 복지에 크게 기여할 수 있다. 특히, 이러한 가톨릭 교육은 오늘날 많은 세속 학교의 교육과정이 드러내는 도덕성 형성의 부족과 영적 양육의 소홀함에 대한 해독제가 될 수 있다.

그러나 가톨릭 학교의 종교 교육 교육과정과 관련해서는 상황이 조금 더 도전적이고 특별한 민감성이 요구된다. 하지만 여전히 잘 해결할 수 있는 과제이다. 가톨릭 학교들은 언제나 가톨릭 학생들을, 그들의 신앙의 정도와 상관없이, 가톨릭 신앙 안에서 교육하고 가톨릭 그리스도인으로서의 정체성을 형성하는 방식으로 교육한다는 것을 가장 중요한 사명으로 삼아 왔다. 이것은 교회가 후원한 초기 교회 시대의 첫 학교들로부터 시작해서 시대를 거쳐 오늘날까지 계속해서 이어져 오고 있는 가톨릭 교육의 본질적인 부분이다. 따라서 가톨릭 신자 학생들을 위한 가톨릭 신앙 교육에 대한 이러한 확고한 의지는 결코 타협되어서는 안 되며, 가톨릭 학교의 정체성과 사명에 필수적인 요소이다.

따라서 도전 과제는 가톨릭 신자 학생들이 가톨릭 그리스도인이 되도록 격려하는 방식으로 가톨릭 학교에서 종교 교육을 제공하면서도, 다른 종교를 가진 학생들이나 종교가 없는 학생들에게 개종을 강요하지 않는 방식을 취하는 것이다. 개종을 강요하는 방식은 신뢰에 대한 심각한 배신이며 우리 가톨릭 신앙에 부합하지 않는다. 사실, 가톨릭 신자 학생들을 위한 교육에서도 신앙 교육은 결코 "세뇌"나 철학자 미셸 푸코(Michel Foucault)가 말한 "지식 통제"의 방식이 되어서는 안 된다. 그 대신에, 가톨릭 신자 학생들이 가톨릭 정체성을 받아들이도록 돕는 방향을 취하면서도, 모든 학생이 자신의 영적 여정을 선택하는 데 있어서 좋은 식별을 하도록 존중하고, 풍요롭게 하며, 격려하는 방식으로 종교 교육 교육과정을 구성해야 한다. 『교리 교육 지침』(2020)은 명확하게 "자신의 신앙을 선택하는 것과 관련하여 현대 문화가 부여하는 자유의 가치를 인정한다"라고 밝히고 있다(『교리 교육 지침』 322항).

종교적으로 다양한 학생 구성이라는 새로운 도전에 대해 각 나라와 지역의 가톨릭 학교들은 다양한 방식으로 대응해 오고 있다. 예를 들어, 대다수가 무슬림 학생들로 구성된 파키스탄의 가톨릭 학교들은 무슬림 교사들을 채용하여 초등학교에서 고등학교까지 무슬림 학생들에게 그들이 믿는 신앙을 가르치도록 하고 있다. 비극적으로 암살된, 파키스탄의 전 대통령인 베나지르 부토(Benazir Bhutto, 1953~2007) 역시 카라치의 예수 마리아 수녀회 학교에서 무슬림 신앙 교육을 받았다. 또 다른 지역에서는 비(非)가톨릭 학생들이 종교 교육 수업에서 면제되고, 대신에 민주시민 교육이나 인성 교육과 같은 대체 과목을 제공받는다. 이것은 특히 어린 학생들을 위한 이해할 만한 전략으로 여겨진다.

2018~19년 통계에 따르면, 미국 가톨릭 초등 및 중학교에 재학 중인 학생의 17%가 가톨릭 신자가 아니다. 이들 학교의 많은 곳에서는 모든 학생을 종교 교육 수업에 참여시키는데, 가톨

릭 신자 학생들이 첫영성체 준비를 하는 2학년 때는 예외를 두어, 이 시기에 비가톨릭 학생들은 다른 프로그램에 참여하거나 도서관에 보내진다. 이러한 방식은 적어도 다른 그리스도교 전통을 가진 학생들에게는 무리 없는 해결책으로 여겨진다. 왜냐하면 초등 저학년의 종교 교육에서는 고유하게 "가톨릭적"인 내용이 많지 않고, 약 90%가 일반적인 그리스도교에 관한 내용일 것이기 때문이다. 그러나 이번 장에서 제안하는 교육학적 접근을 사용하면, 우리는 다른 종교 전통을 가진 학생들에게 개종을 강요하지 않으면서도 그들의 영적 여정을 풍요롭게 할 수 있는 종교 교육을 제공할 수 있으리라 본다. 교육학적 접근이 이러한 결과를 얻기 위한 핵심적 요인이 될 것이다!

가톨릭 학교에 비가톨릭 학생들의 비율이 높은 현상은 7학년 이후 학년에서 더욱 두드러진다. 그러므로, 종교 교육에서의 가장 큰 도전은 가톨릭 고등학교와 대학교 차원에서 일어나게 된다(대학교에서 종교 교육은 일반적으로 신학 또는 종교학으로 불린다). 이 수준에서는 종교를 보다 "객관적"으로 가르치려는 경향이 강하며, 학생들의 신앙생활이나 영적 가치를 형성하려는 시도는 거의 이루어지지 않는다. 이는 모든 학생에게 신앙을 교육할 좋은 기회를 잃어버리는 것이 된다.

이 장에서 제안하는 대안적 교육학적 접근은 고학년 및 대학에서도 충분히 적용될 수 있다. 실제로 이 교육학적 접근은 이미 유치원부터 8학년까지의 초등학교 종교 교육과정에서 널리 사용되고 있다. 체계적인 교육과정 설계와 세심한 접근을 통해, 우리는 가톨릭 신앙의 영적 지혜뿐만 아니라 다른 신앙 전통의 지혜(고학년의 세계 종교 교육과정)를 학생들에게 제공할 수 있으며,

이를 통해 모든 학생의 영적 여정을 풍요롭게 할 수 있다.

교육의 성패는 교육 방식에 달려 있다

전 세계의 가톨릭 학교들은 모두 탄탄하고 체계적인 종교 교육 교육과정을 운영할 수 있으며, 또한 그렇게 해야 한다. 가톨릭 학교는 세상 앞에 '신앙으로부터 교육하고, 신앙을 위해 교육하는' 기관으로 표방하고 있기에, 종교 교육 교육과정은 가톨릭 학교의 정체성을 드러내고, 자녀 교육을 위해 이 학교를 선택한 부모들에게 교육적 약속을 가장 잘 지키는 일이 된다. 가톨릭 학교는 가톨릭 신자 학생들이 가톨릭 신앙을 심화하도록 돕는 동시에, 비가톨릭 학생들이 자신의 전통 안에서 종교적 정체성을 형성할 수 있도록 지원하는 교육을 제공할 수 있다. 물론, 이것은 사용되는 교육 방식, 즉 교육학적 접근에 크게 좌우된다.

전통적으로 학교에서 이루어지는 종교 교육의 목적과 교육 방법은 두 가지 접근방식으로 나뉘어 왔다. 첫 번째는 종교의 특정 전통이나 다양한 전통에 관한 내용을 배우는 "객관적" 교육 방식으로, 이는 학문적인 종교 연구와 유사하다. 한 예로, 이것은 1944년 영국의 종교교육법이 선호한 접근방식이었는데, 이 법은 국가가 지원하는 모든 학교는 종교학을 필수 과목으로 지정하도록 하면서, 어느 특정한 종교 정체성을 형성하도록 돕기보다는 다양한 종교 전통을 "객관적"으로 가르치도록 하였다. 다만 그리스도교에 대한 부분은 영국의 역사와 문화유산을 고려해 어느 정도 우대를 받았다. 이러한 종교에 관한 학문적 연구 접근방식은 다른 여러 유럽 국가에도 적용되었는데, 종교 교육을 공립 학교에서 완전히 금기시하는 미국의 상황보다는 적어도 나은 방식이었다. 학교의 교육과정에 어떤 종교 전통이 포함될 경우, 첫 번째 책임은 그 종교 전통에 대해 잘 가르치는 것, 즉 학생들이 그 종교의 핵심 가르침을 알고 이해하도록 하는 것이다.

두 번째는 "신앙 고백적" 또는 "교리적" 접근방식으로, 이것은 처음부터 끝까지 참여자의 특정 신앙 정체성을 형성하는 것을 목적으로 한다. 이 접근방식은 가톨릭 본당 프로그램의 성격과 목적에 부합하는 것으로, 가톨릭 신앙을 **배우고** 좋은 가톨릭 신자로 **성장하도록** 돕는 것이다. 가톨릭 가정과 가톨릭 본당 공동체가 구성원들에게 가톨릭 그리스도인으로서의 정체성을 형성하도록 돕는 신앙 교육을 제공하는 것은 당연한 일이다. 가톨릭에서는 이러한 신앙 교육을 "교리 교육"(catechesis)이라고 부르는데, 이 용어는 신앙 전통을 "계속해서 울려 퍼지게 함"이라는 어원적 의미를 지닌다. 이것은 세례와 함께 그리스도인에게 주어진 신앙 전수의 사명, 즉 우리의 신앙을 특히 자녀들에게 전수하는 사명을 상기시킨다. 효과적인 본당 교리 교육 프로그램은 가정에서 이루어지는 기초적인 신앙 교육을 보완하고, 가톨릭 신자가 일생에 걸쳐 올바른 신앙인의 삶을 살아갈 수 있도록 돕는다는 측면에서 필수적이다.

이처럼, 오랫동안 종교 교육은 교육 결과의 의도성에 따라 오직 두 가지 선택만이 고려 대상이었다. 하나는 종교에 관한 지식과 내용을 "객관적으로" 가르쳐서 신앙 형성의 의도 없이 종교에 대해 배우게 하는 것이고, 다른 하나는 특정 신앙 정체성을 위해, 예를 들어 가톨릭 그리스도인으로서의 신앙 형성을 위해 사람들을 교육하는 "신앙 고백적" 혹은 "교리적" 방식이다. 요컨대, 종교 교육의 선택지는 신앙 전통에 대해 배우거나 신앙 전통 안에서 배우거나 하는 두 가지뿐인 것처럼 여겨져 왔다.

수년 동안 나는 마이클 그리밋(Michael Grimmit)과 더모트 레인(Dermot Lane) 같은 종교 교육자들과 함께 가톨릭 학교 내에서 이 두 가지 접근을 모두 포괄하면서도 그 사이에서 중간 지점을 찾는 가능성을 모색해 왔다. 이는 특히 비가톨릭 학생들을 고려하여 진행되었다. 여기에서 종교 교육 교육과정은 모든 학생이 특정 종교 전통(들)에 대해 배우는 것을 포함한다. 왜냐하면 배우게 될 종교 전통의 내용을 알고 이해하는 것은 항상 중요하기 때문이다. 그러고 나서, 이 접근방식은 특정한 신앙 전통에 속한 학생들이 자신의 신앙 전통 안에서 배우고 신앙을 성장시켜 가도록, 예를 들어 가톨릭 신자 학생들이 가톨릭 정체성을 키워가도록 이끌 수 있다. 그리고 이 중간 지점의 가능성은 모든 학생이 단순히 종교 전통에 대해 배우는 것을 넘어 그 전통으로부터 배울 수 있도록 하는 것이다. 이것은 수업에 참여하는 학생들이 어떤 신앙 전통을 가지고 있든 상관없이, 그들 각자의 신앙 정체성과 영적 여정을 더욱 풍요롭게 하는 길을 제시한다.

예를 들자면, 이는 종교 수업에서 가톨릭 신앙을 가르칠 때 모든 학생이 가톨릭 신앙에 대해 배우는(learn about) 것에 그치지 않고 그 신앙으로부터 배우도록(learn from) 교육해야 함을 뜻한다. 또한 가톨릭 신자 학생들은 자신의 신앙 전통 안에서 배우고(learn into) 그것을 신앙의 정체성으로 받아들이도록 가르쳐야 한다. 마찬가지로, 고등학교나 대학교 종교 교육과정에서 다른 종교 전통, 예를 들어 이슬람교에 대해 가르칠 때, 모든 학생이 이슬람교에 대해 배우고 그 신앙으로부터 삶의 영적 통찰을 배우도록 가르칠 수 있다. 그리고 무슬림 학생들은 그들 자신의 신앙 정체성 형성을 위해 그 신앙 전통 안에서 배울 수 있다. 이와 같은 접근은 유다교를 포함해서 다른 모든 세계 종교 전통을 가르칠 때도 똑같이 적용될 수 있다.

따라서 유다인 학생들이 가톨릭 과목을 수강할 때 그들에게 가톨릭 전통의 풍부한 영성을 접하게 함으로써, 그들 자신의 유다교 신앙을 좀 더 깊이 바라보고 풍요로워지게 하여 유다인으로서의 자기 정체성을 더욱 깊이 받아들이게 해야 한다. 나는 보스턴 칼리지에서 30년 넘도록 학부생들을 대상으로 "가톨릭"(Catholicism)이라고 명명된 강의를 진행했다. 이 강의에서 나는 내가 의도하는 교육 목적을 명확히 밝히고, 유다교, 이슬람교, 그 외 다양한 종교를 가진 학생들에게 가톨릭의 풍요로운 전통을 접하게 하여 그 학생들이 자신들의 신앙을 더욱 깊이 받아들이고 실천하는 신앙인들이 되도록 격려했다. 그리고 가톨릭 신자 학생들에게는 이 강의를 통해 그들의 가톨릭 신앙 정체성을 더욱 강화해 가기를 기대했다.

다시 말해, 나의 제안은 가톨릭 학교가 '신앙으로부터 가르치고 신앙을 위해 교육하는 곳'이라는 이해를 전제로 하고 있다. 이것은 가톨릭 학교가 학교의 모든 학생에게 매일의 삶 속에서 우리에게 자비와 은총으로 다가오시는 초월적인 존재 — 하느님—를 제시하고, 하느님의 백성으로서 인생의 목표를 가지고, 의미 있고 윤리적인 삶을 살아가도록 초대하는 것이다. 나의 제안은 또한 학생들 안에 하느님의 생명이 깃들어 있으며, 그들은 끊임없이 하느님의 은총을 받는 존재라는, 학생들의 영혼에 대한 이해를 전제로 하고 있다. 모든 학생이 신앙을 위해 교육받을 수 있고, 위대한 종교 전통들 가운데 어느 하나를 접함으로써 영적으로 풍요로워질 수 있는 것은 그들이 가진 영혼 때문이다.

앞에서 언급했듯이, 그리고 아래에서 더 자세히 다루겠지만, 어떤 교육 방법을 적용하느냐에 따라 그 결과도 많은 차이점을 보일 것이다. 내가 제안하는 교육 방법은 가톨릭 학교의 종교 교육 교육과정을 통해 모든 학생이 종교 전통에 대해 그리고 그 종교 전통으로부터 배우고, 가톨릭 신자 학생들은 가톨릭 신앙 전통 안에서 배워 그것을 자신의 것으로 받아들이게 하는 접근방식이다. 이 교육 방법은 (1) 신앙 전통에 학생들과 그들의 삶을 개별적으로 참여하게 하고, (2) 신앙 전통의 영적 지혜에 설득력 있게 접근하게 하며, (3) 그들이 배우는 신앙 전통이 자신들의 신앙과 영적 여정에 어떠한 영향을 미칠지 스스로 판단하고 결정할 수 있도록 돕는 방식이다. 이와 같은 교육 방법을 위해 우리는 예수님의 교육 방식에서 배울 점들이 많다.

성찰과 대화를 위해

- 가톨릭 학교의 종교 교육이 점점 더 복잡해지고 있는 현상에 대해 당신의 생각과 통찰은 무엇인가?
- 오늘날 가톨릭 학교가 효과적인 종교 교육을 제공하는 데 어려움을 겪고 있는 상황에서, 종교(또는 신학) 교사에게는 어떤 준비와 양성이 필요하겠는가?

예수님의 교육학: 삶에서 신앙으로, 다시 신앙 안의 삶으로

제1장에서 우리는 예수님을 교육자로 규정할 수 있음을 살펴보았다. 그 이후로 우리는 예수님이 무엇을 가르치시고, 어떻게 가르치셨는지, 그리고 어떤 목적을 가지고 가르치셨는지를 반복적으로 탐구해 왔다. 여기에서는 예수님의 교육 방식의 핵심적인 부분을 구체적으로 살펴보려고 한다. 이는 앞서 다뤘던 일반적인 교육 방식이나 포괄적인 제안이 아니라, 제자들이 하느님의 나라를 향한 살아 있는 신앙을 살아가도록 가르치기 위해 예수님께서 주로 사용하셨던 구체적이고 의도적인 교육 방식에 초점을 맞춘 것이다.

예수님의 전반적인 교육 방식은 "삶에서 신앙으로, 다시 삶으로" 사람들을 초대하는 것이라고 요약할 수 있다. 예수님께서는 일반적으로 사람들이 세상 속 자신들의 삶과 경험을 돌아보고, 그 삶과 경험을 성찰하도록 초대하면서 가르침을 시작하셨다. 그런 다음, 그들의 삶과 역사적 현실 안에서 복음을 선포하셨다. 예수님의 일관된 가르침의 목적은 제자들이 자신들의 삶과 신앙을 통합하여, 살아 있고, 실천되며, 생명을 주는 신앙을 갖도록 초대하는 것이었다. 이 신앙은 또한 단순히 그들 자신만을 위한 것이 아니라 "세상의 생명"을 위한 것이기도 했다(요한 6,51).

제8장에서 우리는 예수님의 교육 방식을 통해 그분이 세상을 이해하고 진리를 인식하신 방식을 엿볼 수 있음을 암시한 바 있다. 여기에서는 그 관점을 바꾸어, 예수님의 앎의 방식이 실제로 구현된 교육의 형태로서 그분의 교육 방식을 살펴보고자 한다. 예수님의 전형적인 교육 방식은 서로 구분되는 다섯 가지 활

동(movements)으로 전개된다고 설명할 수 있다. 때로는 미묘하기도 하지만, 우리는 예수님의 교육 방식에서 전반적인 패턴이나 접근방식을 발견할 수 있다. 내가 그것을 "단계"라기보다 "활동"이라고 부르는 이유는 그것의 전개 순서가 유동적이기 때문이다. 예수님의 실제 교육에서는 이 활동들이 고정된 순서 없이 다양한 형태로 나타나고 있다. 명확성을 위해 여기서는 순차적으로 설명하겠지만, 훌륭한 교사였던 예수님은 결코 "정형화된" 방법에 얽매이지 않으셨다.

▌활동 1: 삶에서 시작하기▐ 예수님께서는 사람들이 그분의 가르침에 관심을 가지고 참여하도록, 그들의 일상 속 경험, 행위, 논쟁거리, 또는 관심사를 돌아보게 하셨다. 그 주제에는 물고기를 잡고 분류하는 일, 씨를 뿌리는 일, 빵을 굽는 일, 밭을 가는 일, 값진 진주를 찾는 일, 일꾼을 고용하는 일, 예루살렘에서 예리코로 내려가는 길, 길 잃은 양을 찾는 일, 동전을 잃어버린 일, 혼인 잔치를 여는 일, 튼튼한 기초 위에 집을 짓는 일, 또는 하늘의 새와 들의 나리꽃, 나무의 새싹을 관찰하는 것 등 매우 다양했다. 그리고 이러한 예는 다 헤아릴 수 없을 만큼 많았다.

예수님께서 사람들이 자신의 삶을 돌아보도록 하는데 가장 즐겨 사용하신 방법은 비유, 상징적 이야기(예: 착한 목자), 또는 표징(예: 카나의 혼인 잔치)이었다. 예수님께서는 사람들의 일상적인 삶에서 시작해 그들의 영혼을 일깨우고 그들이 능동적으로 참여하도록 초대하셨다. 이것을 우리는 앞서 "삶에서 배우기"라고 언급한 바 있다. 예수님께서는 이처럼 사람들이 자신의 일상적인 문제나 실제 삶의 주제를 바라보게 하시면서 교육을 시작하셨다.

▎활동 2: 삶을 성찰하기▕ 예수님께서는 사람들의 삶에서 시작하셨지만, 그들이 자신의 삶을 더 깊이 성찰하도록 이끄셨다. 예수님은 사람들이 하느님 나라와 자신들의 영원한 운명과 같은 엄청난 일들이 일상의 삶 속에서 이루어지고 있음을 성찰하도록 하셨다. 또한 그들이 자신들의 태도나 당연하게 여겼던 생각들을 의문시하고, 새로운 관점에서 "바라보도록" 자주 격려하셨다. 예를 들어, 적대시했던 사마리아인이 이웃이 되고, 돌아온 탕자가 환영받으며, 가난으로 비참했던 라자로는 아브라함 곁에서 행복하게 되고 부자는 지옥으로 가게 되며, 창녀와 세리들이 종교 지도자들보다 먼저 하느님 나라에 들어가게 되는 경우처럼 말이다. 이러한 가치의 역전들은 사람들이 자신들의 삶을 비판적으로 성찰하고, 사회문화적 환경이 자신들에게 미친 영향을 재평가하며, 생각과 마음을 바꿔 자신들의 삶을 새로운 관점에서 바라보도록 만드는 예수님의 교육 방식이었다.

▎활동 3: 복음을 권위 있게 가르치기▕ 그다음으로, 예수님은 사람들의 실제 삶 한가운데로 들어가 복음을 선포하시며, 하느님의 나라가 지금 시작되었음을 알리셨다. 공생활의 시작 때부터 사람들은 예수님이 "권위 있게" 가르치신다는 점을 알아차렸다(마르 1,22). 예수님께서 (수련받은 랍비나 산헤드린의 구성원이 아니었기에) 공식적인 직책을 갖고 있지 않으셨음을 고려하면, 그분의 권위는 분명 그분의 삶 자체에서 흘러나오는 진실성과 그 삶으로 드러난 증언에서 비롯된 것이었다. 더욱이 예수님은 복음을

매우 설득력 있게 전하셨고, 사람들이 하느님 나라를 위해 사는 삶의 복됨을, 그리고 그러한 삶 자체가 보상임을 스스로 깨닫기를 바라셨다. 예수님은 그러한 삶이 진정한 행복을 가져다줄 수 있으며(마태 5,1~11), 십자가에 못 박혀 돌아가시기 전날 밤 제자들에게 "내 기쁨이 너희 안에 있고 또 너희 기쁨이 충만하게 하려는 것이다"(요한 15,11)라고 말씀하신 것처럼, 당신의 모든 가르침은 사람들의 충만한 기쁨을 위한 것임을 강조하셨다.

예수님은 당신의 가르침을 펼치실 때, 유다교 신앙의 오랜 전통과 그 안에 담긴 위대한 구원의 이야기를 깊이 바탕으로 삼으셨다. 그러나 동시에 예수님은 새로운 비전, 즉 "지금" 이 순간 이미 시작된 하느님 나라의 새로운 가능성을 제시하셨다. 한편으로, 예수님께서는 이스라엘 백성의 유다교 신앙을 소중히 여기셨고, 율법 규정을 준수하셨으며, 성경 말씀을 인용하셨다. 그리고 율법과 예언서를 폐지하러 온 것이 아니라 "그 가르침을 완성하러" 왔음을 강조하셨다(마태 5,17).

그러나 다른 한편으로 예수님께서는 전통을 새롭게 해석할 권위를 주장하셨고, 사람들이 율법의 정신을 놓치고 있는 점을 지적하셨으며, 하느님의 백성으로 살아갈 새로운 비전을 제시하셨다. "(…)라고 옛사람들에게 이르신 말씀을 너희는 들었다. 그러나 나는 이렇게 말한다. (…)"(마태 5,21~22). 또한 예수님은 전통에 대한 충실성과 개방성에 대해 다음과 같이 요약하셨다. "하늘 나라의 제자가 된 모든 율법 학자는 자기 곳간에서 새것도 꺼내고 옛것도 꺼내는 집주인과 같다"(마태 13,52). 예수님이 가르치신 신앙은 언제나 이야기와 비전을 함께 담고 있었다.

▮활동 4: 사람들이 스스로 깨닫도록 초대하기▮ 교육적인 측면에서, 예수님의 분명한 의도는 제자가 되고자 하는 이들이 복음의 길과 복음의 지혜를 스스로 깨닫고 확신 속에서 받아들이도록 하는 데 있었다. 예수님께서는 사람들이 복음을 마음으로 받아들이고, 당신이 가르치신 것을 식별과 확신 속에 받아들이기를 원하셨다. 앞에서도 언급했듯이, 예수님께서는 여러 번에 걸쳐 볼 수 있는 눈과 들을 수 있는 귀를 가진 이들을 축복하셨다. 예수님이 원하신 것은 단순히 육체적으로 보고 듣는 것을 넘어, 열린 태도로 당신이 가르치신 복음을 정신과 마음으로 보고 들으며 확신을 가지고 받아들이는 것이었다. 그러나 제자로의 예수님의 부르심은 언제나 초대에 의한 것이었으며, 사람들에게 스스로 식별하고 결정할 자유를 남기셨다.

▮활동 5: 살아 있는 신앙을 위해 결단을 내리기▮ 예수님의 공생활 동안 그분의 가르침 전체를 통해 분명히 드러나는 것은, 예수님께서 의도하신 가르침의 결과가 사람들이 살아 있는 신앙을 선택하고, 그분의 길을 자기 삶의 방식으로 받아들여 일상생활에서 실천하도록 하는 것이었다. 이러한 선택에 대한 초대는 항상 암시되어 있었고, 예수님께서는 자주 이를 명확히 요구하시기도 했다. 예를 들어, 착한 사마리아인의 비유 끝에서 예수님께서는 율법 학자에게 누가 이웃인가에 대한 식별의 질문을 던지신 다음(활동 4), "가서 너도 그렇게 하여라"(루카 10,37)라고 말씀하셨다(루카 10,37; 활동 5). 최후의 만찬 때 제자들의 발을 씻기신 후에는 "내가 너희에게 한 것처럼 너희도 하라고, 내가 본을 보여 준 것이다"(요한 13,15)라고 하셨다. 모든 사람을 향한 예수님

의 궁극적인 초대는 "나를 따르라"라는 것이었고, 이는 하느님 나라를 위한 제자의 삶을 살아가라는 결단을 요청하는 것이었다. 많은 이가 그 부르심에 대한 응답을 선택했지만, 그렇지 않은 이들도 많았다(요한 6,66 참조).

예수님의 가르침이 항상 일정한 틀에 따라 진행된 것은 아니었지만, 우리는 예수님의 전반적인 교육 방식에서 이 다섯 가지 교육적 흐름을 일관되게 발견할 수 있다. 요약하자면, 예수님께서는 항상 사람들이 그들의 삶을 신앙으로 가져가고, 다시 신앙을 그들의 삶으로 가져가도록 초대하셨다. 때때로 예수님께서는 단 한 절의 비유 안에 모든 활동을 담으시기도 했다. 예를 들자면 다음과 같다. "하늘의 새들을 눈여겨보아라(활동 1). 그것들은 씨를 뿌리지도 않고 거두지도 않을 뿐만 아니라 곳간에 모아들이지도 않는다(활동 2). 그러나 하늘의 너희 아버지께서는 그것들을 먹여 주신다(활동 3). 너희는 그것들보다 더 귀하지 않으냐?"(마태 6,26; 활동 4와 활동 5).

부활하신 그리스도와 함께하는 여정

앞에서 살펴본 다섯 가지 교육적 활동들은 예수님께서 공생활 동안 펼치신 모든 가르침에서 분명히 드러난다. 그러나 이 활동들이 가장 생생하게 나타나는 곳은, 부활하신 그리스도께서 엠마오로 가는 길에서 두 제자와 동행하신 이야기이다(루카 24,13~35).

이 이야기는 예수님께서 부활하신 날 아침, 두 제자가 혼란과 슬픔 속에서 예루살렘을 떠나 약 7마일(약 11km) 떨어진 "엠마

오라는 마을"로 향하는 장면으로 시작된다. 그들은 사랑하던 예수님의 십자가 처형과 그분께 걸었던 희망이 산산이 부서진 일로 인해 깊은 상처를 받은 상태였다. 그때 부활하신 그리스도께서 "그들과 동행하며" 낯선 여행자로 나타나신다. 그러나 두 제자는 큰 충격을 받은 상태라 그분을 알아보지 못한다. 그런데도 낯선 여행자는 자신이 누구인지 밝히고자 하는 대신, "그들과 함께 걸으며 길을 가는 동반자"로 머무르신다. 이는 학생들의 삶 속에서 교사가 어떻게 존재해야 하는지를 보여 주는 지혜로운 제안이다. 이 장면을 특히 좋아했던 프란치스코 교황은 낯선 여행자의 이러한 접근방식을 두 제자와의 "동반"이라고 묘사하면서, 그분이 슬픔 속의 제자들과 함께 걸으며, 좋은 질문으로 마음을 열게 하고, 그들의 아픔에 귀 기울여 들으신 모습을 강조한다.

두 제자와 동행하던 이 낯선 여행자는 그들이 그렇게 열정적으로 이야기하고 있는 것이 무엇인지 묻는다. 제자들이 최근 예루살렘에서 일어난 비극적인 사건을 모르는 것이냐며 의아해하면서 대답을 주저하자, 그는 "무슨 일이냐?"라고 되묻는다. 이는 놀라운 교육적 접근방식이다. 예루살렘에서 무슨 일이 있었는지 그 누구보다 잘 아는 이가 바로 그분이었지만, 그분의 분명한 의도는 제자들이 자신들의 고통스러운 현실을 직면하고, 이를 말로 표현하며, 성찰하게 하는 데 있었다. 제자들은 그들에게 일어난 일, 즉 "나자렛 예수님에 관한 모든 것"을 이야기하며, 그분이 십자가에 처형되셨다는 사실과 "우리는 그분이야말로 이스라엘을 해방하실 분이라고 기대하였다"라는 깨어진 희망을 나눈다. 또한, "우리 가운데 몇몇 여성들"이 예수님의 무덤에 갔다가 돌아와서 "천사들"로부터 그분이 살아 계시다는 말을 들었다는 놀라운 이야기도 덧붙인다. 그러나 그들에게 그런 일은 도저히 믿기 어려운 환상처럼 들렸다(활동 1과 2: 여기에는 여성들의 증언을 믿기 어려워한 그 시대의 문화적 편견이 은연중에 드러나 있다).

그제야 부활하신 예수님은 제자들에게 그들의 신앙 공동체가 간직해 온 이야기와 비전을 들려주신다(활동 3). "모세와 모든 예언자로부터 시작하여 성경 전체에 걸쳐 당신에 관한 기록들을 그들에게 설명해" 주시면서 "메시아는 그러한 고난을 겪고서 자기의 영광에 들어가야 함"을 가르쳐 주셨다. 아마도 제자들이 여전히 그분을 알아보지 못하고 있는 이유는, 그들이 로마로부터 "이스라엘을 해방할" 위대한 정치적 메시아를 기대했기 때문일 것이다. 그러나 예수님께서는 고난받는 종으로 오셨다. 예수님은 메시아적 약속에 대한 그들의 희망과 그것이 예수님 안에서 실제로 성취된 방식 사이에 변증법적 긴장을 설정하신다.

하루 내내 이어진 대화를 통해, 두 제자의 고통스러운 이야기와 무너진 비전, 그리고 그들 신앙 공동체의 이야기와 비전이 모두 테이블 위에 놓이게 된다. 그렇지만 두 제자는 여전히 "알아보지" 못하고, 낯선 여행자는 그들에게 진실을 알리지 않으신다. 사실, 그분은 그들이 보아야 하는 것을 알려 주는 대신, 그들이 스스로 깨닫기를 기다리고 계신 것이다. 이것은 그들의 상처받은 신앙과 잃어버린 희망을 새롭게 하는 데 필수적인 과정인 듯하다. 그들의 목적지인 엠마오 마을에 가까워지자, 낯선 여행자는 계속 길을 가려는 듯한 모습을 보이신다. 그러자, 그분의 가르침에 매료된 제자들은 "저희와 함께 묵으십시오. 저녁때가 되어 가고 날도 이미 저물었습니다"라며 그분을 붙든다. 이 환대의 제안에 그분은 그들과 계속 대화를 나누시게 되고, "그들과 함께 묵으시려고 그들이 머무는 집에 들어가신다." 예수님의 공생활 전반에서 드러나듯이, 그분의 가장 훌륭한 가르침은 종종 식탁에서 이루어졌다.

세 사람이 함께 식탁에 앉자, 낯선 여행자는 빵을 들고, 축복한 후, 떼어, 그들에게 나누어 주신다(최후의 만찬에서와 동일한 네 가지 행위). 그러자 그들의 눈이 열리고, 그들은 그들 가운데 계신 부활하신 주님을 알아본다. 어떤 의미에서 낯선 여행자는 이제 두 가지 방식으로 현존하시게 된다. 즉 빵을 떼어 나누어 주신 분과 대화의 동반자로서 그들에게 현존하시며, 두 제자가 마침내 그분을 스스로 알아보게 하신다. 이것은 두 제자가 자신들의 삶의 경험에서 얻은 배움(자신들의 이야기와 비전)과 신앙 공동체의 전통(그 이야기와 비전)을 통합하여 깊이 있는 개인적 인식(그리스어 '*epiginosko*'는 친구들 사이의 친밀한 인식을 의미함)에 이르게 되었음을 보여 준다(활동 4). 그 순간, 그들은 부활하신 그리스도와 일치를 이루게 되었고, 그분은 그들의 눈앞에서 사라지신다. 이제 그들은 이에 대해 어떻게 응답해야 할지 스스로 결정해야 한다. 그들이 스스로 깨달음에 이르게 되었으니, 아마도 그분의 교육적 역할은 끝난 듯하다.

그들은 길에서 그분이 성경을 "풀이해 주실" 때 자신들의 "마음이 타올랐다"는 사실에 놀라며, 완전히 새로운 결단을 내린다. 즉, 즉시 자리에서 일어나 예루살렘의 그리스도인 공동체로 돌아가 새롭게 신앙의 삶을 살기로 결심한다. 이는 밤길을 떠나는 위험한 여정이었지만, 이러한 깨달음은 그저 "기다릴 수만은 없는" 것이었으며, 반드시 나누고 실천해야 할 것이었다(활동 5). 낯선 여행자는 그들을 삶에서 신앙으로 이끌어 주었고, 이제 그들은 신앙 안에서의 삶에 다시 헌신하였다.

예루살렘에 도착한 두 제자는 제자 공동체와 합류한다. 제자 공동체는 깊은 충격과 상실 이후 다시 모여, 하느님께서 예수님을 죽음에서 일으키셨다는 거의 믿기 힘든 사실을 받아들이려 노력하고 있었다. 공동체는 두 제자를 반기며 이렇게 말했다. "정녕 주님께서 되살아나시어 시몬에게 나타나셨다!" 이렇게 부활하신 구세주에 대한 그리스도교의 이야기와 비전, 바로 새로운 신앙의 이야기가 모여지고 있었다. 제자 공동체로부터 이 놀라운 기쁜 소식을 들은 후, 두 제자도 엠마오로 가던 길에서 체험한 그들의 이야기와 비전, 즉 "길에서 겪은 일과 빵을 떼실 때에 그분을 알아보게 된 일을 이야기해 주었다"(루카 24,35).

몇 가지 추가할 중요한 내용이 있다. 첫째, 길에서 나눈 대화와 성경 풀이도 중요했지만, 깨달음은 "빵을 떼어 나누는" 과정에서 일어났다. 마찬가지로, 우리의 교육 방식이 중요하긴 하지만, 학생들을 향한 사랑과 관심, 즉 그들과 "빵을 떼어 나누는" 다양한 방식이 훨씬 더 효과적이다. 둘째, 새로이 개정된 『교리 교육 지침』은 내가 여기서 "삶에서 신앙으로, 다시 삶으로"(life to Faith to life)라고 부르고 있는 교육 방식을 권장하고 있다. 이 지침서는 신앙 교육이 "인간의 경험"과 "구체적인 삶의 상황"에서 출발해 "복음의 빛" 안에서 해석하고 설명하는 것이 되어야 함을 강조한다. 이러한 신앙 교육 방식의 목적은 삶과 신앙을 통합하여 "하느님의 뜻에 개방적이고 그 뜻과 조화를 이루는 삶"을 살아가게 하는 데 있다(『교리 교육 지침』 197~198항).

그리고 그리스도교 신앙을 표현하는 여러 방식(성경과 성전, 교리와 교의, 상징과 성사 등)이 있지만, 『교리 교육 지침』은 그리스도교 신앙에 접근하는 데 있어 "이야기적 언어"(narrative language)가 특히 효과적이라고 강조한다. 왜냐하면 이야기적 언어는 사람들의 삶의 "감정적, 인지적, 그리고 의지적인 측면"을 모두 포함하고 있기 때문이다(『교리 교육 지침』 207~208항).

성찰과 대화를 위해

- 예수님의 교육 방식에서 가장 돋보이는 점은 무엇이라고 생각하는가?
- "삶에서 신앙으로, 신앙에서 다시 삶으로"라는 예수님의 교육 방식을 (가르치는 과목에 상관없이) 당신의 수업에 적용한다고 했을 때 도움이 될 만한 것은 무엇인가?

신앙 안에서의 교육을 위한 "삶에서 신앙으로, 다시 삶으로" 접근의 토대

지난 40여 년 동안, 나는 가톨릭 본당이나 학교는 물론이고, 그 어떤 신앙 전통이나 다양한 종교적 배경의 상황에서도 효과적으로 적용할 수 있는 종교 교육의 접근방식을 만들기 위해 노력해 왔다. 나의 주요 초점과 헌신은 가톨릭 신앙 전통과 공동체에 맞추어져 있지만, 이 접근방식이 다른 그리스도교 전통에서도, 나아가 모든 주요 종교 신앙 전통에서도 종교 교육에 적합하고 효과적이길 희망했다. (지금까지 이 방식은 유다교와 이슬람교 종교 교육자들에게도 긍정적으로 받아들여지고 있다.)

모든 학년 수준에서 이 접근방식을 활용하여 가르쳐 본 경험과 이 접근방식의 학문적 기반을 명확히 하기 위한 노력은 초등학교와 중등학교의 종교 교육 교육과정, 학부 신학 교재, 성인 신앙 교육 자료, 대학원 세미나를 위한 학문적 저서 등 다양한 형태로 결실을 맺었다〔이 접근방식에 대한 심층적인 검토는 *Sharing Faith*(1991), 더 쉽게 접근할 수 있는 *Will There Be Faith?*(2011)[26)]를 참조할 수 있다〕. 좀 더 학문적인 저서들은 서구 철학 전통을 탐구하면서 통합적인 교육 방식을 위한 인식론적 씨앗들, 즉 "앎의 방식"을 찾아내는 데 집중하였다. 이러한 앎의 방식은 지성을 일깨우고, 마음을 참여시키며, 가치를 형성하여 살아 있는 신앙으로 이끄는 교육을 지향한다. 이러한 교육 방식의 풍성한 결실을 위해서는 다시 발견하고, 심어야 할 많은 중요한 씨앗들이 있다. 여기서는 두 가지 주목할 만한 예를 들고자 한다.

다시 말하지만, 성경은 영적 지혜를 지식의 정점으로 강조하고 있고, 성경에서의 앎은 사랑의 관계와 연관된 동사인 히브리어 야다(*yada*)와 그리스어 기노스코(*ginosko*)에서 볼 수 있듯이 매우 관계적인 특성을 보인다. 성경적 앎은 오늘날의 단절된 이성적 사고보다 훨씬 더 통합적이고, 전인 형성적이며, 관계 중심적이다. 여기에 아리스토텔레스가 주장한, 삶을 성찰하고 삶으로부터 배우는 앎의 방식인, 프락시스(praxis) 방식도 살펴볼 필요가 있다. 그는 프락시스 방식이 덕을 가르치고 사람의 존재(사람의 본질과 삶의 방식)를 형성하는 데 가장 효과적이라고 강조했다.

---

26) 〔옮긴이 주〕 이 책의 저자인 토마스 H. 그룸의 *Will There Be Faith?: A New Vision for Educating and Growing Disciples*(2011)는 『신앙은 지속될 수 있을까?』(조영관·김경이·임숙희 옮김, 가톨릭대학교출판부, 2014)라는 제목으로 번역·출판되었다.

나는 아리스토텔레스(그리고 이후 프레이리)가 묘사한 프락시스 방식이 듀이의 경험 개념보다 더 행위 주체적이라고 보고 있다. 듀이가 말한 "경험"은 대체로 우리가 겪게 되는 일, 즉 수동적으로 받아들이는 체험을 의미하지만, 프락시스는 우리의 역사적 현실 속에서, 우리에게 닥치는 상황뿐 아니라 우리가 스스로 시작하고 실천하는 행위까지도 포함한다. 그럼에도 영어에서 경험이라는 용어가 더 친숙하고 이해하기 쉬운 개념으로 다가오기 때문에, 나는 자주 이 두 용어, 프락시스와 경험을 "삶에서 배우기"라는 표현으로 통합하여 사용하고 있다.

예상할 수 있듯이, 나는 가톨릭 지성 전통과 그 전통 안에서 강조되는 "양자 모두/그리고"(both/and)의 정신(신앙과 이성, 계시와 과학, 지식의 습득과 전인 형성 등)에서, 또한 노리치의 줄리안과 로욜라의 이냐시오 같은 위대한 사상가들의 지혜에서도 많은 영향을 받았다. 더 나아가, 나는 가톨릭의 인간학, 사회학, 세계론, 인식론, 공적 신앙 감각 등을 뒷받침하는 신학으로부터 통찰을 얻었다(제7, 8, 9장에서 논의). 이러한 일련의 탐구 과정 중에, 나는 엠마오로 가는 길에서 낯선 여행자로 나타나 제자들과 동행하며 보이신 예수님의 교육 방식에서 유사한 패턴을 발견하게 되었고, 그것이 나에게 큰 확신과 용기를 주었다.

처음에는 예수님의 교육 방식을 이론적으로 주장하는 데 주저했다. 내가 성경학자로서의 전문적 훈련을 받은 적이 없고, 예수님의 교육 방식에 명시적 초점을 맞춘 신약성경 학자를 거의 찾아볼 수 없었기 때문이다. 그중 피미 퍼킨스(Pheme Perkins)의 『교사로서의 예수』(*Jesus as Teacher*)는 많은 도움을 주었다. 그러나 시간이 지나면서, 나는 성경학자들이, 내가 그랬던 것처럼,

예수님의 교육 활동과 교육 방식에 관심을 가지고 복음서를 보지 않는다는 것을 깨달았다. 그들은 예수님이 취하신 교육 방식의 패턴을 찾으려 하지 않았고, 당연히 그것을 인식하지 못했던 것이다. 이 모든 학문적 연구와 다수의 자료가 하나로 모아져 내가 여기에서 제안하는 종교 교육의 접근방식을 형성하게 되었다. 그리고 "모든 위대한 아이디어는 단순하다"는 알베르트 아인슈타인의 말이 사실이라면, 이 접근방식의 본질은 "삶에서 신앙으로, 다시 (신앙 안의) 삶으로"라고 요약할 수 있을 것이다.

좀 더 학문적인 용어로 표현하자면, 신앙 교육에 대한 나의 제안은 "공유된 그리스도교적 프락시스"(shared Christian praxis) 접근방식이다. 이것은 포괄적인 접근방식으로, 다양한 교육 방식과 수업 방법으로 구현될 수 있다. 프락시스는 사람들이 자신들의 삶 속에서 경험한 것을 이야기하고, 성찰하고, 배우도록 초대한다는 점을 나타낸다. 그리고 이 접근방식이 그리스도교적이라 불리는 이유는 그것이 그리스도교 신앙의 이야기와 비전, 즉 그리스도교 신앙 전통과 그 전통이 사람들의 삶에 제시하는 요구와 약속을 근거로 하기 때문이다. 또한, 이 접근방식은 전반적으로 대화의 틀 안에서 이루어진다는 점에서, 즉 참여자들 상호 간의 대화 그리고 그들의 프락시스와 그리스도교의 이야기 및 비전 간의 대화를 중요시한다는 점에서 공유적이다. 이 같은 대화를 통한 교환은 학생들이 그리스도교의 이야기와 비전이라는 두 가지 자료를 자신의 신앙과 영적 지혜 속에 어떻게 통합할지 스스로 판단하고 결정하도록 초대한다. (이러한 통합 과정 또는 변증법적 해석학은 특히 비가톨릭 학생들에게 강요하지 않는 방식으로 교육하기 위해 필요하다.)

"삶에서 신앙으로, 다시 삶으로"의 접근방식에는 다양한 통찰과 원리가 담겨 있지만, 그중에서도 가장 핵심적인 요소는 인식론이다. 이는 매우 당연한 일인데, 왜냐하면 신앙 교육이 실제 교육적 실천으로 구현되고, 살아 있는 신앙이라는 기대하는 교육 목표를 달성하기 위해서는, 그에 맞는 앎의 방식이 필요하기 때문이다. 이 접근방식의 주된 목표는 살아 있는 그리스도교 신앙을 북돋우는 데 있다. 그러나 나는 또한 이 접근방식이 다른 주요 종교 전통들에서도 마찬가지로 살아 있는 신앙을 촉진할 수 있다는 점과 그 방법을 제시하게 될 것이다.

가톨릭 지성 전통에 근거해서, 우리는 모든 교육에 적용될 수 있는 인식론의 여러 측면을 제8장에서 검토했다. 그 내용을 정리하면 다음과 같다: (1) 지식의 원천으로서 경험과 전통, (2) 머리, 마음, 손(의지)을 포함하는 앎의 방식, (3) 주의를 기울임, 이해, 판단, 결정을 포함하는 인식의 역동성. 이와 같은 인식론을 살아 있는 신앙을 위한 종교 교육에 적용하기 위해, 여기에서는 그 순서를 약간 바꾸어 제시하고자 한다. 즉, (1) 앎의 방식에서 시작해서, (2) 인식의 역동성, 그리고 마지막으로 (3) 신앙적 앎의 원천을 검토하게 될 것이다. 이미 제8장에서 그 내용에 대해서는 이론적으로 깊이 있게 다루었기 때문에, 여기서는 종교 교육의 맥락에서 구체적으로 적용하는 방식에 초점을 맞추어 간략히 살펴보고자 한다.

앎의 방식에서 볼 때, 종교 교육은 학습자의 머리(이성), 마음(정서), 손(의지)을 모두 참여시켜야 한다. 학생들의 머리를 참여시키는 것은 그들의 전체적인 정신적 능력, 즉 이성, 기억, 상상력을 활용하도록 돕는 것을 의미한다. 이성은 학생들이 사고하도록 이끌며, 발달 수준에 따라 비판적 사고와 식별 능력을 기를 수 있도록 돕는다. 앞서 언급했듯이, 이러한 비판적 성찰은 학생들이 사고하도록, 그리고 더 나아가 자신의 사고 과정에 대해 성찰하도록 격려한다. 이를 통해 학생들은 자신들의 사회문화적 편견과 자신들이 사고하는 것에 영향을 미치는 역사적 맥락을 인식하게 된다. 또한 비판적 성찰은 분석적 기억과 창의적 상상력을 활용하여 종종 잊혀진 기억을 되살리고, 그 기억에서 무엇을 배울 수 있는지 파악하며, 결과를 상상하거나 새로운 가능성을 탐구하도록 돕는다.

그리고, 종교 교육은 학생들의 감정 능력과 정서적 감수성을 고려해야 한다. 이것은 학생들의 마음속 깊은 갈망을 인식하고, 이를 가장 적절하게 충족시킬 방법을 모색하는 것을 의미한다. 종교 교육은 또한 계명, 지침, 규범, 모범, 이유, 질문, 그리고 실천 등을 담은 손(실천적 의지)의 활동을 통해 학생들의 윤리적 형성에도 기여해야 한다. 이러한 활동은 살아 있는 그리스도교 신앙에 필수적인 학생들의 선한 가치와 습관 형성에 도움이 된다.

인식의 역동성 측면에서 볼 때, 종교 교육자는 학생들이 단순히 정보 내용을 주목하고 이해하는 수준을 넘어, 판단하고 결정을 내리도록 이끌어야 한다. 이 과정은 가능하다면, 학생들의 연령, 능력 등을 고려하여, 최대한 신중하고 성찰적인 방식으로 이루어져야 한다. 학생들이 판단과 결정을 내리도록 돕는 것은 매우 중요하다. 왜냐하면 종교 교육의 목적은 단순히 종교 전통에 대해 배우는 것에 그치지 않고, 적어도 그 전통으로부터 무언가를 배우고 배운 내용을 바탕으로 스스로 결정을 내릴 수 있도록 돕는 데 있기 때문이다. 더 나아가, 판단과 결정을 내리는 과정은 학생들이 단순한 지식을 넘어, 스스로 선택한 진리, 지혜, 가치를 받아들이고 이를 삶에 통합하여 자신의 영적 지혜를 형성하도록 돕는다. 덧붙이자면, 이때 학생들이 주의를 기울이고 이해해야 할 자료는 그들 자신의 세상 속 삶의 경험과 그들이 대하고 있는 종교 전통의 내용임을 유념해야 한다.

신앙적 앎의 두 가지 주요 원천은 하나는 종교 전통이고, 다른 하나는 내가 다양하게 표현해 온 경험, 프락시스, 또는 단순히 말해 삶에서의 배움이다. 여기서 '삶에서의 배움'이라는 표현이 가장 직관적이고 폭넓은 의미를 담고 있다. 이는 우리가 일상의 모든 순간과 경험 속에서 배울 수 있음을 의미한다. 우리는 세상 안에서 삶을 통해 끊임없이 무언가를 배우고 알게 된다. 그리고 앞서 언급했듯이, 세상에서의 우리 삶을 비판적으로(식별력을 가지고) 성찰하기 위해서는 우리의 모든 앎의 역량, 즉 이성, 감성, 의지를 모두 동원해야 한다.

세상에서의 삶에 대한 비판적 성찰이 다소 분석적이고 인지 중심적으로 들릴 수 있지만, 실제로는 감정과 가치적인 측면을 필연적으로 포함한다. 우리는 결코 자기 삶과 경험을 냉정하게만 바라볼 수 없으며, 성찰은 언제나 우리의 이성만이 아니라 감성과 의지의 작용도 필요로 한다. 그래서 나는 학생들이 세상 속 자신들의 삶을 성찰하는 과정을 종종 자신의 이야기와 비전을 나누는 것이라고 표현한다. 이는 그들이 살아온 여정, 현재 상황, 그리고 가고자 하는 방향을 나누는 것이다. 삶에서의 앎을 나누는 가장 효과적인 방법의 하나는 대화 안에서 개인의 이야기를 공유하는 것이다. 이러한 개인적 서사는 필연적으로 사람들의 마음을 움직인다.

이제, 앎의 두 번째 중요한 원천인 전통으로 넘어가 보자. 일반 교육과 마찬가지로, 종교 교육 역시 전통에 쉽게 접근할 수 있도록 해야 한다. 여기서 말하는 전통이란 그리스도교 신앙의 이야기와 비전을 의미한다. 이 두 용어는 흔히 이야기 형식으로 이해되지만, 나는 이 용어들을 신앙의 전체적 의미와 지향을 담아내는 은유적 구조로 사용하고 있다. 좀 더 구체적으로 설명하자면, 여기서 이야기는 시대를 관통해 이어져 온 그리스도교 신앙의 전체적 여정(성경과 신경, 상징과 성사, 기도와 신심, 가치와 덕목, 계명과 권고, 공동체 구조와 리더십, 거룩한 시간과 장소 등)과 전통이 현재의 삶에 제공하는 영적 지혜를 포함한다. 그리고 비전은 그리스도교의 이야기가 사람들의 삶에 제시하고 요구하는 모든 것을 가리킨다. 그리고 그 궁극적 비전은 언제나 사람들을 살아 있는 신앙의 삶으로 이끄는 하느님 나라의 실현을 향하고 있다.

종교 교육적 상황에서 전통에 대한 접근은 설득력 있는 방식으로 이루어져야 하고, 이를 통해 학생들이 그 전통이 담고 있는 진리와 영적 지혜를 자신의 것으로 받아들여, 살아 있는 신앙으로 나아가도록 격려해야 한다. 그리스도교 종교 교육의 경우, 그리스도교 이야기와 비전을 권위적으로 강요하는 방식이 아니라, 모든 참여 학생의 삶에 풍요로운 영적 지혜로서 신뢰감 있고 공감할 수 있는 방식으로 제시해야 한다. 종교 교육에서 다른 종교 전통들을 가르치게 될 때도, 수천 년 동안 수많은 선하고 지혜로운 사람들이 믿을 만하고 풍요롭다고 여겨 온, 인간 삶에 실질적으로 도움을 줄 수 있는 영적 지혜로 다루어져야 한다.

따라서, 그리스도교 종교 교육에서 중요한 삶의 두 가지 원천은 개인의 삶을 성찰하고 그 안에서 배우는 일(개인의 이야기와 비전)과 그리스도교 신앙 전통(그리스도교의 이야기와 비전)을 설득력 있게 제시하는 일이다. 이 두 가지 원천을 통합하는 것이 종교 교육의 지속적인 과제이다. 삶에서 신앙으로, 신앙에서 다시 삶으로 이어지는 과정을 가능하게 하려면, 학생들이 단순히 머리로만 이해하는 것을 넘어, 마음과 삶 속에서 이를 통합할 수 있어야 한다.

그리스도교 신앙의 이야기와 비전이 사람들의 실제 삶, 즉 프레이리가 주장한(그리고 예수님께서 잘 실천한) 것처럼 그들에게 진정으로 중요한 생성적 주제(generative themes)와 연결되지 않는다면, 사람들은 기껏해야 신앙 전통에 대해 배우는 것에 그칠 뿐, 그 전통으로부터 배우거나 그 전통 안에 들어가 깊이 배우는 데에는 이르지 못할 가능성이 크다. 또한, 단순히 사람들에게 자신의 삶을 성찰하고, 그들의 필요를 충족시키기 위해 그리스도교 신앙을 "적용"하는 것만으로는 충분하지 않다. 중요한 것은, 제2차 바티칸 공의회가 말한 것처럼, 그리스도교 신앙과 사람들이 처한 다양한 삶의 상황 사이에서 이루어지는 "활력있는 교류"이다(「사목 헌장」 33항). 이러한 활력 있는 상호작용의 과정은 변증법적 해석학(dialectical hermeneutics)이라고 부를 수 있다.

해석학은 일반적인 해석의 과정을 뜻한다. 종교 교육자는 언제나 해석자로서의 역할을 수행하며, 학습자들이 자기 삶에서 얻은 경험을 해석하도록 그리고 우리가 가르치는 종교 전통과 텍스트의 내용을 해석할 수 있도록 도와야 한다. 종교 교육에서 해석의 대상이 되는 것들은 학습자 자신의 프락시스, 개인의 이야기와 비전, 그리고 그리스도교 신앙의 이야기와 비전(또는 다른 종교 전통)이다. 변증법적 과정은 개인의 이야기와 비전 그리고 그리스도교 신앙의 이야기와 비전이라는 두 원천 간의 실제적인 상호작용, 즉 주고받는 좋은 대화(플라톤의 변증법 개념)를 의미한다. 진솔하고 의미 있는 좋은 대화가 그렇듯, 여기에서도 합의와 의견이 공존하며, 과거의 통찰과 지혜가 다시 기억되기도 하고 새로운 통찰이 발견되기도 한다. 이러한 변증법적 해석학은 사람들이 스스로 해석하여 깨닫고 신앙 전통으로부터 자신의 마음에 새길 것을 받아들이게 하여 세상 속에서 살아 있는 신앙을 살아가도록 이끈다.

아래에서 제시하는 다섯 가지 종교 교육 활동들에서, 활동 1과 활동 2는 우리 자신의 삶과 프락시스에 대한 해석학을, 활동 3은 그리스도교 이야기와 비전에 대한 해석학을 반영한다. 그리고 활동 4와 활동 5에서는 두 원천 사이의 상호작용과 그것이 서로에게 의미하는 바를 해석하는 변증법적 해석학이 중심이 된다. 이러한 과정은 학생들이 단순히 어떤 전통에 대해 배우는 것에 그치지 않고 그 전통으로부터 배우거나, 그 전통을 자신의 신앙 안에서 받아들여 삶에 통합하는 선택을 할 수 있도록 돕는다.

학생들은 단순히 교사가 가르친 내용을 수동적으로 받아들이고 반복하는 대신, 활동 4와 활동 5에서는 신앙의 이야기와 비전으로부터 그들 자신의 삶을 위해 무엇을 받아들이고, 어떤 질문을 던지고, 어떻게 나아갈지 식별할 수 있어야 한다. 요약하자면, 변증법적 해석학은 학생들이 교사가 가르친 내용을 단순히 반복하는 것이 아니라, 스스로 통찰하고 주체적으로 선택하도록 초대하는 과정을 의미한다. 이러한 변증법적 해석학은 학생들에게 깊은 자유를 제공한다. 즉 학생들이 자신의 관점과 결정을 스스로 형성하고 삶에 통합할 수 있도록 이끈다.

활동 4와 활동 5의 역동성은 로너건의 판단과 결정 개념과 유사하지만, 여기서는 "판단"이라는 표현보다는 신앙 전통의 영적 지혜를 "스스로 깨닫고" "자신의 것으로 만듦"이라는 표현이 더 적합한 것 같다. 종교 교육은 학생들에게 무엇을 생각해야 하는지 말해 주고 이를 반복하도록 하는 방식이 아니라, 학생들이 스스로 탐구하고 해석할 수 있도록 돕는 변증법적 해석학을 촉진하고 격려하는 방향으로 이루어져야 한다.

개인의 이야기와 비전 그리고 그리스도교 신앙의 이야기와 비전을 연결하는 변증법적 해석학과 함께, 앞에서 다룬 지식의 원천들, 앎의 방식, 그리고 인식의 역동성은 이 접근방식이 공동학습자 공동체(a community of co-learners) 안에서 이루어지는 대화의 패러다임을 취한다는 것을 보여 준다. 단순히 교사가 지식을 전달하는 설명 중심의 교육 방식은 전통에 대해 배우는 데는 효과적일 수 있으나, 사람들이 그 전통으로부터 배우거나 그 전통의 영적 지혜를 자기 삶에 통합하도록 격려하는 데는 한계를 가진다.

물론, 대화 안에는 정보를 전달하는 설명과 제시의 순간이 필요하고, 신앙 전통의 자원에 쉽게 접근할 수 있도록 다양한 방식이 활용되어야 한다. 그러나 전반적인 교육의 틀은 교사가 가르친 내용을 받아들이고 반복하는 설명의 방식이 아니라 대화 중심적 방식이 되어야 한다. 그리스도교 종교 교육은 학습자들 간에, 그리고 그리스도교 신앙의 이야기와 비전과 더 나아가서는 하느님과도 대화가 이루어지도록 이끌어야 한다. 이를 통해 세상 속에서의 삶과 그리스도교 전통이라는 두 원천을 연결하고, 학습자들이 이를 성찰하고 살아 있는 신앙으로 받아들일 수 있도록 해야 한다. 또한, 대화는 그 과정이 공동체적이고 수평적이라는 점을 잘 보여 준다. "대화"를 뜻하는 영어 단어 'conversation'의 어원인 라틴어 '*con versatio*'는 "서로를 향해 나아감"이라는 의미를 담고 있다. 대화 중심의 접근은 공동 학습자 공동체를 형성하도록 장려하며, 이 과정에서 교사는 선도적 학습자의 역할을 한다. 이 공동 학습자 공동체는 각 구성원이 자기 생각을 자유롭게 표현하고, 자신들의 경험과 지혜를 성찰하고 공유하며, 자신들의 이야기를 들려주고 다른 사람들의 이야기를 들을 수 있도록 격려한다. 이러한 공동체적 성격 때문에 대화(conversation)라는 개념은 토론(discussion)이나 단순한 대화(dialogue)보다 교육의 역동성을 잘 드러낸다.

성찰과 대화를 위해

- 당신의 교육 방식을 깊이 들여다볼 때, 그 바탕이 되는 인식론적 원리, 즉 앎의 방식은 무엇이라고 생각하는가?
- 위에 설명한 종교 교육의 접근방식이 당신의 교육 방식에 어떤 영감을 주는가?

공유된 그리스도교 프락시스 접근방식
—삶에서 신앙으로, 다시 삶으로—

종교 교육자가 위에서 설명한 인식론을 실제로 구현하려면 그에 상응하는 교육학적 접근, 즉 적절한 지식의 원천, 앎의 방식, 그리고 인식의 역동성을 통합하고 실행하는 일관된 교육 방식이 필요하다. 요약하자면, 이러한 교육 방식은 학습자들의 일상에서 드러나는 의미 있는 생성적 주제와 연결하여 그들의 관심과 흥미를 적극적으로 불러일으키고, 학습자들 스스로 그 주제에 이름을 붙이고 비판적으로 성찰하도록 초대해야 하며, 그리스도교 신앙의 이야기와 비전(또는 가르치고 있는 다른 종교의 신앙 전통)에 설득력 있게 접근할 수 있도록 해 주어야 한다. 더 나아가 학습자들이 세상에서의 자기 삶과 신앙 전통을 통합하여 그 속에서 살아 있는 신앙을 형성하도록 돕는 것이어야 한다. 이러한 통합은 학습자들이 그리스도교의 이야기/비전의 영적 지혜로부터 배우거나, 그 영적 지혜를 자신의 신앙 정체성 안에서 살아 내도록 초대하는 것이든, 학습자들의 개인적인 식별과 결단(변증법적 해석학)을 존중하고 격려하는 것이 되어야 한다.

실제 교육 활동이 이루어지는 상황 속에서, 공유된 **그리스도교 프락시스 접근방식**(shared Christian praxis approach)은 하나의 집중 활동(focusing activity)과 다섯 가지 교육 활동을 중심으로 전개된다. 이러한 교육 활동은 우리가 앞서 예수님의 교육 방식에서 확인했던 활동들과 유사하다. 이 교육 활동들은 실제 수업에서는 하나의 교향곡처럼 유기적으로 얽혀, 서로 중첩되거나 순서가 달라지기도 하고, 때로는 반복되거나 결합되기도 한다. 그러나 이해를 돕기 위해, 여기에서는 그 과정을 순차적 구조로 정리하여 제시하고자 한다.

앞에서 간략히 설명한 내용을 좀 더 구체적으로 보여 주기 위해, 나는 그리스도교 신앙에서 **지극히 거룩하신 삼위일체**라는 어려운 주제를 선택하여, 가톨릭 고등학교 11학년 학생들을 대상으로 한 종교 수업의 한 예시를 제안하고자 한다. 그 뒤에는, 본당 교리 교육 프로그램에 참여하는 10~12세 어린이들을 대상으로 한 "예수님은 우리의 친구"라는 친근한 주제를 가지고 또 하나의 수업 예시를 덧붙이겠다. 먼저 제안할 첫 번째 수업은 해당 연령대에 맞춘 교육 방식의 한 예가 될 것이며, 또한 신앙 고백적 언어 패턴을 사용하는 교리 교육적 상황의 사례가 될 것이다. 또한 좀 더 간략한 예로, 이슬람 신앙의 자카트(zakat)를 다루는 대학 수준의 신학 수업 개요를 덧붙이겠다. 이 모든 예시는 내가 지난 여러 해 동안 실제로 진행해 온 수업들에서 비롯된 것으로, 독자들이 이러한 대화를 어떻게 설계하고 이끌어갈 수 있을지 상상해 보도록 초대하는 의미로 여기에 제공하고자 한다.

▌집중 활동: 삶과 신앙을 잇는 주제로 교육과정 세우기▐ 여기에서 의도는 두 가지이다. (1) 사람들을 가르침과 배움의 역동성에 능동적 학습자로 참여시키는 것, 그리고 (2) 그들의 관심을 삶의 주제 또는 신앙 안의 삶의 주제라는 생성적 주제에 집중하게 하고 흥미를 불러일으키는 것이다. 이는 사람들이 자기 삶의 현실 속에서 그 주제가 의미 있고 실제로 중요한 문제임을 직접 인식할 수 있도록 그들에게 본질적인 주제를 제시하는 것을 말한다.

첫 번째 예시와 관련해서 말하자면, 청소년들에게 한 분이시며 삼위이신 하느님의 본성에 대한 그리스도교 교리에 흥미를 갖게 하고, 그것이 그들의 일상생활과 관련이 있다고 느끼게 하기 위해서는 분명 상상력이 필요하다. 나는 여러 차례 비틀스의 노래 "All You Need Is Love"를 틀어 주며 수업을 시작하곤 했다. 물론 최근 몇 년간은 비틀스가 누구인지를 먼저 설명해야 했다. 그래도 나는 이 음악과 가사가 주는 따뜻함이 학생들의 마음을 열고 흥미를 불러일으키길 늘 바란다. 비록 종교 수업 시간에 갑자기 흘러나오는 팝송이라는 의외성 때문일지라도 말이다. 학생들을 세 명씩 한 그룹으로 묶고, 각 그룹에 노래 가사를 나누어 주거나, 파워포인트 화면에 가사를 띄운다. 그러고 나서 노래를 들려주면서 학생들에게 가사를 주의 깊게 들으면서 눈으로 따라 읽고, 그 노랫말이 무엇을 말하고 있는지, 자신에게 어떤 느낌이 드는지, 그리고 자신에게는 어떤 생각이나 반응이 일어나는지 살펴볼 것을 권한다. 이 단순한 활동만으로도 대부분의 경우, 학생들이 적극적으로 참여하도록 이끌 수 있었다.

• **활동 1_ 현재의 삶 속에서 드러나는 주제 찾아 이름 짓기:** 이 활동에서 교사는 학생들이 자신의 일상과 삶의 경험 속에서 수업의 주제와 관련된 의미를 찾아 스스로 표현하도록 격려한다. 학생들은 자신이 하는 일이나 다른 사람들이 하는 일, 자신의 감정, 생각, 또는 해석, 그리고 자신이 속한 사회문화적 환경 속에서 일어나고 있다고 느끼는 바를 교육과정의 주제와 관련해서 말할 수 있다. 이러한 표현은 다양한 소통의 방식으로 매개될 수 있다. 예를 들어 말하기, 그림 그리기, 글쓰기, 몸짓, 만들기, 디지털 매체 등 어떠한 형태도 가능하다.

비틀스의 노래를 듣고, 가사를 함께 주의 깊게 살펴본 후 교사는 학생들에게 다음과 같은 질문을 던질 수 있다. 비틀스가 이 노래에서 제안하는 사랑은 세상이 가장 절실히 필요로 하는 어떤 사랑일까? 그 노래의 메시지가 여러분의 삶과 경험, 그리고 가족, 친구, 이웃, 학교 안에서의 사랑의 실천과 연결된다고 느끼는가? 소그룹으로 이러한 질문을 중심으로 대화를 나눈 후, 전체가 함께 모여 자유롭게 생각을 나누게 한다. 이때 교사는 학생들에게 자기 삶과 확신에서 우러나오는 말을 용기 있게 표현하도록 초대한다. 동의하거나, 반대하거나, 혹은 새로운 관점을 덧붙이는 것도 모두 환영한다.

• **활동 2_ 삶/신앙의 주제에 대해 비판적으로 성찰하기:** 이 활동에서는 학생들이 활동 1에서 이름 짓고 표현했던 자기 삶의 실천을 역사적·사회문화적 맥락에서 비판적으로 성찰하도록 격려한다. 비판적 성찰은 이성, 기억, 상상력 또는 이들의 결합을 통해 이루어질 수 있으며, 학생들의 발달 단계에 따라 개인적 차원과 사회문화적 차원 모두를 포함할 수 있다. 결국, 활동 1과 활동 2는 학생들이 생성적 주제를 중심으로 자신의 이야기와 비전을 표현하는 과정 전체를 구성한다.

수업에서 삼위일체에 관한 주제를 다룰 때, 교사는 학생들과 전체 대화의 장을 열어 비틀스의 노래에 담긴 사랑의 의미와 이해 방식을 다음과 같이 비판적으로 성찰하도록 초대할 수 있다. 그 노래가 말하는 사랑은 진실한가, 혹은 피상적인가? 그들은 자신의 삶 속에서 사랑을 어떻게 경험하고 있으며, 무엇이 그들의 관점과 이해를 형성하고 있는가? 그런 다음, "세상에 필요한 것은 오직 사랑뿐이다"라는 노랫말이 정말 참된 말인지, 혹은 그렇지 않을 수도 있는지 성찰하게 하고, 만약 참이라면 그런 사랑은 구체적으로 어떤 모습일까를 상상하게 한다. 나아가 진정한 사랑의 선물과 도전, 참된 사랑과 거짓된 사랑, 지혜로운 사랑과 어리석은 사랑을 구별하는 법을 탐색하게 하며, 자신이 속한 청소년 문화와 사회적 맥락이 이러한 인식과 태도에 어떤 영향을 미치는지도 성찰하게 한다.

• **활동 3_ 그리스도교 신앙의 이야기와 비전에 접근하기:** 이 활동에서 교사의 역할은 수업의 주제와 연결되는 그리스도교 신앙의 이야기를 학생들의 삶 속에서 살아 있는 신앙(비전)의 방식으로 설득력 있게 가르치는 것이다. 학생들은 현재 다루고 있는 주제와 관련하여 그리스도교 신앙(또는 다른 신앙 전통)의 진리와 가치, 신앙의 실천, 그리고 영적 지혜에 쉽게 접근할 수 있어야 하며, 그것이 자신의 오늘의 삶과 어떻게 연결되는지를 스스로 성찰할 수 있어야 한다. 모든 위대한 신앙 이야기는 그 이야기 안에 이미 삶을 위한 비전, 곧 인간이 어떻게 살아야 하는가에 대한 초대와 지향을 담고 있다.

삼위일체 주제를 다루는 세 번째 활동은 다음과 같은 제안으로 시작할 수 있다. 그리스도교가 이해하는 하느님은 한 분이시며 삼위이신 사랑의 하느님이시다. 이 신앙의 고백은 우리가 사랑의 존재로 창조되었다는 사실과 사랑 안에서 살아가도록 부르심 받았다는 소명을 새롭게 비추어 준다. 이 가르침은 유다-그리스도교 전통의 근본 신앙, 곧 모든 인간은 하느님의 모상으로 창조되었다는 믿음과 맞닿아 있다. 인간은 사랑받기 위해, 그리고 사랑하는 존재로 살기 위해 창조되었다. 이후 교사는 이 전통적 삼위일체 교리를 현대적 언어로 새롭게 해석하여 제시할 수 있다. 곧 하느님은 당신 자신 안에서, 그리고 항상 우리를 향하여 하나이면서 삼위이신 사랑으로 존재하신다는 사실을 밝히며, 그 사랑의 모상으로서 우리 역시 그러한 사랑 안에 살도록 초대받고 있다는 점을 드러낸다. 핵심은 이 전통적인 그리스도교 교리가 오늘날 우리의 인간 됨과 관계적 삶에 제시하는 풍부한 의미를 밝히고, 우리가 그 신적 사랑을 어떻게 우리 삶 속에서 책임있게 반영할 것인지, 그 안에 담긴 가능성과 책임의 길을 함께 탐구하도록 이끄는 것이다.

• **활동 4_ 그리스도교 신앙을 삶에 적용하기:** 이 네 번째 활동은 신앙에서 다시 삶으로 돌아가는 여정의 시작이다. 이제 초점은 학생들이 그리스도교 신앙으로부터 배우거나, 혹은 그 신앙 안으로 깊이 들어가도록 돕는 데 있다. 활동 4에서 교사는 학생들이 그리스도교 신앙의 이야기와 비전 가운데 특정한 주제가 자신의 일상과 현실 속에서 어떤 의미가 있는지를 스스로 식별하고 해석하도록 격려한다. 이 과정에서 핵심적으로 요청되는 것이 바로 변증법적 해석이다. 이는 신앙을 강요하거나 설교적으로 제시하는 것이 아니라, 학생들이 자신의 통찰과 삶의 맥락에서 신앙의 의미를 발견하도록 돕는 과정이다. 따라서 교사는 학생들이 자신의 입장에서 깨닫는 통찰과 반응을 인식하고, 그중에서 자신에게 진실하다고 느끼는 것, 삶에 적용하고 싶은 것을 스스로 식별하도록 돕는 질문을 던져야 한다. 핵심은 모든 학생이 자기 분별을 통해 그리스도교 신앙의 지혜로부터 배울 수 있도록 돕는 것이다. 또한 그리스도교 배경을 가진 학생이라면, 그 신앙의 전통 안으로 더 깊이 들어가 그 신앙을 자신의 정체성과 삶의 방향으로 선택하도록 열어 주는 것이다.

삼위일체 교리를 다룬 후 교사는 학생들에게 그리스도교 신앙의 핵심 상징인 삼위일체 신비를 자신들의 삶과 연결하여 깊이 성찰하고 나누도록 초대하고, 그 영적 지혜 중 마음에 새길 것이 무엇인지 식별하도록 권유할 수 있다. 이 성찰의 중심은, 학생들이 이 상징에 대해 "스스로 깨닫게 된 것"이 무엇인지 탐색하도록 돕는 데 있다. 이를 위해 교사는 하느님께서 당신 안에서, 그리고 언제나 우리를 향해 한 분이시며 삼위이신 사랑으로 존재하신다는 교리의 의미를 분명히 제시하면서, 학생들이 그 사랑의 신비 안에서 자신들의 삶을 어떻게 참되고 진실한 사랑의 방식으로 살아갈 수 있을지 상상하도록 초대해야 한다.

• **활동 5_ 그리스도교 신앙의 빛 안에서 결단하기:** 이 활동에서 학생들은 그리스도교 신앙(또는 가르치고 있는 다른 신앙 전통)의 진리, 가치, 영적 지혜를 자신들의 삶 속에서 식별하고 결단을 내리도록 초대받는다. 주제가 무엇이냐에 따라 여기서 결단의 형태는 인지적, 정서적 또는 행동적일 수 있다. 즉 학생들은 이제 무엇을 믿을 것인지, 하느님 및 다른 사람들과 어떤 관계를 맺을 것인지, 또 어떤 가치를 품고 그에 따라 살아갈 것인지를 신앙의 빛 안에서 성찰하고 선택하도록 초대받는다.

학생들과 삼위일체 주제를 다룰 때, 나는 종종 활동 5를 비틀스의 노래를 다시 한번 들려주는 것으로 시작하곤 한다. 그리고 학생들에게, 사랑의 의미를 조금 더 깊고 풍요로운 차원에서 바라보게 하면서, '사랑이야말로 우리가 필요로 하는 전부'라는 비틀스의 말이 정말 옳은 것인지를 묻는다. 그런 다음 학생들을 다시 세 명씩 그룹으로 나누고, 잠시 시간을 주어 새롭게 떠오른 생각이나 결단을 돌아보고 나누게 한다. 그것은 하느님을 삼위일체적 사랑으로 이해하게 된 새로운 통찰, 그리고 그 사랑이 자신의 삶에서 무엇을 의미하는지에 대한 성찰일 수 있다. 나는 종종 과제를 내주기도 하는데, 예를 들자면, 그리스도교의 삼위일체 교리에 대한 자신들의 현재 이해와 그 속에서 새롭게 인식하거나 신앙의 삶으로 초대받은 내용을 두 줄 간격의 한 페이지 분량으로 정리해 오도록 하는 것이다.

몇 가지 추가적인 예시를 들기 전에, 먼저 유념해야 할 몇 가지 실천 원칙을 강조하고자 한다. 학생들이 종교적으로 다양한 배경을 지닌 집단일 경우, 교사는 특정 신앙 전통을 가르칠 때 규범적 언어가 아니라 서술적 언어를 사용해야 한다. 예를 들어, "우리는 예수 그리스도를 믿는다" 또는 "**우리는** 칠성사를 거행한다"라고 말하기보다는 "그리스도인들은 예수 그리스도를 믿는다" 또는 "가톨릭교회는 칠성사를 거행한다"라고 말해야 한다. 이는 모든 학생이 동일한 신앙 정체성을 지녔다고 전제하지 않기 위함이다. 그러나 교리 교육의 맥락에서는 이러한 '우리의 믿음'을 고백하는 언어를 사용하는 것이 온전히 자연스럽고 적절하다.

나는 종종 고등학교의 종교 교사들이나 대학의 신학 교수들로부터 이 접근방식을 사용할 때 학생들을 어떻게 "평가"해야 하는지 질문을 받는다. 학교에서는 보통 이러한 평가가 요구되지만, 본당 교리 교육에서는 그렇지 않다. 이 접근방식에서 평가의 핵심은 이해(understanding), **인식**(recognition), **초대**(invitation)라는 세 가지 개념에 있다. 이 세 요소는 로너건이 제시한 인식의 역동, 즉 데이터에 주의를 기울이고, 이해하며, 그에 대해 판단하고 결단하는 과정을 반영한다. 교사는 학생이 배운 내용을 자신의 언어로 표현할 수 있는가를 통해 이해의 깊이를 평가할 수 있다.

그리고 학생의 판단과 결단도 평가할 수 있다. 단, (학생들은 자신들의 의견을 가질 진정한 권리가 있기에) 그 내용 자체를 평가하는 것이 아니라, 그 판단과 결단을 얼마나 성실하고 진지하게 수행했는가를 평가해야 한다.

예를 들어, 나는 학부생들에게 토마스 아퀴나스의 인간론에 대해 가르친 뒤, 시험 혹은 에세이 문제를 이렇게 제시하곤 했다. 먼저 학생들에게 자신의 언어로 아퀴나스의 인간학을 어떻게 이해했는지를 설명하라고 요구한다. 이 부분은 분명히 평가할 수 있다. 그리고 다음으로, 그들이 아퀴나스의 견해에 동의하는지 여부, 그리고 그의 인간학으로부터 자신의 삶에 적용할 수 있는 통찰이 무엇인지를 질문한다. 이 부분은 학생의 의견 그 자체를 평가하는 것이 아니라, 그 질문을 얼마나 진지하고 성찰적으로 다루었는가를 평가하는 것이다.

내 경험과 여러 동료 교사들의 증언을 덧붙이자면, 이 교육 방식은 매우 논리적이면서도 점진적으로 축적되는 구조를 지니고 있다. 조금의 상상력만 더한다면 누구나 쉽게 현장에 적용할 수 있으며, 실천을 거듭하다 보면, 이 방식은 아퀴나스가 말한 아비투스(*habitus*), 곧 성찰적 사고를 바탕으로 한 가르침의 습관으로 자리 잡게 된다. 그렇지만 내가 평생, 이 접근방식을 실천해 온 지금까지도, 그 과정은 언제나 새로우며, 결코 예상한 대로만 흘러가지는 않는다. 그것은 아마도 이 방식이 학생 한 사람 한 사람을 **인간 그 자체**로 존중하기 때문일 것이다.

다시 강조하지만, 이 활동들은 매우 유연하며, 그 순서는 다양하게 바뀔 수가 있다. 예를 들어, 나는 종종 학생들의 관심을 끌기 위해 활동 3에서 출발한 다음, 활동 1과 2로 돌아가 학생들의 경험을 다루고, 다시 활동 3으로 돌아와 내용을 더욱 심화된 이해로 이끌어 간다. 마찬가지로, 학생들이 무엇을, 어떻게 듣고 있으며, 어떤 의미로 받아들이는가를 확인하는 활동 4의 질문을 던진 뒤, 다시 활동 3으로 돌아가 추가적인 설명을 덧붙이기도 한다. 실제 수업에서는 활동 4와 활동 5가 자연스럽게 결합되는 경우가 많으며, 그 과정에서 활동 1, 2, 3의 내용이 되살아나고 새로운 맥락 속에서 재조명되기도 한다. 또한 실제 교육 상황에서는 이 다섯 활동이 서로 결합되거나, 시간적 간격을 두고 여러 차례에 걸쳐 진행될 수도 있다. 예를 들어, 나는 집중 활동과 다섯 활동 전체를 75분 수업 3회로 구성된 일주일 과정에 걸쳐 진행한 적도 있다. 그럼 이제 다음 예시로 넘어가 보자!

▌본당 프로그램의 예시 ▌

내가 10~12세 어린이를 대상으로 하는 본당 교리 교육 프로그램을 진행할 때, 가장 좋아하는 수업 가운데 하나는 교리 교육 교재에 있는 "예수님은 나의 친구"라는 제목의 수업이다. 이 수업은 가톨릭 신앙의 형성과 성장을 목표로 하는 신앙 고백적이고 교리 교육적 맥락에서 진행되지만, 그 안에서도 아이들이 스스로 선택하고 분별할 수 있는 자유를 존중한다. 팀티칭을 하는 교사와 협력하여 내가 보통 어떤 흐름으로 수업을 진행해 왔는지를 간략히 나누고자 한다.

일요일 오전 55분으로 제한된 수업 시간 안에서, 우리는 수업의 핵심 주제를 이렇게 열어 간다. 먼저, 다정한 미소를 짓는 친근한 표정의 예수님께서 어린이들에게 둘러싸여 함께 있는 큰 그림을 보여 주며, 아이들에게 그림을 자세히 살펴보고 즐기도록 유도한 다음 이렇게 말한다. “오늘 우리는 여러분이 평생 만나게 될 최고의 친구, 무슨 일이 있어도 언제나 여러분 곁에 있어 주실 그분에 대해 배워 볼 거예요. 그분의 이름은 예수님이랍니다.” 이렇게 시작하면 아이들의 눈빛이 반짝이고, 대부분 자연스럽게 집중하며 흥미를 갖는다.

• **활동 1_ 현재의 삶 안에서 주제 탐색:** 우리는 먼저 아이들에게 이렇게 묻는다. “얘들아, 진짜 친구가 된다는 건 어떤 의미일까?” 그런 다음, 아이들에게 자신이 좋은 친구라고 생각하는 사람 한 명을 떠올려 보도록 초대하고, 종이와 색연필을 나누어 주며, 그 친구의 모습을 그리거나 표현해 보자고 한다. 이후, 아이들이 원한다면 자신이 그린 그림을 공유하고 그 친구에 관한 이야기를 들려주도록 권한다. 많은 아이가 기꺼이 그렇게 한다.

• **활동 2_ 주제에 대한 비판적 성찰:** 이제 다음과 같은 질문을 던지며 아이들에게 조금 더 깊이 생각해 보도록 초대한다. “친구가 된다는 건 무엇을 의미할까?” “누군가가 좋은 친구인지 어떻게 알 수 있을까?” “인생에서 친구가 필요한 이유는 무엇일까?” “좋은 친구를 사귀면 어떤 기쁨이 있을까?” “친구 관계에는 어떤 요구가 따를까?” “가장 좋은 친구란 어떤 친구일까?” 그리고 자연스럽게 활동 3으로 이어지도록 이렇게 질문한다. “예수님을 친구라고 생각해 본 적이 있니?” “예수님은 여러분에게 어떤 친구가 되어 주실까?”

• **활동 3_ 그리스도교 신앙의 이야기와 비전:** 우리는 아이들을 원형으로 둘러앉게 하고, 다시 한번 친근한 모습의 예수님 그림에 시선을 모은다. 그런 다음, 예수님께서 어린이들에게 보여 주신 특별한 사랑과 환대의 이야기를 들려준다. 이 이야기는 공관

복음 세 권 모두에 반복해서 등장한다. 우리는 말로 그림을 그리듯 장면을 묘사하며, 아이들이 그 광경을 상상으로 떠올리도록 초대한다. 즉 예수님께 축복을 받게 하려고 부모들이 아이들을 데리고 군중의 무리를 뚫고 나아가는 모습, 제자들이 아이들을 막아 세우는 장면, 그리고 예수님께서 "아이들이 나에게 오는 것을 막지 말라" 단호히 말씀하시는 장면. 예수님께서는 하느님 나라가 아이들에게 속해 있다고 말씀하시며, 어른들이 그 나라에 들어가려면 어린이처럼 되어야 한다고 강조하셨다. 이어서 예수님은 아이들을 향한 사랑의 표시로 그들을 품에 안고 축복해 주셨다. 이야기를 마친 후, 교사는 아이들에게 예수님이 지금 그들에게 어떤 친구이신지, 그리고 아이들이 예수님의 친구로 산다는 것이 무엇을 뜻하는지 좀 더 생각해 보도록 이끈다(비전).

• **활동 4_ 그리스도교 신앙을 삶에 적용하기:** 아이들과 함께 다음과 같은 질문을 중심으로 대화를 나눈다. "얘들아, 예수님이 정말 너희의 친구가 되실 수 있을까? 그렇다면, 그건 예수님이 어떤 분이라는 걸 말해 주는 걸까? 그리고 너희에 대해서는 뭘 말해 주는 걸까? 예수님은 어떤 친구이실까? 여러분은 어떻게 예수님과 친구가 될 수 있을까? 예수님의 친구로 사는 것에 있어 어려움은 없을까? 사람들은 너희가 예수님의 친구라는 것을 어떻게 알 수 있을까?"

• **활동 5_ 신앙의 결단 내리기:** 수업 시간이 거의 다 되었을 무렵, 우리는 아이들에게 결심을 하도록 초대하고, 그 내용을 노트에 적게 한다. "이번 주에 내가 예수님의 친구임을 보여 주기 위해 노력할 한 가지 일." 아이들이 원하면, 자신의 결심을 다른 친구들과 나누도록 초대한다. 많은 아이가 그렇게 한다.

▌세계 종교 수업의 예시▐

이제 좀 더 간단히, 가톨릭 대학의 세계 종교 과목에서 이슬람교의 자카트(곤궁한 이들을 돌보는 자선의 실천)를 주제로 한 수업을 상상해 보자. 내 수업의 맥락에서는 대부분의 학생이 무슬림이 아니므로, 수업은 활동 3의 방식을 조금 빌려 이슬람의 다섯 기둥 가운데 하나인 자카트의 개념과 의미를 짧고 명료하게 소개하는 것에서 출발할 수 있다. 이어, 전 세계 무슬림이 이 풍요로운 가르침을 어떻게 삶 속에서 구체적으로 실천하고 있는지를 간략히 요약해 제시한다. 이 과정의 핵심은 이 주제가 신앙의 차이를 넘어 모든 학생에게 흥미롭고 의미 있는 주제로 다가오도록 구성하는 것이다.

그런 다음, 수업은 세계의 빈곤 현실, 그리고 우리 지역 사회의 빈곤에 초점을 맞출 수 있다. 이때, 몇 가지 통계자료나 짧은 다큐멘터리, 또는 빈곤에 대한 개인적 경험 등을 활용할 수 있다. 활동 1과 활동 2에서는 학생들이 자신의 삶, 사회, 그리고 세계 안의 다양한 빈곤 현실을 바라보고, 이름 붙이며, 그러한 고통과 불의의 원인과 결과를 비판적으로 성찰하도록 이끈다. 그리고 나아가, 이러한 현실 속에서 학생들이 무엇을, 어떻게 할 수 있을지 함께 상상해 보도록 격려할 수 있다.

활동 3에서는 무슬림의 자카트 전통을 설득력 있게 가르친다. 자카트는 단순한 자선이 아니라, 하느님의 섭리에 대한 신뢰와 의탁의 정신을 일깨우는 깊은 영적 실천이다. 그 실천은 하느님께 받은 모든 것이 은총임을 인정하면서 그 감사의 응답으로 가장 도움이 필요한 이들에게 자신의 몫을 기꺼이 나누는 관대함으로 표현하도록 이끈다. 이슬람 신앙에서 알라에 대한 믿음은 자카트의 실천을 요구한다(비전).

활동 4와 활동 5에서는 학생들에게 자카트의 정신이 어떻게 그들의 삶과 세상의 다양한 빈곤에 대응하도록 영감을 줄 수 있는지 식별하고 결단하도록 초대할 수 있다. 그리스도교 학생들에게는 이 풍부한 영적 실천에서 배움과 통찰을 얻고, 자신들의 전통(예: 산상수훈, 최후 심판에 관한 가르침, 영적·육체적 자비의 실천)에서 그 울림을 발견하도록 격려할 수 있다. 무슬림 학생들에게는 앞으로의 삶 속에서 자카트를 자신의 신앙과 실천안에서 구체적으로 살아 내겠다는 개인적 결심을 하도록 초대할 수 있다.

성찰과 대화를 위해

- "삶에서 신앙으로, 다시 삶으로"라는 종교 교육의 접근방식에 대해 당신은 어떻게 생각하는가? 당신의 교육 실천 속에 이 접근방식 또는 일부 요소를 적용해 볼 수 있다고 생각하는가?
- 당신의 학교나 본당 공동체에서 효과적인 종교 교육을 실천하는 데 따르는 도전과 어려움에는 어떤 것이 있는가? 이 접근방식이 그러한 도전과 어려움을 해결하는 데 어떻게 도움이 될 수 있을까?

가톨릭 교육을 위하여

종교 교육을 교육과정의 필수적 요소로 포함할 자유와 사명은 가톨릭 학교를 특별히 구별 짓는 특징이다. 학교를 '가톨릭 학교'라고 부르는 것만으로도 그 학교가 신앙으로부터 출발하고, 신앙을 위한 교육을 제공한다는 것을 의미하며, 곧 신앙의 영적 토대 위에서 신앙을 실제로 살아 내게 하는 교육을 펼친다는 것을 드러낸다. 이러한 교육은 신앙의 확신에서 비롯되고 그 확신에 의해 형성되는 교육이며, 학생들이 세상 안에서 신앙의 관점을 가지고 삶을 살아가도록 격려한다. 여러 차례 강조해 왔듯, 최소한 이것은 학생들이 자신들의 삶을 자비로우신 하느님, 곧 그들의 삶 안에서 끊임없이 은총을 베풀어 주시는 사랑의 하느님이라는 초월적 지평을 향해 살아가도록 초대하는 것을 의미한다.

모든 가톨릭 학교가 학문적 탁월성을 추구하는 것은 당연하고도 정당한 기대이다. 그러나 가톨릭 학교의 교육은 신앙에 기초한 교육, 즉 도덕성 형성과 더불어, 삶의 깊은 의미와 목적을 발견하도록 이끄는 영적 토대 위의 교육을 지향한다. 이러한 교육은 "개인"의 성공을 넘어 공동선을 위한 봉사와 헌신으로 이어지도록 학생들을 이끈다. 이러한 교육적 근거와 목적을 지니기에, 가톨릭 학교의 종교 교육 교육과정은 학교 전체의 신앙적 성격과 영적 토대를 드러내는 핵심적 과목이자 중심축이 되어야 한다. 또한 가톨릭 학교의 종교 교육 교육과정은 "다른 학문 분야와 마찬가지로 학문적으로 엄격하고 체계적"이어야 한다(『교리 교육 지침』 315항).

그러나 사실을 말하자면, 종교 교육이 가톨릭 학교의 중심에 서 있는 경우는 그리 많지 않다. 그 이유는 다양한데, 무엇보다 종교 교육 교육과정을 효과적으로 가르칠 만큼 충분히 준비되고 양성된 교사들이 부족하기 때문이다. 예를 들어, 미국의 가톨릭 학교에서는 수학이나 사회과 교사의 약 90%가 해당 분야 전공 배경을 가지고 있지만, 종교 교육 교사 중 동일한 수준의 전문성을 지닌 경우는 약 10%에 불과하다. 또한 정부가 지정한 표준화 시험의 학습 목표나 일정을 맞추어야 하는 압박 속에서 종교 교육 교육과정이 종종 생략되거나 후순위로 밀리는 일도 발생한다.

또한, 오늘날 전 세계적으로 학생 구성이 종교적으로 다양해지는 현실 속에서, 가톨릭 학교들이 직면한 가장 큰 과제는 가톨릭 학생들에게 가톨릭 정체성을 길러 주면서도, 종교적 다양성을 존중하고 비가톨릭 학생들에게 신앙을 강요하지 않는 학교 전체 차원의 교육과정을 어떻게 마련할 것인가 하는 문제이다. 이처럼 종교적 다양성을 지닌 학생들에게 적절한 종교 교육을 제공하는 일은 그만큼 복잡하고 세심한 접근을 요구하지만, 나는 이 책에서 제시한 '공유된 그리스도교(또는 무슬림, 유다교 등) 프락시스' 접근방식, 또는 좀 더 친근한 표현인 "삶에서 신앙으로, 다시 삶으로" 방식을 통해 그 해결을 위한 하나의 길을 제시했기를 바란다.

분명히, 예수님의 교육 방식을 반영하고 가톨릭 지성 전통에서 영감을 받은 가톨릭 교육은 학생들의 개인적 삶과 공적 영역에 엄청난 자산이 될 수 있으며, 모든 이의 공동선을 위해 크게 봉사할 수 있다. 강력한 종교 교육 교육과정을 갖춘 가톨릭 교육은 이 세속화된 시대에 그 어느 때보다 절실히 필요하다. 나는 그러한 가톨릭 교육이 준비되어 있으며 새롭게 꽃필 수 있다고 믿는다.

가톨릭 교육자로서 자신의 소명을 새롭게 하기

가톨릭 학교의 모든 교사가 종교 교육을 담당하는 것은 아니지만, 모든 가톨릭 교사는 학교의 신앙적 분위기를 형성하는 일에 참여할 수 있다. 각자의 전공 분야나 교육적 역할이 무엇이든, 가톨릭 교육자는 학생들의 신앙과 영적 삶을 길러 주고, 그들의 지성과 영성을 함께 성장시키며, 인격 형성을 돕는 질문을 던지고 자원을 제공함으로써 가톨릭 학교의 사명에 동참할 수 있다.

❙교사의 영혼을 위하여❙ 신앙에 관해서는, 고대 지혜인 "누구도 자신이 가지지 못한 것을 줄 수 없다"(nemo dat quod non habet)라는 말이 참으로 사실이다. 그러므로 교육자로서 우리는 삶의 여정 속에서 끊임없이 자신의 신앙을 돌보고 가꾸어나가야 한다. 우리 자신의 신앙이 성장하지 않으면 우리는 다른 사람의 신앙 여정을 이끌거나 후원하기 어렵다. 이러한 신앙의 꾸준한 자기 성장을 위해서는 우리 자신의 영적 습관과 실천이 필요하다.

- 당신의 신앙 여정은 현재 어디쯤 있다고 생각하는가? 당신은 신앙에 기반하고 영적 토대를 가진 교육에 참여하는 것에 편안함을 느끼는가? 그 여정 속에서 당신이 체험하는 은총과 축복은 무엇이며, 동시에 어떤 도전과 한계를 느끼는가?
- 현재 당신의 신앙 여정에 도움이 되는 실천들에는 어떤 것들이 있는가? 그 실천들을 더 깊이 성장시키거나, 혹은 새롭고 더 효과적인 형태로 발전시킬 방법은 무엇이라고 생각하는가?

❙가르침을 위하여❙ 공유된 프락시스 접근방식은 본래 그리스도

교 신앙 교육을 위한 교수법으로 만들어졌지만, 다른 학문 분야에도 적용할 수 있다. 이에 대해서는 뒤의 후기(Postlude)에서 더 자세히 다루겠지만 지금은 상상만 해보자! 예를 들어, 역사 수업을 진행한다고 했을 때, 학생들이 먼저 자신이 살아가는 현실 속 주제 가운데 그 시대의 역사에 맞닿아 있는 삶의 문제들을 성찰하고, 그다음 그 시대의 역사적 사실과 자료들을 배우며, 마지막으로 그 역사로부터 오늘의 삶과 사회를 위해 배울 수 있는 통찰을 식별하도록 하는 것이다. 이러한 교수법을 통해 학생들은 단순히 역사에 대해 배우는 데 그치지 않고 역사로부터 배울 수 있을 것이다. 그렇다면 여러분이 가르치는 교과에서는 어떻게 적용할 수 있을까?

- 당신은 종교 과목이 아닌 다른 교과에서도 이 교수법의 일부 원리나 방식을 활용해 볼 수 있다고 생각하는가? 그렇게 적용하려면 어떤 준비와 수업 계획이 필요할까?
- 이러한 교수법이 당신의 전공 교과에 주는 장점과 가능성, 그리고 어려움이나 한계는 무엇이라고 생각하는가?

▌교육 공간을 위하여▐ 우리는 가르침을 말하는 것으로 생각하는 데 너무 익숙해져 있어서, 다른 방식의 교육에 충분히 훈련된 교사들조차도 때때로 그 익숙한 방식으로 되돌아가려는 유혹을 받는다. 그러나 가르침을 본질적으로 **대화로 이루어지는 만남**으로 이해하고, 교실과 학교 전체를 서로 배우고 나누는 대화의 공동체로 만들어 간다는 것은 결코 간단한 일이 아니다.

- 당신이 가르치는 교실과 학교 공동체 안에서, 대화의 문화와 대화의 질을 더욱 깊게 발전시켜 나갈 방법에는 무엇이 있겠

는가?

- 좋은 대화가 이루어지기 위한 요건들에는 무엇이 있겠는가? 그 가운데 당장 실천할 수 있는 한 가지를 선택해 보라(예: 흥미로운 질문 던지기, 주의 깊게 경청하기 등).

/후/기/

가톨릭 교육학의 씨앗들

이 후기의 목적은, 지금까지의 모든 논의를 바탕으로 무엇이 진정한 **가톨릭 교육학**이라 할 수 있는지를 모색하는 데 있다. 이것은 우리에게 가르침의 **예술**이 가톨릭적으로 일관되게 실천되는 모습을 상상하도록 초대한다. 덧붙여 말하자면, 좋은 가르침은 단순한 기술이 아니라 언제나 고도의 예술이다.

이 책 전반에 걸쳐, 특히 예수님의 교육학에서 출발하여 가톨릭 지성 전통의 유산을 바탕으로, 나는 이 섬세한 가르침의 예술이 지니는 여러 함의들을 제시해 왔다. 제10장에서는 특히 **종교** 교육을 위한 교수법을 제안하였다. 그렇다면, 지금까지 살펴본 이 모든 원천이 전체 교육과정, 즉 모든 교과 영역에 스며들 수 있는 가톨릭 교육학의 고유한 씨앗들을 우리에게 제시하고 있는 것은 아닐까? 나는 **접근방식**(approach)이라는 말을 강조한다. 왜냐하면 교육학은 가르치는 방법들을 포함하지만, 그것을 훨씬 넘어서는 것이기 때문이다. 궁극적으로 이것은 참여형 교수-학습의 역동성을 촉진하기 위해 사람들과 **함께 존재하는** 방식이며, 우리가 앞에서 살펴본 엠마오로 가는 길에서 제자들과 동행한 낯선이의 **동행하는** 방식과 같은 것이기도 하다. 학생들과 **함께 존재하는** 방식이자 하나의 예술로서 가톨릭 교육학은 다양한 형태와 모델로 구체화될 수 있다.

여기에서 우리는 1972년에 최초로 출판되었고 2018년에 제9판이 나온 고전적 저서, 브루스 조이스(Bruce Joyce)와 마샤 웨일(Marsha Weil)의 『교수 모형』(*Models of Teaching*)을 떠올릴 수 있다. 이 책은 20가지가 넘는 다양한 교수 방법을 소개한다. 예를 들어, 학문 교과를 체계적으로 가르치기 위한 "선행 조직자 모형"(무엇을 가르칠 것인지 말하고, 그것을 가르친 다음, 가르친 내용을 다시 정리하라), 혹은 사회과 수업에서 사용하기 위한 "탐구 모형"(학생들이 스스로 질문을 만들고, 데이터를 수집하며, 사회적 관계를 분석해 스스로 결론에 이르는 방법) 등이 있다. 가톨릭 학교에서 어떤 교수 모형이나 방법이 사용되든, 그것은 반드시 학교의 가치와 영적 토대를 반영하는 포괄적이고 일관된 **접근**, 곧 예술적 교육학 안에서 이루어져야 한다.

따라서 가톨릭 교육학이란 가톨릭 교육을 규정하는 핵심적인 영적 토대를 반영하고, 그러한 신념을 가르침과 배움의 대화 안에서 구현하기 위해 일관된 교육적 활동(movements)을 실행하는 것을 말한다. 내가 제안하는 이러한 신념과 교육적 활동들은 이 책의 서문과 10개의 장 전체에 제시된 원리들에 기반을 두고 있지만, 이제 그 초점은 가톨릭 교육 전체에 스며들어 있어야 하는 교육학 그 자체에 정확히 맞추어져 있다. 이 교육학은 가톨릭 학교의 교사들이 어떻게 가르치고, 학생들이 어떻게 배우는지를 형성하며, 그 영향은 교육과정 전체에 미친다.

우리는 가톨릭 교육학을 형성하기 위해 앞선 장들에서 무엇을 끌어낼지를 선별적으로 선택할 필요가 있다. 예상할 수 있듯이, 우리가 각 장에서 강조한 핵심적 특징들은 다른 장들 속에서도 반복되어 언급되고 있다. 이제 나는 각 장의 흐름을 따라 가톨릭 교육학을 특징짓는 **핵심적** 헌신들을 다시 살펴본 후, 그 헌신들이 요청하는 구체적인 교육학적 **활동들**을 제안하려 한다. 이 모든 과정에서 나는 언제나 주입식 교육이 아닌 대화라는 포괄적인 역동성을 우선시할 것이다.

가톨릭 교육학의 핵심적 헌신들

▎서문▎ 가톨릭 학교는 무엇보다 그 영적 토대와 신앙에 기초한 교육을 실현한다는 공적 정체성에 진정으로 헌신해야 한다. 이러한 정체성에 대한 학교의 증언은 그 학교가 지니는 교육학의 필수적 요소이다. 가톨릭 학교는 단지 '좋은 가톨릭 학교로 존재하는 것만으로도' 이미 학생들에게 많은 것을 가르친다. 이를 위해 가톨릭 학교는 자신이 가톨릭 신앙에 뿌리를 둔 교육 공동체임을 명확히 드러내고, 모든 이가 신앙의 관점에서 삶을 성찰하며, 그 안에서 삶의 의미를 발견하고 자신과 타인을 위한 선한 삶을 살아가도록 이끄는, 은총의 초월적 지평을 제시하는 명확한 사명 선언문을 가져야 한다.

이러한 관점에서 가톨릭 학교의 교장은 그 명칭이 무엇이든 영적 지도자가 되어야 한다. 그는 학교의 신앙적 비전과 영적 토대를 분명히 인식하고, 이를 함께 실현해 나가는 헌신적인 교직원 공동체의 지지를 받아야 한다. 그리고 헌신적인 교직원들은 학교의 영적 토대를 분명히 설명하고, 다른 이들이 이를 기꺼이 받아들이도록 격려하며, 학교의 가톨릭 정체성의 수호자로서 그 사명을 살아가야 한다. 따라서 신앙에 기초하고 영적으로 뿌리내린 교육과정은 누구에게도 낯설거나 뜻밖의 일이 되어서는 안 된다. 오히려 그러한 교육과정은 학교 구성원 전체 — 지도자와 행정가, 교사와 직원, 학생과 학부모 — 에게 명시적으로 제시되고, 공동으로 수용되어야 한다.

▎예수 그리스도 (제1장)▎ 예수님을 가톨릭 교육의 **중심**에 두는 관점에서, 나는 세 가지 핵심적인 교육학적 헌신을 제시하고자 한다. 이러한 헌신들은 시대를 넘어, 그리고 이 책 전체를 통해 끊임없이 이야기해 온 주제이기도 하다. 첫째, 가톨릭 교육학은 모든 학습자의 개인적 주체성을 신뢰하고, 이를 길러 주어야 한다. 이는 각 사람이 하느님께서 주신 고유한 은사와 배움의 능력을 지니고 있으며, 그 안에서 인간으로 성장하고 성숙해지며, 하느님 나라를 향한 삶 속에서 풍요롭게 피어날 수 있다는 확신에 근거한다. “교육은 물통을 채우는 것이 아니라 불을 밝히는 것이다”라는 유명한 말이 있다. 하느님 나라를 위한 사람들의 주체적 가능성을 확신하신 예수님께서는 분명히 “아멘!”이라고 말씀하셨을 것이다.

둘째, 다시 예수님의 교육학을 반영하여, 가톨릭 교육은 학생들을 가르침과 배움의 역동성에 적극적으로 참여시키고 그들로

하여금 스스로 **보고 듣고 깨달으면서** 올바른 결정을 내릴 수 있도록 격려해야 한다. 예수님께서는 이러한 교육학을 사람들의 실제 삶과 구체적 경험 속에서 시작하셨고, 그들이 그 안에서 스스로 성찰하도록 초대하셨다. 복음서에 따르면, 예수님께서는 무려 300번이 넘는 질문을 던지셨고, 사람들이 자신만의 질문을 스스로 제기하도록 기꺼이 허락하셨다. 그 질문 중에는, "스승님, 제가 무엇을 해야 영원한 생명을 받을 수 있습니까?"(루카 10,25)와 같은 궁극적인 물음도 있었다. 예수님께서 그러했듯이, 교사가 던지는 좋은 질문이나 학생들이 스스로 품게 되는 깊은 물음은 지식과 삶의 지혜를 일깨우는 가장 중요한 자극이 된다. 이러한 질문들은 학생들이 자신의 인식과 결정을 스스로 형성하도록 이끄는 데 필수적이다.

셋째, 예수님의 가르침에서 보듯, 가톨릭 교육학은 학생들에게 그들 자신과 세상을 향한 위대한 이상과 희망을 제시해야 한다. 가톨릭 교육이 무엇을, 그리고 어떻게 가르치는가는 단순한 공상이나 순진한 낙관이 아니라, 학생들의 가장 고귀한 희망을 일깨우고 그 실현에 스스로 참여하도록 영감을 주는 비전의 자원이어야 한다. 우리는 젊은이들의 꿈에 그들 자신을 위해, 타인을 위해, 그리고 모든 피조물을 위해 살아갈 지평을 열어 주어야 하고, 작은 씨앗 하나에도 큰 가능성과 희망이 담겨 있음을 신뢰해야 한다. 또한 학생들이 희망과 사랑 안에서 살아 있는 신앙을 **살도록** 격려하면서, 그 모든 것을 통해 하느님 나라가 실현되도록 가르쳐야 한다.

❚ 부활하신 예수 그리스도 (제2장) ❚ 예수님의 부활은 학생들에게

"하느님 은총의 도우심"에 대한 깊은 신뢰와 함께, 특히 선을 행할 수 있는 학생들의 능동적 주체성을 북돋는 교육학을 요구한다. 이러한 목적을 위하여, 가톨릭 교육학은 학생들의 성사적 의식을 일깨워서, 그들의 삶에서 활동하시는 하느님 은총의 손길을 알아차리고 그 은총에 자유롭고 능동적으로 응답하는 법을 배우도록 해야 한다. 사실, 우리의 가르침은 학생들에게 그들이 삶에서 시도하는 모든 선한 일이 하느님의 은총으로 시작되고 또한 그 은총으로 지속됨을 깨닫게 해야 한다. 그러나 그것은 "값싼" 은총이 아니라, 인간으로 하여금 하느님과 인간이 맺은 계약에 능동적으로 참여하도록 힘을 부여하는 은총이다. 그리고 우리가 학생들 안의 선한 가능성과 은사를 일깨우는 이러한 교육학을 실천할 때, 우리의 교육적 노력 또한 하느님 은총의 작용으로 더욱 깊고 풍성한 열매를 맺을 것이다.

▌『디다케』 (제3장 a) ▌ 초대 교회 시기에, 교회가 일반 교육을 후원해야 하는가를 두고 벌인 논쟁의 결론은, 오늘의 가톨릭 교육자들에게, 지금도 그리고 언제나, 그들의 가르침이 구원의 일, 곧 학생과 사회를 위한 하느님의 구원 활동임을 일깨워 준다. 이 확신이야말로 초대 교회가 예수 그리스도를 통한 하느님의 해방적 구원의 일부로서 일반 교육을 적극적으로 후원하게 된 이유였다. 나아가 모든 가톨릭 교육은 시대를 넘어 이어져 온 가톨릭 지성 전통의 조화로운 연대를 반영해야 한다. 곧 신앙과 이성, 과학과 계시, 학문과 인격 형성, 사상과 가치 등의 상호 보완적 통합의 정신을 구현해야 한다.

『디다케』는 이러한 해방적이고 구원적인 교육의 핵심이, 죽

음의 길이 아니라 **생명의 길**, 즉 가장 큰 계명에 요약된 바와 같이 사람들이 자기 자신과 타인 모두에게 참으로 생명을 주는 삶의 방식을 받아들이도록 격려하는 교육학을 세워 나가는 데 있다고 명확히 권고한다. 그리고 우리가 그러한 '생명의 길'의 이상을 제시할 때도 인간의 한계에 대해 현실적으로 인식해야 하며, 『디다케』가 조언하듯이 언제나 학생들에게 "할 수 있는 최선을 다하라"라고 끊임없이 격려해야 한다.

❙ 아우구스티누스 (제3장 b) ❙ 아우구스티누스는 우리로 하여금 영혼을 지닌 인간으로서 학생들 안에 깃들어 있는 **삶의 지혜**의 잠재력을 이끌어 내고 일깨우는 방식으로 가르치도록 영감을 준다. 우리의 가르침은 학생들이 자신 안에 이미 존재하는 "내면의 지혜"에 귀를 기울이도록 격려해야 한다. 때로는 "너는 어떻게 생각하니?"와 같은 단순한 질문 하나가 그 경청의 문을 열 수 있다. 아우구스티누스는 학생들이 자신 안의 목소리에 진지하게 귀를 기울일 때, 그들은 마침내 하느님께서 자신을 사랑하신다는 사실, 곧 **삶의 궁극적 진리를** 깨닫게 될 것이라고 조언한다.

또한 우리는 아우구스티누스의 훌륭한 교육 실천들로부터 영감을 받을 수 있다. 그는 학생들에게 정서적·신체적·심미적으로 긍정적이고 환영하는 환경을 제공해야 할 필요성을 강조했고, 교사의 설명은 명료해야 하며, 학생들이 전통의 자원에 쉽게 접근할 수 있도록 해야 함을 권고했다. 또한 학생들의 필요를 존중하고, 그들의 재능을 이끌어 내며, 이미 알고 있는 것을 바탕으로 학습을 확장해야 한다고 조언했다. 아우구스티누스가 제시한 두 가지 흥미로운 조언도 있다. 첫째는 오후에는 새로운 것을 가르치려 하지 말라는 것이고, 둘째는 교사로서 항상 우리 안에 **쾌활함**(**힐라리타스**, *hilaritas*)을 유지하라는 것이었다. 그가 말한 힐라리타스는 아마도 가르침에 대한 **열정**을 의미했을 것이다. 그러나 나는 그것을 즐거움과 유쾌함이 깃든 마음으로 이해하고 싶다. 그런 즐거움은 학생들에게도 전염되는 감정이 될 것이기 때문이다.

▎베네딕토 (제3장 c) ▎ 베네딕토는 학생들의 영혼 그 자체와 소통하는 교육학을 권고한다. 다시 말해, 학생들로 하여금 자신들의 감정과 느낌을 인식하고 표현하게 하고, 그들의 희망과 두려움, 기쁨과 슬픔을 통해 배우도록 초대하며, 자기 마음의 소리를 경청하고, 감동을 식별하도록 이끌라는 것이다. 영적 앎에 대한 우리의 잠재력 대부분은 우리 자신의 이야기와 비전, 즉 우리가 살아 내는 인생의 서사와 미래를 향한 우리의 희망 속에서 자라난다. 따라서, 교사는 학생들의 사생활을 존중하면서도, 그들이 일상의 경험과 영혼의 움직임에서 솟아나는 내적 지혜를 스스로 인식하고 나눌 수 있도록 초대해야 한다.

이어서, 우리는 학생들이 삶의 온전함과 진실성으로서의 거룩함(holiness)을 추구하도록, 그들이 자신 안에서 가장 좋은 모습으로 성장하도록, 그리고 모든 이를 위한 공동선에 기여하도록 초대하는 방식으로 가르쳐야 한다. 이것이 바로 베네딕토회 **규칙**의 근본 영성이었다. 가톨릭 교육자는 편협한 종파주의에 맞서, 모든 학생에게 가톨릭의 보편적 감수성, 곧 모든 사람을 환영하고, 차이와 다양성에 열린 마음을 갖도록 격려해야 한다. 현대의 위대한 유다인 철학자인 에마뉘엘 레비나스(Emmanul Levinas, 1906~95)는 우리는 '낯선 이'(the other)의 얼굴에서 '절대적 타자'(the Other)[27]의 얼굴을 보아야 한다고 주장했다. 베네딕토가 방문자를 예수님처럼 맞이하라고 한 가르침은 바로 이 정신을 미리 보여 주는 것이었다.

▎켈트 수도자들 (제4장 a)▎ 베네딕토회와 초기 수도 전통을 나누었던 켈트 수도자들은 우리에게 전통을 존중하면서도 새로운 지평을 여는 방식으로 가르칠 것을 조언할 것이다. 오늘날의 포스트모던 사회는 과거의 유산을 쉽게 폐기하려는 경향을 지니고 있지만, 우리는 과거로부터 참으로 가치 있는 것들을 보존해야 한다. 이 점에서 예수님께서는 우리에게 영감을 주신다. 예수님은 "하늘 나라의 제자가 된 모든 율법 학자는 자기 곳간에서 새것도 꺼내고 옛것도 꺼내는 집주인과 같다"(마태 13,52)라고 말씀하셨다. 하느님 나라의 곳간에는 언제나 새것과 옛것이 함께 존재한다는 점에 주목하라. 가톨릭 교육학은 이 두 가지 모두를 길러 내는 교육이다.

▎토마스 아퀴나스 (제4장 b)▎ 토마스 아퀴나스는 사람들이 세상 속 자신들의 삶의 경험을 성찰하고, 그 경험을 이해와 판단, 그리고 결정으로 발전시켜 나가는 교육학을 제안한다. 이러한 인식의 역동성은 학생들이 단순한 지식의 습득을 넘어 삶의 지혜에 이르도록, 개념의 이해를 넘어 가치와 인격의 형성으로 나아가도

---

27) 〔옮긴이 주〕 일상적으로 마주하는 타인(the other)의 얼굴에서 윤리적 책임을 요청하는 절대적 타자(the Other)의 초월성과 윤리성을 인식하라는 의미이다.

록 이끈다.

아퀴나스는 특히 학생들이 스스로 생각하도록 만드는 좋은 질문을 던지는 일의 중요성을 강조한다. 그런 질문은 학생들에게 자신들의 경험을 되돌아보게 하고, 그로부터 앎의 역동 속으로 나아가 진정한 인식과 삶의 지혜에 이르게 한다. 그의 전체적인 교육 **접근방식**은 **퀘스티오**(*quaestio*), **즉 질문에서 출발하는 학습 방식으로 규정된다**. 그는 언제나 학생들을 적극적으로 참여시키는 질문으로 수업을 시작하고, 그 질문에 대한 여러 가능성과 관점을 탐색하도록 이끌었다. 그리고 아마도 아퀴나스는 가톨릭 지성 전통의 특징이라 할 수 있는 "양자택일이 아닌 양자 모두"(both/and)의 가장 위대한 옹호자라 불릴 만하다. 특히 그는 신앙과 이성의 근본적 협력 관계를 통해 가톨릭 교육의 기초를 놓은 인물이다.

❙ 노리치의 줄리안 (제4장 c) ❙ 노리치의 줄리안은 학생들이 자신의 영적 경험을 신뢰하도록, 그리고 삶의 지혜를 얻기 위해 자기 마음의 소리에 귀를 기울이도록 이끄는 방식으로 가르치라고 초대한다. 신학적 언어로 말하자면, 우리는 학생들에게 하느님께서 세상 속 우리 각자의 삶과 경험을 통해 당신 자신을 드러내신다는 사실을 인식하도록 초대해야 한다. 그리고 이러한 체험된 계시는 깊은 기도와 성찰 안에서의 식별, 그리고 믿음의 공동체 안에서의 대화와 검증을 통해 온전히 이해될 수 있다.

줄리안은 또한 학생들에게 자신의 신념에 충실하도록, 설령 그것이 사회문화적 흐름을 거스르는 일이거나 권위자들이 탐탁지 않게 여길지라도, 믿음 안에서 자신의 양심을 지키도록 초대한다. 그녀는 또한 교사들에게 언어의 책임을 일깨운다. 우리는 "말을 도구로 삼아 일하는 사람들"이기 때문에, 하느님을 말할 때는 그분의 자비와 신비를 제한하지 않도록 **넓고 깊게**, 인간을 말할 때는 누구도 배제하지 않도록 **포용의 언어**로 말해야 한다. 너무도 자명한 말처럼 들리지만, 우리는 종종 교사로서 사용하는 언어의 방식이 우리가 가르치는 내용과 가르치는 방식 전체를 형성한다는 사실을 잊는다. 언어의 습관은 우리의 전체 교육학에서 필수적 요소이다.

▌로욜라의 이냐시오 (제5장)▌ 로욜라의 이냐시오는 우리가 배우고 탐구하는 모든 학문이 결국은 세상 속 삶의 궁극적 지평, 곧 하느님 은총의 신비를 드러내는 길임을 보게 하는 교육학을 권장한다. 따라서 모든 학문 분야와 배움은 하느님의 더 큰 영광을 위하여(*Ad maiorem Dei gloriam*) 추구될 수 있다. 이와 더불어 우리는 학생들 안에 세상 모든 것 안에서 하느님을 인식하는 성사적 의식을 길러야 하며, 현대적 사회의식과 함께 "타인을 위해, 그리고 타인과 더불어" 살아가는 이들이 되도록 해야 한다.

이냐시오는 또한 학생들이 자신에게 주어진 모든 재능, 곧 학문적·예술적·인격적·신체적 재능에 따라 탁월함을 추구하도록 도전하는 교육학을 권장한다. 우리의 교육은 학생들을 전인적으로 돌보는 것을 지향해야 한다. 마찬가지로 우리의 교육학은 학생들이 자신의 영혼을 움직이는 다양한 영적 작용들이 선한 것인지, 악한 것인지 식별하고, 하느님 나라에 충실한 생명력 있는 영적 움직임을 지혜롭게 분별하여 선택하도록 초대해야 한다.

❙안젤라 메리치 (제6장 a)❙ 안젤라 메리치는 우리의 교육학이 진정한 용기를 품어야 함을 일깨운다. 즉, 오래된 틀과 기대에 얽매이지 않고 벗어날 용기를 가져야 한다는 것이다. 우리는 학생들에게 필요할 때 예언자적 태도를 보이는 방법, 그리고 어떤 방식으로든 사람들을 억압하는 구조나 전통에 맞서 거슬러 나아가는 법을 몸소 보여 주어야 한다.

안젤라는 또한 우리의 교육학이 사회 개혁의 도구이자 모든 인간의 존엄과 포용을 실현하는 길이 되어야 함을 일깨운다. 그녀는 특히 공적 영역에서 여성과 남성이 동등한 존엄을 지니는 세상을 향한 교육적 헌신을 요청한다. 그리고 그녀는 교사들에게 학생들의 행복과 성장을 위한 깊은 사랑과 세심한 돌봄의 태도로 존재하라고 초대한다. 실제로 학생들을 향한 우리의 사랑과 돌봄 자체가 가장 효과적으로 가르치는 교육학이 될 수 있으며, 특히 하느님의 영광 안에서 충만한 생명을 살아가도록 이끌 수 있다.

❙메리 워드 (제6장 b)❙ 메리 워드는 모든 역경과 억압적 사회 구조 속에서도 복음의 핵심 가치에 충실하고 용기 있게 살아가는 태도를 반영하는 교육학으로 우리를 초대한다. 우리의 교육학은 학생들이 인간 차별을 낳는 어떠한 형태나 사회 구조 속에 숨어 있는 원인과 악을 분석하고 인식하도록 이끌어야 한다. 또한 우리는 학생들에게 모든 사람의 완전한 평등을 옹호하고, 특히 메리 워드의 정신을 기리며, 교회와 사회 안에서 여성의 평등을 실현하기 위해 용기 있게 설 수 있도록 영감을 주고 격려해야 한다.

메리 워드는 또한 우리가 신학, 철학, 문학, 역사, 언어, 미술 등과 같은 인문 교양 과목의 가치를 계속 소중히 여겨야 한다고 격려한다. 인문 교양 과목은 여전히 인간의 성장, 특히 도덕성 형성에 있어 풍요로운 자원이다. 메리 워드는 인문 교양 과목이 여성의 평등을 증진하는 데 중요한 잠재력을 지닌다고 보았다. 이러한 인문 교양 과목은 오늘날에도 여전히 학생들의 인간화와 존엄을 고양하는 데 꼭 필요하다. 그것이 사라진다면, 교육은 결국 사람을 길러 내기보다 기능만 가르치는 훈련으로 전락하고 만다.

▌위대한 수많은 증인 (제6장 c)▐ 우리는 요한 세례자 드 라 살과 엘리사벳 앤 시튼을, 가톨릭 교육에 특별히 헌신한 수많은 수도회의 서원한 수녀, 수사, 사제들을 대표하는 상징적 인물로 제시하였다. 이러한 "구름처럼 많은 증인들"(히브 12,1)에 속한 각 수도회는 저마다의 고유한 카리스마와 영적 강조점을 지니고 있었으며, 이를 자신들의 학교 사도직 안에서 구체적으로 실천하였다. 예를 들어, 드 라 살은 위험에 처한 소년들을 구하고자 하는 열정에 이끌렸고, 엘리사벳 앤 시튼은 교육을 빈곤의 원인에 대응하는 사랑의 위대한 사도직으로 보았다. 아마 당신의 가톨릭 학교도 어떤 수도회나, 어느 교회 지도자에 의해, 혹은 어느 특정 신앙 운동의 영성에 의해 설립되거나 후원을 받았을 것이다. 그렇다면 학교가 처음부터 지녔던 본래의 카리스마, 곧 그 설립 정신의 중심이 되는 강조점을 되찾고 새롭게 헌신함으로써, 오늘의 학교 안에 그 고유한 영적 정체성을 되살릴 수 있을 것이다.

▌가톨릭 인간학 (제7장 a)▐ 가톨릭 인간학은 앞에서 제시된 교육학과 이 장에서 이어질 논의의 핵심적 토대를 이룬다. 우리는 인간의 긍정적 본성과 잠재력을 반영하는 방식으로 가르침의 예술을 실천해야 하며, 학생들이 선한 존재로서 선을 행할 수 있는 능력을 발휘하도록 이끌어야 한다. 학생들을 가르치는 우리의 방식은 그들이 인격적 존재로서 지닌 존엄과 가치, 그리고 공동선을 위해 기여할 수 있는 그들의 잠재력을 인정하고 존중하는 것이어야 한다.

이러한 인간학은 학생들이 배움의 주체로서 스스로 사고하고 참여할 수 있도록 이끄는 교육학을 요구한다. 그들은 단순히 지식을 전달받는 수동적 존재가 아니라 가르침과 배움의 대화 안에서 적극적인 참여자가 되어야 한다. 우리는 학생들이 삶과 세상에 대한 질문을 스스로 던지도록 격려하고, 그들의 호기심과 젊은 열정, 때로는 현실에 도전하는 반항심까지도 북돋아 주어야 한다. 우리에게는 학생들이 스스로 배움의 길을 찾고, 자신이 아직 알지 못하는 것을 깨닫게 하며, 그 깨달음을 향해 새로운 질문과 관심을 스스로 만들어 갈 수 있도록 돕는 교육학이 필요하다.

▌가톨릭 사회학 (제7장 b)▐ 가톨릭 사회학은 학생들이 자신의 행복과 모두의 공동선을 위해 책임 있는 사회적 주체로 성장할 수 있도록, 서로 협력하며 일하는 태도를 길러 주는 교육학을 요구한다. 더 나아가, 우리의 교육학은 학생들 안에 비판적 사회의식을 일깨워야 한다. 즉, 그들이 자신이 처한 사회적 맥락을 변증법적으로 성찰하는 자세를 갖추도록 이끌어야 하며, 이를 통해

학생들이 사회에 건설적으로 참여하고, 필요할 때는 비판하며, 결코 단순히 어떤 현상 유지에 "안주"하지 않도록 해야 한다.

학교는 모든 이가 환영받고 배제되지 않는 그리스도교 공동체의 사회적 가치를 반영해야 한다. 마찬가지로 협력적 교육학의 모범들은 가톨릭 사회학이 이해하는 인간관을 존중하고 구현하는 데 가장 적절한 방식이다.

I 가톨릭 세계론 (제8장 a) I 가톨릭 세계론은 사람들이 세상 안에서 삶을 기쁘게 받아들이고, 그 삶이 의미와 목적, 윤리적 가치를 지니며, 충분히 살아볼 만한 것임을 확신하도록 이끄는 교육학을 요구한다. 실제로 우리는 인간의 삶을 하느님으로부터 나와 다시 하느님께로 돌아가는 여정으로 묘사할 수 있다. 그 길 위에서 하느님의 은총은 끊임없이 작용하여, 우리가 지혜롭고 바르게 살아가기 위해 최선을 다할 수 있도록 힘을 준다.

우리의 가르치는 방식은 학생에게 비판적 의식뿐만 아니라 성사적 의식도 길러 주어야 하며, 그들이 **삶**을 주의 깊게 바라보고, 이를 **통해** 평범함 속에서 더 큰 신비를, 순간 속에서 궁극적인 실재를, 창조 질서 안에서 창조주를 식별할 수 있도록 이끌어야 한다. 우리는 학생들이 자신들의 삶과 세상 안에서 일하시는 하느님의 현존과 은총을 인식하고, 본성과 은총이 함께 하는 끊임없는 협력 관계 속에서 응답하도록 격려해야 한다. 이러한 성사적 의식을 기르기 위해서는 학생들의 이성만이 아니라 마음을 참여시키고, 특히 상상력을 자극하는 성찰적 질문을 던지는 것이 무엇보다 중요하다.

▌가톨릭 인식론 (제8장 b)▐ 가톨릭 인식론과 그것이 장려하는 교육학적 역동성은 이 장의 마지막에 제시될 교육의 다섯 가지 **활동에서** 자세히 설명되고 있다. 다만 여기서 간단히 언급할 점은, 가톨릭 교육학은 앎의 두 가지 주요 원천, 즉 우리가 앞서 언급한 **세상 속 삶과 학문의 전통, 이 두 가지 모두를** 활용해야 한다는 것이다. 이는 학생들이 자기 삶의 경험과 주도적 탐구를 통해 배우게 하고, 동시에 세대를 거쳐 축적되어 온 지식과 학문의 유산에도 쉽게 접근하도록 하는 것을 의미한다. 그리하여 학생들이 이 두 가지 원천을 자신의 앎과 삶에 대한 지혜 안에서 끊임없이 통합하도록 격려해야 한다.

나아가 우리는 사람들의 모든 앎의 **방식**, 곧 이성(머리), 정서적 능력(마음), 그리고 행동과 실천(손)이 참여하는 교육학이 필요하다. 특히 참여적 학문 활동을 통해 배움이 인식과 체험, 실천 속에서 통합적으로 이루어지도록 해야 한다. 우리의 교육학은 사람들이 단순히 삶이나 전통에서 주어진 자료를 주의 깊게 살피고 이해하는 수준에 머물지 않고, 그에 대해 올바른 판단과 결정을 내릴 수 있도록 하는, 진정한 인식의 전 과정을 촉진해야 한다.

▌공적 신앙을 향한 가톨릭 교육 (제9장)▐ 공적 신앙을 향한 가톨릭 교육은 깊은 **사회적** 및 **성사적** 의식을 갖고 도덕성 형성을 장려하는 교육학을 요구하며, 학생들이 공공 영역에서 연민과 사회정의를 실천하도록 헌신하게 한다. 우리는 사람들이 신앙을 가지고 시민사회에서 그것을 실천하고, 모두의 공동선을 위해 책임감 있는 시민으로 살도록 준비시키는 방식으로 가르쳐야 한다.

이를 위해서 학생들의 마음과 영혼을 참여시키고 가르치는 교육학이 필요하며, 정의와 연민의 실천을 통해 참여적 학습의 기회를 제공하고, 사회적이고 성사적 의식을 모두 고취하는 깊은 맥락적 성찰을 장려해야 한다. 또한 그러한 공적이고 **살아 있는** 신앙을 유지하는 데 도움이 될 수 있는 영적 실천으로 학생들을 육성할 필요성에 대해서도 주목하라.

❙포스트모던 시대 가톨릭 학교 종교 교육 (제10장)❙ **포스트모던 시대의 가톨릭 학교의 종교 교육**은 신앙 교육에 대해 "공유된 그리스도교 프락시스"를 제안하며 충분한 검토를 거쳤다. 그렇다면 이러한 교육학이 "공유된 역사적 프락시스"나 "공유된 수학적 프락시스"로도 적용될 수 있지 않을까? 단순히 역사나 수학에 대해 배우는 데 그치지 않고, 그로부터 삶을 배우며 역사적으로 사고하고 수학적으로 "탐구하는" 법을 익히는 교육학 말이다. 이어지는 논의에서는 이러한 교육학적 접근이 가톨릭 학교의 전체 교육과정 속에서 어떠한 잠재력과 교육적 의미를 지닐 수 있는지를 탐색하고자 한다.

가톨릭 교육학의 활동들

내가 선호하는 신앙 교육의 방식, 즉 집중 활동과 다섯 가지 교육 활동이 가톨릭 학교의 다른 교과 영역의 교육 방식에 어떠한 통찰을 줄 수 있을까? 이 접근방식은 분명히 인문학 교육에도 매우 효과적일 수 있다. 아래에서 나는 그 구체적 예로, 사회과학 또는 역사 과목의 한 단원을 이 접근방식의 교육학적 활동들에 따라 개괄해 보고자 한다.

그러나 그 이상으로 나아가면, 나는 나 자신의 교육 경험의 한계에 직면하게 된다. 나는 40년이 넘도록 교직에 몸담아 왔지만, 신학이나 종교 교육 이외의 과목을 가르쳐 본 적이 없다. 따라서 나는 물리나 생물, 화학, 수학 등과 같은 이른바 "자연과학" 분야의 교사들에게는 해 줄 수 있는 조언이 별로 없다. 아마도 그 교사들은 이 접근방식을 자신들의 교과 속에서 어떻게 적용할 수 있을지, 그리고 이 접근의 활동들이 그들의 과목에서도 얼마나 창의적이고 효과적으로 작용할 수 있는지를 스스로 상상해 볼 수 있을 것이다.

여기에서 나는 제10장에서 제시한 다섯 가지 교육 활동들을 새로운 이름으로 재구성하면서, 그것들이 지향하는 고유한 교육의 역동성을 드러내고자 한다. 이러한 교육의 흐름 전체는 대화를 근간으로 하는 총체적 교육 패러다임 안에서 이루어진다. 집중 활동과 다섯 가지 교육 활동들을 반영하여 새로운 이름으로 재구성한 교육 활동들은 다음과 같다: 몰입하기(교육 주제에 몰입시키기), **표현하기**(활동 1), 성찰하기(활동 2), **접근하기**(활동 3), 내면화하기(활동 4), **결정하기**(활동 5).

이미 강조했듯이, 이러한 교육 활동들은 여기에서 제시된 순서대로 반드시 따라야 하는 것은 아니다. 이 활동들은 일련의 고정된 절차라기보다 존중하고 실천해야 할 교육학적 신념이다. 예를 들어, 교육자는 전통에의 접근(활동 3)에서 시작하여 교과 주제를 소개하거나 학습자들의 참여와 몰입을 유도할 수 있다. 그런 다음 **표현하기**(활동 1)와 성찰하기(활동 2)로 이어 가고, 이후 다시 더 깊은 차원의 **접근하기**(활동 3)로 되돌아올 수도 있다. 이처럼 다양한 순서로 결합될 수 있지만, 지금은 어느 정도 논리적인 순서에 따라 각 활동을 설명하도록 하겠다.

❙몰입하기 활동❙ 존 듀이는 오래전에, **관심**이 없는 사람에게 의미 있는 것을 가르치는 것은 사실상 불가능하다는 현명한 의견을 피력했다. 그러므로 교사의 첫 번째 활동은 학생들이 배우게 될 주제나 중심 내용에 대해 그들의 관심을 불러일으키는 것, 즉 그들을 몰입 상태로 이끄는 것이다. 아마도 그들의 관심을 끌 수 있는 가장 확실한 방법은 수업의 교육과정을 그들의 삶과 긴밀한 관련이 있고, 그들의 관심사와 "연결"되어 있는 것으로 제시하는 것이다. 파울로 프레이리는 이러한 과정을 "생성적 주제"를 설정하는 것이라고 불렀는데, 이는 학생들이 개인적으로 공감하고 흥미를 느낄 만한 주제를 수업의 중심 주제로 삼는 것을 의미한다. 결국 몰입으로 이끄는 활동은 학생들이 가르침과 배움의 상황에서 수동적인 관찰자가 아니라 적극적인 참여자가 되도록 준비시키는 것이다.

내가 제안하는 예시는, 미국의 인종차별을 주제로 한 고등학교 사회과 단원이며, 특히 미국 수정 헌법 제14조에 초점을 둔다. 1868년에 제정된 이 수정안은 노예제도를 폐지하고, 적어도 법률적으로는 모든 시민에게 "법 앞의 평등한 보호"를 보장하였다. 수업의 도입과 몰입 단계에서 교사는 오늘날 미국 사회에 여전히 존재하는 인종차별의 실태를 보여 주는 사례나 통계, 혹은 영상 자료를 제시할 수 있다. 그 후, 이 내용을 토대로 학생들이 개인적 차원에서 이 문제를 성찰하고 반응할 수 있도록 대화를 이끌어간다. 이때 이 주제가 학생들의 삶과 정의감, 사회적 감수성을 자극하는 생성적 주제가 된다.

▎표현하기 활동▎ 파울로 프레이리는 교사가 할 수 있는 가장 해방적인 행동은 학생들이 자신의 언어로 표현하도록, 즉 주제와 관련하여 자신의 현실을 스스로 이름 짓도록 초대하는 일이라고 말했다. 나는 이러한 활동을 학생들이 자신의 경험으로부터 알고 있는 것(듀이), 역사적 프락시스로부터 아는 것(프레이리), 혹은 자신의 감각적 활동을 통해 얻은 지식(몬테소리)을 표현하도록 초대하는 것이라고 이해한다. 따라서 이 활동은 학생들에게 세상 속 자신의 삶에 주의를 기울이고, 그 안에서 이미 알고 있는 진실을 인식하도록 초대한다. 그리고 그들이 다루는 생성적 주제를 중심으로 자신의 감정, 느낌, 생각, 관찰, 의견 등을 직접 이름 짓고 표현하도록 돕는 것이다. 이때 표현은 언어적 진술에만 국한되지 않으며, 그림, 글, 노래, 움직임, 이야기 등 다양한 예술적 매체를 통해 이루어질 수 있다.

사회과 수업의 예시에서 교육학적 활동은 학생들에게 인종차별을 다룬 짧은 영화 단편을 보여 준 뒤, 그 영화에 대한 학생들의 개인적인 첫 반응과 생각을 나누도록 요청할 수 있다. 예를 들어, 그들이 무엇을 보았는지, 그 장면이 무엇을 반영하고 있는지, 그것에 대해 어떤 감정을 느꼈는지, 그리고 오늘날 미국 사회의 인종차별 문제를 어떻게 인식하는지를 표현하도록 요청할 수 있다.

▎성찰하기 활동▎ 모든 교육학은 학습자들이 스스로 생각하고,

자신들의 삶과 세상에서 배운 것을 그 수업이 다루는 생성적 주제를 중심으로 비판적으로 성찰하도록 촉구하고, 요구하며, 격려하고, 돕는 역할을 해야 한다. 이러한 성찰은 상황에 따라 개인적이면서도 사회적인 차원을 지닐 수 있으며, 학생들의 이성, 기억, 상상력 — 즉 정신의 모든 능력 — 을 참여시키고, 마찬가지로 그들의 마음(감정)과 손(현재의 실천적 결단)까지 함께 참여시킬 수 있다.

주제와 참여자의 연령 수준에 따라, 이 활동에서의 비판적 성찰은 개인적이면서도 사회적일 수 있고, 맥락적이면서도 역사적일 수 있다. 이는 특정한 맥락과 역사가 오늘날의 사회 현실을 형성하고 있으며, 또한 사람들의 의견과 관점을 규정하고 있음을 인식하는 것을 의미한다. 이러한 인식은 학생들의 발달 수준과 수업의 생성적 주제에 따라, 우리가 이 책 전반에서 여러 차례 강조했던 비판적 사회의식을 기르는 중요한 계기가 된다. 동시에 교육은 학생들에게 **성사적 의식, 곧 세상 속에서 하느님의 현존과 은총을 식별하고, 그 은총이 우리 자신을 하느님 나라를 향한 응답의 삶으로 이끌고 있음을 인식하는 시각을 길러 주어야 한다. 이 하느님의 은총이 가장 절망적인 상황 속에서도 언제나** 희망을 일깨워 준다.

(은유적으로 말하자면, 집중 활동과 처음의 두 가지 활동은 학생들이 생성적 주제를 중심으로 자신의 이야기와 비전을 대화 안에서 표현하고 성찰하도록 초대한다.)

사회과 수업의 예를 들면, 교사는 학생들에게 미국 사회에서 여전히 지속되고 있는, 특히 흑인과 라틴계 사람들에 대한 인종차별의 풍부한 증거들에 대해 비판적으로 성찰하도록 초대할 수 있다. 왜 이러한 차별이 여전히 지속되고 있는지, 그리고 이에 대해 무엇을 할 수 있는지를 묻는 것이다. 이러한 성찰은 구체적 사회 통계나 자료를 통해 구체적으로 뒷받침될 수 있다. 예를 들어, 흑인 인구의 압도적인 수감 비율, 저임금 직종에 집중된 고용 구조, 의료보험 부재로 인한 높은 건강 위험 등이 그것이다. 또한 역사적 분석, 즉 1868년 수정 헌법 제14조가 비준된 이후에도 계속되어 온 인종차별의 역사적 전개를 함께 검토할 수 있다. 학생들이 그들의 성찰을 표현할 때, 교사는 그들이 "더 깊이 들어가도록" 그리고 그들의 입장과 태도에 영향을 미치는 요인들을 인식하도록 권유할 수 있다(비판적 의식의 함양). 아울러 교사는 학생들이 인종 정의를 향한 희망의 징표들을 찾아보고, 하느님의 은총 안에서 자신들이 사회 변화의 주체로서 어떻게 참여할 수 있을지를 상상하도록 초대할 수 있다(성사적 의식의 함양).

❙ 접근하기 활동 ❙ 모든 가르침과 배움 상황은 듀이가 "문명의 축적된 자본"이라 부른 예술, 과학, 기술 분야에 접근할 책임이 있다. 우리는 학생들이 이러한 유산에 "쉽게 접근"할 수 있도록 도와야 하며, 그 전통을 자신의 것으로 배우고 받아들일 수 있게 하는 방식으로 그것과의 만남을 촉진해야 한다. 이 활동에서는 단순히 가르칠 내용을 설득력 있게 제시하는 것에 그치지 않고, 그 전통이 지닌 의미와 우리 인간 삶에 열어 주는 가능성(즉, 이야기와 비전)을 함께 드러내야 한다. 다른 활동들과 마찬가지로, 이것은 수많은 방식으로 달성될 수 있다. 이 활동은 여러 방식으로 이루어질 수 있으며, 이제 강의만으로는 효과가 없을 가능성

이 크다(사회과학 연구자들에 따르면, 오늘날 젊은이들의 평균 집중 시간은 약 8분으로, TV 광고 사이의 시간과 비슷하다고 한다). 따라서 접근하기 활동은 다양한 매체를 활용해야 하며, 또한 협력적 학습을 촉진하는 공동 프로젝트나 소그룹 활동 등을 통해 이루어질 수도 있다.

사회과 수업 사례에서, **접근하기** 활동은 수정 헌법 제14조의 역사 일부를 함께 살펴보는 것으로 진행될 수 있다. 이 헌법은 인종, 신앙, 피부색에 상관없이, 미국에서 태어났거나 귀화한 모든 사람에게 완전한 시민권을 보장하기 위해 제정되었으며, 모든 시민에게 "법의 평등한 보호"를 약속하였다. 이 활동에서는 또한 헌법이 수년에 걸쳐 어떻게 해석되어 왔는지(예: 1954년의 Brown v. Board of Education 판결 등), 그리고 그 조항이 얼마나 잘 시행되었는지 혹은 그렇지 못했는지, 또 오늘날 미국 사회에 여전히 남아 있는 인종차별을 종식시키기 위해 무엇이 필요한지를 함께 검토할 수 있다. 이는 바로 수정 헌법 제14조가 본래 의도했던 바를 되살리는 작업이기도 하다.

❚ 내면화하기 활동 ❚ 로너건의 평생 연구에서 핵심적으로 강조된 것은 인식의 역동이 단순히 이해하는 단계에 머무르지 않고 판단과 결정을 내리는 단계로 나아가야 하며, 그것을 의식적으로 수행해야 한다는 점이었다. 그의 판단 개념과 다소 유사하게, 내가 여기에서 제안하는 내면화(appropriation)란 사람들이 가르침을 자기 것으로 받아들여, 그것이 자신의 삶과 사회에 대해 무엇을 의미하는지를 스스로 깨닫고, 가르치고 배우는 상황의 생성적 주제에 대해 자신의 이해와 확신에 기초한 관점을 형성하는 것을

뜻한다. 실로, 이러한 내면화하기의 순간은 학습 과정 전체를 통합하는 시점이기도 하다. 즉, 가르침과 배움의 과정에서 참여자들이 자신의 삶의 경험으로부터 얻은 배움과 통찰을, 새롭게 제시된 특정 전통이나 학문 분야의 가르침과 통합함으로써 자신의 지혜와 삶의 방향으로 내면화하는 시점이다. 제10장에서 살펴보았듯이, 이러한 통합은 교사와 전통이 가르치는 내용과 사람들이 세상에서 살아오면서 경험한 인식 사이의 변증법적 상호작용, 즉 주고받는 대화를 촉진하는 교육학을 요구한다. 요점은, 학생들이 단순히 교사가 제시한 내용을 그대로 반복하는 대신, 교사가 가르친 내용이나 교과서나 디지털 매체 등을 통해 배운 내용에 대해 자신의 의견이나 깨달음을 형성하도록 이끄는 것이 핵심이다.

사회과 수업 사례에서, 내면화하기 활동은 학생들이 스스로 무엇을 보고 깨달을 수 있는지, 그리고 미국의 인종차별 문제와 관련하여 어떻게 현명하고 윤리적인 결정을 내릴 수 있는지를 인식하도록 격려해야 한다. 교사는 이렇게 단순한 질문을 던질 수도 있다. "수정 헌법 제14조에 관한 이야기에 비추어 볼 때, 오늘날 미국의 인종차별에 대해 여러분은 이제 어떻게 생각하나요?" 또는 "이 문제를 통해 여러분이 새롭게 깨닫게 된 것은 무엇인가요?" 더 나아가, 학생들에게 어떤 변화가 필요하며, 그 변화를 어떻게 이뤄낼 수 있을지를 상상해 보도록 유도할 수도 있다. 이것은 곧 다음 활동으로 나아가기 위한 준비이기도 하다.

▎결정하기 활동▎ 진정한 인식, 즉 지혜와 가치 형성으로 이어지는 인식, 그리고 선한 시민을 길러 내는 인식을 위해 교육학은 이제 학생들에게 그들이 새롭게 얻은 지식을 인식하고 그 지식

을 바탕으로 실행 가능한 결정을 숙고하도록 초대해야 한다. 여기에서 결정은 세 가지 차원에서 이루어질 수 있다. 즉 **인지적 결정**(새롭게 확신하게 된 지식에 대한 인식의 수용)이거나, 정서적 결정(스스로 깨달은 것에 대한 마음의 반응과 공감의 태도)이거나, 행동적 결정(새롭게 얻은 지식을 어떻게 사용할 것인지 그리고 그것이 자신의 삶과 사회에 어떤 변화를 가져올 수 있는가를 숙고하는 것)이다.

우리의 사회과 수업 사례에서, 앞서 언급했듯이, 결정은 인지적·정서적·행동적일 수 있다. 미국의 인종차별이라는 주제를 고려할 때, 교사는 학생들에게 (그들의 자유로운 선택에 따라야 한다는 점을 분명히 하며) 지금 자신이 이 문제에 대해 가지는 태도, 이 문제를 바라보며 느끼는 가장 깊은 감정, 그리고 인종차별을 자신의 삶, 학교, 지역 사회, 더 나아가 미국 사회와 전 세계에서 어떻게 근절할 수 있을지를 숙고하고 결정하도록 초대할 수 있다.

〔위에서 언급한 인종차별과 수정 헌법 제14조를 중심으로 한 예시는 펜실베니아 주립대학교 딕킨슨 로스쿨의 법학 교수인 더모트 그룸(Dermot Groome)의 연구에 기반한 것이다. 그는 그 대학의 법학부 교수진 및 학생들과 함께, 그리고 현재는 전국의 여러 법학 대학에서도 이와 같은 대화적 학습을 주도하고 있다.〕

마무리하면서, 나는 이 교육학적 활동들이 순서를 바꾸거나, 결합하거나, 혹은 매우 다양하게 실천될 수 있음을 다시 강조하고자 한다. 핵심은 각각의 활동이 지니는 교육학적 의도를 인식하고 실현하는 것이다. 우리의 친구이자 스승이신 예수님께서도 종종 모든 활동을 단 하나의 구절 안에 담아내셨다는 점을 기억하라. “하늘의 새들을 눈여겨보아라〔몰입하기와 **표현하기**〕. 그것들은 씨를 뿌리지도 않고 거두지도 않을 뿐만 아니라 곳간에 모아들이지도 않는다〔**성찰하기**〕. 그러나 하늘의 너희 아버지께서는 그것들을 먹여 주신다〔**접근하기**〕. 너희들은 그것들보다 더 귀하지 않으냐?〔내면화하기와 **결정하기**〕”(마태 6,26).

/참/고/문/헌/

- Aquinas, Saint Thomas. (1929). *On the Teacher (De Magistro).* In *The Philosophy of Teaching of Saint Thomas Aquinas* (M.H. Mayer, Trans.). New York: Bruce Publishing Co.
- ——— (1964-1973). *Summa Theologica.* New York: McGraw-Hill.
- ——— (1975). *Summa Contra Gentiles* (Vols. 1-5). Notre Dame, IN: University of Notre Dame Press.
- Augustine, Saint. (1978a). *First Catechetical Instruction (De Catechizandis Rudibus)* (J.P. Christopher, Trans.). In *Ancient Christian Writers* (Vol. 2). Mahwah, NJ: Paulist Press.
- ——— (1978b). *The Teacher (De Magistro)* (J.M. Colleran, Trans.). In *Ancient Christian Writers* (Vol. 9). Mahwah, NJ: Paulist Press.
- Benedict. (2004). *Saint Benedict's Rule* (P. Barry, Trans.). Mahwah, NJ: Paulist Press.
- Bryk, A.S. / Lee, V.E. / Holland, P.B. (1993). *Catholic Schools and*

the Common Good (Rev. ed.). Cambridge, MA: Harvard University Press.

- Cahill, T. (1996). *How the Irish Saved Civilization: The Untold Story of Ireland's Heroic Role from the Fall of Rome to the Rise of Medieval Europe.* New York: Anchor Books.
- Chambers, M.C E. (2016). *Life of Mary Ward, 1585-1645.* United Kingdom: Wentworth Press.
- Clement of Alexandria. (1954). *Christ the Educator* (S.P. Wood, Trans.). In *Fathers of the Church: A New Translation* (Vol. 23). Washington, DC: Catholic University Press of America.
- Cover, J. (1997). *Love the Driving Force: Mary Ward's Spirituality.* Milwaukee, WI: Marquette University Press.
- Cully, K.B. (1960). *Basic Writings in Christian Education.* Philadelphia: Westminster Press.
- Dewey, J. (1997). *Experience and Education. New York: Touchstone.* (Original work published 1938).
- Didache. (1948). (J.A. Kleist, Trans.). *In Ancient Christian Writers* (Vol. 6). Mahwah, NJ: Paulist Press.
- Pontifical Council for the Promotion of the New Evangelization. (2020). *Directory for Catechesis.* Washington, DC: United States Conference of Catholic Bishops (USCCB).
- Farrell, A.P. (Trans.). (1970). *The Jesuit Ratio Studiorum of 1599* 〔*Ratio Studiorum*, Plan of Studies〕. Washington, DC: The Jesuit Conference.
- Freire, P. (1970). *Pedagogy of the Oppressed.* New York: Seabury

Press.

- ——— (2013). *Education for Critical Consciousness.* New York: Bloomsbury Academic. (Original work published 1974).
- Ganss, G.E. (Trans.). (1970). *Constitutions of the Society of Jesus.* St. Louis: The Institute of Jesuit Sources.
- Groome, T.H. (1991). *Sharing Faith: A Comprehensive Approach to Religious Education and Pastoral Ministry: The Way of Shared Praxis.* San Francisco, CA: HarperCollins.
- ——— (2001). *Educating for Life: A Spiritual Vision for Every Teacher and Parent.* New York: Crossroad Publishing. (Original work published 1998).
- ——— (2011). *Will There Be Faith?: A New Vision for Educating and Growing Disciples.* San Francisco, CA: HarperOne.
- Holland, J. / Henriot, P., SJ. (1983). *Social Analysis: Linking Faith and Justice* (Rev. ed.). Maryknoll, NY: Orbis Books.
- hooks, b. (1994). *Teaching to Transgress: Education as the Practice of Freedom.* New York: Routledge.
- Institoris, H. / [Kramer, H.] / Sprenger, J. (2009). *The Hammer of Witches: A Complete Translation of the Malleus Maleficarum* (C.S. Mackay, Trans.). Cambridge: Cambridge University Press.
- Julian of Norwich. (1977). *Showings.* In *Classics of Western Spirituality.* Mahwah, NJ: Paulist Press.
- Littlehales, M.M. (1982). *Mary Ward: A Woman for All Seasons.* London: Catholic Truth Society.
- Lonergan, B. (1992). *Insight* (Vol. 3, 5th ed., F. Crowe, Ed.). In

Collected Works of Bernard Lonergan. Toronto, Canada: University of Toronto Press.

- Merici, A. (1969). *The Writings of St. Angela Merici* (T. Neylan, Trans.). Ursulines of the Roman Union.
- Noddings, N. (2013). *Caring: A Relational Approach to Ethics and Moral Education*. Berkeley, CA: University of California Press.
- Noddings, N. (2018). *Philosophy of Education* (4th ed.). New York: Routledge.
- Pascal, B. (1995). *Pensées* (A. J. Krailsheimer, Trans.). New York: Penguin Classics.
- Perkins, P. (1990). *Jesus as Teacher*. New York: Cambridge University Press.
- Rahner, K. (1971). *Christian Living Formerly and Today* (D. Bourke, Trans.). *In Theological Investigations* (Vol. 7). New York: Herder and Herder.
- Tertullian. (2014). *Prescription against Heretics*. Pickerington, OH: Beloved Publishing.
- Tetlow, J.A. (2009). *The Spiritual Exercises of Ignatius Loyola*. New York: Crossroad Publishing.
- Whitehead, A.N. (1967). *The Aims of Education and Other Essays*. New York: The Free Press. (Original work published 1929).

Note: All official church documents can be accessed on the Vatican website.

/인/명/ /색/인/

/옮/긴/이/ /글/

이 책을 옮긴이들은 '가톨릭학교 교육포럼'에서 함께 활동하고 있습니다. 2003년, '가톨릭학교 교육포럼'이라는 이름으로 활동을 시작할 때 함께 공유했던 것이 "가톨릭 교육이란 무엇인가? 가톨릭 학교의 정체성은 무엇일까?"라는 질문들이었습니다. 질문과 관련한 주제들로 심포지엄과 세미나를 하는 과정에서 만나게 된 선생님과 책이 있었는데, 그분이 바로 이 책의 저자인 보스턴 칼리지의 토마스 H. 그룸 교수와 그의 저서들입니다.

토마스 H. 그룸 교수는 『생명을 위한 교육』, 『신앙은 지속될 수 있을까?』 등의 저서를 통해 신앙 안에서 교육을 실천하려는 모든 교육자, 인간화 교육에 관심이 있는 모든 교육자에게 가톨릭 교육의 철학과 특징 그리고 비전을 상세하게 소개해 주었습니다. 가톨릭 교육은 '길이요 진리이며 생명'(요한 14,6)이신 예수 그리스도를 토대로 하는 '생명을 위한 교육'이라는 점을 확인시켜 주었습니다.

『무엇이 가톨릭 교육인가?: 가톨릭 교육의 영적 토대』는 전체 총 3부로 구성되어 있습니다. 제1부는 가톨릭 교육의 복음적 기초로서 '예수님처럼 가르치고' '희망을 북돋는 교육'인 가톨릭 교육의 본질에 관한 내용입니다. 제2부는 가톨릭 교육의 비전을 풍요롭게 길러 줄 수 있는 역사적 지혜를 소개하고 있습니다. 『디다케』, 아우구스티누스, 베네딕토, 이냐시오, 안젤라 메리치, 메리 워드에 이르기까지 가톨릭 교육의 가치를 증거하는 이들을 소개합니다. 그들이 살던 시대에도 가톨릭 교육을 실천하기 위해 용기가 필요했었습니다. 사회·문화적 상황이 가톨릭 교육자들에게 호의적이지 않았기 때문입니다. 제3부는 포스트모던 시대의 가톨릭 교육을 위한 영성적 기초와 함께 이 시대에 수행해야 할 가톨릭 교육의 공적 사명과 역할을 밝힙니다.

'생명을 위한 교육'이 어느 때보다 더 요청되는 이 시대의 교육자들에게 가톨릭 교육의 영적 토대에 관한 이 책이 시사하는 바가 큽니다. 한국의 교육을 이야기할 때 '교육의 본질 상실' '방향을 잃은 교육' '입시' '경쟁' '과열된 사교육' '과열된 교육열'과 같은 단어들이 함께합니다. '현재 상황에서 진행되는 가르침과 배움의 과정에서 가톨릭 교육의 가치를 실천하는 것은 너무 이상적이다'라는 생각들도 있습니다. 탈종교화 문화가 짙어지면서 종교로부터 가르침의 지혜를 배울 수 있다는 생각도 옅어지고 있습니다.

그러나 옮긴이들은 이러한 교육적 상황일수록 가톨릭 교육이 갖는 가치와 힘에 신뢰를 둘 필요가 있다고 봅니다. 참교육을 지향하는 교육자들이 가톨릭 교육의 영적 토대에 바탕을 두고서, 학교 현장에서 꾸준히 실천해 간다면 생명을 위한 교육 문화를 보다 확산시킬 수 있을 것입니다. 더 나아가 가톨릭 교육이 제시하는 교육에 대한 비전을 학교만이 아니라 본당과 가정, 지역사회가 함께 공유해 간다면 우리 사회 안에 생명을 위한 교육, 희망을 북돋는 교육, 참된 인간화 교육이라는 씨앗이 점차 자라나 아름다운 꽃을 피우게 될 것입니다.

옮긴이들은 가톨릭 학교에 근무하는 교육자들만이 아니라, 참된 인간화 교육을 지향하는 모든 교육자, 학부모들과 '생명을 위한 교육'이라는 비전을 공유하고자, 원서에 충실하면서도 이해하기 쉽고 읽기 쉬운 문체로 번역하려고 노력하였습니다. 그리고 가톨릭교회의 용어에 대해서는 부연 설명을 덧붙였습니다. 저자가 희망했던 바와 같이, 이 책을 통해 독자들이 교육의 현실을 비판적으로 바라보고, 삶에서 그 의미를 해석하며, 교육에 대한 올바른 가치를 만들어 가는 데 도움을 받기를 희망합니다.

책이 출판되도록 협조해 주신 가톨릭대학교출판부와 원고를 기다려 주신 이복주 선생님께 감사드립니다. 또한 '가톨릭학교 교육포럼'에서 함께 활동하는 교육자분들의 격려와 지원 덕분에 이 책이 번역될 수 있었습니다. 진심으로 감사드립니다.

무엇보다, 지금까지 그리고 앞으로도 함께해 주실 하느님께 감사드리며, 모든 영광을 드립니다.

하느님의 도우심과 우리의 노력으로! "우리는 하느님의 협력자입니다"(1코린 3,9).

2025년 12월 8일
원죄 없이 잉태되신 복되신 동정 마리아 대축일에
옮긴이 일동